中华优秀
传统文化经典

孔子家语译注

张涛 译注

KONGZIJIAYU YIZHU

人民出版社

责任编辑:邵永忠
封面设计:徐　晖
责任校对:吕　飞

图书在版编目(CIP)数据

孔子家语译注/张涛 译注. —北京:人民出版社,2017.11(2021.4 重印)
ISBN 978-7-01-017473-0

Ⅰ.①孔…　Ⅱ.①张…　Ⅲ.①孔丘(前 551—前 479)-生平事迹
②《孔子家语》-译文③《孔子家语》-注释　Ⅳ.①B222.2

中国版本图书馆 CIP 数据核字(2017)第 052550 号

孔子家语译注
KONGZIJIAYU YIZHU

张　涛　译注

人民出版社 出版发行
(100706　北京市东城区隆福寺街 99 号)

北京一鑫印务有限责任公司印刷　新华书店经销
2017 年 11 月第 1 版　2021 年 4 月第 3 次印刷
开本:710 毫米×1000 毫米 1/16　印张:33　字数:443 千字

ISBN 978-7-01-017473-0　定价:74.00 元

邮购地址 100706　北京市东城区隆福寺街 99 号
人民东方图书销售中心　电话 (010)65250042　65289539

夾谷會盟

孔聖家語圖

一長

五九

十八

明吴嘉谟集校《孔圣家语·夹谷会盟》（明万历十七年刻本）

1

明吴嘉谟集校《孔圣家语·删述六经》（明万历十七年刻本）

目　录

卷　三

卷　四

卷　五

卷　六

附录一

附录二

附录三

前　言

　　历史上，"亚圣"孟子曾力倡读书要"知人论世"，这对今人仍有重要的启发作用和指导意义。在阅读《孔子家语》的时候，有必要首先对这部古籍的作者问题、成书情况、流传过程、思想内涵、学术价值以及学术界相关的争鸣、论辩有一个较为系统的了解和把握，并借助这种了解和把握，进一步深化对《孔子家语》以及其他中华优秀传统文化经典的学习和研究。

一

　　《孔子家语》，或简称《家语》，今本10卷44篇，是中国古代儒家的一部重要典籍，它记录了孔子及孔门弟子的思想言行，记载了先秦两汉孔门思想的发端和演进。关于其作者和成书年代，历来有不同说法。元代马端临《文献通考·经籍考》引三国魏王肃注《孔子家语》所附汉孔安国后序说："《孔子家语》者，皆当时公卿士大夫及七十二弟子之所咨访交相对问言语也。既而诸弟子各自记其所问焉，与《论语》《孝经》并时，弟子取其正实而切事者，别出为《论语》，其余则都集录之，名之曰《孔子家语》。"后来，"《孔子家语》乃散在人间，好事者或各以意增损其言"，安国"于是因诸公卿大夫私以人事募求其副，悉得之，乃以事类相次，撰集为四十四篇"。《通考》又引汉成帝时孔安国之孙孔衍奏言：武帝时，"鲁共王坏孔子故宅，得古文科斗《尚书》《孝经》《论语》，世人莫有能言者。安国为改今文，读而训传其义。又撰次《孔子家语》。既毕讫，会值巫蛊事起，遂各废不行于时"。《汉书·艺文志》六艺略论语类著录《孔子家语》27卷，唐颜师古注："非今所有《家语》。"汉末三国时期，中国学术史上先后出现了郑学、王学以及两派的论争。王学的代表人物就是王肃。王肃，东海郯（今山东郯城）人，是继郑玄之后著名的经学大师。他精通贾逵、马融之学，遍注儒家经典，对诸家经义加以综合融会，并极力反对郑玄之说。王肃在《孔子家语序》中说，他从孔子22世孙孔猛那里得到《孔子家语》，发现其思想内容与己所论"重规叠矩"，故为之注解，王肃注本遂广泛流行于世。《隋书·经籍志》经部论语类著录《孔子家语》21卷，王肃解。此后，各种公私目录大都著录有王肃注《孔子家语》10卷。

然而，由于孔安国、孔衍序奏存有疑点，《汉书·艺文志》的著录亦与今本不同，王肃本人又与《孔子家语》有着密切关联，于是自宋以来，就有一些学者认为《孔子家语》及二孔序奏系王肃伪作，目的是伪托古人以自重，攻击郑玄之学。例如，宋代王柏撰有《家语考》，"以四十四篇之《家语》，乃王肃自取《左传》、《国语》、《荀》、《孟》、二戴《记》割裂织成之，孔衍之序亦王肃自为也"①。至清代，一些学者出于尊崇郑玄之学的缘故，把王肃当成讨伐的目标，纷纷力证《孔子家语》的著作权属于王肃，较有代表性的有姚际恒（《古今伪书考》）、四库馆臣（《四库全书总目》）、范家相（《家语证伪》）、孙志祖（《家语疏证》）等。其间也有一些学者持有异议。例如，宋代朱熹认为："《家语》虽记得不纯，却是当时书"。"《家语》只是王肃编古录杂记。其书虽多疵，然非肃所作"。② 清代陈士珂撰《孔子家语

---

① 朱彝尊《经义考》卷二百七十八引郎瑛语，上海古籍出版社2010年林庆彰等主编新校本，第5021—5022页。此语又见于王柏《鲁斋集》卷九《家语考》，文字稍有不同。

② 黎靖德编：《朱子语类》卷一百三十七，中华书局1986年版，第3252页。

疏证》，意在证实《家语》渊源有自，非王肃伪作，并且强调，颜师古"既未见安国旧本，即安知今本之非是乎？"① 此外，黄震（《黄氏日抄》）、钱馥（《家语疏证》跋）、沈钦韩（《汉书疏证》）等都曾对王肃伪作说提出过不同看法。比如，钱馥认为，王肃所注《孔子家语》是在《汉书·艺文志》所载 27 篇的基础上增加了 17 篇，"肃传是书时，其二十七卷俱在也，若判然不同，则肃之书必不能行。即行矣，二十七卷者必不至于泯没也。惟增多十七篇，而二十七篇即在其中，故此传而古本则逸耳"②。三国时马昭曾认定："《家语》，王肃所增加，非郑（玄）所见。"③ 钱馥此说应该是本于马昭，而其判断也应该是基于古代典籍的成书规律，有一定的可取之处。但是，这些似乎并未引起人们的关注和重视。此后，学术界疑古之风日益盛行，《孔子家语》乃王肃伪作的观点几成定谳，以至有人直接将《家语》之文当作分析、研究王肃思想甚至魏晋时期思想文化的主要资料，有的出版者则在出版《孔子家语》时径直标为"王肃著"或"王肃编著"。

20 世纪 70 年代以来，天不爱道，地不爱宝，在考古发掘中出土了不少与《孔子家语》有关的简牍文献，这得到了学术界的广泛关注，也使人们再度考虑《家语》的真伪问题。1973 年，河北定县八角廊西汉墓出土的竹简《儒家者言》，内容与今本《孔子家语》相近。1977 年，安徽阜阳双古堆西汉墓也出土了篇题与《儒家者言》相应的简牍，内容同样和《家语》有关。李学勤先生将其称为竹简本《家语》，看作是今本《家语》的原型或古本，并进而指出：孔安国序和王肃序的说法是有根据的。王肃称《家语》得自孔猛，当为可信。《家语》很可能陆续成于孔安国、孔僖、孔季彦、孔猛等孔氏学者之

---

① 陈诗：《孔子家语疏证》序，见陈士珂：《孔子家语疏证》，《丛书集成初编》本，卷首第 1 页。
② 钱馥：《家语疏证》跋，见孙志祖：《家语疏证》，《丛书集成初编》本，第 139 页。
③ 陆陇其：《读礼志疑》卷十，《丛书集成初编》本，第 85 页。

手，有很长的编纂、改动、增补过程，是汉魏孔氏家学的产物。王肃对原书或许作过一些改窜，但要说伪造整部书，恐怕是不可能的。①

胡平生先生则通过对阜阳双古堆汉简的研究，认定旧说孔安国编纂《孔子家语》并作序，应当是可信的。从汉初就已经流传了一批记载孔子及其弟子言行和诸国故事的文献，这些就是后来《孔子家语》《说苑》等书的基本素材。《孔子家语》的编纂正是汉代儒术发达和孔子受到重视的产物。而王肃伪作《孔子家语》所列举的诸多证据是古籍传承的普遍问题，不能由此来论定《孔子家语》为伪书。②

后来在上海博物馆藏战国楚竹书中，有一篇文献被定名为《民之父母》③，它与今本《家语》的《论礼》大体相同。庞朴先生据此认定，《家语》是"孟子以前遗物，绝非后人伪造所成"④。

受到关注的还有敦煌本《孔子家语》残卷。该残卷大体为六朝写本，是目前所见最早的《家语》版本。张固也先生从分析该残卷入手，试图证明今本系孔安国所编的 27 卷本，并力求对汉唐时期《家语》的分卷变迁进行合理解释，从而认为《孔子家语》并非王肃伪作。⑤

再往后，北京大学藏西汉竹书中，也有被定名为《儒家说丛》者⑥，其内容与《家语》的《贤君》近似，亦引起了人们的关注⑦。

上述一系列出土文献的发现和研究，都可以说明，今本《孔子家语》是有来历的，早在西汉时就已有原型存在并流传，不能简单地说成是伪书，更不能直接说成是王肃撰著，应当承认它在有关孔子和

①　李学勤：《竹简〈家语〉与汉魏孔氏家学》，《孔子研究》1987 年第 2 期；《古文字学十二讲·纸以前的书籍》，《文史知识》1985 年第 6 期。
②　胡平生：《阜阳双古堆汉简与〈孔子家语〉》，《国学研究》第七卷，北京大学出版社 2000 年版。
③　马承源主编：《上海博物馆藏战国楚竹书（二）》，上海古籍出版社 2002 年版。
④　庞朴：《话说"五至三无"》，《文史哲》2004 年第 1 期。
⑤　张固也：《〈孔子家语〉分卷变迁考》，《孔子研究》2008 年第 2 期。
⑥　北京大学出土文献研究所编：《北京大学藏西汉竹书［叁]》，上海古籍出版社 2015 年版。
⑦　曾江：《深化〈孔子家语〉研究》，《中国社会科学报》2017 年 6 月 19 日。

孔门弟子及古代儒家思想尤其是孔氏家学研究中的重要价值和地位。

二

就文献价值、史料价值而言,《孔子家语》有许多地方明显胜于其他相关古籍,可用来勘正其史实、文字的讹误,弥补其记载的疏略,应当予以高度重视。不少前贤也已经注意到这一点。如《大婚解》:"夫其行己不过乎物,谓之成身。不过乎,合天道也。"而《礼记·哀公问》此处仅有"不过乎物"4个字,于义不确。故朱熹曰:"以上下文推之,当从《家语》。"[①] 再如《贤君》"孔子见宋君"云云,"宋君",《说苑·政理》作"梁君"[②]。清代俞樾指出:"仲尼时无梁君,当从《家语》作'宋君'为是。"[③] 又如《七十二弟子解》记樊须"少孔子四十六岁",《史记》作"三十六岁"。考《左传》哀公十一年,季氏以"须也弱"为由,不同意樊须为车右。而据《礼记·曲礼上》,"二十曰弱"。当时孔子 68 岁,樊须则在 20 岁左右。因此,《家语》所说"少孔子四十六岁"是可信的。还有,从《问玉》中,亦可考见《齐论》的佚文。另外,《王言解》等篇也保存了一些古代亡佚之书的片段,可谓弥足珍贵。唯其如此,在清代,就连断言"其出于(王)肃手无疑"的四库馆臣也不得不承认:"特其流传已久,且遗文轶事,往往多见于其中,故自唐以来,知其伪而不能废也。"[④] 凡此种种,都显示出《家语》的特殊生命力和巨大影响力。

实际上,早已有学者在自己的研究著作中把《家语》所记作为

---

① 孙希旦《礼记集解》引,中华书局 1989 年版,第 1264 页。
② 北京大学出土文献研究所编《北京大学藏西汉竹书[叁]》之《儒家说丛》亦作"梁君"。
③ 向宗鲁《说苑校证》引,中华书局 1987 年版,第 153 页。
④ 永瑢等:《四库全书总目》卷九十一,《孔子家语》条,中华书局 1965 年版,第 769 页。

立论的重要依据。如《本姓解》记述孔子生平，其中提到："孔子三岁，而叔梁纥卒，葬于防。至十九，娶于宋之并（或作'亓''上'）官氏。一岁而生伯鱼。鱼之生也，鲁昭公以鲤鱼赐孔子。荣君之贶，故因以名曰鲤，而字伯鱼。"这段记载不见于别处，但又至为关键，所以每每为人们所引证、取资。只是由于疑古之风渐盛，人们谈伪色变，类似于这样的地方，大都不便或不敢明言出于何处而已。

　　众所周知，孔子是我国历史上地位最为重要、影响最为巨大的思想家、教育家，其思想学说、行为品格构成中华民族传统思想文化和人文精神的核心内容。所以，记述孔子思想言行的文献资料历来备受关注。那么，《孔子家语》又是如何反映孔子的思想言行的呢？通观全书，可以发现，《始诛》《王言解》《大婚解》《好生》《贤君》《辩政》《哀公问政》《入官》《执辔》《刑政》《正论解》等篇，较为集中地记述了孔子的仁政之说，勾画出孔子关于理想社会的美好蓝图和远大目标。在具体的治国方略和为政措施上，孔子力倡重德教、轻刑罚，先德教、后刑罚，实行仁德之治。他猛烈抨击"苛政猛于暴虎"的社会现实，要求统治者"省力役、薄赋敛"，呼吁各级官吏"奉法以利民"，公正廉洁，坚持"廉平之守"。在孔子的社会政治、伦理道德思想中，仁是核心、是根本，礼则是仁的表现形式。孔子非常重视礼乐制度的建设，而且身体力行、乐此不疲。《观周》《辩乐》等篇即记述了孔子认真研习礼乐的一些情况。《弟子行》《问礼》《论礼》《礼运》等篇则较为集中地载录了孔子关于礼的一些论述。在他看来，礼作为一种秩序和规范，与仁一样，也是治国理政、济世安邦的大事和要务。孔子首创私学教育，主张"有教无类"，因材施教，堪称中国历史上第一个进行公开教育的伟大教育家。《致思》《三恕》《好生》《弟子行》《子路初见》等篇章就记述了不少孔子关于教育问题的言论。这些与《论语》所反映的孔子的思想倾向是基本一致的、相通的。毫无疑问，《论语》是研究孔子和孔门弟子以及早期儒家学派的权威典籍和主要依据，文约义丰，言近旨远，但毕竟其篇幅较小，语言简略，难以展示孔子等人思想言行的全貌和风采。《家语》尽管还不便直接用作先秦史料，但却完全可以作为对《论语》的有益补充、必要呼应和有力释证。

从文学艺术的角度来看，孔子及其弟子等人的人物形象、性格特征也在《孔子家语》的许多篇章中得到成功塑造和充分展现。如《相鲁》中夹谷之会一段，通过生动的细节描写和人物对话，很好地刻画出孔子这位有胆有识、智勇双全的杰出政治家、外交家的形象：当时齐强鲁弱，齐国试图趁着两国国君相会的时机来施加压力，迫使鲁国无条件成为附庸国，因而屡屡寻衅、滋事，甚至想以武力劫持鲁君。孔子受命为鲁定公相礼，他正气凛然，临危不惧，应付裕如，以礼制、道义为武器，牢牢据守道德高地，巧妙地进行周旋和抗争，及时挫败齐国的各种阴谋，收回失地，维护了鲁国的尊严和利益。我们知道，孔子讲"仁"讲"义"，常常与"勇"联系在一起。例如，他曾强调："志士仁人，无求生以害仁，有杀身以成仁。"①"见义不为，无勇也。"②《论语》中的这些记述，与《家语》中孔子的忠勇形象，可谓相互呼应、相得益彰、异曲同工。另外，孔子一生坚持自强不息、积极进取、昂扬向上的人生价值观，用他自己的话来说就是："默而识之，学而不厌，诲人不倦"，"发愤忘食，乐以忘忧，不知老之将至"③，"知其不可而为之"④，等等。而充分体现这种可贵精神和人格风范的孔子形象，在《家语》中有不少成功刻画，一些故事性、趣味性的细节描写，更是生动丰满，有血有肉，让人倍感亲切，百读不厌，回味无穷。

由此可见，《孔子家语》在中国古代文学史特别是散文发展史上同样值得写上浓墨重彩的一笔，甚至大书特书。当然，在《家语》这

① 《论语·卫灵公》，中华书局 1990 年刘宝楠正义本。

② 《论语·为政》。

③ 《论语·述而》。

④ 《论语·宪问》。

里，作为承上启下的典籍，前代作品的各种样板作用、资鉴之功也是不容忽视的，何况《家语》有些篇章本身或许就是由这些作品采撷加工而来的。但不管怎样，在这一方面所进行的深入思考，必将大大深化、丰富中国文学史特别是中国散文史研究和教学的内容，而人们就此所做的积极探索也会大大有益于相关的学科建设和学术发展。

三

　　时至今日，对于《孔子家语》，已经很少有人再坚持王肃伪作的说法，也很少有人无视其文献价值和学术意义，这是学术研究特别是孔子和儒学研究的重大进展。当然，在这个问题上，目前学术界仍存在着不同的认识和见解，甚至还有激烈的争论。这也很正常，因为要在现有基础上进一步明确《家语》的具体作者和成书年代，还有待人们发现、占有更多、更直接的文献和考古资料，继续做大量艰苦、细致的研讨工作。尽管目前已有大量相关出土文献被发现、被释读，但还是要认真、审慎地加以对待，绝不可一锤定音，一断于出土材料而将传世文献和前人成果束之高阁、弃之不顾，更不必也不能将以往的"疑古"成果打翻在地、悉数推倒。在这个问题上，我完全接受日本学者池田知久先生的如下观点："随着新出土资料以令人惊异的速度出土问世，特别是 20 世纪 90 年代以后，出现了有目的有意识地对'疑古派'研究成果予以否定的风潮。这股风潮认为，应该相信经书等中国古典文献的作者、时代和内容就是历代传承下来的面貌，应该相信古典文献所描绘的内容反映了各个时代的历史事实。我不赞成这种轻率的'信古主义'。相反，我主张，要继承'疑古派'研究成果中杰出的部分，并批判地超越之。"① 池田知久先生的这段论述，我认

① ［日］池田知久：《池田知久简帛研究论集》，曹峰译，中华书局 2006 年版，卷首"致中国读者"第 4 页。

为也适用于对《孔子家语》的认识和研究。

"古来新学问起，大都由于新发见。"① 可以说，当今的古籍整理和文献研究，也已经离不开对出土文献的关注和研究，离不开对"二重证据法"的传承和应用。但另一方面，这些年出土文献的频频发现，相关研究的不断强化，又使学术界出现了某种不正常、不健康的现象或势头，那就是对出土简帛及其研究成果的过度信从，而对传世典籍及其研读或多或少、或隐或显地有所轻视，甚至认为整理研究出土材料高人一等，是所谓"预流"，而一心沉潜于传世文献的人则根本"不入流"。当然，其依据看似也是有的，那就是王国维先生的"二重证据法"，还有陈寅恪先生当年为陈垣先生《敦煌劫余录》所作序文中说的那段话："一时代之学术，必有其新材料与新问题。取用此材料，以研求问题，则为此时代学术之新潮流。治学之士，得预于此潮流者，谓之预流（借用佛教初果之名）。其未得预者，谓之未入流。此古今学术史之通义，非彼闭门造车之徒，所能同喻者也。"② 这里，我们不得不说的是，对陈寅恪先生所谓"新材料"、对"二重证据法"，有些学者存在着狭义的甚至是片面的理解，只是我们不确定这种理解是由于眼界、视野和格局有限，或者是由于其他什么原因。

根据我们的理解，陈寅恪先生所论是对"二重证据法"的进一步发挥、发展，而陈先生所谓"新材料"，不单单是指甲骨文、金文、简牍、帛书等出土资料，还应包括从常见的传世文献中读出新意、得到新解，找到前人未加珍视、不曾措意的某些"新材料"。就陈寅恪先生而言，他一生的主要学术贡献和影响还是运用新方法、新眼光来看旧典籍，从常见书中读出别人看不出、想不到的重要材料，而他本人并没有因为少用或不用出土材料而研读常见书就"未入流"了。所

---

① 王国维：《最近二三十年中国新发见之学问》，《王国维全集》第十四卷，浙江教育出版社、广东教育出版社 2009 年版，第 239 页。
② 陈寅恪：《陈垣敦煌劫余录序》，《金明馆丛稿二编》，三联书店 2001 年版，第 266 页。

以说，从常见书中发掘出新材料、体悟出新认识、开拓出新学问，同样也是"二重证据法"的一个应有之义。

进而言之，王国维先生的"二重证据法"亦有狭义与广义之分。我们知道，陈寅恪先生曾从三个方面概括王国维先生的学术贡献，即"一曰取地下之实物与纸上之遗文互相释证"，"二曰取异族之故书与吾国之旧籍互相补正"，"三曰取外来之观念，与固有之材料互相参证"。① 狭义的"二重证据法"，仅指第一个方面，即以出土文献与传世文献相互释证，其精准概括则见于王国维先生的《古史新证》："吾辈生于今日，幸于纸上之材料外，更得地下之新材料。由此种材料，我辈固得据以补正纸上之材料，亦得证明古书之某部分全为实录，即百家不雅驯之言亦不无表示一面之事实。此二重证据法，惟在今日始得为之，虽古书之未得证明者，不能加以否定，而其已得证明者，不能不加以肯定，可断言也。"② 广义的"二重证据法"则以新发掘、新发现的材料来与原有的材料进行相互比较、相互补益、相互释证，新材料中既包括出土材料，也包括传世的文献典籍。这种广义，涵盖了上述陈寅恪先生所概括的王先生研究方法和学术贡献的所有三个方面。实际上，王国维先生并非专重出土文献，对于传世文献亦颇为关注和重视。在《最近二三十年中国新发现之学问》中，王先生曾总结道："自汉以来，中国学问上之最大发现有三：一为孔子壁中书；二为汲冢书；三则今之殷虚甲骨文字，敦煌塞上及西域各处之汉晋木简，敦煌千佛洞之六朝及唐人写本书卷，内阁大库之元明以来书籍、档册。此四者之一，已足当孔壁、汲冢所出，而各地零星发见之金石、书籍于学术有大关系者，尚不与焉。故今日之时代，可谓之发见时代，自来未有能比者也。"③ 可见，就王国维先生而言，除了甲骨文、

---

① 陈寅恪：《王静安先生遗书序》，《金明馆丛稿二编》，第 247 页。
② 王国维：《古史新证》，《王国维全集》第十一卷，第 241—242 页。
③ 王国维：《最近二三十年中国新发现之学问》，《王国维全集》第十四卷，第 239 页。

敦煌文献等材料，不属于地下出土范围的明清内阁大库档案及其重要价值，也是他推出"二重证据法"的文献依据和学术动因之一，不应忽略。

基于以上认识，我们认为，应该全面、正确地认识和把握"二重证据法"，它并非仅仅涉及出土文献，而是一种具有普遍意义的研究方法、学术规范，乃"天下之公器"。从另一个角度说，出土文献亦并非绝对万能，不应过分夸大其价值和作用。具体到《孔子家语》，现在仅仅依靠出土文献及其研究成果似乎并不能为其作者、成书等问题推出最终的结论，达成最后的共识。所以，目前有些学者仍然纠结于《孔子家语》的真伪问题，不认同《家语》内容的真实性，不承认《家语》在孔子和儒学研究上的权威性，甚至坚持认定《家语》是王肃伪作，对此我们也只能表示理解，并将问题的彻底解决寄望于未来大雅君子的努力。

四

在《孔子家语》现存的各种版本中，大都附有王肃注。元代王广谋，明代何孟春、杨守勤、张鼎、周宗建等各有注本，清代姜兆锡有《家语正义》、孙志祖有《家语疏证》、陈士珂有《孔子家语疏证》等。这说明，学者们对《孔子家语》还是有所关注、有所考察、有所研究的。只是长期以来，由于被打入伪书之列，《家语》的确受到某种程度的冷落和轻视，整理研究者尚不算多，理想的整理本更是所见甚少。

20多年前，我曾应三秦出版社之约，撰成《孔子家语注译》，并于1998年1月出版、发行。此事得首先感谢三秦出版社现任总编辑赵建黎编审，感谢他对编辑、出版中华优秀传统文化读物的高度关注和身体力行，感谢他长期以来对我的帮助、支持和指正。我与建黎总编相识、相交、相知，是始于20世纪90年代初期，是在中国历史文献研究会的一次年会上，那时他还是一位年轻的业务编辑，意气风发，做事干练，对古籍出版工作敬业、执着，又讲情谊，重然诺，给人们留下了很深的印象。围绕着《孔子家语》等古代典籍的真伪和流传问题，我们或会议交流，或书信往还，或电话沟通，互相之间有很多共同的话题，并在不少问题上形成了共识。这样，就有了三秦版《孔子家语注译》的推出，建黎编审则是该书的责任编辑。

由于我和建黎编审的努力，该书力求校注和今译的准确、精当，又反映了最新的学术进展和研究成果，而且出版也相对较早，占得一定先机，因而受到学术界的充分肯定。当时，有不少专家和机构向社会推荐"中国古代史著作（先秦文献典籍）"，该书就有幸忝列其中。当然，我也深知，这是人们尤其是前辈学者对该书及其整理者和出版者的一种厚爱、信任和鼓励。

必须指出的是，由于当时出版社将《孔子家语注译》与《白话老子》《白话孟子》《白话山海经》一类的"白话"书籍一同列入一套小32开本的"中国传统文化丛书"之中，该书往往被人们看作简单、通俗的普及读物而有所轻视甚至矮化，令人感到遗憾。如今，"国学热""中国文化热"风行全国甚至风靡全球，人们学习中华优秀传统文化经典热情高涨，由我本人对以往的译注工作进行必要的补益和完善，并由国内出版行业的龙头老大人民出版社出版、发行新书，这是一件值得高兴的事情，理应把它做好、做成功、做成藏之名山、传之后世的精品。

此次译注《孔子家语》，选用《四部丛刊》影印明黄鲁曾覆宋本为底本，同时校以文渊阁《四库全书》本（台湾商务印书馆影印本，简称"四库本"）、同文书局石印之影宋抄本（简称"同文本"）、刘世珩玉海堂影宋本（简称"玉海堂本"）、《四部备要》据明毛氏汲古阁本之排印本（简称"备要本"）、《丛书集成初编》所收陈士珂《孔子家语疏证》（简称"陈本"）等多种版本的《孔子家语》，以及《礼记》《大戴礼记》《左传》《国语》《晏子春秋》《荀子》《吕氏春秋》《韩诗外传》《淮南子》《史记》《说苑》《新序》《列女传》等其他相关的先秦两汉典籍，择善而从，并在注释中予以说明，且于特别必要之处校以类书、旧注所引《家语》。

译注工作中，我还参考了以下文献：明何孟春注《孔子家语》（齐鲁书社 1997 年《四库全书存目丛书》影印本），明吴嘉谟集校《孔圣家语图》（上海古籍出版社 1994 年"中国古代版画丛刊二编"影印本），清姜兆锡《家语正义》（《四库全书存目丛书》影印本），《孔子——周秦汉魏文献集》（复旦大学出版社 1990 年版）中的《孔子家语》部分，刘乐贤编著《孔子家语》（燕山出版社 1995 年版），廖名春、邹新明校点《孔子家语》（辽宁教育出版社 1997 年"新世纪万有文库"本），杨朝明、宋立林主编《孔子家语通解》（齐鲁书社 2009 年版），王国轩、王秀梅译注《孔子家语》（中华书局 2011 年版），日本学者宇野精一译注《孔子家语》（日文版，明治书院 1996 年版），等等。这些著述对于我顺利完成译注工作颇有助益。

其间，我也注意到了新近出版的有关《孔子家语》的研究论著，如刘巍《〈孔子家语〉公案探源》（社会科学文献出版社 2014 年版）、邬可晶《〈孔子家语〉成书考》（中西书局 2015 年版）、王秀江《〈孔子家语〉考述》（中国社会科学出版社 2016 年版）、宁镇疆《〈孔子家语〉新证》（中西书局 2017 年版）等，注意到了近年一些学者发表的相关论文。这些都在进一步深刻认识《孔子家语》并且更好地完善译注过程中起到了一定的借鉴和启发作用。在此，谨向上述学者表示真诚的谢意。

为了便于读者客观地了解、分析《家语》的来源及其与王肃的关系，注释中引用了王肃注文，书后附有孔安国、孔衍序奏和王肃序文。王肃注文和序文，参照各本，择善而从，不再出校，以免繁复之累；二孔序奏则引自元马端临《文献通考》。书后还附有清王仁俊辑《家语佚文》，录自《经籍佚文》（上海古籍出版社 1989 年影印王氏稿本《玉函山房辑佚书续编三种》之一）而又核对原文，加以校正。最末则遵照现行学术规范，附上主要征引书目。凡此种种，其目的都是为了要推出一个较为完备而又便于阅读的《孔子家语》读本，从而有助于进一步深化对《家语》的认识和研究，有助于更好地研读孔子学说、儒家思想及其文化经典，有助于进一步拓展和深化相关学科建设、学术研究领域，有助于进一步传承、传播和弘扬中华优秀传统文化，并实现其现代性转化和创新性发展。

限于学术水平和研究能力，译注中肯定还会有不少错误或疏漏之处，尚祈各位专家及读者不吝赐教，多予指正。

张　涛

2017 年 7 月撰于

北京师范大学中国易学文化研究院

卷 一

相鲁第一

【原文】

孔子初仕，为中都宰①，制为养生送死之节②：长幼异食③，强弱异任④，男女别涂⑤，路无拾遗，器不雕伪⑥；为四寸之棺、五寸之椁⑦，因丘陵为坟，不封不树⑧。行之一年，而西方之诸侯则焉⑨。定公谓孔子曰⑩："学子此法以治鲁国，何如？"孔子对曰："虽天下可乎，何但鲁国而已哉？"于是二年⑪，定公以为司空⑫，乃别五土之性⑬，而物各得其所生之宜⑭，咸得厥所⑮。

先时季氏葬昭公于墓道之南⑯，孔子沟而合诸墓焉⑰。谓季桓子曰⑱："贬君以彰己罪，非礼也。今合之，所以掩夫子之不臣⑲。"由司空为鲁大司寇⑳，设法而不用，无奸民。

【注释】

①中都：鲁邑，在今山东汶上西。宰：邑宰，地方长官。事又分见于《左传·定公元年》《礼记·檀弓上》《史记·孔子世家》。

②节：礼节。

③长幼异食：王肃注："如《礼》年五十异食也。"即50岁后，年龄愈大，所得食物愈优，以示敬老。

④ 强弱异任：王肃注："任，谓力作之事。各从所任，不用弱也。"

⑤ 男女别涂：谓行路之时，男子由右，女子由左。涂，通"途"，道路。

⑥ 器：指包括人在内的各种有形的具体事物，如动物、植物、器械等。不雕伪：王肃注："无文饰雕画，不诈伪。"

⑦ 椁（guǒ）：套于棺外的大棺。王肃注："以木为椁。"

⑧ 不封：王肃注："不聚土以起坟者也。"不树：王肃注："不树松柏。"

⑨ 西方之诸侯则焉：王肃注："鲁国在东，故西方诸侯皆法则。"则，效法。

⑩ 定公：即鲁定公，鲁国国君，姬姓，名宋，在位15年（前509—前495年）。

⑪ 二年：即第二年，次年。

⑫ 司空：负责国家土地管理和工程建设的最高长官。司空在鲁国为孟孙氏世袭之职，孔子所任，实为小司空，即司空的副职。

⑬ 五土：即五种土地。王肃注："一曰山林，二曰川泽，三曰丘陵，四曰坟衍，五曰原隰。"

⑭ 物各得其所生之宜：王肃注："所生之物各得其宜。"物，万物。

⑮ 厥：犹"其"。

⑯ 季氏葬昭公于墓道之南：王肃注："季平子逐昭公，死于乾侯，平子别而葬之，贬之，不令近先公也。"鲁国先公诸墓在北，葬昭公于墓道南，则与其先公诸墓相隔较远。季氏，又称季孙氏，指季平子，鲁国大夫，名意如，曾为卿而执鲁政。昭公，即鲁昭公，鲁国国君，名裯，或作稠、裯，在位32年（前541—前510年）。因不满季氏、叔孙氏、孟（仲）孙氏专权，于昭公二十五年（前517年）攻伐季氏，反为其所败而奔齐、晋。

⑰ 沟而合诸墓：谓在昭公墓外挖沟，扩大墓域，表示昭公墓与鲁国先公诸墓处于同一区域。

⑱ 季桓子：鲁国大夫，名斯，季平子之子，嗣平子之位为卿而执鲁政。

⑲ 揜（yǎn）：遮掩，掩蔽。夫子：对男子的敬称。此指季桓子之父平子。

⑳ 大司寇：即司寇，掌管司法、刑狱和社会治安的最高长官。司寇之下有小司寇之职。为别于此，故亦称司寇为大司寇。

【译文】

孔子开始从政，当上了中都宰，制订了养生送死的礼节：年纪大的和年纪小的享有不同的食物，强壮的和体弱的承担不同的职事，男女走路分左右，丢失在路上的东西没有人捡起来据为己有，对物不文饰、不雕画而为人不虚假、不伪诈；安葬死者时，制作四寸厚的棺、五寸厚的椁，傍着山丘造坟，不积土，不栽树。上述礼制实行了一年，西边各诸侯国纷纷效法。鲁定公问孔子说："学习您这套办法来治理鲁国，怎么样？"孔子回答："即便是用它来治理天下都可以，何况只是一个鲁国呢？"第二年，定公任用孔子为小司空。孔子区分五种土地的不同特性，使万物获得最适宜的生长条件，全部各得其所。

起初季氏把鲁昭公埋葬在鲁国先公坟墓南边，如今孔子派人在昭公墓外挖沟，将其归入先公墓域。孔子对季桓子说："贬低君主而使自己的罪行彰显于世，是不符合礼制的。现在将其归入先公墓域，可以遮掩令尊不合臣道的行为。"孔子又由小司空升任大司寇，制订了法令却始终用不着，境内不再有行为不端的奸民。

【原文】

定公与齐侯会于夹谷①，孔子摄相事②，曰："臣闻有文事者必有武备③，有武事者必有文备④。古者诸侯并出疆，必具官以从⑤。请具左右司马⑥。"定公从之。

至会所，为坛位⑦，土阶三等⑧，以遇礼相见⑨，揖让而登⑩。

献酢既毕⑪，齐使莱人以兵鼓谍⑫，劫定公。孔子历阶而进⑬，以公退，曰："士以兵之⑭！吾两君为好，裔夷之俘敢以兵乱之⑮，非齐君所以命诸侯也。裔不谋夏⑯，夷不乱华，俘不干盟⑰，兵不逼好，于神为不祥，于德为愆义⑱，于人为失礼，君必不然。"齐侯心怍⑲，麾而避之⑳。

有顷㉑，齐奏宫中之乐，俳优、侏儒戏于前㉒。孔子趋进，历阶而上，不尽一等㉓，曰："匹夫荧侮诸侯者㉔，罪应诛！请右司马速刑焉㉕！"于是斩侏儒，手足异处㉖。齐侯惧，有惭色。

将盟，齐人加载书曰㉗："齐师出境，而不以兵车三百乘从我者㉘，有如此盟㉙！"孔子使兹无还对曰㉚："而不返我汶阳之田㉛，吾以供命者㉜，亦如之！"

齐侯将设享礼㉝。孔子谓梁丘据曰㉞："齐、鲁之故㉟，吾子何不闻焉㊱？事既成矣，而又享之，是勤执事㊲。且牺、象不出门㊳，嘉乐不野合㊴。享而既具㊵，是弃礼；若其不具，是用秕稗㊶。用秕稗，君辱；弃礼，名恶。子盍图之㊷？夫享，所以昭德也。不昭，不如其已。"乃不果享。

齐侯归，责其群臣曰："鲁以君子道辅其君，而子独以夷狄道教寡人㊸，使得罪。"于是乃归所侵鲁之四邑及汶阳之田㊹。

【注释】

① 齐侯：指齐景公，齐国国君，姜姓，名杵臼，在位58年（前547—前490年）。夹谷：或作"颊谷"。齐地，在今山东莱芜南夹谷峪。事又见《左传》《穀梁传·定公十年》《新语·辨惑》《史记·孔子世家》。

② 摄：兼职，兼任。相：指相礼者，即在外交场合佐助国君、主持礼仪之人。

③ 文事：指非军事方面的事情，如外交、文教、礼仪等活动。武备：军备，指武装力量、军事装备等。

④ 文备：指外交、文教、礼仪等方面的措施。

⑤ 具官：配备必要的官员。具，配备。此指安排。

⑥ 司马：掌管军备的官吏。

⑦ 坛位：坛上设席，以示礼遇。坛，用于祭祀、誓师、会盟等活动的高台，多以土石建成。

⑧ 等：台阶的级。

⑨ 遇礼：王肃注："会遇之礼，礼之简略者也。"

⑩ 揖让：宾主相见的礼仪。揖，拱手为礼。让，恭敬谦让。

⑪ 献酢（zuò）：宾主相互敬酒。进酒于宾客称献，宾客答之称酢。

⑫ 莱人：王肃注："莱人，齐人东夷。"莱人原立国于今山东半岛一带，今龙口东南莱子城为其故都。莱国于齐灵公十五年（前 567 年）为齐所灭，莱人流落各地，夹谷即其流落地之一。鼓诊（càn）：擂鼓呐喊。

⑬ 历阶：《史记》司马贞索隐引王肃曰："历阶，登阶不聚足。"古人登阶，一般两只脚同时登在一级台阶，然后再登另一级，其间有一个双脚取齐的停顿时间。若一只脚登上一级，一只脚接着直接跨到另一级台阶，就称为历阶。

⑭ 以：语助词。兵：此处指攻击。

⑮ 裔夷之俘：被俘虏的边远地区夷人。此指莱人。裔，远。

⑯ 夏：泛指古代中原地区。下"华"义同。

⑰ 干：犯，冲犯。

⑱ 僁（qiān）：同"愆"，违背，违失。

⑲ 怍（zuò）：羞惭，惭愧。

⑳ 麾：挥手，指挥。

㉑ 有顷：不久，一会儿。

㉒ 俳优：以表演乐舞和滑稽杂耍为业的艺人。侏儒：身材异常矮小的人。古时常用以为俳优弄人。

㉓ 不尽一等：没有登上最高一级台阶，即第三级台阶。

㉔ 荧侮：迷惑侮狎。

㉕ 刑：行刑，刑杀。

㉖ 手足异处：指腰斩之刑。

㉗ 载书：盟书，会盟时所订的誓约文件。

㉘ 而：你，你们。乘（shèng）：四匹马拉的车一辆为一乘。

㉙ 有如：誓词中常用语。

㉚ 兹无还：王肃注："鲁大夫也。"

㉛ 汶阳：鲁地，在今山东泰安西南一带。因在汶水（今名大汶水或大汶河）之北，故名。地近齐国，数为其所侵夺。

㉜ 供：奉。

㉝ 享礼：宴享之礼，指设宴款待国宾。

㉞ 梁丘据：字子犹，齐国大夫，景公宠臣。

㉟ 故：旧典，旧有的典章制度。

㊱ 吾子何不闻焉：王肃注："梁丘据旧闻齐、鲁之故事。"吾子，对对方的敬称。

㊲ 勤：劳，辛苦。执事：对对方的敬称。

㊳ 牺、象：王肃注："作牺牛及象于其背为樽。"樽，同"尊"，酒器。不出门：谓列于朝廷、宗庙，不可出国门。

㊴ 嘉乐：用于宴享、祭祀的钟磬之乐。野合：谓于原野合奏。

㊵ 既：尽，全部。

㊶ 秕（bǐ）稗（bài）：王肃注："秕，谷之不成者。稗，草之似谷者。"此处用以比喻轻贱。

㊷ 盍：犹"何不"。

㊸ 独：犹"却"。夷狄：泛指我国中原汉族先民以外的各民族。古称我国东方各族为夷，北方各族为狄。寡人：君主的谦称。

㊹ 四邑及汶阳之田：王肃注："四邑，郓、谨（huān）、龟阴也。"据《春秋》及其杜预注，龟阴即龟山之阴，与郓、谨为三地，此言"四邑"，误；谨即汶阳之田，此谓"四邑及汶阳之田"，别而并列以言之，又误。郓，指西郓，在今山东郓城东。谨，在今山东肥城南。龟阴，在今山东新泰西南、泗水东北。

【译文】

鲁定公准备与齐景公在夹谷相会，孔子兼任相礼者。他对定公说："臣下我听说办理文事的时候必须有武备配合，办理武事的时候也必须有文备配合。古代诸侯与其他诸侯同时出境，一定要安排官员随行。请安排左右司马随行。"定公听从了。

到了相会的地方，那里已筑设坛席，台阶只有三级，两国国君以简略的会遇之礼见面，相互拱手谦让着登坛。彼此敬酒以后，齐国指使莱人手持武器，擂鼓呐喊，企图劫持定公。孔子一步一阶地快步登坛，带着定公退出，并说："将士们拿起武器攻上去！我们两国国君友好会见，而被俘的边远之地的夷人却动武捣乱，这不是齐国国君号令诸侯的方法。边远之地不能图谋中原，夷人不能扰乱华夏，俘虏不能冲犯盟会，武力不能强迫别人友好，这些行为在神意方面是大不吉祥，在德行方面是违反道义，在人事方面是背弃礼制，作为君主绝对不能这样做。"齐景公感到羞惭，挥手让莱人退了下去。

过了一会儿，齐国奏起宫廷音乐，俳优、侏儒开始表演乐舞杂耍。孔子快步向前，一步一阶而上，但未上最高一级台阶。他说："平民百姓有敢迷弄诸侯的，论罪当斩！请右司马即刻行刑！"于是侏儒被腰斩，手脚分家。齐景公害怕了，脸上露出惭愧之色。

快要盟誓了，齐国人在盟书中加上："齐国军队出境，而你们鲁国不派三百辆兵车相从，有此盟誓为证！"孔子叫兹无还反驳说："你们齐国不归还我们汶阳的田地，却让我们奉命满足齐国的需要，也有此盟誓为证！"

齐景公打算设享礼款待鲁定公。孔子对梁丘据说："齐国、鲁国旧有的典章制度，您为什么没有听说呢？事情已经办完了，却又要设享礼，这是白白辛苦你们。而且牺尊、象尊不出国门，钟磬之乐不在野外合奏。设享礼时备齐它们，这是背弃礼制；如果不备齐，那又像用秕子和稗子一样轻贱而不郑重。像用秕子和稗子一样，君主感到耻辱；背弃礼制，名声就会不好。您何不考虑一下呢？享礼，是用来显扬德行的。不能显扬，不如作罢。"结果享礼没有搞成。

齐景公返回齐国后，责备群臣说："鲁国人用君子之道辅佐他们的国君，而你们却拿夷狄那一套办法来教我，使我得罪了鲁国国君。"于是便归还了所侵占的鲁国三座城邑以及汶阳的田地。

【原文】

孔子言于定公曰："家不藏甲①，邑无百雉之城②，古之制也。今三家过制③，请皆损之。"乃使季氏宰仲由隳三都④。叔孙不得意于季氏⑤，因费宰公山弗扰，率费人以袭鲁⑥。孔子以公与季孙、叔孙、孟孙入于费氏之宫⑦，登武子之台⑧。费人攻之，及台侧，孔子命申句须、乐颀勒士众⑨，下伐之，费人北⑩。遂隳三都之城⑪，强公室，弱私家，尊君卑臣，政化大行。

【注释】

① 家不藏甲：王肃注："卿大夫称家。甲，铠也。"甲，此处泛指武器。事又见《左传》《公羊传·定公十二年》。

② 邑无百雉之城：邑，都邑。雉，王肃注："高丈长丈曰堵，三堵曰雉。"城，都邑四周用作防守的墙垣，内称城，外称郭。根据周制，卿大夫皆有封邑，但其城垣不能过高过长而超过制度规定。

③ 三家：指鲁国大夫孟（仲）孙氏、叔孙氏、季孙氏，为鲁桓公之子仲庆父（亦称孟氏）、叔牙、季友的后裔，故又称"三桓"。三家在春秋后期执掌鲁国朝政，其中以季孙氏势力最大。

④ 宰：指卿大夫家臣的首领。仲由：孔子弟子，字子路，通称季路。鲁国卞（亦作"弁"，在今山东泗水东）人，以政事见称。隳（huī）：毁坏。三都：三家的封邑，即季孙氏之费（在今山东费县西北）、叔孙氏之郈（hòu，在今山东东平东南）、孟孙氏之成（在今山东宁阳东北）。建有宗庙的城邑称都。

⑤ 叔孙不得意于季氏：据《左传》，当作"叔孙辄不得意于叔孙

氏"。叔孙辄，字子张，叔孙氏庶子。季氏，当为"叔孙氏"之讹。

⑥ 鲁：指鲁国都城，在今山东曲阜。

⑦ 费氏：据《左传》《史记》，当为"季氏"之讹。

⑧ 武子之台：即季武子台，季武子所造之台。季武子，鲁国大夫，名宿，一作夙，襄公、昭公时曾为卿执政。

⑨ 申句（qú）须、乐颀：鲁国大夫。勒：统率，率领。

⑩ 北：败逃。

⑪ 遂堕三都之城：此处有误。据《左传》《史记》，三都之中，郈、费被堕，成邑宰公敛处父得孟孙氏暗中支持，据守抵抗公室军队，结果成未被堕，堕三都计划终未完成。下文"强公室，弱私家"云云，亦与史实不符。

【译文】

孔子对鲁定公说："卿大夫不应该私藏武器，他们的封邑不应该有高三百丈、长三百丈的城墙，这是自古以来就有的制度。现在三家都超过了制度规定，请统统加以减损。"于是就派季氏家宰仲由负责拆毁三家封邑的城墙。叔孙辄在叔孙氏家里不得志，就依靠费邑宰公山弗扰，率领费人攻袭鲁国都城。孔子带着定公与季孙氏、叔孙氏、孟孙氏一起躲进季氏的宫室，登上武子之台。费人来攻，到了台子旁边，孔子命令申句须、乐颀统率士众，下台攻击费人，结果费人败逃。于是孔子毁掉三家封邑的城墙，增强公室的力量，削弱卿大夫的势力，使君尊臣卑，政治和教化在鲁国境内得以普遍施行。

【原文】

初，鲁之贩羊有沈犹氏者，常朝饮其羊以诈市人①。有公慎氏者，妻淫不制。有慎溃氏，奢侈逾法。鲁之鬻六畜者②，饰之以储价③。及孔子之为政也，则沈犹氏不敢朝饮其羊，公慎氏出其妻④，慎溃氏越境而徙。三月，则鬻牛马者不储价，卖羊豚者不加饰⑤，男女行者别其涂⑥，道不拾遗，男尚忠信，女尚贞顺，四方客至于邑，不求有司⑦，皆如归焉⑧。

【注释】

①饮（yìn）：给人、畜喝水。事又分见于《荀子·儒效》《吕氏春秋·乐成》《新序·杂事一》。

②鬻：卖。六畜：指马、牛、羊、鸡、狗、猪。

③储价：诳人的价格。

④出：休弃，与妻子离婚。

⑤豚（tún）：小猪，此泛指猪。

⑥涂：同"途"，道路。

⑦不求有司：王肃注："有司常供其职，客不求而有司存焉。"有司，官吏。古时设官分职，各有专司，故称。

⑧如归：王肃注："言如归家，无所乏也。"

【译文】

从前，鲁国有个贩羊的沈犹氏，经常在早上给羊喝水以欺诈市人。有个公慎氏，妻子淫乱却不加制止。有个慎溃氏，生活奢侈，违背礼法。鲁国有卖六畜的，虚报诳人的价格。到了孔子当政，沈犹氏不再敢在早上给羊喝水，公慎氏休掉了妻子，慎溃氏逃出国境，迁徙别处。三个月后，卖牛马的不再在价格上诳人，卖羊猪的也不再虚报价格，男女走路分左右，东西遗失在路上也没有人捡起来据为己有，男子崇尚忠信，女子追求贞顺，四方宾客不论到了哪座城邑，都用不着去求助于官吏，好像是回到了自己的家里一样。

始诛第二

【原文】

孔子为鲁司寇，摄行相事，有喜色。仲由问曰："由闻君子祸至不惧，福至不喜。今夫子得位而喜，何也？"孔子曰："然，有是言也。不曰'乐以贵下人'乎①？"于是朝政七日而诛乱政大夫少正卯②，戮之于两观之下③，尸于朝三日④。

子贡进曰⑤："夫少正卯，鲁之闻人也⑥。今夫子为政而始诛之⑦，或者为失乎？"孔子曰："居⑧，吾语汝以其故⑨。天下有大恶者五，而窃盗不与焉⑩：一曰心逆而险，二曰行僻而坚，三曰言伪而辩，四曰记丑而博⑪，五曰顺非而泽⑫。此五者，有一于人，则不免君子之诛，而少正卯皆兼有之：其居处足以撮徒成党⑬，其谈说足以饰褒荣众⑭，其强御足以反是独立⑮。此乃人之奸雄者也，不可以不除。夫殷汤诛尹谐⑯，文王诛潘正⑰，周公诛管蔡⑱，太公诛华士⑲，管仲诛付乙⑳，子产诛史何㉑，是此七子皆异世而同诛者，以七子异世而同恶，故不可赦也。《诗》云：'忧心悄悄，愠于群小。'㉒小人成群，斯足忧矣。"

【注释】

① 下人：居于人之下，对人谦让。事又见《尹文子·大道下》《荀子·宥坐》《说苑·指武》。

② 朝政：即听朝政，治理朝廷政务。

③ 两观（guàn）：宫门前两边的望楼。

④ 尸：陈列尸体以示众。

⑤ 子贡：端木赐，孔子弟子，字子贡，一作"子赣"，卫国人，亦称卫赐，机敏善辩，以言语见长。

⑥ 闻人：有名望的人，有名望而为人所闻知者。

⑦ 始：先，首先。

⑧ 居：坐。

⑨ 汝：你。

⑩ 与：在其中。

⑪ 丑：指怪异之事。王肃注："丑，谓非义。"

⑫ 泽（shì）：通"释"，解释。

⑬ 撮：王肃注："撮，聚。"党，指私党，为私利而结合的一群人。

⑭ 荣（yíng）：通"营"，迷惑，惑乱。

⑮ 强御：刚愎自恃，拒不接受别人建议。反是：以非为是，是非颠倒。

⑯ 殷汤：即商汤，原为殷商部族领袖，子姓，后灭夏称王，成为商王朝的建立者。

⑰ 文王：即周文王，商末周族领袖，姬姓，名昌，商纣时为西伯，开始奠定周王朝统治的基础。

⑱ 周公：周初贵族，姬姓，周文王之子，武王之弟，名旦，亦称叔旦。曾佐助武王灭商。成王即位时年幼，由他摄政。管蔡：即管叔和蔡叔，皆为周初诸侯，文王之子，武王之弟。管叔名鲜，封于管（今河南郑州）。蔡叔名度，封于蔡（今河南上蔡西南）。周公摄政，二人不服，遂与商纣之子武庚叛乱。周公出兵征讨，管叔和武庚被杀，蔡叔被放逐而死，故此处言诛。

⑲ 太公诛华士：王肃注："士之为人虚伪，亦聚党也。而韩非谓华士耕而后食，凿井而饮。信其如此，而太公诛之，岂所以谓太公者哉？"太公，即姜尚，也称吕尚，姜姓，名望，或说字子牙，世称姜太公，辅

佐周武王灭商，被封于齐，建都营丘（今山东淄博东）。华士，一作"华仕"。详参《韩非子·外储说右上》。

⑳ 管仲：春秋时齐国大臣，名夷吾，字仲，一字敬仲，颍上（在今安徽境内）人。齐桓公时为卿，尊称仲父，执政 40 余年。

㉑ 子产：春秋时郑国贵族，即公孙侨、公孙成子，名侨，字子产，一字子美。郑简公时为卿执政。

㉒ "忧心悄悄，愠于群小"：见《诗经·邶风·柏舟》。悄（qiǎo）悄，忧愁貌。愠（yùn），怒，怨怒。

【译文】

孔子既已担任鲁国大司寇，又曾兼任相礼者，脸上露出喜悦之色。仲由问道："仲由我听说，对君子来讲，灾祸临头不惧怕，福气到来也不喜形于色。如今先生您获得官位而面带喜悦之色，这是为什么呢？"孔子说："对，是有这样的说法。然而不是还有一句话说'乐在身处高位而能谦让于人'吗？"于是当政七日便除掉了扰乱朝政的大夫少正卯，将他杀于两观之下，陈尸朝廷三天。

子贡前往进见孔子，问道："少正卯是鲁国的知名人士。现在先生您一当政就先把他杀掉，也许是个错误吧？"孔子说："坐下，我告诉你其中的缘故。天下有五种重大罪恶，可是窃盗不在这里面：第一是思想叛逆而凶险，第二是行为邪僻而固执，第三是言语虚伪而好辩，第四是记忆怪事而广博，第五是依顺非理之事而加以解释。这五种只要有其中一种存在于人身上，就免不了被君子杀掉，而在少正卯身上这五种罪恶都具备了：他在活动的地方足以聚徒成群，他在言谈之时足以张扬惑众，他的刚愎自恃足以颠倒是非，独立一派。这是人群中的奸雄，不能不除。商汤杀尹谐，文王杀潘正，周公杀管叔、蔡叔，太公杀华士，管仲杀付乙，子产杀史何，这七个人处于不同时代而都一样被杀掉，是因为这七个人虽然所处时代不同而犯下的罪恶相同，所以都不能赦免。《诗经》里说：'忧愁不已苦煎熬，心中怨怒恨群小。'小人成群结党，这是很令人担忧的。"

【原文】

　　孔子为鲁大司寇，有父子讼者，夫子同狴执之①，三月不别②。其父请止，夫子赦之焉。季孙闻之，不悦，曰："司寇欺余。曩告余曰③：'国家必先以孝。'余今戮一不孝以教民孝，不亦可乎？而又赦，何哉？"冉有以告孔子④。

　　子喟然叹曰⑤："呜呼！上失其道而杀其下，非理也。不教以孝而听其狱⑥，是杀不辜⑦。三军大败⑧，不可斩也；狱犴不治⑨，不可刑也。何者？上教之不行，罪不在民故也。夫慢令谨诛⑩，贼也⑪；征敛无时，暴也；不试责成，虐也。政无此三者，然后刑可即也。《书》云：'义刑义杀，勿庸以即汝心，惟曰未有慎事。'⑫言必教而后刑也。既陈道德，以先服之⑬；而犹不可，尚贤以劝之；又不可，即废之；又不可，而后以威惮之⑭。若是三年，而百姓正矣。其有邪民不从化者，然后待之以刑，则民咸知罪矣。《诗》云：'天子是毗，俾民不迷。'⑮是以威厉而不试，刑错而不用⑯。今世则不然，乱其教，繁其刑，使民迷惑而陷焉⑰，又从而制之⑱，故刑弥繁而盗不胜也⑲。夫三尺之限⑳，空车不能登者，何哉？峻故也。百仞之山㉑，重载陟焉㉒，何哉？陵迟故也㉓。今世俗之陵迟久矣，虽有刑法，民能勿逾乎？"

【注释】

　　①狴（bì）：王肃注："狴，狱牢也。"事又见《荀子·宥坐》《韩诗外传》卷三、《说苑·政理》。

　　②别：决，判决。

　　③曩：往昔，从前。

　　④冉有：孔子弟子，即冉求，字子有，通称冉有，鲁国人，以政事见称，尤擅长理财。

⑤ 喟然：感叹、叹息貌。

⑥ 听：审理。

⑦ 不辜：指无罪之人。

⑧ 三军：周制，诸侯大国三军。中军最尊，上军次之，下军又次之。此处泛指军队。

⑨ 狱犴（àn）：牢狱。犴，本指乡亭的拘留所，亦泛指牢狱。

⑩ 谨：严，严厉。

⑪ 贼：害，伤害。此谓伤害别人。

⑫ "义刑义杀"三句：见《书尚·周书·康诰》。文字与今本略有不同。王肃注："庸，用也。即，就也。刑教皆当以义，勿用以就汝心之所安。当谨之，自谓未有顺事，且陈道德以服之，以无刑杀而后为顺。是先教而后刑也。"

⑬ 服：行，施行。

⑭ 惮（dá）：通"怛"，使惊恐。

⑮ "天子是毗，俾民不迷"：见《诗经·小雅·节南山》。王肃注："毗（pí），辅也。俾，使也。言师尹当毗辅天子，使民不迷。"

⑯ 错：通"措"，置，设置。

⑰ 陷：犯有错误、过失。

⑱ 制：禁止，抑制。

⑲ 胜：尽。

⑳ 限：门槛。

㉑ 百仞：形容极高。八尺为一仞。

㉒ 重载：满载货物的车子。陟：登，登上。

㉓ 陵迟：王肃注："陵迟，犹陂池也。"谓坡度倾斜缓延，也指世风俗制逐渐废弛。

【译文】

　　孔子担任鲁国大司寇期间，有父子俩前来打官司的，孔子把他们逮起来，关在同一间牢房里，三个月不予判决。其中那个做父亲的请求撤销诉讼，孔子便赦免了他们。季孙氏听到这件事，很不高兴，说："司寇欺骗了我。从前他对我说：'治理国家一定要把孝道放在首位。'如今我要杀掉一个不孝之人来教育百姓遵守孝道，不也可以吗？而他却又加以赦免，这是为什么呢？"冉有将这番话告诉了孔子。

孔子叹息一声，说道："哎呀！在上位的失去道义，却杀掉位居其下的人，这是不合理的。不用孝道来教育他们，却直接审理他们的案件，这是屠杀无罪的人。军队打了败仗，不能将他们统统斩杀；监狱治理不好，不能对犯人施以刑罚。为什么呢？这是因为在上位的不能推行教化，罪责不在百姓。下达可缓行的命令，实行严厉的诛罚政策，这是残害百姓；征收赋税烦苛无度，这是陵暴百姓；未曾尝试便责令成功，这是虐待百姓。为政而没有这三种现象，然后才可以施用刑罚。《尚书》里说：'要施行正义的刑罚、正义的诛杀，不要让刑罚和诛杀迁就自己的想法，应该强调自己还没有把事情办顺利、办妥当。'这是说必须推行教化，而后才能施用刑罚。既然已经陈述道德之教，自己首先要身体力行；如果行不通，就通过尊崇贤人来劝勉他们；如果还行不通，就废黜不才之人；如果仍然行不通，就用威严之令来震慑他们。这样进行三年，百姓就会归于正途。如有奸邪之民不听从教化，然后可以用刑罚来进行处置，那么百姓就都知道什么是犯罪行为了。《诗经》里说：'朝廷重臣佐天子，应使百姓心不迷。'因此威势猛烈而不必尝试，刑罚设置而不必使用。现在却不是这个样子，教令紊乱，刑罚繁重，使百姓迷惑不解，无所适从，以致陷入犯罪的境地。又从而加以遏止，所以刑罚越来越繁重而盗行不尽。三尺高的门槛，即使是空车也拉不过去，这是为什么？这是因为门槛陡峭。百仞高的大山，连载重之车都能拉得上去，这又是为什么呢？这是因为山坡倾斜缓延。当今世风俗制逐渐废弛已经很久了，即便制订了刑法，百姓能不违反吗？"

王言解第三

【原文】

孔子闲居①，曾参侍②。孔子曰："参乎！今之君子唯士与大夫之言可闻也③，至于君子之言者希也④。於乎⑤！吾以王言之⑥，其不出户牖而化天下⑦。"曾子起，下席而对曰⑧："敢问何谓王之言⑨？"孔子不应，曾子曰："侍夫子之闲也，难对，是以敢问。"孔子又不应，曾子肃然而惧⑩，抠衣而退⑪，负席而立。

有顷，孔子叹息，顾谓曾子曰："参，汝可语明王之道与⑫？"曾子曰："非敢以为足也。请因所闻而学焉。"

子曰："居，吾语汝。夫道者所以明德也，德者所以尊道也，是以非德道不尊，非道德不明。虽有国之良马，不以其道服乘之⑬，不可以道里⑭。虽有博地众民，不以其道治之，不可以致霸王。是故昔者明王内修七教，外行三至。七教修然后可以守，三至行然后可以征。明王之道，其守也，则必折冲千里之外⑮；其征也⑯，则必还师衽席之上⑰。故曰内修七教而上不劳，外行三至而财不费。此之谓明王之道也。"

曾子曰："不劳不费之谓明王，可得闻乎？"孔子曰："昔者帝舜左禹而右皋陶⑱，不下席而天下治。夫如此，何上之劳乎？政之不平，君之患也；令之不行，臣之罪也。若乃十一而税⑲，用民之力岁不过三日⑳，入山泽以其时而无征，关讥市廛，皆不收赋㉑，此则生财之路，而明王节之，何财之费乎？"

曾子曰："敢问何谓七教？"孔子曰："上敬老则下益孝，上尊齿则下益悌㉒，上乐施则下益宽，上亲贤则下择友，上好德则下不隐，上恶贪则下耻争㉓，上廉让则下耻节，此之谓七教。七教者，治民之本也。政教定则本正也。凡上者民之表也㉔，表正则何物不正？是故人君先立仁于己，然后大夫忠而士信，民敦俗璞㉕，男悫而女贞㉖。六者教之致也㉗，布诸天下四方而不窕㉘，纳诸寻常之室而不塞㉙，等之以礼㉚，立之以义，行之以顺㉛，则民之弃恶如汤之灌雪焉㉜。"

曾子曰："道则至矣㉝，弟子不足以明之。"孔子曰："参以为姑止乎㉞？又有焉。昔者明王之治民也，法必裂地以封之，分属以理之，然后贤民无所隐，暴民无所伏，使有司日省而时考之㉟，进用贤良，退贬不肖㊱，然则贤者悦而不肖者惧。哀鳏寡㊲，养孤独㊳，恤贫穷，诱孝悌㊴，选才能。此七者修，则四海之内无刑民矣。上之亲下也，如手足之于腹心；下之亲上也，如幼子之于慈母矣。上下相亲如此，故令则从，施则行，民怀其德，近者悦服，远者来附，政之致也。夫布指知寸㊵，布手知尺，舒肘知寻㊶，斯不远之则也。周制三百步为里，千步为井，三井而埒㊷，埒三而矩，五十里而都，封百里而有国，乃为稸积资聚焉㊸，恌行者有亡㊹。是以蛮夷诸夏㊺，虽衣冠不同，言语不合，莫不来宾㊻。故曰无市而民不乏，无刑而民不乱。田猎罩弋㊼，非以盈宫室也㊽；征敛百姓，非以盈府库也。惨怛以补不足㊾，礼节以损有余，多信而寡貌㊿，其礼可守，其言可覆，其迹可履，如饥而食，如渴而饮，民之信之，如寒暑之必验。故视远若迩[51]，非道迩也，见明德也[52]。是故兵革不动而威[53]，用利不施而亲[54]，万民怀其惠。此之谓明王之守，折冲千里之外者也。"

曾子曰："敢问何谓三至？"孔子曰："至礼不让而天下治，至赏不费而天下士悦，至乐无声而天下民和。明王笃行三至[55]，故天下之君可得而知[56]，天下之士可得而臣，天下之民可得而用。"

曾子曰："敢问此义何谓?"孔子曰："古者明王必尽知天下良士之名。既知其名，又知其实，又知其数及其所在焉㊿，然后因天下之爵以尊之，此之谓至礼不让而天下治。因天下之禄以富天下之士，此之谓至赏不费而天下之士悦。如此则天下之名誉兴焉㊽，此之谓至乐无声而天下之民和。故曰所谓天下之至仁者，能合天下之至亲也；所谓天下之至明者，能举天下之至贤者也。此三者咸通，然后可以征。是故仁者莫大乎爱人，智者莫大乎知贤，贤政者莫大乎官能㊾。有土之君修此三者，则四海之内供命而已矣。夫明王之所征，必道之所废者也，是故诛其君而改其政，吊其民而不夺其财㊿。故明王之政，犹时雨之降㊿，降至则民悦矣。是故行施弥博，得亲弥众。此之谓还师衽席之上㊿。"

【注释】

①孔：原作"曾"，据库本、同文本、玉海堂本、陈本及《大戴礼记》改。闲居：避人独居。事又见《大戴礼记·主言》。

②曾参（shēn）：孔子弟子，字子舆，后世尊称曾子，鲁国南武城（在今山东嘉祥，或说在今山东平邑）人，以德行著称，尤重孝道。侍：陪侍，在旁边陪伴。

③君子：指国君。

④君子之言者希也：谓很少闻听治国安民之道。希，罕，少。

⑤於（wū）乎：同"呜呼"，感叹词。

⑥王：指王者之道。

⑦户牖（yòu）：门窗。

⑧席：座位。

⑨敢：谦词，犹"冒昧"。

⑩肃然：恭敬貌。

⑪抠衣：提起衣服前襟。迎趋时的动作，表示恭敬。抠，提，提起。

⑫ 与：同"欤"，语助词，用在句尾，表示疑问。

⑬ 服：乘。

⑭ 道里：谓能行很远的路途。

⑮ 折冲：使敌人的战车后撤，即制敌取胜，打退敌人的进攻。冲，冲车，一种战车。

⑯ 也：此字原脱，据库本、同文本、玉海堂本、陈本及《大戴礼记》补。

⑰ 衽席：卧席，寝处之所，借指安宁太平的生活。

⑱ 帝舜：即虞舜，传说中古代帝王，姚姓，有虞氏，名重华。禹：即夏禹，相传为夏后氏部落领袖，虞舜大臣，姒姓，因治水有功，被舜选为继承人，舜死后称帝。皋陶：或作"咎陶""咎繇"。相传为东夷族首领，虞舜大臣，偃姓，掌管刑法，以公正著称。后为禹臣，并被确定为继承人，因早死而未即位。

⑲ 若乃：至于。十一而税：按十分之一的税率征收赋税。

⑳ 力：徭役。

㉑ 关讥市廛，皆不收赋：王肃注："讥，呵也。讥异服，识异言，及市廛皆不赋税，古之法也。"关，关口，关卡。讥，呵，查问。市，市场，集市。廛（chán），同"㘓"，本指市中储存、出售货物的地方，此谓在市中给予空地以储存、出售货物。

㉒ 尊齿：谓尊崇、敬重年纪大的人。齿，人的年龄。悌：尊重、敬爱兄长。

㉓ 贪：原作"贫"，据库本、同文本、玉海堂本、备要本及《大戴礼记》改。

㉔ 表：表率，仪范。

㉕ 敦：质朴，厚道。璞：王肃注："璞，悫愿貌。"即天真，纯朴。

㉖ 悫（què）：忠厚，诚实。

㉗ 六者教之致也：据文中所述，又观下文有"七者布诸天下"云云，而《大戴礼记》亦作"七者教之志也"，故"六"当为"七"之讹。

致，极，极点。

㉘ 窕（tiǎo）：间隙，不充满。原作"怨"，据同文本、玉海堂本、陈本及《大戴礼记》改。

㉙ 塞：充实，充满。

㉚ 等：区别等级次序。

㉛ 顺：理，道理。

㉜ 汤：热水，沸水。

㉝ 至：极点，到极点。

㉞ 姑：姑且，暂且。

㉟ 省：反省，内省，自我检查。

㊱ 不肖：不成材、不正派的小人。

㊲ 哀：哀怜，怜悯。鳏寡：老而无妻和无夫的人。

㊳ 孤独：幼而丧父和老而无子的人。与"鳏寡"并引申为老弱孤苦、独居无依者。

㊴ 诱：引导，劝导。

㊵ 布指：伸开手指。布，展开，伸开。

㊶ 舒：伸展。寻：长度单位。八尺为一寻，一说七尺或六尺为一寻。

㊷ 千步为井，三井而埒（liè）：王肃注："此说里数，不可以言井，井自方里之名。疑此误。"

㊸ 稸（xù）积：指积贮的谷物等。稸，同"蓄"，积蓄。原作"福"，据同文本、玉海堂本、备要本、陈本改。资聚：积聚。聚，原作"求"，据同文本、玉海堂本、备要本、陈本改。

㊹ 恤：顾及，顾念。行者：出行的人。有亡（wú）：指资财的丰与薄，有余与不足。有，多，富足。亡，通"无"。

㊺ 蛮夷：泛指四方边远地区的少数民族。

㊻ 宾：服从，归顺。

㊼ 田：狩猎。罩：王肃注："罩，掩网。"用以捕鸟。弋（yì）：王肃注："弋，缴射。"谓以绳系矢而射。

㊽ 盈：充，充满。

㊾ 憯怛（dá）：忧伤，悲痛。怛，痛，痛苦。

㊿ 貌：指与内心不符的表面现象、外表掩饰。

(51) 迩（ěr）：近。

(52) 见（xiàn）：显示，显露。

(53) 兵革：兵器和甲胄的总称。泛指武器军备。威（wèi）：通“畏”，畏惧。

(54) 用：财货。利：爵赏。亲：谓民亲其上。

(55) 笃行：切实履行，坚持实行。笃，固，坚实。

(56) 君：指诸侯、卿大夫。知：主宰，管理。

(57) 数：技术，道艺。

(58) 天下之：此下原衍一“民”字，据同文本、玉海堂本、陈本删。

(59) 贤：疑此为衍文。官能：任用有才能的人为官。官，使为官，授给别人官职。

(60) 吊：恤，慰问，抚慰。

(61) 时雨：应时的雨水。时，得时，应时。

(62) 还师衽席之上：王肃注：“言安安而无忧。”

【译文】

孔子居处家中，曾参在身边陪着。孔子说：“曾参呀！如今的国君只能听到士和大夫的言论，至于治国安民的道理就更少听到了。哎呀！我把王者之道讲出来，他们不用出屋就可以使教化行于天下。”曾子站起来，离开座位，问孔子说：“冒昧问一下，什么是王者之言？”孔子没有答话。曾子说：“难得陪先生您空闲在家独处，我对这一问题难以理解，所以才冒昧一问。”孔子仍然没有答话。于是曾子表现出毕恭毕敬而且十分恐慌的样子，提起衣服前襟，后退几步，靠座位站立着。

过了一会儿，孔子叹息一声，望着曾子说：“曾参，你能讲出明王之道吗?"曾子答道:"我不敢认为自己有足够的能力做到这一点。恳请先生允许我根据所听到的进行学习。"

孔子说:"坐下,我告诉你。道艺是用来彰明德行的,德行是用来尊崇道艺的,所以没有德行,道艺就得不到尊崇;没有道艺,德行就得不到彰明。虽然有全国最好的马,但不能用合适的方法骑乘它,就无法走很远的路程。虽然有广阔的土地、众多的人民,但不能用合适的方法加以治理,就无法达到称王称霸的目的。因此从前圣明君王对内办好七教,对外实行三至。七教办好了,然后可以守卫国土;三至实行了,然后可以对外征伐。遵行明王之道,守卫国土时必定能退敌于千里之外,对外征伐时必定能使军队平安返回。所以说对内办好七教,君主便用不着劳累;对外实行三至,财物便用不着耗费。这就叫做明王之道。"

曾子问道:"不劳累、不耗费就称为圣明君王,能听听其中的道理吗?"孔子说:"从前帝舜以禹和皋陶为左右辅臣,不用离开座位就能实现天下太平。像这样,哪里有君主的劳累?为政做不到公平,这是君主的祸患;政令得不到推行,这是臣下的罪过。至于抽取十分之一的赋税,让百姓服徭役每年不过三天,百姓可以按时进入山林而不纳税,关卡只是加以查问,市场则提供给人们空地以储存、出售货物,都不收取赋税,这就是生财的途径,再加上圣明君王节省使用,哪里能有财物的耗费呢?"

曾子问道:"什么是七教?"孔子说:"地位高的尊敬老人,地位低的就会更加孝顺父母;地位高的尊重长者,地位低的就会更加敬爱兄长;地位高的乐于施舍,地位低的就会更加宽厚待人;地位高的亲近贤人,地位低的就会注意选择朋友;地位高的注重德行,地位低的就不会隐于山林;地位高的厌恶贪行,地位低的就会耻于争利;地位高的廉洁谦让,地位低的就会知道羞耻而归于守节。这就是七教。政治和教化确定了,根本也就端正了。凡是地位高的,都是手下百姓的表率,表率端正了,什么东西不正?因此为人君主的想造就别人,应该首先造就自己，然后才能是大夫忠诚，士人守信，百姓厚道，民俗纯朴，男人诚实，女人贞正。这七个方面是教化的最高境界，将它们推广到天下四方也不会有什么空隙，将它们实施于平民之家也不会感到已经充满，用礼制区别它们，用道义确立它们，用道理推行它们，那么百姓抛弃恶行就会像用热水浇雪一样。"

曾子说："先生您所讲的道艺确实是至高无上的，只是弟子我没有足够的能力明白它。"孔子说："曾参你以为到此暂且停止了吗？下面还有。从前圣明君王治理百姓，按照礼法一定要划分土地进行分封，区别归属进行管理，然后使善良之民无处隐居，凶暴之民无处藏匿，让官吏每日反省自己并经常对他们进行考核，荐进、任用贤良，罢免、贬斥小人，这样就会使贤者喜悦而小人恐惧。还要哀怜老而无依的人，供养孤独无靠的人，救济生活贫穷的人，劝勉志在孝悌的人，选拔具有才能的人。这七个方面搞好了，那么四海之内就不再会有遭受刑罚的人。地位高的亲近地位低的，就会亲如手足与腹心的关系；地位低的亲近地位高的，就会亲如幼儿与慈母的关系。上下这样相互亲近，所以政令得到服从，措施得到推行，百姓思念上面的德行，近处的人心悦诚服，远处的人前来归附，这是为政的最高境界。伸开手指能知道寸有多长，伸开手掌能知道尺有多长，伸展肘部能知道寻有多长，这都是不远的准则。按照周制，三百步为里，一千步为井，三井为埒，三埒为矩，方圆五十里可以建立都邑，受封百里可以建立国家，于是聚积粮食、财物，以顾及出行者中的贫富之别。因此周边民族和中原人民，虽然衣冠不同，言语不同，但却没有不前来归顺的。所以说没有市场百姓也不会乏困，不设刑罚百姓也不会混乱。到野外打猎捕鸟，并不是为了充实宫室；向百姓征收赋税，并不是为了充实府库。怀着忧伤来补充百姓的不足，遵守礼节以减少多余的开支，多讲信义而少做表面文章，制订的礼法能够加以恪守，说过的话能够有所交代，做过的事能够让人遵行，就像是饥饿时吃饭，口渴时喝水，百姓信任他们，如同寒暑必然能够得到验证。所以观看远处的事物好像近在眼前，这不是由于道艺近在身边，而是显现出了光明的德行。因此不动用武器装备就能使人感到畏惧，不给以财物和爵赏就使人表示亲近，天下百姓都感念君王的仁德和恩惠。正因为这样，圣明君王守卫国土，能够退敌于千里之外。”

曾子问道：“请问什么是三至呢？”孔子说：“达到最高境界的礼制，用不着谦让，就可以使天下实现太平；最恰当的赏赐，用不着耗费，就可以使天下士人高兴；最高妙的音乐，用不着声音，就可以使天下百姓和睦。圣明君王坚持实行三至，因而天下的诸侯、卿大夫能够接受统治，天下的士人能够表示臣服，天下的百姓能够受命出力。”

曾子问道：“请问这里面的道理是什么？”孔子说：“古时圣明君王一定要全部知道天下贤良士人的名字。知道了他们的名字，还要知道他们的实际情况，还要知道他们的技艺水平及其所在的地方，然后利用天下的各种爵位来尊崇他们，这便是达到最高境界的礼制，用不着谦让，就可以使天下实现太平。利用天下的各种官禄来使天下士人致富，这便是最恰当的赏赐，用不着耗费，就可以使天下士人高兴。这样的话，天下的人必然追慕名望和声誉，这便是最高妙的音乐，用不着声音，就可以使天下百姓和睦。因此说，所谓天下最高境界的仁爱，就是能够团结天下最亲近的人；所谓天下最高水平的明智，就是能够举荐天下最贤能的人。这三个方面都贯彻好了，然后才可以征伐。所以说仁爱最重要的在于亲爱别人，明智最重要的在于了解贤才，为政最重要的在于任用能人。拥有土地的君主搞好了这三个方面，四海之内都将俯首听命。圣明君王所要征伐的，必然是天道所要废黜的对象，因而要诛杀它的君主并改革它的政治，慰问它的百姓却不掠夺他们的财产。所以圣明君王为政，好像是应时之雨降落，降落下来而使百姓高兴。因此德政施行越广泛，受人亲近就越普遍。正因为这样，出征的军队能够安然返回。”

大婚解第四

孔子侍坐于哀公①。公问曰："敢问人道孰为大②？"孔子愀然作色而对曰③："君及此言也，百姓之惠也，固臣敢无辞而对④。人道，政为大。夫政者，正也。君为正，则百姓从而正矣。君之所为，百姓之所从。君不为正，百姓何所从乎？"

公曰："敢问为政如之何？"孔子对曰："夫妇别，男女亲⑤，君臣信。三者正，则庶物从之⑥。"

公曰："寡人虽无能也，愿知所以行三者之道。可得闻乎？"孔子对曰："古之政，爱人为大。所以治爱人⑦，礼为大；所以治礼，敬为大；敬之至矣，大婚为大⑧；大婚至矣，冕而亲迎⑨。亲迎者，敬之也。是故君子兴敬为亲⑩。舍敬则是遗亲也。弗亲弗敬，弗尊也。爱与敬，其政之本与？"

公曰："寡人愿有言也。然冕而亲迎，不已重乎⑪？"孔子愀然作色而对曰："合二姓之好，以继先圣之后，以为天下宗庙社稷之主⑫，君何谓已重焉？"

公曰："寡人实固⑬，不固，安得闻此言乎？寡人欲问，不能为辞，请少进⑭。"孔子曰："天地不合，万物不生。大婚，万世之嗣也，君何谓已重焉？"

孔子遂言曰："内以治宗庙之礼，足以配天地之神⑮；出以治直言之礼，以立上下之敬⑯。物耻则足以振之⑰，国耻足以兴之⑱。故为政先乎礼。礼，其政之本与？"

孔子遂言曰："昔三代明王⑲，必敬妻子也，盖有道焉。妻也者，亲之主也⑳；子也者，亲之后也，敢不敬与？是故君子无不敬。敬也者，敬身为大。身也者，亲之支也㉑，敢不敬与？不敬其身，是伤其亲；伤其亲，是伤本也；伤其本，则支从之而亡。三者，百姓之象也㉒。身以及身，子以及子，妃以及妃㉓。君以修此三者，则大化忾乎天下矣㉔。昔太王之道也如此㉕，国家顺矣。"

公曰："敢问何谓敬身？"孔子对曰："君子过言则民作辞㉖，过行则民作则。言不过辞，动不过则，百姓恭敬以从命。若是则可谓能敬其身，则能成其亲矣㉗。"

公曰："何谓成其亲？"孔子对曰："君子者也，人之成名也㉘。百姓与名，谓之君子㉙，则是成其亲为君而为其子也㉚。"

孔子遂言曰："为政而不能爱人㉛，则不能成其身；不能成其身，则不能安其土；不能安其土，则不能乐天㉜。"

公曰："敢问何能成身？"孔子对曰："夫其行己不过乎物㉝，谓之成身。不过乎，合天道也。"

公曰："君子何贵乎天道也？"孔子曰："贵其不已也。如日月东西相从而不已也，是天道也；不闭而能久㉞，是天道也；无为而物成，是天道也；已成而明之，是天道也。"

公曰："寡人且愚冥㉟，幸烦子之于心㊱。"孔子蹴然避席而对曰㊲："仁人不过乎物，孝子不过乎亲㊳。是故仁人之事亲也如事天，事天如事亲。此谓孝子成身。"

公曰："寡人既闻如此言，无如后罪何？"孔子对曰："君子及此言，是臣之福也。"

【注释】

①侍坐：坐着陪侍被侍者。哀公：鲁哀公，鲁国国君，亦称出公，名蒋，一作将，在位27年（前494—前468年）。事又见《礼记·哀公

问》《大戴礼记·哀公问于孔子》。

② 人道：为人之道，即社会道德规范。

③ 愀（qiǎo）然：容色改变貌。作色：脸上变色。作，变，改变。

④ 固：通"故"，犹"因此""所以"。

⑤ 男女：此处疑有误。《礼记》《大戴礼记》作"父子"，当是。

⑥ 庶物：众事，各种事情。

⑦ 治：事，为，作。

⑧ 大婚：天子或诸侯婚娶。

⑨ 冕：天子、诸侯及卿大夫所戴的礼帽。此处用为动词，谓戴礼帽。亲迎（yìng）：婚礼"六礼"之一。夫婿亲至女家迎新娘入室，行交拜合卺之礼。

⑩ 兴：作，兴起。

⑪ 已：犹"太""甚"。

⑫ 以为天下宗庙社稷之主：王肃注："鲁，周公之后，得郊天，故言以为天下之主也。"主，宗主。

⑬ 固：王肃注："鄙陋。"

⑭ 少（shǎo）进：谓稍作进一步的申述。少，犹"稍""略"。

⑮ 内以治宗庙之礼，足以配天地之神：王肃注："言宗庙，天地神之次。"

⑯ 出以治直言之礼，以立上下之敬：王肃注："夫妇正则始可以治正言，礼矣。身正然可以正人者也。"

⑰ 物耻则足以振之：王肃注："耻事不知礼，足以振救之。"

⑱ 国耻足以兴之：王肃注："耻国不知，足以兴起者也。"

⑲ 三代：指夏、商（殷）、周三个朝代。

⑳ 亲：指父亲。主：指家务劳动特别是祭祀时备置祭品的主持者，即主妇。

㉑ 支：支系，支脉。

㉒ 百姓之象也：王肃注："言百姓之所法而行。"象，效法。

㉓妃：妻，配偶。

㉔忔（qì）：通"讫"，遍及。王肃注："气满。"

㉕太王之道：王肃注："太王出亦姜女，入亦姜女，国无鳏民，爱其身以及人之身，爱其子以及人之子，故曰太王之道。"太王，即周太王，亦即古公亶父，商代周族领袖，周文王的祖父，传为后稷第十二代孙。

㉖过：误，错误。

㉗成：成全，成就，助之使成功。

㉘成名：盛名，美名。成，通"盛"。

㉙君子：《礼记》《大戴礼记》此下有"之子"二字，当是。

㉚则是成其亲为君而为其子也：疑此处有脱误。《礼记》《大戴礼记》作"是使其亲为君子也，是为成其亲之名也已"，当是。

㉛为：原作"爱"，据同文本、玉海堂本、备要本及《礼记》《大戴礼记》改。

㉜天：王肃注："天道也。"

㉝行己：谓立身行事。物：事。

㉞不闭而能久：王肃注："不闭，常通而能久，言无极。"

㉟且：语助词。愚冥：王肃注："言蠢愚冥暗也。"

㊱幸烦子之于心：王肃注："欲烦孔子议识其心所能行也。"幸烦，敬辞，犹"有劳"。

㊲蹴然：恭敬貌。

㊳亲：疑此有误。《礼记》《大戴礼记》作"物"，当是。

【译文】

孔子坐着陪侍鲁哀公。哀公问孔子说："请问人道之中什么最重要？"孔子脸色一变，回答说："君主说这样的话，是给百姓的仁惠，所以臣下要不加推辞地冒昧作答。人道之中，政治最重要。政治的意思，就是端正。君主做事端正了，百姓也就跟着端正。君主的所作所为，就是百姓跟从的对象。君主做事不端正，百姓跟从什么呢?"

哀公问道:"请问怎样为政?"孔子回答说:"夫妇有所区别，父子相互亲爱，君臣相互信任。这三个方面端正了，那么其他事情也就跟着搞好了。"

哀公问道:"我虽然没有什么才能，但希望能了解一下实现这三个方面的方法。能听您讲讲吗?"孔子回答说:"古人为政，爱人最重要。所以要推行爱人，是因为礼制最重要;所以要推行礼制，是因为敬重最重要;敬重要达到最高境界，大婚最重要;大婚要达到最高水平，应该戴着礼帽行亲迎之礼。行亲迎之礼，是为了表示敬重。因此君子做事注意敬重以求相互亲近。丢掉敬重，便是抛弃相亲之道。不亲近、不敬重，就是没有尊崇。亲近和敬重，难道不是政治的根本吗?"

哀公说:"我想说句话。这样戴着礼帽行亲迎之礼，不是太重了吗?"孔子脸色又变了，答道:"和好两个家族的关系，从而承继、延续先圣的后裔，当好天下宗庙社稷的宗主，君主您怎么能说太重呢?"

哀公说:"我实在是愚陋，否则，怎么能今天才听到这些话呢?我还想问一下，但不知该怎样讲，请您再略作申述。"孔子说:"天地不相合，万物就不能生长。大婚，关系到子孙万代的接续，君主您怎么能说太重了呢?"

孔子接着说:"大婚之事做好了，在内可以搞好宗庙祭祀之礼，足以匹配天地之神;出外可以搞好政教之礼，从而兴立上下敬重的关系。臣下做事有耻辱时足以匡救，整个国家有耻辱时足以兴复。所以为政要把礼制放在首位。礼制，难道不是政治的根本吗?"

孔子接下去又说:"从前夏、商、周三代的圣明君主，必定要敬重妻子和儿子，这大概是有道德的表现。妻子是为父亲料理生活、供奉祭品的主妇，儿子是父亲的后代，哪里敢不敬重? 因此君子没有不注意敬重的。敬重之中，敬重自身最重要。自己的身体，是父亲的支脉，哪里敢不敬重? 不敬重自身，就是伤害了他的父亲;伤害了他的父亲，就是伤害了根本，支脉也就随之消亡了。这三个方面，是百姓所要效法的。能敬重自身，就能进而敬重百姓的身体；能敬重自己的儿子，就能进而敬重百姓的儿子；敬重自己的妻子，就能进而敬重百姓的妻子。作为君主而能搞好这三个方面，那么广泛深入的教化的作用就能遍及各处。过去周太王的治国之道就是这样的，因而国家十分和顺。"

哀公问道："请问什么叫做敬重自身？"孔子回答说："君主有错误的言论，百姓仍会加以称述；君主有错误的行为，百姓也要加以效法。言语没有错误地被人称述，行为没有错误地被人效法，百姓就会恭恭敬敬地听从命令。这样就算得上能够敬重他自身，也能够成就他父亲的名望。"

哀公问道："什么叫做成就他父亲的名望？"孔子回答说："君子是人的美名。百姓送与一个名称，把他叫做君子之子，这就是成全他父亲为君子，而让他为君子的儿子。"

孔子接下去又说："为政而不能爱护别人，就不能成就自身；不能成就自身，就不能安于故土；不能安于故土，就不能乐从天道。"

哀公问道："请问怎样才能成就自身？"孔子回答说："立身行事不出偏差，这就叫做成就自身。不出偏差，才是合于天道的。"

哀公问道："君子为什么要崇尚天道呢？"孔子回答说："崇尚它的运动不止。比如说，日月东西相随而不止息，这是天道；不自行封闭而能保持长久，这是天道；无为而办成事情，这是天道；既成之后而加以彰明，这是天道。"

哀公说："我愚蠢糊涂，有劳您讲讲您心里考虑的问题。"孔子恭敬地离席站起，回答哀公说："对仁人来说，重要的是事奉；对孝子来说，重要的还是事奉。所以仁人事奉父亲，如同事奉上天，事奉上天如同事奉父亲。这就是孝子成就自身。"

哀公说："我既已闻听这一番言论，无奈日后有了过错怎么办呢？"孔子答道："君主您讲出这些话，这真是臣下的福分。"

儒行解第五

【原文】

孔子在卫，冉求言于季孙曰："国有圣人而不能用，欲以求治，是犹却步而欲求及前人，不可得已。今孔子在卫，卫将用之。己有才而以资邻国①，难以言智也。请以重币迎之②。"季孙以告哀公，公从之。

孔子既至舍，哀公馆焉③。公自阼阶④，孔子宾阶⑤，升堂立侍⑥。公曰："夫子之服，其儒服与？"孔子对曰："丘少居鲁，衣逢掖之衣⑦。长居宋，冠章甫之冠⑧。丘闻之，君子之学也博，其服以乡⑨。丘未知其为儒服也。"

公曰："敢问儒行。"孔子曰："略言之则不能终其物，悉数之则留，仆未可以对⑩。"

哀公命席。孔子侍坐，曰："儒有席上之珍以待聘⑪，夙夜强学以待问⑫，怀忠信以待举，力行以待取⑬。其自立有如此者。"

"儒有衣冠中⑭，动作顺⑮，其大让如慢⑯，小让如伪，大则如威，小则如愧，难进而易退，粥粥若无能也⑰。其容貌有如此者。"

"儒有居处齐难⑱，其起坐恭敬，言必诚信，行必忠正，道涂不争险易之利，冬夏不争阴阳之和⑲，爱其死以有待也，养其身以有为也。其备预有如此者。"

"儒有不宝金玉而忠信以为宝⑳，不祈土地而仁义以为土地，不求多积，多文以为富，难得而易禄也㉑，易禄而难畜也。非时不见，不亦难得乎？非义不合，不亦难畜乎？先劳而后禄，不亦易禄乎？其近人情有如此者。"

"儒有委之以货财而不贪，淹之以乐好而不淫㉒，劫之以众而不惧，阻之以兵而不慑㉓。见利不亏其义，见死不更其守。往者不悔，来者不豫㉔，过言不再㉕，流言不极㉖，不断其威㉗，不习其谋㉘。其特立有如此者㉙。"

"儒有可亲而不可劫，可近而不可迫，可杀而不可辱。其居处不过，其饮食不溽㉚，其过失可微辩而不可面数也㉛。其刚毅有如此者。"

"儒有忠信以为甲胄㉜，礼义以为干橹㉝，戴仁而行，抱德而处。虽有暴政，不更其所。其自立有如此者。"

"儒有一亩之宫㉞，环堵之室㉟，筚门圭窬㊱，蓬户瓮牖㊲，易衣而出㊳，并日而食㊴。上答之，不敢以疑㊵；上不答之，不敢以诌。其为士有如此者。"

"儒有今人以居，古人以嵇㊶。今世行之，后世以为楷㊷。若不逢世，上所不受，下所不推。诡谄之民有比党而危之㊸，身可危也，其志不可夺也，虽危起居，犹竟信其志，乃不忘百姓之病也㊹。其忧思有如此者。"

"儒有博学而不穷㊺，笃行而不倦，幽居而不淫㊻，上通而不困㊼。礼必以和，优游以法㊽。慕贤而容众，毁方而瓦合㊾。其宽裕有如此者。"

"儒有内称不避亲㊿，外举不避怨。程功积事，不求厚禄[51]；推贤达能[52]，不望其报。君得其志，民赖其德。苟利国家，不求富贵。其举贤援能有如此者[53]。"

"儒有澡身浴德[54]，陈言而伏[55]，静言而正之，而上下不知也，默而翘之，又不急为也[56]。不临深而为高，不加少而为多[57]。世治不轻，世乱不沮[58]。同己不与[59]，异己不非。其特立独行有如此者㉚。"

"儒有上不臣天子，下不事诸侯，慎静尚宽，底厉廉隅㉛，强毅以与人，博学以知服。虽以分国，视之如锱铢㉜，弗肯臣仕。其规为有如此者㉝。"

"儒有合志同方㉞，营道同术，并立则乐，相下不厌，久别则闻流言不信，义同而进，不同而退。其交有如此者。"

"夫温良者，仁之本也；慎敬者，仁之地也；宽裕者，仁之作也㉟；逊接者，仁之能也；礼节者，仁之貌也；言谈者，仁之文也；歌乐者，仁之和也；分散者，仁之施也。儒皆兼此而有之，犹且不敢言仁也。其尊让有如此者㊱。"

"儒有不陨获于贫贱㊲，不充诎于富贵㊳，不溷君王，不累长上，不闵有司，故曰儒㊴。今人之名儒也妄㊵，常以儒相诟疾㊶。"

哀公既得闻此言也，言加信，行加敬，曰："终殁吾世㊷，弗敢复以儒为戏矣。"

【注释】

① 资：给与，供给。事又见《礼记·儒行》。

② 重币：重金，厚礼。

③ 哀公馆焉：王肃注："就孔子舍。"馆，馆舍，此用为动词。谓前往馆舍（拜访）。

④ 阼（zuò）阶：东阶，大堂前东面的台阶，天子、诸侯、卿大夫、士皆以阼为主人之位，临朝觐，揖宾客，承祭祀，升降皆由此。

⑤ 宾阶：西阶。宾主相见，宾自西阶上，故称。

⑥ 升：登，登上。

⑦ 逢掖之衣：王肃注："深衣之褒大也。"即衣袖宽大的衣服。逢，大，宽大。掖，肘腋，胳肢窝。后作"腋"。

⑧ 章甫之冠：商代的一种冠，周代宋人冠之。章甫，或作"章父"。

⑨ 乡：王肃注："随其乡也。"

⑩ 悉数之则留，仆未可以对：《礼记》"仆"上有"更"字，观此处王肃注，当是。王肃注："留，久也。仆，太仆。君燕朝则正位，掌傧相。更衣之为久将倦，使之相代者也。"

⑪ 席上之珍：王肃注："席上之珍，能铺陈先王之道以为政治。"席，铺陈，陈述。珍，本指珠玉珍宝，此指君主所珍重的先王之道。

⑫ 夙夜：朝夕，日夜。夙，早晨。强：勉力，勤勉。

⑬ 力行以待取：王肃注："力行仁义道德以待人取。"

⑭ 中：适中，不异于众，不流于俗。

⑮ 顺（shèn）：通"慎"，谨慎。《周易·升卦·象传》"君子以顺德"释文："顺，本又作慎。"同文本、玉海堂本即作"慎"。

⑯ 大让：指辞让高官厚禄。下文"小让"指辞让酒食等小事。慢：王肃注："慢，简略也。"

⑰ 粥（yù）粥：柔弱无能貌。

⑱ 齐（zhāi）难：王肃注："齐庄可畏难也。"即严肃庄重而常人难以做到。

⑲ 阴阳之和：谓冬温夏凉。

⑳ 不宝：不珍重，不珍爱。

㉑ 禄：俸禄，此用为动词，指给予俸禄。

㉒ 淹：浸渍，浸泡。

㉓ 阻之以兵：王肃注："阻，难也。以兵为之难。"慑：恐惧，丧气。

㉔ 豫：通"预"。

㉕ 过言不再：王肃注："不再过言。"

㉖ 流言不极：王肃注："流言相毁，不穷极也。"不极，不穷极，不追究起源。

㉗ 不断其威：王肃注："常严庄也。"

㉘ 不习其谋：王肃注："不豫习其谋虑。"

㉙ 特立：谓有坚定的志向和操守。

㉚ 溽（rù）：味道浓厚。

㉛ 微辩：隐约而委婉地讽喻。面数（shǔ）：当面数说其过失。

㉜ 甲胄：铠甲和头盔。

㉝ 干橹：小盾和大盾。泛指盾牌。

㉞ 一亩之宫：占地一亩的宅院。宫，墙垣，院墙。

㉟ 环堵之室：王肃注："方丈曰堵。一堵，言其小也。"环，周围，东西南北四面。

㊱ 荜（bì）门圭窬（yú）：王肃注："荜门，荆竹织门也。圭窬，穿墙为之，如圭也。"荜，同"筚"，荆条竹木之属。圭，玉器，长条形，上端为三角形，下端正方。

㊲ 蓬户瓮牖：王肃注："以编蓬为户、破瓮为牖也。"蓬，蓬草。

㊳ 易衣而出：王肃注："更相易衣而后可以出。"

㊴ 并日而食：王肃注："并一日之粮以为一食也。"

㊵ 上答之，不敢以疑：王肃注："君用之，不敢疑贰事君也。"

㊶ 耆（jī）：王肃注："稽同。"《礼记》作"稽"。

㊷ 楷：王肃注："法也。"

㊸ 比：勾结，因私欲而相互结合。

㊹ 虽危起居，犹竟信（shēn）其志，乃不忘百姓之病也：王肃注："起居，犹动静也。竟，终也。言身虽危动静，犹终身不忘百姓。"信，通"伸"，伸展。

㊺ 穷：止，止息。

㊻ 幽居：谓独处之时。

㊼ 上通：谓仕途通达于君主。不困：谓不困于道德不足。

㊽ 优游：宽和，宽厚。

㊾ 毁方而瓦合：王肃注："去己之大圭角，下与众人小和。"即毁去圭玉棱角，与瓦砾相合。喻屈己从众。

㊿ 称：举，举荐。

51 程功积事，不求厚禄：王肃注："程，犹效也。言功效而已，不求厚禄也。"

㊱ 达：荐达，引进。

㊳ 援：引，引进。

㊴ 澡身浴德：王肃注："常自洁净其身，沐浴于德行也。"

㊵ 陈言而伏：王肃注："陈言于君，不望其报也。"伏，谓闭而不出。

㊶ 静言而正之，而上下不知也，默而翘（qiáo）之，又不急为也：疑"言""下"为衍文。王肃注："言事君清静，因事而正之。则君不知，默而翘发之。不急为，所以为不为。"翘，启发。此句《礼记》作"静而正之，上弗知也，麤（粗）而翘之，又不急为也"。

㊷ 不临深而为高，不加少而为多：王肃注："言不因势位自矜庄。"加，逾越，超越。

㊸ 世治不轻，世乱不沮：王肃注："不自轻，不自沮。"沮，沮丧，消沉。

㊹ 与：称赞，赞许。

㊽ 特立独行：谓志行高洁，不随波逐流。

㊶ 底厉：同"砥砺"，磨石，引申为磨炼，磨砺。廉隅（ǒu）：棱角，喻端方不苟的行为、品性。

㊷ 视之如锱铢：王肃注："视之轻如锱铢。八两为锱。"

㊸ 规为：谓谋度所为之事。规，谋划，谋求。

㊹ 方：法，法则。

㊺ 作：王肃注："动作。"

㊻ 尊让：谓尊敬于物，卑让于人。尊，恭敬。让，卑谦。

㊼ 陨获：王肃注："陨获，忧闷不安之貌。"

㊽ 充诎（qū）：王肃注："充诎，踊跃参扰之貌。"

㊾ 不溷（hùn）君王，不累长上，不闵有司，故曰儒：王肃注："溷，辱。闵，疾。言不为君长所辱病。儒者，中和之名。"

㊿ 妄：虚妄。原作"忘"，据同文本、玉海堂本、备要本、陈本改。

㋒ 诟疾：王肃注："诟辱。"

㋓ 殁：死，结束。

【译文】

　　孔子在卫国时，冉求对季孙氏说："国家有圣贤却不能加以任用，要想求得太平，这就好像人往后走，却想着赶上前面的人，是不可能实现的。如今孔子在卫国，卫国准备任用他。自己有人才却用以供给邻国，很难说得上是明智之举。请用重礼把孔子迎接回来。"季孙氏把这番话告诉给鲁哀公，哀公听从了。

　　孔子回到鲁国住下以后，哀公前往馆舍拜访。哀公从东阶走上去，孔子站在西阶迎候，然后登上厅堂，站着陪侍在一旁。哀公问道："先生您穿的衣服，是儒者的衣服吗？"孔子回答说："孔丘我小时候居住在鲁国，身穿衣袖宽大的衣服。长大后曾居住在宋国，戴着章甫之冠。我听说，君子的学问是广博的，他们的衣服也要入乡随俗。我不知道什么是儒者的衣服。"

　　哀公说："想冒昧地请教一下关于儒者的行为问题。"孔子说："简单地讲这一问题，就不可能把事情讲完整、讲清楚，但要全部数说，即使讲到仆人换班也讲不完。"

　　哀公命人为孔子安排了座位。孔子坐下陪着哀公，说道："有的儒者能陈述君主珍视的先王之道以等待征聘，有的能日夜勤奋学习以等待拜访，有的心怀忠信以等待荐举，有的能力行仁德以等待进取官位。儒者修身自立就像这一样。"

　　"有的儒者衣冠随众，动作谨慎。他们辞让高官厚禄时直截了当，好像很轻松；辞让小的事物时始辞终受，好像很虚伪。做大事时考虑再三，好像有所畏惧；做小事时也不放任，好像有所惭愧。难于进取，易于退让，表现出一副柔弱无能的样子。儒者的形象就像这一样。"

　　"有的儒者平时一举一动都严肃庄重，一般人难以做到。他们坐立时恭恭敬敬，说话时讲求信用，行为忠诚正派，行路不争平坦易走的地方，冬天不争暖和的地方，夏天不争凉快的地方，爱惜生命以等待时机到来，保养身体以准备有所作为。儒者做事预先加以准备就像这一样。"

"有的儒者不珍爱金玉之器，而把忠诚守信当做珍宝；不求占有土地，而把仁义当做土地；不求多积财物，而把读书写作当做富有。对他们来说，难以得到却容易付酬，容易付酬却难以罗致。时机不到不出仕，这不是难以得到吗？不义之事不合作，这不是难以罗致吗？先效力而后获得俸禄，这不是容易付酬吗？儒者近于人情就像这一样。"

"有的儒者即使有钱财物品相送也不贪图，有玩好娱乐浸泡也不淫邪，有很多人劫迫也不畏惧，有武力来为难也不惊慌。面对利益不丧失德义，面对死亡不改变操守。对做过的事不后悔，对未来的事不预防，对错误的话不说第二次，对听到的流言蜚语不追究来源，经常保持威严，但不预习谋略。儒者独特立身就像这一样。"

"有的儒者可以亲近而不可以威胁，可以接近而不可以强迫，可以杀掉而不可以侮辱。他们居处的地方很简朴，饮食清淡，他的过失可以委婉地批评而不能当面数落。儒者刚强坚毅就像这一样。"

"有的儒者把忠信当做盔甲，把礼义当做盾牌，行为崇尚仁义，处世胸怀德性。即使面对暴虐的统治，也不改变自己的信念。儒者追求自立就像这一样。"

"有的儒者住宅占地仅一亩，房间周围只有一堵宽，院门用荆竹编成，旁门只是穿墙而成的圭形小洞，房门则用蓬草编成，破瓮镶入墙壁就成了窗子。全家人只有一套体面的衣服，轮流穿上外出。该一天吃的粮食只能吃一顿。君主采纳自己的建议而加以提拔时，不敢怀疑自己的能力不足；君主不能采用自己的建议和提拔自己时，也不敢谄媚求进。儒者为士就像这一样。"

"有的儒者与今人共同生活，言行却与古人相合。在当今之世活动，却被后世奉为楷模。如果赶不上好时代，上边不接受，下边不推举，诡诈献媚的人拉帮结派加以危害，也只能是危害他们的身体，但却不能改变他们的志向。尽管日常生活受到困扰，他们还是要一展心志，而且没有忘记天下百姓的痛苦。儒者充满忧患意识就像这一样。"

"有的儒者学识广博而无止境，坚持德行而不怠倦。独处时不放纵自己，仕途通达于上时则不为道德不足所困。行礼一定要注重和谐，宽和一定要遵守法度。仰慕贤人而容纳众人，甚至如同圭玉毁掉棱角而与瓦砾相合那样屈己从众。儒者待人宽容就像这一样。"

"有的儒者举荐人才，对内不避亲属，对外不避仇怨。投效立功，累积劳绩，不是为了追求厚禄；推举贤人，荐进能人，不是为了获取回报。君主通过他们实现自己的意愿，百姓则可以依靠他们的德行而更好地生存。如果能有利于国家，他们可以不去追求富贵。儒者举贤进能就像这一样。"

"有的儒者始终洁净自身，沐浴于德行之中。陈述自己的建议，伏听君主采纳。事君清静，有过失则委婉地加以匡正。如果君主还不能领悟，就悄悄地予以启发，而且不急着去进行。不会因为面对地位卑下的人而自视高贵，也不会因为超过能力小的人而自以为功劳多。天下太平、群贤并处时不轻视自己，世道混乱时也不灰心丧气。见解与自己相同的，不去一味赞许；与自己不同的，也不去随意诋毁。儒者特立独行就像这一样。"

"有的儒者上不臣服天子，下不事奉诸侯。谨慎安静而崇尚宽厚，磨炼自己方正不苟的行为，刚强坚毅但又能够广交朋友，广泛学习但又懂得如何去做。即使把国家分封给他，他也只是视为轻微小事，不肯去做别人的臣属。儒者的行为规则就像这一样。"

"有的儒者交朋友要求兴趣一致，遵循同一法则，研究道艺有相同的方法。聚处一起都感到高兴，相互谦卑而不是相互厌恶。长时间不见面，听到流言蜚语也不相信。志向一致就相互跟从，不一致就退避来开。儒者交友就像这一样。"

"温和善良是仁义的根本，恭敬谨慎是仁义的实质，宽大为怀是仁义的动作，谦恭待人是仁义的能力，礼制仪节是仁义的外表，言语谈话是仁义的文采，歌舞乐曲是仁义的和悦，分散积蓄是仁义的施行。儒者都兼有这几种美德，尚且不敢轻易谈论仁义。儒者恭敬卑谦就像这一样。"

"儒者不因贫贱而愁闷不安，不因富贵而欢喜失度，不为君王所侮辱，不为主上所约束，不为官吏所困迫，因而叫做儒。如今人们对儒的理解是非常虚妄的，常常把儒者当做讥讽侮辱的对象。"

哀公听了这番话以后，对儒者在言语上更加信从，在行动上更加恭敬，而且说："我这一辈子，再也不敢拿儒者来开玩笑了。"

问礼第六

【原文】

哀公问于孔子曰："大礼何如①？子之言礼，何其尊也？"孔子对曰："丘也鄙人②，不足以知大礼也。"公曰："吾子言焉。"孔子曰："丘闻之，民之所以生者，礼为大。非礼则无以节事天地之神焉③，非礼则无以辩君臣、上下、长幼之位焉④，非礼则无以别男女、父子、兄弟、婚姻、亲族、疏数之交焉⑤。是故君子此之为尊敬，然后以其所能教顺百姓，不废其会节⑥。既有成事，而后治其文章、黼黻⑦，以别尊卑、上下之等。其顺之也，而后言其丧祭之纪⑧、宗庙之序，品其牺牲⑨，设其豕腊⑩，修其岁时⑪，以敬其祭祀，别其亲疏，序其昭穆⑫，而后宗族会醵⑬。即安其居，以缀恩义⑭。卑其宫室，节其服御⑮，车不雕玑⑯，器不彤镂⑰，食不二味，心不淫志，以与万民同利。古之明王，行礼也如此。"

公曰："今之君子，胡莫之行也⑱？"孔子对曰："今之君子，好利无厌⑲，淫行不倦⑳，荒怠慢游㉑，固民是尽，以遂其心，以怨其政，忤其众㉒，以伐有道。求得当欲，不以其所㉓；虐杀刑诛，不以其治。夫昔之用民者由前㉔，今之用民者由后㉕。是即今之君子莫能为礼也。"

【注释】

① 大礼：庄严隆重的礼仪。事又见《礼记·哀公问》《大戴礼记·哀公问于孔子》。

② 鄙人：浅陋卑下的人。

③ 节事：按照礼制规定的仪节加以祭祀。

④ 辩：通"辨"，辨别，区分。

⑤ 疏数（shù）：指关系的远近亲疏。数，近，亲密。

⑥ 以其所能教顺百姓，不废其会节：王肃注："所能，谓礼也。会，谓男女之会。节，谓亲疏之节也。"

⑦ 文章：指车服旌旗等。其上加有彩饰，以区别尊卑贵贱。黼黻：绣有华美花纹的礼服。

⑧ 纪：法度，准则。

⑨ 品：区分（等差）。牺牲：供祭祀用的纯色全体牲畜。

⑩ 豕腊（xī）：干猪肉，用于祭祀。

⑪ 岁时：每年一定的季节或时间。

⑫ 昭穆：据古代宗法制度，宗庙次序，始祖庙居中，以下父、子（祖、父）递为昭穆，左为昭，右为穆。子孙祭祀时也按这种规定排列行礼。此处指宗族的辈分。

⑬ 醼（yàn）：同"宴"，聚饮。

⑭ 缀：联系，沟通。

⑮ 服御：指服饰车马器用之类。

⑯ 雕玑（qí）：刻画漆饰成凹凸花纹。

⑰ 彤镂：涂上红漆，雕刻花纹。彤，丹漆，红漆，此用为动词。镂，刻，雕刻。

⑱ 胡：犹"何"。

⑲ 厌：满足。

⑳ 淫行：邪行，放纵之行。

㉑ 荒怠：纵逸怠惰。慢游：浪荡游乐。

㉒ 忤：违逆，抵触。众：指族众，同族之人。

㉓ 求得当欲，不以其所：王肃注："言苟求得当其欲而已。"当，称，符合。所，道，方式。

㉔ 由前：王肃注："用上所言。"

㉕ 由后，王肃注："用下所言。"

【译文】

鲁哀公问孔子说："隆重的礼仪是什么样子的？您在谈到礼制的时候，为什么对它那么重视呢？"孔子答道："孔丘我是个粗陋的人，还没有能力了解隆重的礼仪。"哀公说："您还是谈谈吧。"孔子说："我听说，人民赖以生存的事物中，礼制是最重要的。没有礼制就无法按一定的仪节祭祀天地神灵，没有礼制就无法区分君臣、上下、长幼的不同地位，没有礼制就无法辨别男女、父子、兄弟、婚姻、亲族、远近的相互关系。所以君子把礼制看得极为重要，然后又用自己所能做到的事情来教育、训导百姓，使他们不至于废止男女之会和亲疏之节。有所成效以后，再处理车服旌旗、各种礼服之事，从而区别尊卑、上下的等级关系。这些关系理顺之后，再谈论丧葬、祭祀的法度、宗庙排列的顺序，分别置办牺牲，摆上干猪肉，确定好时节，以便恭敬地进行祭祀，区分开亲疏，排列好辈分，然后整个宗族会聚欢宴。人们都安于接受自己所处的地位，从而沟通彼此间的恩义。居住低矮的宫室，服饰车马有所节制，车子上不加雕饰，器物上不涂红漆，不刻花纹，吃饭简单，从不要两道菜，心中没有邪念，从而与万民共享利益。古时的圣明君王，就是这样遵行礼制的。"

哀公问道："现在的君子，为什么不这样做呢？"孔子回答说："现在的君子，贪图私利毫无满足，行为淫邪没有倦意，纵逸怠惰到处游荡，所以使百姓财竭力尽，从而实现自己的私欲，抱怨政治，违逆族众意愿，侵伐信守道义的国家。只求合于自己的欲望，为此不择手段；推行暴虐的刑罚诛杀，根本不按法度办事。从前统治百姓的人用的是前面所说的办法；现在统治百姓的人用的则是刚才所说的办法。这样，现在的君子就不能遵行礼制了。"

【原文】

言偃问曰①："夫子之极言礼也，可得而闻乎?"孔子言："我欲观夏道②，是故之杞③，而不足征也④，吾得《夏时》焉⑤。我欲观殷道，是故之宋⑥，而不足征也，吾得《乾坤》焉⑦。《乾坤》之义，《夏时》之等，吾以此观之。"

"夫礼初也，始于饮食。太古之时⑧，燔黍擘豚⑨，汙樽抔饮⑩，蒉桴土鼓⑪，犹可以致敬鬼神⑫。及其死也，升屋而号，告曰：'高⑬！某复！'然后饮腥苴熟⑭。形体则降，魂气则上，是谓天望而地藏也⑮。故生者南向，死者北首，皆从其初也。"

"昔之王者未有宫室，冬则居营窟，夏则居橧巢⑯。未有火化，食草木之实、鸟兽之肉，饮其血，茹其毛⑰。未有丝麻，衣其羽皮。后圣有作，然后修火之利，范金合土⑰，以为宫室、户牖，以炮以燔⑲，以烹以炙⑳，以为醴酪㉑。治其丝麻，以为布帛。以养生送死，以事鬼神。故玄酒在室㉒，醴醆在户㉓，粢醍在堂㉔，澄酒在下㉕。陈其牺牲，备其鼎俎㉖，列其琴瑟管磬钟鼓㉗，以降上神与其先祖㉘，以正君臣，以笃父子，以睦兄弟，以齐上下，夫妇有所。是谓承天之祐㉙。作其祝号㉚，玄酒以祭，荐其血毛㉛，腥其俎，熟其殽㉜。越席以坐㉝，疏布以幂㉞。衣其浣帛㉟，醴醆以献，荐其燔炙㊱。君与夫人交献，以嘉魂魄㊲。然后退而合烹㊳，体其犬豕牛羊㊴，实其簠簋笾豆铏羹㊵，祝以孝告㊶，嘏以慈告㊷，是为大祥㊸。此礼之大成也。"

【注释】

①言偃：孔子弟子，字子游，鲁国人，一说吴国人，以文学见称。事又见《礼记·礼运》。

②道：原脱，据四库本、同文本、玉海堂本、陈本及《礼记》补。

③杞（qǐ）：王肃注："夏后封于杞也。"杞国，周初所封。姒姓，相传开国君主是夏禹后裔东楼公。初都雍丘（今河南杞县），后屡次迁徙。公元前445年为楚所灭。

④征：证，证明。

⑤得《夏时》：王肃注："于四时之正。正，夏数，得天心中。"《夏时》，或以为夏代历书，其书存者有《夏小正》，收入《大戴礼记》中。

⑥宋：王肃注："殷后封宋。"

⑦得《乾坤》：王肃注："乾，天。坤，地。得天地阴阳之书。"

⑧太古：远古，上古。

⑨燔（fán）黍擘（bò）豚：王肃注："古未有釜甑，释米擘肉，加于烧石之上而食之。"燔，烤。

⑩汙（wā）樽抔（póu）饮：王肃注："凿地为樽，以手饮之也。"汙，掘地。抔，手捧。抔，原作"杯"，据四库本、同文本、玉海堂本、备要本改。

⑪蒉（kuài）桴（fú）：用草和土抟成鼓槌。土鼓：用土筑成鼓。

⑫犹可以致敬鬼神：王肃注："神飨德，而不求备物也。"

⑬高：呼号的声音，犹"啊"等。

⑭饮腥苴（jū）熟：王肃注："始死，含以珠贝。将葬，苞苴以遣，奠以送之。"腥，指生的东西，如珠贝等。苴，包裹。熟，指熟食，如熟肉等。

⑮天望而地藏：王肃注："魂气升而在天，形体藏而在地。"

⑯冬则居营窟，夏则居橧（zēng）巢：王肃注："掘地而居，谓之营窟。有柴谓橧，在树曰巢。"橧，原作"橹"，据四库本、同文本、玉海堂本、备要本、陈本改。

⑰茹：吃，吞咽。

⑱范金：王肃注："冶金为器，用刑范也。"合土：王肃注："合和以作瓦物。"

⑲ 以炮（páo）以燔：王肃注："毛曰炮，加火曰燔也。"炮，将带毛的肉用泥裹住置于火上烧烤。引申之为凡烧烤之称。

⑳ 以烹以炙：王肃注："煮之曰烹，炮之曰炙。"

㉑ 以为醴酪：王肃注；"醴，醴酒。酪，浆酢。"醴酒即甜酒，浆酢即一种含酸味的饮料。

㉒ 玄酒在室：王肃注："玄酒，水也。言尚古在略近。"上古无酒，以水当酒，又因其色黑，故谓之玄酒。

㉓ 醴盏（zhǎn）：王肃注："醴，盏齐也。五齐，二曰醴齐，三曰盏齐。"盏即白酒（白色浊酒）。古时酒按其清浊和色泽分为五等，称"五齐"，除醴齐、盏齐，三曰泛齐，四曰缇（醍）齐，五曰沈齐。

㉔ 粢醍（jì tǐ）：一种浅红色的酒，为醍齐。

㉕ 澄酒：一种清酒，为沈齐，于"五齐"中最清。

㉖ 鼎俎：鼎和俎，祭祀、宴享时陈置牲体或其他食物的礼器。

㉗ 瑟：一种拨弦乐器。磬：一种打击乐器。状如曲尺，以玉、石或金属制成，悬挂于架上，击之而鸣。

㉘ 上神：王肃注："上神，天神。"

㉙ 祐：天、神等的佑助。

㉚ 祝号：王肃注："牺牲、玉帛，祝辞皆美，为之号也。"即祝辞中特别加美的名号。除牺牲、玉帛，神、鬼、祇皆有美号，如称神为"皇天上帝"，称鬼为"皇祖"。

㉛ 荐：进献。

㉜ 腥其俎，熟其殽：王肃注："言虽有所熟，犹有所腥。腥本不忘古也。"殽，通"肴"，肉。

㉝ 越席：王肃注："翦蒲席也。"翦，通"践"。蒲席，蒲草织成的草席。

㉞ 疏布以羃（mì）：王肃注："羃，覆酒巾也。质，故用疏也。"疏布，粗麻布。

㉟ 浣（huàn）帛：王肃注："练染以为祭服。"

㊱ 燔：指烤肉。炙：指烤肝。

㊲ 嘉：王肃注："嘉，善，乐也。"

㊳ 合烹：王肃注："合其烹熟之礼，无复腥也。"

㊴ 体：王肃注："体，解其牲体而荐之。"

㊵ 簠簋（fǔ guǐ）：王肃注："受黍稷之器也。"即两种盛黍稷稻粱的礼器。笾（biān）豆：王肃注："竹曰笾，木曰豆。"亦两种常用礼器。铏（xíng）羹：祭祀时盛于铏中的羹，用以调味。铏，王肃注："铏，所以盛羹也。"即盛羹及菜的器皿。

㊶ 祝以孝告：王肃注："祝通孝子语于先祖。"祝，谓祝辞。

㊷ 嘏（jiǎ）以慈告：王肃注："嘏传先祖语于孝子。"嘏，谓嘏辞。

㊸ 祥：王肃注："祥，善。"

【译文】

言偃问孔子说："先生您把礼制说得极为重要，可以讲一下让我们听听吗？"孔子说："我曾想了解夏代的礼制，因而前往杞国，但已无法考证了，我在那里只得到了《夏时》。我曾想了解殷代的礼制，因而前往宋国，但也已无法考证了，我在那里只得到了《乾坤》。《乾坤》中阴阳变化的道理，《夏时》中时令周转的顺序，我是从这里了解到的。"

"最初的礼制，产生于饮食活动之中。远古的时候，人们只懂得把黍子和小猪放在火上烧熟，在地上掘坑盛水当酒尊，用双手捧着当酒杯来喝，用草和泥抟成鼓槌，用泥土做成鼓，但仍然可以向鬼神表达敬意。到他们死的时候，活着的人登上屋顶，对着天空大声喊叫，喊道：'啊！某人回来呀！'然后他们就把生珠贝等放在死者口中，再包些熟食送上。死者的形体埋入地下，魂气则升上天空，这就是招魂时仰望天空而死者形体则埋藏地下。所以活着的人喜欢面朝南方，死者入葬时头朝北方，这都是遵从最初的习惯做法。"

"从前先代君王没有宫室，冬天住在地窖里，夏天则用柴草搭成住处或直接住在树上。那时还不知道用火，只能生吃草木的果实，吃鸟兽的肉，喝它们的血，有时连毛也吞下去。没有丝绸和麻布，穿的是鸟的羽毛和兽皮。后来有圣人出来，然后才开始利用火的好处，设计模型铸造金属器具，和合泥土烧制砖瓦，用来建筑宫室及门窗，又用火来烧烤煮制熟食，酿成酒浆。加工丝麻，织成麻布和丝绸。用这些东西来供养生者，安葬死者，祭祀鬼神。因为遵从原始的做法，所以要把玄酒放在室内，醴酦放在室内靠门的地方，粢醍放在堂上，澄酒则放在堂下。摆上牺牲，备好鼎俎，安排好琴瑟管磬钟鼓，以迎接天神和先祖的降临，并由此使君臣大义得以辨正，父子亲情得以加深，兄弟关系得以和睦，上下齐心合力，夫妇各得其所。这就是承受上天的保佑。造作祝辞中的名号，用玄酒来祭祀，进献牲血和牲毛，再献上俎中的生肉，还要进献半熟的牲体。踏着蒲席，端着用粗麻布盖着的酒尊，穿着新染的绸衣，献上醴酦，进献烤肉和烤肝。主人和夫人一前一后交替进献，以取悦于神灵。然后退下，将半熟的牲体合在一起烹熟，将狗猪牛羊的牲体分解开，盛于簠簋、笾豆之中，羹则盛入铏中。祝辞把主人的孝心告诉给先祖的神灵，嘏辞则把先祖神灵的慈爱转达给主人，这才叫做大祥。这样祭礼就算圆满完成了。"

五仪解第七

哀公问于孔子曰："寡人欲论鲁国之士①，与之为治。敢问如何取之？"孔子对曰："生今之世，志古之道②；居今之俗，服古之服。舍此而为非者③，不亦鲜乎？"

曰："然则章甫绚履④，绅带搢笏者⑤，皆贤人也。"孔子曰："不必然也。丘之所言，非此之谓也。夫端衣玄裳，冕而乘轩者，则志不在于食焄⑥；斩衰菅菲⑦，杖而歠粥者⑧，则志不在于酒肉。生今之世，志古之道；居今之俗，服古之服，谓此类也。"

公曰："善哉！尽此而已乎？"孔子曰："人有五仪⑨：有庸人，有士人，有君子，有贤人，有圣人。审此五者，则治道毕矣。"

公曰："敢问何如斯可谓之庸人？"孔子曰："所谓庸人者，心不存慎终之规⑩，口不吐训格之言⑪，不择贤以托其身，不力行以自定。见小暗大，而不知所务；从物如流，不知其所执。此则庸人也。"

公曰："何谓士人？"孔子曰："所谓士人者，心有所定，计有所守。虽不能尽道术之本，必有率也⑫；虽不能备百善之美，必有处也。是故知不务多，必审其所知；言不务多，必审其所谓⑬；行不务多，必审其所由。智既知之，言既道之⑭，行既由之，则若性命之形骸之不可易也⑮。富贵不足以益，贫贱不足以损。此则士人也。"

公曰："何谓君子？"孔子曰："所谓君子者，言必忠信而心不怨⑯，仁义在身而色无伐⑰，思虑通明而辞不专⑱，笃行信道，自强不息，油然若将可越而终不可及者⑲。此则君子也。"

公曰："何谓贤人？"孔子曰："所谓贤人者，德不逾闲⑳，行中规绳㉑，言足以法于天下而不伤于身㉒，道足以化于百姓而不伤于本㉓。富则天下无宛财㉔，施则天下不病贫㉕。此则贤者也。"

公曰："何谓圣人？"孔子曰："所谓圣者，德合于天地，变通无方㉖，穷万事之终始，协庶品之自然㉗，敷其大道㉘，而遂成情性。明并日月，化行若神，下民不知其德，睹者不识其邻㉙。此谓圣人也。"

公曰："善哉！非子之贤，则寡人不得闻此言也。虽然，寡人生于深宫之内，长于妇人之手，未尝知哀，未尝知忧，未尝知劳，未尝知惧，未尝知危，恐不足以行五仪之教，若何？"孔子对曰："如君之言，已知之矣，则丘亦无所闻焉㉚。"

公曰："非吾子，寡人无以启其心。吾子言也。"孔子曰："君子入庙如右，登自阼阶，仰视榱桷㉛，俯察机筵㉜，其器皆存，而不睹其人。君以此思哀，则哀可知矣。昧爽夙兴㉝，正其衣冠，平旦视朝㉞，虑其危难，一物失理，乱亡之端。君以此思忧，则忧可知矣。日出听政，至于中冥㉟。诸侯子孙，往来为宾，行礼揖让，慎其威仪㊱。君以此思劳，则劳亦可知矣。缅然长思㊲，出于四门，周章远望㊳，睹亡国之墟，必将有数焉㊴。君以此思惧，则惧可知矣。夫君者舟也，庶人者水也。水所以载舟，亦所以覆舟。君以此思危，则危可知矣。君既明此五者，又少留意于五仪之事，则于政治何有失矣！"

【注释】

①论（lún）：通"抡"，选择。事又见《荀子·哀公》《大戴礼记·哀公问五仪》《新序·杂事四》。

② 志：向慕，有志于。

③ 舍（shè）：处，居处。

④ 章甫绚（qú）履：王肃注："章甫，冠也。绚履，履头有钩饰也。"

⑤ 绅带缙（jìn）笏（hù）：王肃注："绅，大带。缙，插也。笏，所以执书思对命。"笏即朝笏，大臣朝见时所拿的狭长板子，按品第分别用玉、象牙或竹片制成，以为指画及记事之用，也称"手板"。

⑥ 端衣玄裳，冕而乘轩者，则志不在于食焄（hūn）：王肃注："端衣玄裳，斋服也。轩，轩车。焄，辛菜也。"端衣玄裳，即用于丧祭等场合的礼服。轩车即一种前顶较高而有帷幕的车子。焄，辛菜，即葱韭之类辛辣的蔬菜。

⑦ 斩衰（cuī）：丧服中最重的一种。用粗麻布制成，左右和下边不缝。服制三年。菅（jiān）菲（fèi）：菅履，草鞋，服丧时所穿。菅，一种茅草。原作"管"，据四库本、同文本、玉海堂本、备要本改。菲，通"屝"，用草麻做的鞋。

⑧ 杖：服丧时所执的丧棒，此用为动词。歠（chuò）：饮，喝。

⑨ 仪：等。

⑩ 慎终：谓结束时仍然慎重。指做事始终小心谨慎。

⑪ 格：王肃注："格，法。"

⑫ 率：王肃注："率，犹行也。"

⑬ 言不务多，必审其所谓：王肃注："所务者谓言之要也。"

⑭ 智既知之，言既道之：王肃注："得其要也。"

⑮ 性命之形骸："之"字疑为衍文。《荀子》作"性命肌肤"。

⑯ 怨：王肃注："怨，咎。"

⑰ 色无伐：王肃注："无伐善之色也。"伐，自我夸耀。

⑱ 专：专擅，武断。

⑲ 油然若将可越而终不可及者：王肃注："油然，不进之貌也。越，过也。"

⑳ 闲：王肃注："闲，法。"

㉑ 规绳：规矩，绳墨。喻法度。

㉒ 言足以法于天下而不伤于身：王肃注："言满天下无口过也。"

㉓ 道足以化于百姓而不伤于本：王肃注："本亦身。"

㉔ 宛（yuàn）：王肃注："宛，积也。"

㉕ 病：忧虑，担心。

㉖ 无方：没有方向、处所的限制，谓无所不至。

㉗ 庶品：犹"众物""万物"。

㉘ 敷（fū）：传布，施行。

㉙ 邻：王肃注："邻，以喻界畔也。"

㉚ 如君之言，已知之矣，则丘亦无所闻焉：王肃注："君如此言，已为知之，故无所复言。谦以诱进哀公矣。"闻，奏，告知于君主。

㉛ 榱（cuī）桷（jué）：屋椽。

㉜ 机筵：几案和座席。机，同"几"。四库本即作"几"。

㉝ 昧爽夙兴：王肃注："爽，明也。昧明，始明也。夙，早。兴，起。"

㉞ 平旦：清晨。

㉟ 中冥：午后。

㊱ 威仪：祭享等典礼中的动作仪节及待人接物的礼仪。

㊲ 缅然：思念貌。

㊳ 周章：回旋舒缓。

㊴ 睹亡国之墟，必将有数焉：王肃注："言亡国故墟非但一。"

【译文】

鲁哀公向孔子问道："我想选拔一些鲁国的士人，同他们一起治理国家。请问怎样录取才好呢？"孔子回答说："生活在当今之世，却追慕古人的道艺；接受当代风俗，却穿着古时的服装。这样做了而又搞出不正确的事情，不也很少见吗？"

哀公说："这样说来，戴着章甫之冠，穿着有钩饰的鞋，腰上束着大带，插着朝笏的人，都是贤人了。"孔子说："那不一定。孔丘我所说的，并不是指这些。穿着礼服，戴着礼冠，乘坐轩车的人，就想不起吃辛菜；穿着孝服、孝鞋，拄着丧棒而喝稀粥的人，就想不起喝酒吃肉。生活在当今之世，却追慕古人的道艺；接受当代风俗，却穿着古时的服装，说的是这一类人。"

哀公说："很好！就这些吗？"孔子说："人可以分为五等：有庸人，有士人，有君子，有贤人，有圣人。能辨别这五等人，治国之道就都包括其中了。"

哀公问："请问怎么样就算是庸人呢？"孔子答道："所谓庸人，心里从未有始终谨慎如一的规诫，嘴上从来说不出可奉为准则的教训之言，交游时不择取贤人，不能力行道义以有所归宿。只看到小事而在大问题上糊涂，不知道自己应该干什么；受外界诱惑而随波逐流，也不知道自己应当把握什么。这样就算是庸人了。"

哀公问："什么人是士人？"孔子答道："所谓士人，心中有坚定的信念，对制订的计划坚持实施。虽然不能穷尽道术的根本，但一定要有所遵行；虽然不能事事做得尽善尽美，但一定要有所处置。所以知识不求多，但须力求明白知道的是否正确；言语不求多，但须力求明白说的是否把握了主旨；行为不求多，但须力求明白做的是否遵循了正道。既然知识上已经明白了是否正确，言语上已经把握要旨，行为上已经明白了是否合于正道，那么就如同性命、形骸不可移易一样，富贵不足以增加他什么，贫贱不足以减损他什么。这样就可以叫做士人了。"

哀公问："什么人叫做君子？"孔子答道："所谓君子，出言必定忠信而内心毫无怨悔，自身坚持仁义而对外毫不夸耀，思虑通达明白而言辞毫不武断，待人宽厚，信守道义，自强不息，从从容容好像人人可以超过他而最终难以企及一样。这样就可以叫做君子了。"

哀公问："什么人叫做贤人？"孔子答道："所谓贤人，施德不超过法度，行为合于法规，言语足以为天下所取法而又不伤害自身，道艺足以化行于百姓而又不伤害本性。富有了就使得天下人不私蓄财富，行布施就使得天下人不为贫困发愁。这样就可以叫做贤人了。"

哀公问："什么人叫做圣人？"孔子答道："所谓圣人，德性与天地相合，变通自如，穷究万事的终始过程，协调万物的自然演化，传布道艺，从而成就万物的性情。明察事物如同日月，化行天下如同神明，世间凡俗百姓难以了解他们的德性，能看见他们的也看不出他们与一般人有什么区别。这样就可以叫做圣人了。"

哀公说："讲得好！如果不是您有贤能，我就不会听到这一席话。尽管这样，我出生在深宫之中，长养在妇人群里，从来不知道什么是悲哀，从来不知道什么是忧愁，从来不知道什么是劳苦，从来不知道什么是恐惧，从来不知道什么是危险，恐怕我没有能力推行有关这五等的教化，怎么办？"孔子回答说："像君主您这样讲，就已经算知道应该怎么办了。我也就没有什么要告知的了。"

哀公说："假如不是您，就无法让我得到开导。您说吧。"孔子说："君子进入宗庙，向右走，登上东阶，仰望上面的屋椽，低头观看下面的几案和座席，那些器物还在，但却看不到故去的前辈本人了。君主从这儿想到悲哀，那么就能知道悲哀是怎么一回事了。黎明早起，端端正正地穿好衣服，戴上帽子，清晨就去处理朝政，时时考虑到危难，一件事情办得不合理，就有可能成为乱亡的开端。君主从这儿想到忧愁，那么就能知道忧愁是怎么一回事了。太阳一出来就去处置政务，一直工作到午后。诸侯的子孙，作为宾客互相往来，拱手行礼，对各种仪节都十分谨慎小心。君主从这儿想到劳苦，那么就知道劳苦是怎么一回事了。君主怀着一种久久的思念之情，走出都城四门，缓缓地向远方望去，那里的亡国废墟一定有好多。君主从这儿想到恐惧，那么就知道恐惧是怎么一回事了。君主是船，百姓是水。水可以负载船，也可以打翻船。君主从这儿想到危险，那么就知道危险是怎么一回事了。君主既然已经搞清楚了这个方面，再稍微留意一下有关五等的问题，政治上怎么会有失误呢？"

【原文】

　　哀公问于孔子曰："请问取人之法。"孔子对曰："事任于官①，无取捷捷②，无取钳钳③，无取啍啍④。捷捷，贪也⑤；钳钳，乱也；啍啍，诞也⑥。故弓调而后求劲焉，马服而后求良焉，士必悫而后求智能者焉。不悫而多能，譬之豺狼不可迩⑦。"

【注释】

　　① 事任于官：王肃注："言各当以其所能之事任于官。"事又见《荀子·哀公》《韩诗外传》卷四、《说苑·尊贤》。

　　② 捷捷：花言巧语，取媚于人。

　　③ 钳钳：王肃注："钳钳，妄对，不谨诚。"

　　④ 啍（zhūn）啍：王肃注："啍啍，多言。"啍，通"谆"。

　　⑤ 捷捷，贪也：王肃注："捷捷而不已食，所以为贪也。"

　　⑥ 诞：王肃注："诞，欺诈也。"

　　⑦ 不悫（què）而多能，譬之豺狼不可迩：王肃注："言人无智者虽性悫信，不能为大恶。不悫信而有智，然后乃可畏也。"悫，诚实。

【译文】

　　鲁哀公请教孔子说："请教一下选拔人才的原则。"孔子回答说："各取所能而任命以相应的官职，不要选拔花言巧语的人，不要选拔狂言妄语的人，不要选拔多言多语的人。花言巧语的人贪婪无比，狂言妄语的人扰乱是非，多言多语的人喜欢欺诈。所以弓调顺了以后再求它的强劲，马驯服了以后再求它的精良，士人一定要诚实，然后才可以要求他具有才能。如果为人不诚实却有很多才能，那就像豺狼一样不可接近。"

【原文】

　　哀公问于孔子曰："寡人欲吾国小而能守，大则攻。其道如何?"孔子对曰:"使君朝廷有礼,上下相亲,天下百姓皆君之民,将谁攻之?苟违此道①,民畔如归②,皆君之仇也,将与谁守?"

公曰:"善哉!"于是废山泽之禁,弛关市之税③,以惠百姓。

【注释】

① 违:原作"为",据四库本、同文本、玉海堂本、备要本、陈本改。事又见《说苑·指武》。

② 畔:通"叛"。

③ 弛:解除,舍弃。

【译文】

哀公问孔子说:"我想让我国国势弱的时候能自卫,国势强的时候能够攻伐别国。有什么办法做到这样呢?"孔子答道:"让君主您的朝廷遵守礼制,君臣上下相互亲爱,天下百姓都将是您的臣民,那样您还想攻打谁呢?如果违背了这个原则,百姓们就会纷纷背叛而去,如同各有所归,他们都会成为您的仇敌,您将与谁一起去守卫国家呢?"

哀公说:"讲得好!"于是废止进入山林川泽的各种禁令,取消关卡和市场上的各种税收,以使百姓得到恩惠。

【原文】

哀公问于孔子曰:"吾闻君子不博①,有之乎?"孔子曰:"有之。"公曰:"何为?"对曰:"为其有二乘②。"公曰:"有二乘则何为不博?"子曰:"为其兼行恶道也③。"

哀公惧焉。有间,复问曰:"若是乎,君子之恶恶道至甚也④。"孔子曰:"君子之恶恶道不甚,则好善道亦不甚;好善道不甚,则百姓之亲上亦不甚。《诗》云:'未见君子,忧心惙惙。亦既见止,亦既觏止,我心则悦。'⑤《诗》之好善道甚也如此!"

公曰:"美哉!夫君子成人之善,不成人之恶。微吾子言焉⑥,

吾弗之闻也。"

【注释】

① 博：一种两人对局的棋戏。事又见《说苑·君道》。

② 有：此字原脱，据四库本、同文本、玉海堂本及下文补。二乘（chéng）：指二人争胜，相互侵凌搏杀。乘，侵凌。

③ 兼行恶道：王肃注："此具博三十六道也。"恶道，不正之道，邪路。

④ 君子之："子"字原脱，据同文本以及上下文和《说苑》补。四库本"之"作"子"。

⑤ "未见君子"至"我心则悦"：见《诗经·召南·草虫》。惙（zhuō）惙，忧愁貌。见止，见之。觏（gòu），相遇。悦，今本《毛诗》作"说"，同。同文本即作"说"。

⑥ 微：无，没有。

【译文】

鲁哀公问孔子说："我听说君子不下棋，有这回事吗？"孔子答道："有。"哀公问："为什么？"孔子答道："因为下棋时双方互相争胜。"哀公问："为什么互相争胜就不下棋呢？"孔子回答说："因为要一味争胜，就会同时走上邪路。"

哀公感到一阵恐惧。过了一会儿，哀公又请教道："像这样，君子对邪路的厌恶是极为强烈的了。"孔子说："君子对邪路的厌恶不强烈，那么对正路的喜好也就不强烈；对正路的喜好不强烈，那么百姓对统治者的爱戴也就不强烈。《诗经》里说：'没有见到那君子，忧愁不安难自持。等我已经看到他，等我已经遇上他，我心喜悦乐滋滋。'《诗经》喜好善道也是如此强烈啊！"

哀公说："讲得好！君子成全别人的好事，不促成别人的坏事。没有您说，这番话我是听不到的。"

【原文】

哀公问于孔子曰:"夫国家之存亡祸福,信有天命①,非唯人也。"孔子对曰:"存亡祸福,皆己而已,天灾地妖②,不能加也。"

公曰:"善! 吾子之言,岂有其事乎?"孔子曰:"昔者殷王帝辛之世③,有雀生大鸟于城隅焉。占之曰:'凡以小生大,则国家必王而名必昌④。'于是帝辛介雀之德⑤,不修国政,亢暴无极⑥,朝臣莫救,外寇乃至,殷国以亡,此即以己逆天时,诡福反为祸者也⑦。又其先世殷王太戊之时,道缺法圮⑧,以致夭蘖⑨,桑穀于朝⑩,七日大拱⑪。占之者曰:'桑穀,野木,而不合生朝,意者国亡乎⑫?'太戊恐骇,侧身修行⑬,思先王之政,明养民之道。三年之后,远方慕义,重译至者十有六国⑭。此即以己逆天时,得祸为福者也。故天灾地妖,所以儆人主者也⑮;寤梦征怪⑯,所以儆人臣者也。灾妖不胜善政,寤梦不胜善行。能知此者,至治之极也,唯明王达此。"

公曰:"寡人不鄙固此,亦不得闻君子之教也。"

【注释】

① 信:诚,确实。事又见《说苑·敬慎》。

② 地妖:谓地上所发生的反常怪异之事。

③ 帝辛:王肃注:"帝纣。"即商纣王。

④ 王 (wàng):通"旺",兴旺,兴盛。昌:显,显明,显赫。

⑤ 介雀之德:王肃注:"介,助也。以雀之德为助也。"

⑥ 亢 (kàng) 暴:强暴,凶暴。亢,强硬。

⑦ 诡:求。

⑧ 圮 (pǐ):毁,坏,绝。

⑨ 夭蘖:指物类反常的现象。古人以为不祥之兆。夭,通"妖"。蘖,通"孽"。

⑩ 穀:据《说苑》及《史记·殷本纪》等有关记载,当作"穀"。

穀，一种树木，又称楮，即构树，古人以为恶木。

⑪　拱：两手合围。

⑫　意者：表示测度。大概，或许，恐怕。

⑬　侧身：倾侧其身，表示戒惧不安。

⑭　重（chóng）译：辗转翻译。

⑮　儆：王肃注："儆，戒。"

⑯　寤梦：谓醒时有所见而成之梦。征怪：怪异的征兆。

【译文】

　　鲁哀公向孔子问道："国家的存亡祸福，确实由天命支配，不单单是人所能把握的，对吗？"孔子回答说："存亡祸福，根源都在于人自己，天上地下的灾异怪祸也无法强加。"

　　哀公说："讲得好！您讲的这些，难道有事实作依据吗？"孔子答道："从前在殷王帝辛的时候，有小雀在城墙角生下一只大鸟。占卜者占卜说：'凡是小的生出大的，国家必然兴旺，帝王的名声也必然显赫。'于是帝辛一味借助于小雀带来的德运，不理国政，极端强暴凶残，朝廷大臣没有去救助他的，外面的敌人便前来进攻，殷朝也就灭亡了。这就是自己违逆天时，想求福瑞却招致祸殃。再有他的先代殷王太戊的时候，道统缺失，法纪废毁，以致出现物类反常现象，桑树、楮树在朝廷生长出来，到了第七天便有两手合拢那么粗大了。占卜者占卜说：'桑树、楮树，是在野外生长的树木，不应该生长在朝廷，恐怕国家要灭亡了吧？'太戊十分惊恐，戒惧不安地修养品德，追慕先王德政，昭明养老之制。三年以后，远方国君向慕其德义，通过辗转翻译前来朝拜的有十六个国家。这就是自己违逆天时，虽有祸兆但却最终获得福运。所以天上地下的灾异怪祸，是用来警诫人主的；各种梦幻和怪异的征兆，是用来警诫人臣的。灾异怪祸不会胜过好的政治，各种梦幻不会胜过好的品行。能够知道这些的，可以说是最高境界的天下大治，只有圣明君王才能实现这种境界。"

哀公说："我从前没有弄懂这些，若非如此，也不会至今天才听到君子的教诲。"

【原文】

哀公问于孔子曰："智者寿乎？仁者寿乎？"孔子对曰："然。人有三死而非其命也，行己自取也。夫寝处不时，饮食不节，逸劳过度者，疾共杀之。居下位而上干其君，嗜欲无厌而求不止者，刑共杀之。以少犯众，以弱侮强，忿怒不类①，动不量力者，兵共杀之。此三者，死非命也，人自取之。若夫智士仁人，将身有节②，动静以义，喜怒以时，无害其性，虽得寿焉，不亦可乎？"

【注释】

① 不类：谓不分种类，不分对象。事又见《韩诗外传》卷一、《说苑·杂言》。

② 将：王肃注："将，行。"

【译文】

鲁哀公问孔子说："有智慧的人长寿吗？讲仁德的人长寿吗？"孔子答道："是的。人有三种死亡不是命中注定的，而是由自己立身行事引起的。起居没有规律，饮食没有节制，逸乐或劳累过度，各种疾病会使其丧生。身居下位却触犯君主，嗜好欲望毫无满足，贪求不止，各种刑罚会一起杀死他。以少数冒犯多数，以弱者侮辱强者，忿怒起来不分对象，做事不自量力，各种兵器会一起杀死他。这三种情况下的死亡都不是命中注定的，而是人自己找的。至于有智慧的人和讲仁德的人，为人处世有所节制，动作居处严守道义，喜怒适可而止，从不伤害本性，即使求得长寿，不也应该吗？"

卷 二

致思第八

【原文】

孔子北游于农山，子路、子贡、颜渊侍侧①。孔子四望，喟然而叹曰："于斯致思②，无所不至矣③。二三子各言尔志④，吾将择焉。"

子路进曰："由愿得白羽若月⑤，赤羽若日，钟鼓之音，上震于天，旌旗缤纷⑥，下蟠于地⑦，由当一队而敌之⑧，必也攘地千里⑨，搴旗执馘⑩，唯由能之。使二子者从我焉。"夫子曰："勇哉！"

子贡复进曰："赐愿使齐楚合战于漭漭之野⑪，两垒相望，尘埃相接，挺刃交兵，赐著缟衣白冠⑫，陈说其间，推论利害，释国之患，唯赐能之。使夫二子者从我焉。"夫子曰："辩哉！"

颜回退而不对。孔子曰："回，来，汝奚独无愿乎⑬？"颜回对曰："文武之事，则二子者既言之矣，回何云焉？"孔子曰："虽然，各言尔志也。小子言之⑭。"对曰："回闻薰莸不同器而藏，尧桀不共国而治⑮，以其类异也。回愿得明王圣主辅相之⑯，敷其五教⑰，导之以礼乐，使民城郭不修，沟池不越，铸剑戟以为农器，放牛马于原薮⑱，室家无离旷之思⑲，千岁无战斗之患⑳。则由无所施其勇，而赐无所用其辩矣。"夫子凛然曰㉑："美哉德也！"

子路抗手而对曰㉒："夫子何选焉？"孔子曰："不伤财，不害民，不繁词，则颜氏之子有矣。"

【注释】

① 颜渊：即颜回，孔子弟子，字子渊，通称颜渊，鲁国人，以德行著称。事又见《韩诗外传》卷九、《说苑·指武》。

② 致思：谓集中心思，集中注意力（于某一方面，或某一问题）。

③ 无所不至：王肃注："言思无所不至。"

④ 二三子：犹言"诸君""你们几位"。

⑤ 白羽：军中主帅所执的指挥旗，又称白旄。羽，旌旗。

⑥ 旍（jīng）：同"旌"，旌旗。

⑦ 蟠（pán）：王肃注："蟠，委。"

⑧ 当（dàng）：主领，典领。

⑨ 攘地：开拓疆土。

⑩ 搴旗执馘（guó）：王肃注："搴，取也，取敌之旍旗。馘，截耳也，以效获也。"古时割取所杀敌人的耳朵以论数计功。

⑪ 漭（mǎng）漾（yǎng）：王肃注："漭漾，广大之类。"

⑫ 著（zhuó）：穿戴。缟（gǎo）衣白冠：白色衣冠，凶服。王肃注："兵，凶事，故白冠服也。"

⑬ 奚：犹"何"，为何，为什么。

⑭ 小子：老师对学生的称呼。

⑮ 薰莸（yóu）：王肃注："薰，香。莸，臭。"即香草和臭草。尧：传说中古代帝王，陶唐氏，名放勋，史称唐尧、帝尧，以圣明著称。桀：夏代国王，名履癸，以暴虐荒淫著称，为商汤所败，奔死南方，夏亡。

⑯ 辅相：辅佐，佐助。

⑰ 敷其五教：王肃注："敷，布。五教，父义、母慈、兄友、弟恭、

子孝也。"

⑱ 原薮（sǒu）：王肃注："广平曰原，泽无水曰薮也。"

⑲ 室家：夫妇。离旷：丈夫离家，妇人独处。

⑳ 千岁：千年，长时期。

㉑ 凛然：严肃，令人敬畏貌。

㉒ 抗手：举手而拜（施礼）。

【译文】

孔子到北方游历，登上农山，子路、子贡和颜渊在一旁陪着。孔子向四处远望，长叹一声说："在这个地方集中心思，什么都会想到的。你们几位分别谈谈自己的志向，我要加以选取。"

子路上前说道："仲由我希望手持像月亮一样洁白的白色帅旗，挥动像太阳一样火红的赤色旗帜，让撞击钟鼓的声音，向上震动天空，旌旗飞扬，向下一直拖到地上，我带领一队人马与敌人作战，必定会开拓千里疆土，拔取敌人的旌旗，截取敌人的耳朵报功。只有我能做到这些。可以让他们两人跟着我。"孔子说："真是勇敢！"

子贡又上前说道："端木赐我希望让齐楚两国军队在广阔的原野上交战，两军相互对阵，尘埃四起，士兵手持兵器格斗厮杀，我穿戴上白衣白帽，奔走于两国之间，陈述我的见解，推测分析各种利害，解除两国的战祸。只有我能做到这些。可以让他们两人跟着我。"孔子说："真是善辩！"

颜回退在后面，没有作声。孔子说："颜回，过来，为什么只有你不谈自己的愿望呢？"颜回回答："文武两方面的事情，他们二位已经讲过了，颜回我还有什么好说的呢？"孔子说："尽管这样，还是应该谈谈个人的志向。你说吧。"于是颜回说："我听说香草和臭草不能同在一个器皿收藏，唐尧和夏桀不能同在一个国家为政，这是由于类别不同。我希望能遇上明王圣主，加以辅佐，推行五个方面的教化，用礼乐诱导人们，使他们不再修缮城郭备战，不再越过沟池出战，把剑戟等兵器熔铸成农具，人们可以在原野中放牧牛马，夫妇不再受分离后的思念之苦，天下永无战祸。如果这样，仲由就无法表现自己的勇敢，端木赐就无法施展自己的辩才了。"孔子严肃庄重地说："真是美好的品德啊！"

子路举手行礼，向孔子问道："先生您怎么选取呢？"孔子说："不浪费财物，不伤害百姓，不多费口舌，这只有颜氏家的孩子才能够做得到。"

【原文】

鲁有俭啬者①，瓦鬲煮食②，食之，自谓其美③，盛之土型之器④，以进孔子。孔子受之，欢然而悦，如受大牢之馈⑤。子路曰："瓦甂⑥，陋器也；煮食，薄膳也。夫子何喜之如此乎？"子曰："夫好谏者思其君，食美者念其亲。吾非以馔具之为厚⑦，以其食厚而我思焉。"

【注释】

① 俭啬：节俭。事又见《说苑·反质》。

② 瓦鬲（lì）：王肃注："瓦釜。"一种陶制炊器。三足，形似鼎而无耳。

③ 谓：认为，以为。

④ 土型：王肃注："瓦甂。"一种盛汤羹的陶制器皿。

⑤ 大（tài）牢之馈：王肃注："牛、羊、豕也。馈，馈也。"大牢，即太牢，祭祀时牛、羊、豕三牲具备。

⑥ 瓦甂（biàn）：陶制的扁形盆类器物。此处泛指瓦陶炊具。

⑦ 馔具：指食物，菜肴，肴膳。

【译文】

鲁国有个生活节俭的人，用陶制炊器煮食物，煮好一吃，自以

为味道很美，就用陶罐盛上，进献给孔子。孔子接受了食物，非常
高兴，好像接受用于祭祀的太牢之类的礼品。子路问道："瓦陶炊具
是粗陋的器物，煮出的食物是微薄的饭食，先生为什么这样高兴？"
孔子说："喜欢进谏的人总想着他的君主，吃到美味的人总想起他的
双亲。我高兴并不是因为食物丰厚，而是因为那人吃到美味便想起
了我。"

【原文】

孔子之楚，而有渔者而献鱼焉，孔子不受。渔者曰："天暑市
远，无所鬻也，思虑弃之粪壤，不如献之君子①，故敢以进焉。"
于是夫子再拜受之②，使弟子扫地，将以享祭③。门人曰④："彼将
弃之，而夫子以祭之，何也？"孔子曰："吾闻诸惜其腐馁而欲以
务施者⑤，仁人之偶也⑥。恶有受仁人之馈而无祭者乎？"

【注释】

① 粪壤：粪土，秽土，垃圾堆。事又见《说苑·贵德》。
② 再拜：一种礼节。拜了又拜，以示恭敬。
③ 享祭：祭祀。
④ 门人：弟子。
⑤ 腐馁（niè）：谓变质的食物。馁：一种类似于饼的食品。
⑥ 偶：同辈，同类。

【译文】

孔子到楚国去，路上有个渔夫送鱼给他，孔子不接受。渔夫说：
"天气炎热，市场离这儿又远，无处去卖，我想与其把它丢弃到垃圾
堆里，还不如送给君子，所以冒昧送上。"于是孔子拜了又拜，接受
下来，并让弟子们清扫住地，准备用来进行祭祀。弟子问："人家准
备把它扔掉，您却拿来用以祭祀，这是为什么呢？"孔子说："我听说

爱惜变质食物而想用来施舍别人的，就是仁人的同类。怎么能接受了仁人的礼物却不用来进行祭祀呢?"

【原文】

季羔为卫之士师①，刖人之足②，俄而卫有蒯聩之乱③，季羔逃之。走郭门，刖者守门焉，谓季羔曰:"彼有缺。"季羔曰:"君子不逾。"又曰:"彼有窦④。"季羔曰:"君子不隧⑤。"又曰:"于此有室。"季羔乃入焉。

既而追者罢，季羔将去，谓刖者:"吾不能亏主之法而亲刖子之足矣。今吾在难，此正子之报怨之时，而逃我者三，何故哉?"刖者曰:"断足固我之罪，无可奈何。曩者君治臣以法令，先人后臣，欲臣之免也，臣知。狱决罪定，临当论刑，君愀然不乐，见君颜色，臣又知之。君岂私臣哉? 天生君子，其道固然。此臣之所以悦君也。"

孔子闻之，曰:"善哉为吏! 其用法一也，思仁恕则树德，加严暴则树怨，公以行之，其子羔乎?"

【注释】

① 季羔:即高柴，孔子弟子，字子羔，亦称子高、季皋等，卫国人，一说齐国人，以愚直著称。士师:王肃注:"狱官。"即掌管刑狱的官员。事又见《说苑·至公》《韩非子·外储说左下》。

② 刖 (yuè):一种酷刑，将脚砍掉。

③ 俄而:亦作"俄尔"，不久。卫有蒯 (kuǎi) 聩 (kuì) 之乱:王肃注:"初，卫灵公太子蒯聩得罪出奔晋。灵公卒，立其子辄，蒯聩自晋袭卫。时子羔、子路并仕于卫也。"

④ 窦:孔穴，洞口。

⑤ 隧:王肃注:"从窦出。"

【译文】

　　季羔担任卫国的狱官，曾对犯人处以砍脚的刑罚。不久，卫国发生了蒯聩之乱，季羔从卫都出逃。逃到郭门，正赶上那个被砍脚的人守门。他对季羔说："那边有缺口。"季羔说："君子不越墙而出。"那人又说："那边还有个小洞。"季羔说："君子不钻洞而出。"那人第三次说道："这边有间房子。"于是季羔躲进房子里。

　　追兵过去了，季羔准备离开，对那人说："我不能损害君主的法律，亲自下令砍掉你的脚。如今我处在危难之中，这正是你回报仇怨的时机，而你连着三次设法让我逃脱，到底为什么呢？"那人回答："被砍了脚本来是我罪有应得，这是无可逆转的事情。从前您依据法律来审理我的案子，首先处理别人的问题，然后再处理我的问题，这是想争取更多的时间来考虑使我免罪的方法，对此我是知道的。案件判决，罪名确定后，到了行刑的时候，您凄然不乐，这从您的脸色上已经表现出来了，对此我也是知道的。您难道是对我有私情吗？那些天生的君子，为人之道当然应该如此。这就是我为什么对您心悦诚服的原因。"

　　孔子得知此事，说道："真是善于做官吏啊！同样是施用法律，心存仁义宽恕就会培植恩德，施加严刑酷法则会招致仇怨。能够公正无私地做事，子羔不就是这样吗？"

【原文】

　　孔子曰："季孙之赐我粟千钟也，而交益亲①。自南宫敬叔之乘我车也，而道加行②。故道虽贵，必有时而后重，有势而后行。微夫二子之贶财③，则丘之道殆将废矣。"

【注释】

　　① 季孙之赐我粟千钟也，而交益亲：王肃注："得季孙千钟之粟以施与众，而交益亲。"钟，量器，容六斛四斗。交，朋友。据《说苑》

并以下文例之，"季孙"前似应有"自"字。事又见《说苑·杂言》。

②　自南宫敬叔之乘我车也，而道加行：王肃注："孔子欲见老聃而西观周，敬叔言于鲁君，给孔子车马，问礼于老子。孔子历观郊庙，自周而还，弟子四方来习也。"南宫敬叔，鲁国大夫孟僖子之子，曾从孔子学礼。或以为即南宫括，孔子弟子。

③　贶（kuàng）：赐，赐赠。

【译文】

孔子说："自从季孙氏赐给我千钟粮食，我和朋友之间的关系更加亲密了。自从南宫敬叔送车子给我乘坐，我的主张得以更迅速、广泛地施行了。因此一种主张要遇上时机才能被看重，要有一定权势才会得以实施。没有这两个人赐赠财物，那么孔丘我的主张几乎要被废弃了。"

【原文】

孔子曰："王者有似乎春秋①，文王以王季为父②，以太任为母，以太姒为妃，以武王、周公为子③，以太颠、闳夭为臣，其本美矣。武王正其身以正其国，正其国以正天下，伐无道，刑有罪，一动而天下正，其事成矣。春秋致其时而万物皆及，王者致其道而万民皆治。周公载己行化而天下顺之④，其诚至矣。"

【注译】

①　有似乎春秋：王肃注："正其本而万物皆正。"事又见《说苑·君道》。

②　王季：商末周族领袖，周太王古公亶父之子，周文王之父，名季历。

③　武王：即周武王，名发，继承其父文王遗志，率军东攻灭商，建立西周王朝，都于镐（今陕西长安沣水以东）。

④ 载己行化：王肃注："载亦行矣。言行己以行化，其身正，不令而行也。"

【译文】

孔子说："称王的人好像春秋的交替运行一样，周文王有王季做父亲，有太任做母亲，有太姒做妻子，有武王、周公做儿子，有太颠、闳夭做臣下，他统治的根基是非常好的。周武王由整饬自身推及整饬全国，由整饬全国推及整饬天下，讨伐不讲道义的人，惩罚有罪的人，一有举动，天下就得到整饬，事业就得到成就。春秋按时降临，万物也都随之变化；称王的人实行道义，万民也都得到治理。周公能够从自己做起以推行教化，天下的人都表示归顺，这是因为他极讲诚信。"

【原文】

曾子曰："入是国也，言信于群臣，而留可也；行忠于卿大夫①，则仕可也；泽施于百姓，则富可也。"孔子曰："参之言此，可谓善安身矣。"

【注释】

① 忠：厚，厚道。事又见《说苑·谈丛》。

【译文】

曾子说："进入某个国家，国君言论上取信于群臣，就可以留下来；行为上对卿大夫厚道，就可以在这里做官；恩泽能施加到百姓身上，就可以在这里求富。"孔子说："曾参能说出这番话，可见他已经善于安身了。"

【原文】

子路为蒲宰①，为水备，与其民修沟渎②。以民之劳烦苦也，人与之一箪食、一壶浆③。孔子闻之，使子贡止之。

子路忿不悦，往见孔子曰："由也以暴雨将至，恐有水灾，故与民修沟洫以备之。而民多匮饿者，是以箪食壶浆而与之。夫子使赐止之，是夫子止由之行仁也。夫子以仁教而禁其行，由不受也。"孔子曰："汝以民为饿也，何不白于君④，发仓廪以赈之⑤？而私以尔食馈之，是汝明君之无惠而见己之德美矣。汝速已则可，不则汝之见罪必矣⑥。"

【注释】

① 蒲：卫邑，在今河南长垣。事又见《说苑·臣术》。

② 沟渎：沟洫，田间水道。

③ 箪（dān）：王肃注："箪，笥。"即有盖的圆形竹器，用以盛饭。

④ 白：禀告，报告。

⑤ 发：开，打开。仓廪：粮仓，贮藏米谷的仓库。

⑥ 见罪：被责怪，被怪罪。见，犹"被""受到"。

【译文】

子路当了蒲邑宰，为防备水涝灾害，与当地百姓一起整修沟渠。由于百姓劳动繁重辛苦，他便每人发给一筐饭、一壶汤。孔子听到这件事，就派子贡加以制止。

子路怒气冲冲，很不高兴，前去拜见孔子说："仲由我因为看到暴雨将至，担心发生水灾，所以与百姓一起整修沟渠，作为预防。但百姓多数缺粮挨饿，因此送给他们每人一筐饭、一壶汤。先生您让端木赐加以制止，这是制止我推行仁德啊！先生您经常用仁爱来教导我们，但却禁止加以实践，我不能接受。"孔子说："你认为百姓饥饿，为什么不禀告君主，打开粮仓进行赈济？你私下里拿你自己的粮食送给他们，这是你在彰明君主不实行仁惠而显现自己德行美好。你赶快停下来还可以，否则你一定会受到责怪的。"

【原文】

子路问于孔子曰："管仲之为人何如?"子曰："仁也①。"子路曰："昔管仲说襄公②，公不受，是不辩也；欲立公子纠而不能③，是不智也；家残于齐而无忧色，是不慈也；桎梏而居槛车④，无惭心，是无丑也⑤；事所射之君⑥，是不贞也；召忽死之⑦，管仲不死，是不忠也。仁人之道，固若是乎?"孔子曰："管仲说襄公，襄公不受，公之暗也；欲立子纠而不能，不遇时也；家残于齐而无忧色，是知权命也⑧；桎梏而无惭心，自裁审也⑨；事所射之君，通于变也；不死子纠，量轻重也。夫子纠未成君，管仲未成臣。管仲才度义，管仲不死束缚而立功名，未可非也；召忽虽死，过与取仁⑩，未足多也⑪。"

【注释】

① 仁也：王肃注："得仁道也。"事又见《说苑·善说》。

② 说（shuì）：劝说别人，使之听从己见。襄公：即齐襄公，春秋时齐国国君，名诸儿，在位 12 年（前 697—前 686 年）。

③ 欲立公子纠而不能：王肃注："齐襄公立，无常，鲍叔牙曰：'君使民慢，乱将作矣。'奉公子小白出奔莒。公孙无知杀襄公。管夷吾、召忽奉公子纠奔鲁。齐人杀无知。鲁伐齐，纳子纠。小白自莒先人，是为桓公。公乃杀子纠，召忽死之也。"

④ 桎梏：本指拘系犯人的脚镣、手铐。此指戴上镣铐被拘系、囚禁。槛（jiàn）车：用栅栏封闭的车子，用以押解囚禁的犯人或猛兽。

⑤ 无丑：王肃注："言无耻恶之心。"

⑥ 所射之君：指公子小白即齐桓公。齐公孙无知被杀后，鲁发兵送公子纠回齐，准备立以为君，并派管仲领兵在路上阻击正由莒返齐的公

子小白一行，结果射中小白带钩，小白佯装死亡而脱险入齐。

⑦ 召（shào）忽：齐国大夫，与管仲共同辅佐公子纠而随之奔鲁。

⑧ 权命：谓审度时命。

⑨ 自裁：指自己心中的裁断、主张。审：慎重。

⑩ 与：以。

⑪ 多：重视，看重。

【译文】

子路问孔子说："管仲的为人怎么样呢？"孔子说："管仲仁德高尚。"子路说："从前管仲劝说齐襄公，襄公没有听从，这是缺少辩才；打算拥立公子纠为国君却无法实现，这是没有才智；家人在齐国遭到残害却没有忧伤的表情，这是缺少慈爱；戴着镣铐关在囚车里却没有羞惭的表情，这是不知耻恶；事奉曾经射过的君主，这是不守贞一；召忽为公子纠殉死而管仲却没有做到，这是不够忠诚。一个仁德高尚的人的做法，本该像这个样子吗？"孔子说："管仲劝说齐襄公，襄公没有听从，这是由于襄公昏庸；打算拥立公子纠却无法实现，这是由于未遇到时机；家人在齐国受到残害却没有忧伤的表情，这是由于懂得审度时命；遭到拘囚却无羞惭之心，这是由于自己裁断慎重；事奉曾经射过的君主，这是由于懂得及时变通；不为公子纠殉死，这是由于知道权衡轻重。公子纠没有成为君主，管仲也没有成为他的臣下。管仲才能的重要性超过守义的重要性，管仲没有在被拘囚时死去而最终建立起功名，是无可非议的；召忽尽管殉死，但这种用过分的举动来追求仁德高尚的做法，并不值得特别看重。"

【原文】

孔子适齐①，中路闻哭者之声，其音甚哀。孔子谓其仆曰："此哭哀则哀矣，然非丧者之哀矣。"驱而前，少进，见有异人焉②，拥镰带素③，哭音不哀④。

孔子下车，追而问曰："子何人也？"对曰："吾，丘吾子也。"曰："子今非丧之所⑤，奚哭之悲也？"丘吾子曰："吾有三失，晚而自觉，悔之何及？"曰："三失可得闻乎？愿子告吾，无隐也。"丘吾子曰："吾少时好学，周遍天下，后还，丧吾亲，是一失也；长事齐君，君骄奢失士，臣节不遂，是二失也；吾平生厚交，而今皆离绝，是三失也。夫树欲静而风不停，子欲养而亲不待。往而不来者，年也；不可再见者，亲也。请从此辞！"遂投水而死。

孔子曰："小子识之⑥！斯足为戒矣。"自是弟子辞归养亲者十有三。

【注释】

①适：之，往。事又见《韩诗外传》卷九、《说苑·敬慎》。

②异人：怪人，奇人。

③拥：执，执持。带：束，捆缚。

④音：原作"者"，据同文本、玉海堂本、陈本改。哀：疑当作"衰"，形近而讹。

⑤所：犹"时"。

⑥识（zhì）：记，记住。

【译文】

孔子前往齐国，半路上听到有人啼哭的声音，那声音非常悲哀。孔子对仆从说："这哭声说悲哀确实悲哀，但又不是有了丧事后的那种悲哀。"于是便驱车前往，走了不远，发现有一个怪人，手拿镰刀，腰束白绸，哭个不停。

孔子下了车，追上去问："您是谁呀？"那人答道："我是丘吾子。"孔子问："您现在并没有丧事，为什么哭得这么悲痛呢？"丘吾子答道："我平生有三个过失，到了晚年自己才觉察到，后悔又能有什么用处呢？"孔子说："这三个过失可以讲给我听听吗？希望您告诉我，不要有所隐匿。"丘吾子说："我小时候喜欢学习，周游遍于天下，后来回家，我的双亲已经去世，这是第一个过失；成人后事奉齐国国君，国君骄横奢侈，失去士人拥护，我没有能全尽为臣之节，这是第二个过失；我一向重视交朋友，但现在都分离开了，断绝了来往，这是第三个过失。树木想要平静下来，但风却吹个不停；儿子想要奉养双亲，但他们却辞别人世。一去不复返的是岁月，一走就再也见不到的是去世的双亲。请让我就此诀别吧！"于是投水而死。

孔子对弟子们说："你们好好记住这些话！它足以用来警诫自己。"于是弟子中告辞回去奉养双亲的有十三个人。

【原文】

孔子谓伯鱼曰①："鲤乎，吾闻可以与人终日不倦者，其唯学焉！其容体不足观也②，其勇力不足惮也，其先祖不足称也，其族姓不足道也。终而有大名③，以显闻四方，流声后裔者，岂非学之效也？故君子不可以不学，其容不可以不饬④。不饬无类，无类失亲⑤，失亲不忠⑥，不忠失礼⑦，失礼不立⑧。夫远而有光者，饬也；近而愈明者，学也。譬之污池，水潦注焉，萑苇生焉，虽或以观之，孰知其源乎⑨？"

【注释】

① 伯鱼：即孔鲤，孔子之子，字伯鱼，年五十先于孔子而死。事又见《尚书大传》（辑本）、《韩诗外传》卷六、《说苑·建本》。

② 容体：容貌体态，身体。观：显示，炫耀。

③ 大名：好名声，大名望。

④ 饬（shì）：通"饰"，装饰，修饰。

⑤ 不饬无类，无类失亲：王肃注："类，宜为貌。惟不饬，故无貌。礼貌矜庄，然后亲爱可久，故曰无貌失亲也。"

⑥ 失亲不忠：王肃注："情不相亲，则无忠诚。"

⑦ 不忠失礼：王肃注："礼以忠信为本。"

⑧ 失礼不立：王肃注："非礼则无以立。"

⑨ 譬之污池，水潦（liǎo）注焉，萑（huán）苇生焉，虽或以观之，孰知其源乎：王肃注："源，泉源也。水潦注于池而生萑苇，观者谁知其非源泉乎？以言学者虽从外入，及其用之，人谁知其非从此出也者乎？"污池，水池。萑苇，荻草和芦苇。据《尚书大传》《说苑》及王肃注文，"源"上当有"非"字。

【译文】

孔子对伯鱼说："孔鲤呀，我听说能够使人整天都不厌倦的，一定只有学习吧！容貌体态不值得向人炫耀，勇敢力量不值得让人畏惧，前世祖先不值得向人赞誉，宗族姓氏不值得向人称道。最终能够有好的名声，为天下四方所闻知，并且能够流誉后世，这难道不是学习的结果吗？因此君子不能不学习，容貌不能不修饰。不修饰就没有好的容貌，没有好的容貌就会失去亲情，失去亲情就会不忠诚，不忠诚就会违背礼法，违背礼法就不能立身处世。能够使人在远处就可以发出光彩的，是修饰；能够使人越接触就越明智的，是学习。比如一座水池，雨水倾注到里面，荻草、芦苇生长在里面，虽然有人前来观察，谁又能知道它并不是水源之所在呢？"

【原文】

子路见于孔子曰："负重涉远，不择地而休；家贫亲老，不择禄而仕。昔者由也事二亲之时，常食藜藿之实①，为亲负米百里之外。亲殁之后，南游于楚，从车百乘，积粟万钟，累茵而坐②，列鼎而食，愿欲食藜藿，为亲负米，不可复得也。枯鱼衔索，几何不蠹③？二亲之寿，忽若过隙。"

孔子曰："由也事亲，可谓生事尽力，死事尽思者也。"

【注释】

　　① 藜（lí）藿（huò）：指粗劣的饭菜。藜，一种野菜，即灰藋、灰菜，嫩叶可食。藿，豆叶。事又见《说苑·建本》。

　　② 茵（yīn）：本指车上的垫褥，此泛指垫子。

　　③ 几何：犹"多少"。蠹（dù）：蛀蚀，为蛀虫所坏。

【译文】

　　子路进见孔子说："如果背着很重的东西，又走远路，就不会一味选择好地方才休息；如果家中贫困，父母年老，就不会一味选择高俸禄才为官。从前仲由我侍奉父母的时候，常常吃藜菜和豆叶，还要为父母到百里以外的地方背米。父母去世后，我向南游宦到了楚国，有随从车辆百乘，积蓄的粮食有万钟，坐的垫子有好几层，排列着大鼎吃饭，想要吃藜菜和豆叶，为父母背米，可再也不会办到了。干鱼串在绳子上，还有多少时间不被蛀蚀呢？父母年龄的增加，快得真像穿过缝隙一样。"

　　孔子说："仲由事奉父母，可以说是做到了他们在世时竭尽全力，去世后倾尽哀思。"

【原文】

　　孔子之郯①，遭程子于涂②，倾盖而语终日③，甚相亲。顾谓子路曰："取束帛以赠先生④。"子路屑然对曰⑤："由闻之，士不中间见⑥，女嫁无媒，君子不以交，礼也。"有间，又顾谓子路。子路又对如初。孔子曰："由，《诗》不云乎：'有美一人，清扬宛兮。邂逅相遇，适我愿兮。'⑦今程子天下贤士也，于斯不赠，则终身弗能见也。小子行之！"

【注释】

　　① 孔子之郯（tán）：王肃注："郯，国名也。少昊之后，吾之本县

也。郯子达礼，孔子故往咨问焉。"郯国在今山东郯城北，战国初灭于越。事又见《韩诗外传》卷二、《说苑·尊贤》。

②遭：遇，遇到。程子：即程本，齐国人，一说晋国人，博学善辩，拒绝赵简子之请，辞而往齐，更称子华子。

③倾盖：王肃注："倾盖，驻车。"谓车停后两车的伞盖紧靠在一起。

④束帛：捆为一束的五匹帛，用作聘问、馈赠的礼物。

⑤屑然：恭敬貌。

⑥中间：王肃注："中间，谓始介也。"

⑦"有美一人"至"适我愿兮"：见《诗经·郑风·野有蔓草》。清扬，指眼睛清澈明亮。宛，美丽。今本《毛诗》作"婉"，同。邂（xiè）逅（hòu），不曾预约而见面，意外相遇。适，适合，符合。

【译文】

孔子到郯国去，在路上遇见程子，便停车相靠，和他交谈了很久，显得非常亲密。孔子回头对子路说："拿一束帛来送给先生。"子路恭恭敬敬地说："仲由我听说，士人不先经人介绍而相见，女子不经说媒而嫁人，对这些人君子不会与之交往，这是礼制的规定。"过了一会儿，孔子又回头告诉子路。子路还是像开始那样答复。孔子说："仲由，《诗经》里不是说吗：'有一美人在路上，眼睛清亮水汪汪。不期而遇见了面，这正合于我所想。'如今程先生是天下有名的贤士，这次不赠送礼物给他，恐怕终身都难以再见面了。你就按我说的办吧！"

【原文】

孔子自卫反鲁，息驾于河梁而观焉①。有悬水三十仞②，圜流九十里③，鱼鳖不能导④，鼋鼍不能居⑤，有一丈夫，方将厉之⑥。孔子使人并涯止之⑦，曰："此悬水三十仞，圜流九十里，鱼鳖鼋鼍不能居也，意者难可济也。"丈夫不以措意⑧，遂渡而出。

孔子问之曰："子巧乎⑨？有道术乎？所以能入而出者何也？"
丈夫对曰："始吾之入也，先以忠信；及吾之出也，又从以忠信。
忠信措吾躯于波流，而吾不敢以用私，所以能入而复出也。"

孔子谓弟子曰："二三子识之，水且犹可以忠信成身亲之，而
况于人乎？"

【注释】

　　① 息驾：停车休息。河梁：桥梁。王肃注："河水无梁，庄周书
说孔子于间梁，言事者通谓水为河也。"事又见《说苑·杂言》《列
子·说符》。

　　② 悬水：瀑布。三十仞（rèn）：王肃注："八尺曰仞，悬二十四丈
者也。"

　　③ 圜（yuán）流：王肃注："圜流，回流也，水深急则然。"即漩涡
急流。圜，旋转。

　　④ 导：王肃注："导，行。"

　　⑤ 鼋（tuó）鼍（yuán）：两种动物。鼋，大鳖，俗称癞头鼋。鼍，
即扬子鳄，也称鼍龙、猪婆龙。

　　⑥ 厉：王肃注："厉，渡。"

　　⑦ 并（bàng）：通"傍"，依傍，挨着。涯：水边，岸。

　　⑧ 措意：留意，在意。措，置。

　　⑨ 巧：原脱，据四库本、同文本、玉海堂本、陈本及《说苑》《列
子》补。

【译文】

　　孔子从卫国返回鲁国，途中在一座桥上停车休息，观赏河水。
那里的瀑布高达 30 仞，河水有 90 里长的漩涡急流，鱼鳖无法游行，
大鳖和鼍龙也无法停留。有一个成年男子，正准备游渡过去，孔子叫
人靠着河边劝止他，说："这瀑布高达 30 仞，河中有 90 里长的漩涡

急流，鱼鳖和大鼋、鼍龙都不能停留，想必是难以游渡过去的。"那男子毫不在意，最后游渡成功，从水中走了出来。

孔子问他说："您有特殊技巧吗？有高明道术吗？能够进入水中并顺利游出的原因是什么呢？"那男子回答说："当初我入水时，依靠的首先是忠信；等我游出时，仍继续依靠忠信。忠信将我的身体置于波涛洪流中，而我不敢怀有任何私心杂念，所以能够入水而最终又顺利游出。"

孔子对弟子们说："你们记住，水尚且可以通过用忠信成就自身来加以亲近，何况人呢？"

【原文】

孔子将行，雨而无盖①。门人曰："商也有之②。"孔子曰："商之为人也，甚悋于财③。吾闻与人交，推其长者，违其短者④，故能久也。"

【注释】

① 盖：车子上的伞盖。事又见《说苑·杂言》。

② 商：王肃注："子夏名也。"即卜商，孔子弟子，字子夏，晋国人，一说卫国人，以文学见称。

③ 甚悋（lìn）于财：王肃注："悋，啬甚也。"悋，同"吝"。

④ 违：避开，回避。

【译文】

孔子准备出门，下起雨来，而孔子车上没有伞盖。弟子说："卜商有伞盖。"孔子说："卜商为人，对财物很吝啬。我听说与人结交，要彰扬他的长处，回避他的短处，这样关系才能长久。"

【原文】

楚王渡江①，江中有物大如斗②，圆而赤，直触王舟，舟人取之。王大怪之，遍问群臣，莫之能识。王使使聘于鲁，问于孔子。子曰："此所谓萍实者也③，可剖而食之，吉祥也，唯霸者为能获焉。"

使者反，王遂食之，大美。久之，使来，以告鲁大夫。大夫因子游问曰："夫子何以知其然乎？"曰："吾昔之郑，过乎陈之野④，闻童谣曰⑤：'楚王渡江得萍实，大如斗，赤如日，剖而食之甜如蜜。'此是楚王之应也，吾是以知之。"

【注释】

① 江：指长江。事又见《说苑·辨物》。

② 斗：量器。十升为一斗，十斗为一石。

③ 萍：王肃注："萍，水草也。"

④ 野：郊野，郊外。

⑤ 童谣：儿童传唱的歌谣。旧时以为能预示世运或人事。

【译文】

楚王渡江的时候，江中有一样东西，像斗一样大，圆形，红色，径直朝楚王的船撞来，船上的人将它拿起来。楚王对此感到非常奇怪，把群臣都问了一遍，但没有人能认出它是什么。于是楚王派使者访问鲁国，向孔子请教。孔子说："这就是人们所说的萍草的果实，可以剖开来吃，是吉祥之物，只有称霸的国君才能得到它。"

楚国使者返回后，楚王便将那个东西吃掉，味道非常美。过了好长一段时间，楚国使者又来鲁国，把这事告诉给鲁国大夫。鲁国大夫通过子游问孔子："先生您怎么知道事情是这样的？"孔子说："我从前曾经到郑国去，路过陈国都城郊外，听到童谣里唱道：'楚王渡江，获得萍草果实，大如斗，颜色红得像太阳，剖开吃掉它，甜得同蜜一样。’这次真是楚王应验了，所以我知道这事。”

【原文】

　　子贡问于孔子曰：“死者有知乎，将无知乎①？”子曰：“吾欲言死之有知，将恐孝子顺孙妨生以送死；吾欲言死之无知，将恐不孝之子弃其亲而不葬。赐欲知死者有知与无知②，非今之急，后自知之。”

【注释】

　　① 将：犹“抑”“或”“还是”。下一“将”字表转折，犹“而”“却”。
　　② 欲：此字上原衍一“不”字，据同文本、玉海堂本、陈本删。

【译文】

　　子贡问孔子说：“死人有感觉呢，还是没有感觉呢？”孔子答道：“我想说死者有感觉，却又担心孝子贤孙们不爱惜生命而去殉死；想说死者没有感觉，却又担心不孝的子孙把父母的遗体扔到一边，不予埋葬。端木赐你想知道死者有没有感觉，不是现在急着要办的事情，以后你自然就会明白了。”

【原文】

　　子贡问治民于孔子。子曰：“懔懔焉若持腐索之扞马①。”子贡曰：“何其畏也？”孔子曰：“夫通达御皆人也②，以道导之，则吾畜也；不以道导之，则吾仇也。如之何其无畏也？”

【注释】

　　① 懔（lǐn）懔：王肃注：“懔懔，戒惧之貌。”扞（hàn）马：王肃注：“扞马，突马。”即凶猛的马。扞，通“悍”。事又见《说苑·政理》。
　　② 御：驾驭车马。

【译文】

　　子贡向孔子请教治理百姓的问题。孔子说："要谨小慎微，如同正在用腐朽的缰绳驾驭凶悍的奔马一样。"子贡问："为什么要那么担心呢？"孔子说："在四通八达的地方御马，那里到处都是人，用正确的方法来引导，就是自己的牲口；不用正确的方法来引导，就会成为自己的仇敌。怎么能不担心呢？"

【原文】

　　鲁国之法，赎人臣妾于诸侯者①，皆取金于府。子贡赎之，辞而不取金。孔子闻之曰："赐失之矣。夫圣人之举事也，可以移风易俗，而教导可以施之于百姓，非独适身之行也。今鲁国富者寡而贫者众，赎人受金，则为不廉，则何以相赎乎？自今以后，鲁人不复赎人于诸侯。"

【注释】

　　① 臣妾：奴隶。男称臣，女称妾。事又见《吕氏春秋·察微》《淮南子·齐俗》《道应》《说苑·政理》。

【译文】

　　鲁国法令规定，从其他诸侯国赎回当奴隶的鲁国人，都可以到官府领取金钱。子贡赎人，却加以辞让，没有领取金钱。孔子得知后说："子贡这件事做得就不对了。圣人做事情，能够用来移风易俗，而且可以用来对百姓进行教化引导，并非单单是适合自身的行为。现在鲁国富人少而穷人多，如果因为赎人而领取金钱，就算是不廉洁，那么又靠什么去赎人呢？自今以后，鲁国人再也不会从其他诸侯国赎人了。"

【原文】

子路治蒲，请见于孔子曰："由愿受教于夫子。"子曰："蒲其何如？"对曰："邑多壮士，又难治也。"子曰："然吾语尔，恭而敬，可以摄勇①；宽而正，可以怀强②；爱而恕，可以容困③；温而断，可以抑奸。如此而加之④，则正不难矣⑤。"

【注释】

① 摄：通"慑"，慑服。事又见《史记·仲尼弟子列传》《说苑·政理》。

② 怀：安抚，怀柔。

③ 爱而恕，可以容困：王肃注："言爱恕者，能容困穷。"

④ 加：施用，施行。

⑤ 正：治，治理。

【译文】

子路即将赴任治理蒲邑，请求进见孔子，说："仲由我希望能接受先生的教诲。"孔子问道："蒲邑的情况怎么样啊？"子路回答说："那里有很多勇士，而且难以治理。"孔子说："不过我要告诉你，做事恭恭敬敬，就能够慑服那些勇士；为政宽缓公正，就能够安抚那些豪强；为人仁爱宽恕，就能够容纳穷困之人；温和而又果断，就能够抑止奸邪之行。这样去做，那么治理起来就不会有什么困难了。"

三恕第九

【原文】

孔子曰："君子有三恕①。有君不能事，有臣而求其使，非恕也；有亲不能孝，有子而求其报②，非恕也；有兄不能敬，有弟而求其顺，非恕也。士能明于三恕之本，则可谓端身矣。"

【注释】

① 恕：推己及人，即设身处地为别人着想。事又见《荀子·法行》。

② 报：回报，为报恩而孝养父母。

【译文】

孔子说："君子在三种情况下应该推己及人。有君主而不能事奉，有臣下却要求他们听从指使，这不是推己及人；有父母而不能孝顺，有儿子却要求他们为报恩而孝养自己，这不是推己及人；有兄长而不能尊敬，有弟弟却要求他们顺从自己，这不是推己及人。士人能够搞清三种推己及人的根本实质，就可以说是端正自身了。"

【原文】

孔子曰："君子有三思，不可不察也①。少而不学，长无能也；老而不教，死莫之思也；有而不施，穷莫之救也②。故君子少思其长则务学，老思其死则务教，有思其穷则务施。"

【注释】

① 察：知晓，明了。事又见《荀子·法行》。

② 救：助，援助。

【译文】

孔子说："君子对三种情况应该加以考虑，不能不知道。年少时不学习，长大后就没有才能；年老时不教育别人，死后就没有人思念他；富有时不施舍，贫穷了就没有人救助他。所以君子年少时考虑到长大，就会致力于学习；年老时考虑到死后，就会致力于教育别人；富有时考虑到贫穷，就会致力于施舍。"

【原文】

伯常骞问于孔子曰："骞固周国之贱吏也①，不自以不肖，将北面以事君子②。敢问正道宜行，不容于世③；隐道宜行，然亦不忍④。今欲身亦不穷，道亦不隐，为之有道乎？"孔子曰："善哉子之问也！自丘之闻，未有若吾子所问辩且说也⑤。丘尝闻君子之言道矣，听者无察，则道不入⑥；奇伟不稽，则道不信⑦。又尝闻君子之言事矣，制无度量⑧，则事不成；其政晓察，则民不保⑨。又尝闻君子之言志矣，尌折者不终⑩，径易者则数伤⑪，浩倨者则不亲⑫，就利者则无不弊⑬。又尝闻养世之君子矣⑭，从轻勿为先，从重勿为后⑮，见像而勿强⑯，陈道而勿怫⑰。此四者，丘之所闻也。"

【注释】

① 骞固周国之贱吏也：《晏子春秋·内篇·问下》："柏常骞去周之齐，见晏子曰：'骞，周史之贱史也。'"吴则虞集释引孙星衍云："《家语》作'柏常骞问于孔子曰'。""'史'，《家语》作'吏'，非"。

② 北面：面朝北，谓拜人为师，行弟子敬师之礼。古礼，臣拜君，

卑幼拜尊长，皆面向北行礼，因而居臣下、晚辈之位曰北面。

③ 正道宜行，不容于世：王肃注："正道宜行，而出莫之能贵，故行之则不容于世。"

④ 隐道宜行，然亦不忍：王肃注："世乱则隐道为行，然亦不忍为隐事。"

⑤ 辩且说：王肃注："辩当其理，得其说矣。"

⑥ 听者无察，则道不入：王肃注："言听者不明察，道则不能入也。"

⑦ 奇伟不稽，则道不信：王肃注："稽，考也。听道者不能考校奇伟，则道不见信。此言苟非其人，道不虚行。"奇伟，奇特怪异。

⑧ 度量：规格，标准。

⑨ 其政晓察，则民不保：王肃注："保，安也。政大晓了分察，则民不安矣。"晓察，犹至察，苛刻。

⑩ 尠（gāng）折者不终：王肃注："尠则折矣，不终其性命矣。"尠，同"刚"，刚折，刚直面折，即刚直不阿，敢于当面指摘人的过失。

⑪ 径易者则数伤：王肃注："径，轻也。志轻则数伤于义矣。"

⑫ 浩倨者则不亲：王肃注："浩倨，简略不恭。如是则不亲矣。"

⑬ 就利者则无不弊：王肃注："言好利者不可久也。"

⑭ 养世：谓安身处世。

⑮ 从轻勿为先，从重勿为后：王肃注："赴忧患，从劳苦，轻者宜为后，重者宜为先，养世者也。"

⑯ 见（xiàn）像而勿强：王肃注："像，法也。见法而已，不以强世也。"

⑰ 陈道而勿怫（bèi）：王肃注："怫，诡也。陈道而已，不与世相诡违也。"怫，通"悖"，违反，悖逆。

【译文】

伯常骞问孔子说："伯常骞我本来是周王室一个卑微的官吏，认为自己并非太不成材，准备拜君子为师，加以请教。请问：本该循行正道吧，但却不为世人所容；本该隐居起来吧，但又不忍心这样办。现在我希望自己又不穷困，又不采用隐居的方式，做到这些，请问有什么办法吗？"孔子说："您提的这个问题真是好极了！自从孔丘我开始听人提问题，还没有人像您问得这样富有思辨和在理。我曾经听说君子讲述道艺，听讲的人不仔细聆听，道艺就不可能被接受；对奇特怪异的事情不加考校分析，道艺就不可能被相信。我还曾经听说君子谈论事情，制度上没有什么明确标准，事情就办不成；为政过于繁苛，百姓就会感到不安。我还曾经听说君子谈论志节，刚直面折的人往往性命不保，志节轻贱的人屡屡损害道义，疏阔不恭的人不会有人亲近，一心好利的人没有不最终败落的。我还听说安身处世的君子，干轻活的时候不要争先，干重活的时候不要落后，昭示法令又不要强迫世人，陈述道艺又不要违逆于世。这四个方面，就是我所听到的。"

【原文】

孔子观于鲁桓公之庙①，有欹器焉②。夫子问于守庙者曰："此谓何器？"对曰："此盖为宥坐之器③。"孔子曰："吾闻宥坐之器，虚则欹，中则正④，满则覆。明君以为至诚⑤，故常置之于坐侧。"顾谓弟子曰："试注水焉。"乃注之水，中则正，满则覆。夫子喟然叹曰："呜呼！夫物恶有满而不覆哉？"

子路进曰："敢问持满有道乎？"子曰："聪明睿智，守之以愚；功被天下⑥，守之以让；勇力振世，守之以怯，富有四海，守之以谦。此所谓损之又损之之道也⑦。"

【注释】

① 鲁桓公：春秋初期鲁国国君，名允，一作轨，在位18年（前711—前694年）。事又见《荀子·宥坐》《韩诗外传》卷三、《淮南子·道应》《说苑·敬慎》。

② 欹（qī）器：倾斜易覆的器皿。王肃注："欹，倾。"

③ 宥坐之器：君主可置于座右以为鉴戒的器皿。宥，同"右"。

④ 中（zhòng）：得当，适中。

⑤ 至：深。

⑥ 被：及，延及。

⑦ 损之又损之之道：即持满之道。

【释文】

孔子到祭祀鲁桓公的宗庙里去参观，发现有一件倾斜的器皿。孔子问守庙的人说："这叫做什么器物？"守庙的人答道："这大概就是宥坐之器。"孔子说："我听说宥坐之器空着的时候倾斜，水装得适中时端正，水灌满了就会倾覆。圣明的君主深以为戒，所以常常把它放在座位右边。"孔子回头对弟子说："试一试，灌上水。"于是将水灌进去，水灌得不多不少，它就端正，灌满了它就倾覆。孔子长叹一声说："唉！事物哪里有盈满了而不倾覆的呢？"

子路上前问道："请问有什么保持盈满而又不倾覆的办法吗？"孔子说："聪明而又智慧，就用愚笨来持守；功勋及于天下，就用辞让来持守；勇力震动于世，就用怯懦来持守；富有四海之财，就用谦和来持守。这就是减损又减损的道理。"

【原文】

孔子观于东流之水。子贡问曰："君子所见大水必观焉，何也？"孔子对曰："以其不息，且遍与诸生而不为也①，夫水似乎德；其流也，则卑下倨拘必修其理②，此似义③；浩浩乎无屈尽之期④，此似道；流行赴百仞之溪而不惧，此似勇；至量必平之，此似法；盛而不求概⑤，此似正；绰约微达⑥，此似察；发源必东，此似志；以出以入，万物就以化洁，此似善化也。水之德有若此，是故君子见必观焉。"

【注释】

① 遍与诸生：王肃注："遍与诸生者，物得水而后生，水不与生而又不德也。"诸生，各种生物。事又见《荀子·宥坐》《说苑·杂言》。

② 倨（jù）拘（gōu）：物体弯曲的形状角度，微曲为倨，甚曲为拘。拘，原作"邑"，据同文本、玉海堂本、备要本改。修：循，遵循。

③ 此：此字原脱，据四库本、同文本、玉海堂本及上下文补。

④ 浩浩：水盛大貌。屈（jué）尽：竭尽。

⑤ 概：本为量谷物时刮平斗斛的器具。此处谓刮平、修平，不使过量。

⑥ 绰约：柔弱貌。

【译文】

孔子观赏东流的河水。子贡问道："君子对所见到的大水肯定会好好地加以观赏，这是为什么？"孔子答复说："因为它流动不息，而且普遍地惠赐人们又显得无所作为，水好像是有德性；它流动至低下之处，弯弯曲曲，必然循着一定的条理，好像是讲道义；它浩浩荡荡，没有竭尽的时候，这好像是行大道；它流动奔赴万仞溪谷而无所畏惧，这好像是很勇敢；注入至一定水量时必然加以均平，这好像是有法度；盈满时无须刮去而自平，这好像是很公正；本性柔弱而无微不达，这好像是能明察；发源以后必然奔向东方，这好像是有意志；有流入的，有流出的，万物靠它趋向新鲜洁净，这好像是善教化。水的德性就如同这样，因此君子看到它一定要加以观赏。"

【原文】

子贡观于鲁庙之北堂，出而问于孔子曰："向也赐观于太庙之堂，未既辍①，还瞻北盖，皆断焉②。彼将有说耶③？匠过之也？"孔子曰："太庙之堂，官致良工之匠④，匠致良材，尽其功巧，盖贵久矣，尚有说也⑤。"

【注释】

① 辍：王肃注："辍，止。"事又见《荀子·宥坐》。

② 还瞻北盍（hé），皆断焉：王肃注："观北面之盍，断绝也。"盍，"阖"之借字，门。

③ 说：道理，理由。

④ 官：原作"宫"，据四库本、同文本、玉海堂本、备要本改。致：搜求，求得。

⑤ 尚有说也：王肃注："尚，犹必也。言必有说。"

【译文】

子贡参观鲁国太庙的北堂，出来后问孔子说："从前端木赐我参观太庙的厅堂，不停地看，回头望望北面的门，都是用断开的木料做成的。那是有一定的道理呢，还是工匠错误地把它弄断的呢？"孔子说："修造太庙的厅堂时，官府搜求工艺精巧的工匠，工匠搜求上好的木材，尽其功力和技巧，这大概是为了使它能保持长久。这里必然有一定的道理。"

【原文】

孔子曰："吾有所耻①，有所鄙，有所殆。夫幼而不能强学，老而无以教，吾耻之；去其乡，事君而达，卒遇故人，曾无旧言②，吾鄙之；与小人处而不能亲贤，吾殆之③。"

【注释】

① 耻：原作"齿"，据四库本、同文本、玉海堂本、备要本、陈本及《荀子》改。事又见《荀子·宥坐》。

② 事君而达，卒（cù）遇故人，曾无旧言：王肃注："事君而达，得志于君，而见故人，曾无旧言，是弃其平生之旧交而无进之之心者乎？"卒，突然，偶尔。旧言，平生之言。

③ 与小人处而不能亲贤，吾殆之：王肃注："殆，危也。夫疏贤而近小人，是危亡之道也。"

【译文】

孔子说："有我认为是耻辱的事情，有我认为是卑鄙的事情，有我认为是危险的事情。年幼时不能勤奋学习，年老时无法教诲别人，我认为这是耻辱；离开故乡去事奉君主而做了大官，偶尔遇见老友，却从来不谈亲道故，我认为这是卑鄙；和小人混在一起而不能亲近贤人，我认为这已陷入危险境地。"

【原文】

子路见于孔子①。孔子曰："智者若何？仁者若何？"子路对曰："智者使人知己，仁者使人爱己。"子曰："可谓士矣。"

子路出，子贡入。问亦如之。子贡对曰："智者知人，仁者爱人。"子曰："可谓士矣。"

子贡出，颜回入。问亦如之。对曰："智者自知，仁者自爱。"子曰："可谓士君子矣。"

【注释】

① 子路见于孔子：事又见《荀子·子道》。

【译文】

子路进见孔子。孔子问道："智者是什么样的？仁者是什么样的？"子路回答说："智者能使人了解自己，仁者能使人爱护自己。"孔子说："你可以说是士了。"

子路出去，子贡进来。孔子又问起同样的问题。子贡回答说："智者懂得了解别人，仁者懂得爱护别人。"孔子说："你可以说是士了。"

子贡出去，颜回进来。孔子还是问起同样的问题。颜回回答说："智者自己了解自己，仁者自己爱护自己。"孔子说："你可以说是一个士中君子了。"

【原文】

子贡问于孔子曰："子从父命孝，臣从君命贞乎！奚疑焉？"孔子曰："鄙哉赐！汝不识也！昔者明王万乘之国，有争臣七人，则主无过举①；千乘之国，有争臣五人②，则社稷不危也；百乘之家，有争臣三人③，则禄位不替④；父有争子，不陷无礼；士有争友，不行不义⑤。故子从父命，奚讵为孝⑥？臣从君命，奚讵为贞？夫能审其所从⑦，之谓孝，之谓贞矣。"

【注释】

① 万乘之国，有争臣七人，则主无过举：王肃注："天子有三公四辅，主谏争，以救其过失也。四辅，前曰疑，后曰丞，左曰辅，右曰弼也。"事又见《荀子·子道》。

② 千乘（shèng）之国，有争臣五人：王肃注："诸侯有三卿，股肱之臣有内外者也，故曰五人焉。"

③ 百乘之家，有争臣三人：王肃注："大夫之臣，有室老、家相、邑宰，凡三人，能以义谏争。"

④ 替：废弃，废除。

⑤ 士有争友，不行不义：王肃注："士虽有臣，既微且陋，不能以义匡其君，故须朋友之谏争于己，然后不义之事不得行之者也。"

⑥ 奚讵：岂，难道。

⑦ 审其所从：王肃注："当详审所宜从与不。"

【译文】

子贡问孔子说："儿子听从父亲的命令就是孝顺，臣下听从君主的命令就是忠贞呀！这有什么可怀疑的呢？"孔子说："端木赐你真是鄙陋！你不懂得啊！从前在圣明天子治理下的兵车万乘的国家，有谏争之臣七人，君主就不会犯错误；兵车千乘的诸侯，有谏争之臣五人，国家就不会有危机；兵车百乘的大夫，有谏争之臣三人，俸禄、爵位就不会被废弃；父亲有谏争的儿子，就不至于做事不守礼法；士人有谏争的朋友，就不至于行为不讲道义。因此，儿子听从父命，难道都算是孝顺吗？臣下听从君命，难道都算是忠贞吗？能够明白自己所以听从的道理，这才是孝顺，这才是忠贞。"

【原文】

子路盛服见于孔子①。子曰："由，是倨倨者何也②？夫江始出于岷山③，其源可以滥觞④；及其至于江津⑤，不舫舟⑥，不避风，则不可以涉。非唯下流水多耶？今尔衣服既盛，颜色充盈⑦，天下且孰肯以非告汝乎？"

子路趋而出，改服而入，盖自若也。子曰："由，志之！吾告汝：奋于言者华⑧，奋于行者伐⑨。夫色智而有能者，小人也。故君子知之曰智⑩，言之要也；不能曰不能，行之至也。言要则智，行至则仁。既仁且智，恶不足哉？"

【注释】

① 盛服：衣帽华美整齐。事又见《荀子·子道》《韩诗外传》卷三、《说苑·杂言》。

② 倨倨：神气傲慢。

③ 岷山：在今四川松潘北。古人以为长江源于此。《尚书·禹贡》："岷山导江。"实则为长江支流岷江、嘉陵江的发源地。

④ 滥觞：浮起酒杯。王肃注："觞可以盛酒，言其微。"觞，酒杯。

⑤ 江津：江边渡口。

⑥ 舫舟：两船相并。

⑦ 充盈：自得，骄傲。

⑧ 奋于言者华：王肃注："自矜奋于言者华而无实。"

⑨ 奋于行者伐：王肃注："自矜奋行者是自伐。"

⑩ 智（zhī）：通"知"，知道。

【译文】

子路穿戴着华美整齐的衣帽去进见孔子。孔子问道："仲由，为什么这样神气傲慢呢？长江发源于岷山，它开始的水流只能浮起酒杯；等它流到有渡口的地方，不并船，不避风，就无法渡过江面。不是因为下游水多吗？现在你衣着华美，显露出傲慢的脸色，天下人又有谁肯把你的过失告诉给你呢？"

子路赶紧走出去，更换了衣服后又进来，表情非常自然。孔子说："仲由，记住！我告诉你：抢着说话的人往往华而不实，抢着做事的人往往自我夸耀。外表显得十分聪明，很有才能的，往往是小人。因此，君子知道的就说知道，这是言谈的要领；不能做的就说不能做，这是行为的准则。言谈合于要领，就是明智，行为合于准则，就是仁爱。既仁爱又明智，还有什么不满足的呢？"

【原文】

子路问于孔子曰："有人于此，披褐而怀玉①，何如？"子曰："国无道，隐之可也；国有道，则衮冕而执玉②。"

【注释】

① 披褐而怀玉：王肃注："褐，毛布衣。"指穷苦人所穿的衣服。此句喻有才能而不形于外。

② 衮（gǔn）冕而执玉：王肃注："衮冕，文衣盛饰。"即衮衣和冕，礼服和礼冠。此句喻有才能而施之于朝政。

【译文】

子路问孔子说："如今有这样的人，身怀才智而不显露于外，就像穿着粗布衣服却怀揣着宝玉，这样做怎么样？"孔子说："国家政治不清明，可以隐居起来；国家政治清明，则可以入仕朝廷而显示自己的才能，实现自己的仁德理想。"

好生第十

【原文】

　　鲁哀公问于孔子曰："昔者舜冠何冠乎?"孔子不对。公曰："寡人有问于子，而子无言，何也?"对曰："以君之问不先其大者，故方思所以为对。"公曰："其大何乎?"孔子曰："舜之为君也，其政好生而恶杀，其任授贤而替不肖，德若天地而静虚，化若四时而变物。是以四海承风，畅于异类①，凤翔麟至，鸟兽驯德②。无他也，好生故也。君舍此道而冠冕是问，是以缓对。"

【注释】

　　① 异类：王肃注："异类，四方之夷狄也。"事又见《荀子·哀公》。
　　② 驯：王肃注："驯，顺。"

【译文】

　　鲁哀公问孔子说："从前舜戴的是什么样的冠?"孔子没有回答。哀公说："我问您，您却不说话，这是为什么呢?"孔子答道："因为君主您提问题不是首先提重要的，所以刚才正考虑怎样回答。"哀公问道："重要的是什么呢?"孔子回答说："舜为天子的时候，他为政爱惜生灵而厌恶杀戮，他任命官职授以贤人而废弃不肖，德行好像是天地运转而清净无欲，造化好像是四时交替而变易万物。因此四海之内普遍接受教化，通达于周边异族，凤凰翔集而麒麟毕至，连鸟兽也顺从德治。这没有别的原因，就是由于爱惜生灵的缘故。君主您舍弃这方面的道理而问起冠冕，所以我回答得慢了。"

【原文】

孔子读史，至楚复陈①，喟然叹曰："贤哉楚王②！轻千乘之国而重一言之信，匪申叔之信不能达其义③，匪庄王之贤不能受其训。"

【注释】

① 楚复陈：王肃注："陈夏徵舒杀其君，楚庄王讨之，因陈取之，而申叔时谏，庄王从之，还复陈。"

② 楚王：指楚庄王，春秋时楚国国君，芈姓，名旅，或作吕、侣，在位23年（前613—前591年）。

③ 申叔：即申叔时，楚国大夫。

【译文】

孔子阅读史书，读到楚国恢复陈国政权的史事，感叹一声说："楚庄王真是贤君啊！把兵车千乘的国家看得很轻而把一句话的信誉看得很重。没有申叔时的这种信誉，就无法促成楚庄王实行道义；没有楚庄王的这种贤德，就无法接受申叔时的训导。"

【原文】

孔子常自筮其卦①，得《贲》焉②，愀然有不平之状③。子张进曰④："师闻卜者得《贲卦》，吉也。而夫子之色有不平，何也？"孔子对曰："以其离耶⑤。在《周易》，山下有火谓之《贲》⑥，非正色之卦也。夫质也，黑白宜正焉。今得《贲》⑦，非吾兆也。吾闻丹漆不文，白玉不雕，何也！质有余，不受饰故也。"

【注释】

① 常：通"尝"，曾经。事又见《吕氏春秋·壹行》《说苑·反质》。

② 贲（bì）：《周易》卦名。

③ 愀（qiǎo）然：形容神色严肃或不愉快。

④ 子张：即颛孙师，孔子弟子，字子张，陈国人。

⑤ 离：迷离，模糊不清。

⑥ 在《周易》，山下有火谓之《贲》：王肃注："离上艮下，离为火，艮为山。"今本《周易·贲卦·象传》："山下有火，《贲》。"

⑦ 贲：王肃注："贲，饰。"

【译文】

孔子曾经自己占筮，有一次占得《贲卦》，神色严肃，表现出不平和的样子。子张上前说道："颛孙师我听说占卜者卜得《贲卦》，是吉利的事情。但从先生您的脸色看却像是不平和，这是为什么？"孔子答复说："因为它有迷离之义。在《周易》中，山下有火为《贲卦》，不是颜色纯正的卦象。对本质来说，黑色、白色都应当纯正。如今我得到《贲卦》，这并不是我的吉祥之兆。我听说红色的漆用不着文饰，白色的玉用不着雕琢，这是为什么呢？这是因为它本质有余，不接受任何雕饰的缘故。"

【原文】

孔子曰："吾于《甘棠》①，见宗庙之敬甚矣。思其人，必爱其树，尊其人，必敬其位，道也。"

【注释】

①《甘棠》：《诗经·召南》中的一篇。王肃注："邵伯听讼于甘棠，爱其树，作《甘棠》之诗也。"事又见《说苑·贵德》。

【译文】

　　孔子说："我通过《甘棠》这首诗，看到作者对祖先是非常尊敬的。思念那个人，必定爱护他爱护过的树；尊敬那个人，必定敬慕他居处过的地方，这是合于道艺的。"

【原文】

　　子路戎服见于孔子①，拔剑而舞之，曰："古之君子，以剑自卫乎？"孔子曰："古之君子，忠以为质，仁以为卫，不出环堵之室而知千里之外，有不善则以忠化之，侵暴则以仁固之，何持剑乎？"子路曰："由乃今闻此言。请摄齐以受教②。"

【注释】

　　① 戎服：军服。此用为动词，即身穿军服。事又见《说苑·贵德》。

　　② 摄齐（zī）以受教：王肃注："齐，裳下缉也。受教者摄齐升堂。"摄，提起。齐，长衣下部的缉边，泛指长衣的下摆。

【译文】

　　子路身着军装进见孔子，拔出宝剑挥舞起来，问道："古时的君子用宝剑护卫自己吗？"孔子说："古时的君子，以忠诚为本质，用仁爱来护卫，不用走出周围只有一堵宽的房间就可以了解千里之外的事情，有不对自己友好的人便以忠诚来感化他，有进行侵略寇暴的人便用仁爱来稳住他，为什么非得要拿着宝剑呢？"子路说："仲由我今天才有机会听到这一番话。请允许我拜先生为师，接受教诲。"

【原文】

　　楚王出游，亡弓①，左右请求之。王曰："止！楚王失弓，楚人得之，又何求之？"孔子闻之，曰②："惜乎其不大也，不曰人遗弓，人得之而已，何必楚也？"

【注释】

① 楚王出游，亡弓：王肃注："王，恭王。弓，鸟噪之良弓。"楚王，四库本、同文本、玉海堂本即作"楚恭王"。楚恭王，春秋时楚国国君。恭，或作共。名审，在位31年（前590—前550年）。事又见《说苑·至公》。

② 曰：此字原脱，据陈本补。

【译文】

楚恭王外出游玩，丢失了弓，左右侍从请求去找回来。楚王说："算了吧！楚王丢了弓，楚人总会把它拾起来，又何必去寻找呢？"孔子听到这事，说："可惜他的公心还不算大，没有说有人丢了弓，但只不过是另外有人拾到它罢了，为什么非得光说楚国呢？"

【原文】

孔子为鲁司寇，断狱讼，皆进众议者而问之①，曰："子以为奚若？某以为何若？"皆曰云云如是，然后夫子曰："当从某子几是②。"

【注释】

① 皆进众议者：王肃注："重狱事，故与众议之。"事又见《说苑·至公》。

② 几：王肃注："近也。"

【译文】

孔子当了鲁国的司寇，审理案件时，都要从众人中选请议论者参与，加以询问，说："你认为怎么样？某人以为怎么样？"都要这样问一问，然后孔子说："应该听从某人说的，这大概差不多。"

【原文】

孔子问漆雕凭曰："子事臧文仲、武仲及孺子容①，此三大夫孰贤？"对曰："臧氏家有守龟焉②，名曰蔡。文仲三年而为一兆③，武仲三年而为二兆，孺子容三年而为三兆。凭从此之见，若问三人之贤与不贤，所未敢识也。"

孔子曰："君子哉，漆雕氏之子！其言人之美也，隐而显；言人之过也，微而著。智而不能及，明而不能见，孰克如此④？"

【注释】

① 臧文仲：即臧孙辰，春秋时鲁国大夫。武仲：即臧孙纥，文仲之孙。孺子容：事不详。按文意，当为武仲之后。事又见《说苑·权谋》。

② 守龟：天子、诸侯、卿大夫占卜用的龟甲由专人（称龟人）掌守，故称。

③ 兆：占卜时在龟甲或兽骨上钻刻，再用火灼，据裂纹定吉凶。预示吉凶的裂纹就叫兆。此处泛指占卜。

④ 克：王肃注："克，能也。"

【译文】

孔子问漆雕凭说："您先后事奉过臧文仲、武仲和孺子容，您认为这三位大夫中谁是贤人？"漆雕凭答道："臧氏家中有一只守龟，名叫蔡。文仲三年才占卜一次，武仲三年占卜了两次，孺子容三年则占卜了三次。漆雕凭我从这里发现了一些问题，但如果要问三个人的贤与不贤，这是我不敢加以识别的。"

孔子说："漆雕氏之子真是君子啊！他说别人的好处时，含蓄却很显明；他说别人的过失时，微妙却能明示。那些智慧达不到，眼光又看不远的人，谁能这样？"

【原文】

鲁公索氏将祭而亡其牲①。孔子闻之曰:"公索氏不及二年将亡。"后一年而亡。门人问曰:"昔公索氏亡其祭牲,而夫子曰'不及二年必亡'。今过期而亡②,夫子何以知其然?"孔子曰:"夫祭者,孝子所以自尽于其亲。将祭而亡其牲,则其余所亡者多矣。若此而不亡者,未之有也。"

【注释】

① 牲:用于祭祀、盟誓和食用的家畜,此处特指供祭祀用的家畜。公索氏:鲁国大夫。事又见《说苑·权谋》。

② 期 (jī):一周年。

【译文】

鲁国公索氏正准备祭祀,却丢失了用于祭祀的牲畜。孔子听到这件事,便说:"用不了两年,公索氏必然灭亡。"过了一年以后,公索氏果然败亡了。弟子问孔子说:"从前公索氏丢失了供祭祀用的牲畜,先生您说'用不了两年,他必定灭亡'。如今过了一年,公索氏果然灭亡了,先生根据什么知道会是这样呢?"孔子说:"祭祀,是孝子尽自己所有来供奉先祖亲人的。将要祭祀了却丢失了要用的牲畜,那么其余丢失的东西就更多了。像这样而不灭亡的,是没有的。"

【原文】

虞、芮二国争田而讼①,连年不决,乃相谓曰:"西伯仁也②,盍往质之③?"入其境,则耕者让畔④,行者让路。入其朝,士让为大夫,大夫让为卿⑤。虞、芮之君曰:"嘻!吾侪小人也⑥,不可以入君子之朝。"遂自相与而退⑦,咸以所争之田为闲田也。孔子曰:"以此观之,文王之道,其不可加焉。不令而从,不教而听,至矣哉!"

【注释】

① 虞、芮（ruì）：周文王时两个诸侯国。虞在今山西平陆北，芮在今陕西大荔朝邑城南。事又见《诗经·大雅·绵》毛传、《尚书大传》（辑本）、《说苑·君道》。

② 西伯：王肃注："西伯，文王。"

③ 盍（hé）往质之：王肃注："盍，何不。质，正也。"

④ 畔：田界。

⑤ 为：原作"于"，据四库本、同文本、玉海堂本改。

⑥ 侪（chái）：同辈，同类的人。王肃注："侪，等。"

⑦ 遂：原作"远"，据四库本、同文本、玉海堂本、备要本、陈本改。

【译文】

虞、芮两国争夺田地，打起官司，好多年没有结果，便相互提出："西伯是仁德的君主，何不请他评定一下？"于是前往，进入周文王的辖境，就看见耕田的人互让田界，走路的人互让道路。到了文王的朝廷，又看见士人相互推让做大夫，大夫也相互推让做卿。虞、芮两国的国君说："哎！我等真是小人，不可以进入君子的朝廷。"于是各自退让，都把原先有争议的田地作为无人耕种的空闲土地。孔子说："从这件事上看，文王的道德真是无以复加了。没有下达命令人们就能服从，没有进行教育人们就能听从，真是至高无上的境界啊！"

【原文】

曾子曰："狎甚则相简①，庄甚则不亲。是故君子之狎足以交欢，其庄足以成礼。"孔子闻斯言也，曰："二三子志之！孰谓参也不知礼乎？"

【注释】

① 狎（xiá）：亲近，亲密。简：怠慢。事又见《说苑·谈丛》。

【译文】

曾子说："过分亲近就会相互怠慢，过分庄重就不能彼此亲近。因此君子对待亲近，只要能结交朋友并彼此欢悦就行了；君子对待庄重，只要能使礼仪完备就行了。"孔子听到这番话，说："你们要记住这些！谁说曾参不懂礼制呀？"

【原文】

哀公问曰："绅、委、章甫①，有益于仁乎？"孔子作色而对曰："君胡然焉？衰麻苴杖者，志不存乎乐，非耳弗闻，服使然也；黼黻衮冕者②，容不亵慢③，非性矜庄，服使然也；介胄执戈者，无退懦之气，非体纯猛，服使然也。且臣闻之，好肆不守折④，而长者不为市⑤。窃夫其有益与无益⑥，君子所以知。"

【注释】

① 绅、委、章甫：王肃注："委，委貌。章甫，冠名也。"委貌，周之冠。章甫，商之冠。事又见《荀子·哀公》。

② 黼（fǔ）黻（fú）：古时礼服所绣的花纹，也泛指花纹和有文采。黻，同"绂"。四库本、同文本、玉海堂本即作"绂"。

③ 亵慢：轻慢，不庄重。亵，原作"袭"，据四库本、同文本、玉海堂本、陈本改。

④ 好肆不守折（shé）：王肃注："言市弗能为廉，好肆不守折也。"肆，本指集市贸易场所，此指从事商业活动。折，亏损。

⑤ 长者不为市：王肃注："言长者之行，则不为市买之事。"长者，指德高望重、待人忠厚的人。

⑥ 窃：王肃注："窃，宜为察。"

【译文】

鲁哀公问孔子说:"大带、委貌、章甫这些衣冠,对于仁政有益处吗?"孔子脸色一变,回答说:"君主为什么这样问呢? 身穿丧服,手执竹制哭丧棒的人,心里想不起音乐,这并不是因为耳朵听不见,而是因为身着的服装使他这样;身穿礼服,头戴礼冠的人,容貌一点也不轻慢,这并不是因为本性端庄,而是因为身着的服装使他这样;穿戴盔甲,手持兵器冲锋陷阵的人,毫无懦弱、退缩的举动,这并不是因为为人纯朴勇猛,而是因为身着的服装使他这样。而且臣下我听说,善于经商的人不会空守赔钱的生意,忠厚长者不会去做买卖。很明显,有益与无益,君子是可以知道的。"

【原文】

孔子谓子路曰:"见长者而不尽其辞①,虽有风雨,吾不能入其门矣。故君子以其所能敬人,小人反是。"

【注释】

① 尽其辞:把话讲完。

【译文】

孔子对子路说:"看见忠厚长者但却没有把话说完,即使遇上风雨,我也不能进入他的家门。因此君子用自己的才能来敬重别人,小人则正好与此相反。"

【原文】

孔子谓子路曰:"君子以心导耳目,立义以为勇;小人以耳目导心,不愻以为勇①。故曰退之而不怨,先之斯可从己②。"

【注释】

① 愻 (xùn)：同"逊"，驯顺。

② 退之而不怨，先之斯可从已：王肃注："言人退之不怨，先之则可从，足以为师也。"

【译文】

孔子对子路说："君子用心指使耳目，把行道义当做勇敢；小人用耳目指使心，把不驯顺当做勇敢。所以说君子退让而不抱怨，领先带头的事也使别人能够跟上他去做。"

【原文】

孔子曰："君子有三患①：未之闻，患不得闻；既得闻之，患弗得学；既得学之，患弗能行。有其德而无其言，君子耻之；有其言而无其行，君子耻之；既得之而又失之，君子耻之；地有余，民不足，君子耻之；众寡均而人功倍己焉，君子耻之②。"

【注释】

① 有：此字原脱，据四库本、同文本、玉海堂本补。事又见《礼记·杂记下》。

② 众寡均而人功倍己焉，君子耻之：王肃注："凡兴功业，多少与人同，而功殊倍己，故耻之也。"

【译文】

孔子说："君子有三种忧虑：对没有听说的知识，担心无法听到；对已经听说的知识，担心学不到；对已经学到的知识，担心无法实践。有德性而言语不能表达，君子认为是耻辱；言语能够表达而没有行动，君子认为是耻辱；得到职位而又失去，君子认为是耻辱；动用民众的人数相同而别人的功绩却成倍地多于自己，君子认为是耻辱。"

【原文】

鲁人有独处室者，邻之嫠妇亦独处一室①。夜，暴风雨至，嫠妇室坏，趋而托焉。鲁人闭户而不纳。嫠妇自牖与之言②："何不仁而不纳我乎？"鲁人曰："吾闻男女不六十不同居。今子幼，吾亦幼，是以不敢纳尔也。"

妇人曰："子何不如柳下惠然③？妪不逮门之女④，国人不称其乱。"鲁人曰："柳下惠则可，吾固不可。吾将以吾之不可，学柳下惠之可。"

孔子闻之曰："善哉！欲学柳下惠者，未有似于此者。期于至善，而不袭其为，可谓智乎！"

【注释】

①嫠（lí）：通"嫠"。王肃注："嫠，寡妇也。"事又见《诗经·小雅·巷伯》毛传。

②牖：窗户。

③柳下惠：即展禽，春秋时鲁国大夫，展氏，名获，字禽，谥惠。食邑在柳下（或说在今山东新泰），故称。鲁僖公时曾任士师，掌管刑狱。

④妪（yǔ）不逮门之女：妪，本指禽类以身体孵卵，此处指怀抱。相传柳下惠夜宿郭门，有女子来同宿，恐其冻，置之于怀，至晓不为乱。逮，赶上，来得及。原作"建"，据四库本、同文本、玉海堂本改。

【译文】

鲁国有一个人独自住在一间房子里，邻居家的寡妇也独自住在一间房子里。夜里，暴风雨到来，寡妇住的房子被冲坏，寡妇便跑来寄宿。那人关住门，不让进去。寡妇通过窗户对他说："为什么这样不讲仁义，不让我进去呢？"那人说："我听说男女不到六十岁不同居一室。眼下你年轻，我也年轻，因此不敢让你进来。"

寡妇说："你为什么不能像柳下惠那样，怀抱没有赶上走出郭门的女子，而国人却不说他淫乱。"那人说："柳下惠可以，我肯定不行。我准备用我的不行学习柳下惠能够做到的事情。"

孔子听到这事，说："真是好啊！想学柳下惠的人，没有与这种做法相似的。追求最好的境界，却不套用某一具体做法，这真可以称得上明智啊！"

【原文】

孔子曰："小辩害义，小言破道。《关雎》兴于鸟①，而君子美之，取其雄雌之有别；《鹿鸣》兴于兽②，而君子大之，取其得食而相呼。若以鸟兽之名嫌之，固不可行也。"

【注释】

①《关雎》：《诗经·周南》中的一篇。关（关），鸟鸣声。雎（jū），雎鸠，一种水鸟，即鱼鹰，雄雌有固定的配偶，古人以为贞鸟。兴：一种文学写作手法，即托物起兴，借着鸟兽草木、雨雪风霜等自然事物来兴起和抒发作者内心的思想感情。

②《鹿鸣》：《诗经·小雅》中的一篇。

【译文】

孔子说："对于琐事的辩说会损害大义，无关宏旨的言论会破坏大道。《关雎》用鸟起兴，但君子却予以赞美，这是由于雎雄雌有所分别；《鹿鸣》用兽起兴，但君子却予以推重，这是由于鹿得到食物后互相招呼。如果因为它们以鸟兽取名而有所嫌弃，那肯定是不正确的。"

【原文】

孔子谓子路曰："君子而强气①，而不得其死；小人而强气，则刑戮荐蓁②。《豳诗》曰：'殆天之未阴雨，彻彼桑土，绸缪牖户。今汝下民，或敢侮余。'③"孔子曰："能治国家之如此，虽欲侮之，岂可得乎？周自后稷④，积行累功，以有爵土，公刘重之以仁⑤。及至大王亶甫⑥，敦以德让，其树根置本，备豫远矣⑦。初，大王都豳⑧，翟人侵之⑨。事之以皮币⑩，不得免焉；事之以珠玉，不得免焉。于是属耆老而告之⑪：'所欲吾土地。吾闻之，君子不以所养而害人。二三子何患乎无君？'遂独与大姜去之⑫，逾梁山⑬，邑于岐山之下⑭。豳人曰：'仁人之君，不可失也。'从之如归市焉⑮。天之与周⑯，民之去殷久矣，若此而不能王天下⑰，未之有也。武庚恶能侮⑱？《鄁诗》曰⑲：'执辔如组，两骖如儛。'⑳"孔子曰："为此诗者，其知政乎？夫为组者，总纰于此㉑，成文于彼。言其动于近，行于远也。执此法以御民，岂不化乎？《竿旄》之忠告㉒，至矣哉！"

【注释】

① 强（jiàng）气：气性桀骜不驯。

② 荐蓁（zhēn）：接连到来，屡次降临。蓁，通"臻"。

③ "殆天之未阴雨"至"或敢侮余"：见《诗经·豳风·鸱鸮》。殆天之未阴雨，彻彼桑土，绸缪牖户，王肃注："殆，及也。彻，剥也。桑土，桑根也。鸱鸮天未雨剥取桑根以缠绵其牖户。喻我国家积累之功乃难成之苦者也。"绸缪，缠结。今汝下民，或敢侮余，王肃注："今者，周公时。言我先王致此大功至艰，而下民敢侵侮我周道。谓管蔡之属不可不遏绝之，以存周室者也。"

④ 后稷：古代周族始祖（太祖）。名弃。善于种植各种粮食作物，曾在尧舜时做农官，教民耕种。

⑤ 公刘：周族领袖，传为后稷曾孙。

⑥ 大王亶（dǎn）甫：即古公亶父。传为后稷十二代孙，周文王的祖父。大王，又称"太王"。

⑦ 豫：同"预"，预见。

⑧ 豳（bīn）：或作"邠"，在今陕西彬县东北。

⑨ 翟（dí）：通"狄"，活动在我国北方地区的少数民族。四库本即作"狄"。

⑩ 皮币：毛皮和布帛，古时用作贵重的礼物。

⑪ 属（zhǔ）：集合，召集。耆老：长老，年老者。

⑫ 大姜：又称"太姜"，周大王（太王）之妻，有吕氏之女，太伯、仲雍、王季之母。

⑬ 梁山：在今陕西乾县西北。

⑭ 邑：用为动词，建筑城邑。岐山：今陕西岐山东北的箭括山。

⑮ 归市：趋向集市。归，往，趋向。

⑯ 与：帮助，援助。

⑰ 王：原脱，据陈本补。

⑱ 武庚：王肃注："武庚，纣子，名禄父。与管叔共为乱也。"

⑲ 《鄁诗》："鄁"，同"邶"。然此所引诗在《诗经·郑风》，故应为"郑"之讹。

⑳ "执辔如组，两骖如儛"：见《诗经·郑风·大叔于田》。王肃注："骖之以服，和调中节。"辔（pèi），马缰绳。组，丝织的带子。此处用为动词，即织组。骖（cān），周之车，当中一个独辕叫做辀。辀之左右各套两马，共四马。内两马称服，外两马称骖。儛，今本《毛诗》作"舞"，同。

㉑ 总：聚合，汇集。原作"稯（zǒng）"，据四库本、备要本改。纰（pī）：指散乱的丝缕。

㉒ 《竿旄》之忠告：《竿旄》，《诗经·鄘风》中的一篇。竿，今本《毛诗》作"干"，同。王肃注："《竿旄》之诗者，乐乎善道告人，取喻于素丝良马，如组纰之义。"

【译文】

孔子对子路说："君子气性桀骜不驯，就不可能善终；小人气性桀骜不驯，刑罚和杀戮就会降临头上。《豳诗》里说：'趁着天还没阴雨，忙将桑根来剥取，缠结门窗细修理。如今这些树下人，谁还敢把我来欺！'"孔子说："治理国家能够这个样子，虽然有人想欺侮他，哪里能办得到？周朝自后稷以来，积累德行和功绩，从而拥有爵位和土地，公刘更进一步用仁德来加强。到了周大王亶甫，又用德行和礼让来巩固，他树立根本，准备和预见都是非常长远的。当初，大王在豳建都，翟人来侵犯。送给他们毛皮、布帛，没有避免受到侵犯；送给他们珠宝、美玉，也没有避免受到侵犯。于是大王召集当地的长老，向他们宣布：'翟人所想要的是我们的土地。我听说，君子不会为了养人之物而使人遭受祸害。你们何必害怕没有君主呢？'便独自和大姜一起离开，越过梁山，在岐山之下新建城邑。豳地的百姓说：'这是一位有仁德的君主，我们不能没有他。'于是追随而去，好像赶集市一样踊跃。上天帮助周朝，百姓对殷朝离心离德已经很久了，如此而不能统治天下，那是没有的。武庚怎么能够欺侮它呢？《郑诗》说：'手执缰绳如织组，两旁马儿像跳舞。'"孔子说："作这首诗的，难道是懂得为政的道理吗？织组的人，这头握着散乱的丝缕，那头却织成了各种各样的花纹。这是说在近处活动，却能影响到远处。用这个办法来驾驭百姓，怎么能不化行天下呢？《竿旄》的忠心相告，真是最为高妙啊！"

卷　三

观周第十一

【原文】

孔子谓南宫敬叔曰①："吾闻老聃博古知今②，通礼乐之原，明道德之归，则吾师也。今将往矣。"对曰："谨受命。"遂言于鲁君曰："臣受先臣之命云③：'孔子，圣人之后也④，灭于宋⑤，其祖弗父何始有国而授厉公⑥，及正考父，佐戴、武、宣⑦，三命兹益恭⑧，故其鼎铭曰⑨："一命而偻，再命而伛，三命而俯⑩，循墙而走⑪，亦莫余敢侮⑫。饘于是，粥于是⑬，以糊其口。"其恭俭也若此。臧孙纥有言⑭，圣人之后，若不当世⑮，则必有明德而达者焉⑯。孔子少而好礼，其将在矣⑰！'属臣曰：'汝必师之！'今孔子将适周，观先王之遗制，考礼乐之所极，斯大业也。君盍以乘资之？臣请与往。"公曰："诺。"与孔子车一乘，马二四，竖子侍御⑱。敬叔与俱至周。

问礼于老聃，访乐于苌弘⑲，历郊社之所⑳，考明堂之则㉑，察庙朝之度㉒。于是喟然曰："吾乃今知周公之圣与周之所以王也。"

及去周，老子送之曰："吾闻富贵者送人以财，仁者送人以言。吾虽不能富贵，而窃仁者之号，请送子以言乎：凡当今之士，聪明深察而近于死者，好讥议人者也；博辩闳达而危其身㉒，好发人之恶者也。无以有己为人子者㉔，无以恶己为人臣者㉕。"孔子曰："敬奉教。"自周反鲁，道弥尊矣。远方弟子之进，盖三千焉。

【注释】

① 南宫敬叔：王肃注："敬叔，孟僖子子也。"事又见《左传·昭公七年》《史记·孔子世家》。

② 老聃（dān）：王肃注："老聃，老子，博古知今而好道。"老子为春秋时楚国苦县（或说在今河南鹿邑）人，姓李，名耳，字聃。一说姓李，名耳，字伯阳，一名重耳，外字聃。相传曾任东周王室管理典籍之史官。现存《老子》一书，基本反映了其思想主张。

③ 先臣：王肃注："先臣，僖子。"

④ 圣人：王肃注："圣人，殷汤。"

⑤ 灭于宋：王肃注："孔子之先去宋奔鲁，故曰灭于宋也。"

⑥ 其祖弗父何始有国而授厉公：王肃注："弗父何，缗公世子，厉公兄也，让国以授厉公。《春秋传》曰：以有宋而授厉公宜。始，始也，始有宋也。"

⑦ 及正考父佐戴、武、宣：王肃注："正考父，何之曾孙也。戴、武、宣，三公也。"

⑧ 三命兹益恭：王肃注："考父士一命，其大夫再命，卿三命是也。"

⑨ 鼎铭：王肃注："臣有功德，君命铭之于其宗庙之鼎也。"

⑩ 一命而偻（lóu，又读 lǔ），再命而伛（yǔ），三命而俯：偻、伛、俯，皆为曲身以示恭敬之义，但其弯度及表示恭敬的程度不同。王肃注："伛恭于偻，俯恭于伛。"

⑪ 循墙而走：王肃注："言恭之甚。"

⑫ 亦莫余敢侮：王肃注："余，我也。我，考父也。以其恭如此，故人亦莫之侮。"

⑬ 饘（zhān）于是，粥于是：王肃注："饘，糜也。为糜粥于此鼎，

言至俭也。"饘，厚粥。厚曰饘，稀曰粥。

⑭臧孙纥：王肃注："纥，武仲。"即臧武仲。

⑮圣人之后，若不当世：王肃注："弗父何，殷汤之后，而不继世为宋君。"

⑯德：原作"君"，据四库本、同文本、玉海堂本、备要本改。

⑰其将在矣：王肃注："将在孔子。"

⑱竖子：指僮仆，仆从。原作"坚其"，据四库本、同文本、玉海堂本、备要本、陈本改。

⑲苌（cháng）弘：王肃注："弘，周大夫。"

⑳郊社：祭天地。周制，冬至祭天于南郊，称为"郊"，夏至日祭地于北郊称为"社"，合称"郊社"。

㉑明堂：天子宣明政教的地方，凡朝会及祭祀、庆赏、选士、养老、教学等大典，均于此举行。则：王肃注："则，法。"

㉒庙朝之度：王肃注："宗庙、朝廷之法度也。"

㉓闳（hóng）达：谓才识宏富通达。

㉔无以有己为人子者：王肃注："身，父母有之也。"

㉕无以恶己为人臣者：王肃注："言听则仕，不用则退，保身全行，臣之节也。"

【译文】

孔子对南宫敬叔说："我听说，老聃博古知今，通晓礼乐的根本，懂得道德的宗旨，可以做我的老师。现在我准备去拜访他。"南宫敬叔说："一切听从先生安排。"便进见鲁昭公说："臣下我曾接受先臣遗命，遗命中说：'孔子是圣人的后代，而他的家族却在宋国灭亡了。他的先祖弗父何本来应该据有宋君之位，但却让给了厉公。到正考父，辅佐戴公、武公、宣公，三命而做了上卿，待人却更加恭敬，所以他在鼎铭中说："一命曲背，二命躬身，三命把腰深深弯下，沿着墙快步前行，也没有人敢把我欺侮。稠粥在这里烧煮，稀粥也在这里烧煮，都是用来把口糊。"他的恭敬就像这样。臧孙纥说过，圣人的后代，如果没有做上国君，那么其中必然有明德而显达的人。孔子从小好礼，恐怕这话将落实在他身上吧！'所以他嘱咐臣下我说：'你一定要拜他为师！'如今孔子要到周王室去，了解先王遗留下来的典章制度，考察礼乐的最高境界，这是一个重大的事业。君主您何不资助他车子？臣下请求与他一同前往。"昭公说："好。"于是送给孔子一辆车子，两匹马，又派僮仆侍候。这样敬叔和孔子一起到了周王室。

孔子向老聃请教礼仪知识，向苌弘请教音乐知识，游历郊社之所，考察有关明堂的法规，了解有关宗庙、朝廷的法度。于是孔子感叹地说："现在我才知道周公的圣德与周朝能够取得天下的原因。"

到了离开周王室的时候，老子为孔子送行，说道："我听说富贵的人用钱财来给人送行，仁德的人用言语来给人送行。我虽然不能富贵，但姑且冒用仁者的称号，赠送给你几句话吧：在当今世界，聪明过人，观察深刻而接近死亡的，是那些好讥讽、议论别人的人；喜欢辩论，才识通达而危及自身的人，是那些好揭露别人隐恶的人。不要抱着为自己着想的态度去做儿子，不要带着贬损自己的态度去做臣子。"

孔子说："听从教诲。"从周王室返回鲁国，道艺更加尊显。远方弟子前来学习的，大约有三千人。

【原文】

孔子观乎明堂，睹四门墉有尧舜之容、桀纣之象①，而各有善恶之状、兴废之诫焉。又有周公相成王，抱之负斧扆南面以朝诸侯之图焉②。孔子徘徊而望之，谓从者曰："此周之所以盛也。夫明镜所以察形，往古者所以知今。人主不务袭迹于其所以安存，而忽忽所以危亡，是犹未有以异于却走而欲求及前人也，岂不惑哉？"

【注释】

① 门墉（yōng，旧读 yóng）：门口墙边。

② 斧扆（yǐ）：帝王朝堂所用的状如屏风的器具。其上有斧形图案，故名。

【译文】

孔子参观明堂，发现四个门口墙边画有尧舜的容貌、桀纣的图像，但各有善恶的形状、兴废的诫语。又有周公辅佐成王，抱着他背靠斧扆，面向南以接受诸侯朝拜的图像。孔子徘徊左右望着这些，对跟从的人说："这就是周朝为什么兴盛的原因。明镜可用来观察容貌，往古可借以知道今世。人主不务求追循能够安然存在的遗迹，忽略、轻视导致危亡的根源，这好像与那种向后行走却想着追及前面行走的人一样，难道不是迷惑得很吗？"

【原文】

孔子观周，遂入太祖后稷之庙。庙堂右阶之前有金人焉①，三缄其口②，而铭其背曰："古之慎言人也。戒之哉！无多言，多言多败；无多事，多事多患。安乐必戒③，无所行悔④。勿谓何伤，其祸将长；勿谓何害，其祸将大；勿谓不闻，神将伺人，焰焰不灭⑤，炎炎若何⑥；涓涓不壅，终为江河；绵绵不绝，或成网罗⑦；毫末不札，将寻斧柯⑧。诚能慎之，福之根也；口是何伤？祸之门也。强梁者不得其死⑨，好胜者必遇其敌。盗憎主人，民怨其上。君子知天下之不可上也，故下之；知众人之不可先也，故后之。温恭慎德，使人慕之；执雌持下⑩，人莫逾之；人皆趋彼，我独守此；人皆或之⑪，我独不徙；内藏我智，不示人技；我虽尊高，人弗我害⑫。谁能于此？江海虽左，长于百川，以其卑也⑬；天道无亲，而能下人。戒之哉！"

孔子既读斯文也，顾谓弟子曰："小人识之⑭！此言实而中，情而信。《诗》曰：'战战兢兢，如临深渊，如履薄冰。'⑮行身如此，岂以口过患哉！"

【注释】

①　金人：铜铸的人像。事又见《说苑·敬慎》。

②　三缄（jiān）：封口三重。缄，封口。

③　安乐必戒：王肃注："虽处安乐，必警戒也。"

④　无所行悔：王肃注："言当详而后行，所悔之事不可复行。"

⑤　焰焰：火苗初起貌。

⑥　炎炎：大火炽盛貌。

⑦　绵绵不绝，或成网罗：王肃注："绵绵微细若不绝，则有成罗网者也。"

⑧　毫末不札，将寻斧柯：王肃注："如毫之末，言至微也。札，拔也。寻，用者也。"斧柯，斧柄，此借指斧。

⑨　强梁：强横。

⑩　执雌：取弱势。雌，喻柔弱。

⑪　或之：王肃注："或之，东西转移之貌。"或，通"惑"，疑惑，迷惑。

⑫　害：忌妒，忌惮。

⑬　江海虽左，长于百川，以其卑也：王肃注："水阴长右，江海虽在于其左，而能为百川长，以其能下。"

⑭　小人：犹"小子"，老师对学生的称呼。

⑮　"战战兢兢，如临深渊，如履薄冰"：见《诗经·小雅·小旻》。王肃注："战战，恐也。兢兢，戒也。恐坠也，恐陷也。"

【译文】

孔子到周王室参观，便走进供奉太祖后稷的宗庙中。在庙堂右边台阶的前面有个铜人，它的口被封了三层，还在背上刻有铭文说：

"这是古时教人说话要谨慎的人。要引以为戒啊！不要多说话，多说话多败亡；不要多干事，多干事多祸患。安乐时一定要警诫，不要去做使自己后悔的事情。别以为没有什么损伤，它的祸患将会很长久；别以为没有什么妨害，它的祸患将会很大；别以为没有人听见，天神将在暗中探察着人的行为。火苗初起不去扑灭，对熊熊大火就无可奈何；涓涓细流不加堵塞，最终会汇成江河，丝线绵绵不断，便有可能织成罗网；草木很小不去拔掉，将来就需要找来大斧去砍。果真能谨慎行事，那将是福报的根源；口有什么坏处？它是招祸之门。强横的人不得好死，好胜的人一定会遇上对手。盗贼憎恶主人，百姓怨恨官长。君子明白自己不可能胜过天下的人，所以甘居人下。明白自己不可能先于众人，所以甘居人后。温和恭谨，慎修德行，使人敬慕；为人柔弱，处于下位，却没有人能超过他；别人都趋向彼方，我却独守此处；别人都迷惑徘徊，我却坚定不移；内心埋藏我的智慧，不向别人显示自己的技能；我虽然位尊高贵，却没有人忌妒。谁能这个样子呢？大江大海虽处左方，却比众多河流要长，就是因为它地势低下；上天行事不分亲疏，但却能对人谦恭。要以此为戒啊！"

孔子读了这段铭文后，回头对弟子们说："你们记住这些话！这些话实在而中肯，合情而可信。《诗经》里说：'恐惧戒慎莫放松，如同面临那深渊，如同脚踩那薄冰。'如果像这样立身处世，难道会因说话招来灾祸吗？"

【原文】

孔子见老聃而问焉，曰："甚矣，道之于今难行也。吾比执道①，而今委质以求当世之君②，而弗受也。道于今难行也。"老子曰："夫说者流于辩③，听者乱于辞。如此二者，则道不可以忘也。"

【注释】

① 比：先前，本来。事又见《说苑·反质》。

② 委质：古时事奉某一国君，先要在简策上书写自己的名讳呈上，以示尽忠节，叫做"委质"。

③ 流：王肃注："流，犹过也，失也。"

【译文】

孔子进见老聃并加以询问，说："当今实行大道真是太难了。我本来坚持守道，现在委质以请求当今君主，但都没有接受。如今行道真是太难了。"老子说："游说的人往往失于评论，接受游说的人又往往为浮华的言辞所惑乱。对这两种人来说，是不可以舍弃大道的。"

弟子行第十二

【原文】

卫将军文子问于子贡曰①："吾闻孔子之施教也，先之以《诗》《书》，而道之以孝悌，说之以仁义，观之以礼乐②，然后成之以文德③。盖入室升堂者七十有余人④，其孰为贤⑤?"子贡对以不知。

文子曰："以吾子常与学，贤者也，不知何谓?"子贡对曰："贤人无妄⑥，知贤即难⑦，故君子之言曰：'智莫难于知人。'是以难对也。"

文子曰："若夫知贤，莫不难。今吾子亲游焉，是以敢问。"子贡曰："夫子之门人，盖有三千就焉。赐有逮及焉⑧，未逮及焉，故不得遍知以告也。"

文子曰："吾子所及者，请问其行。"子贡对曰："夫能夙兴夜寐，讽诵崇礼，行不贰过⑨，称言不苟⑩，是颜回之行也。孔子说之以《诗》曰：'媚兹一人，应侯慎德'⑪。'永言孝思，孝思惟则'⑫。若逢有德之君，世受显命，不失厥名；以御于天子，则王者之相也。"

"在贫如客⑬，使其臣如借⑭，不迁怒，不深怨，不录旧罪，是冉雍之行也⑮。孔子论其材曰：'有土之君子也，有众使也，有刑用也，然后称怒焉⑯。'孔子告之以《诗》曰：'靡不有初，鲜克有终。'⑰匹夫不怒，唯以亡其身⑱。"

"不畏强御，不侮矜寡，其言循性⑲，其都以富⑳，材任治戎㉑，是仲由之行也。孔子和之以文，说之以《诗》曰：'受小拱大拱，而为下国骏庞。荷天子之龙'㉒，'不戁不悚'，'敷奏其勇'㉓。强乎武哉！文不胜其质㉔。"

"恭老恤幼，不忘宾旅㉕，好学博艺，省物而勤也㉖，是冉求之行也。孔子因而语之曰：'好学则智，恤孤则惠，恭则近礼，勤则有继。尧舜笃恭，以王天下。'其称之也曰：'宜为国老㉗。'"

"齐庄而能肃㉘，志通而好礼，摈相两君之事㉙，笃雅有节，是公西赤之行也㉚。子曰：'礼经三百，可勉能也㉛；威仪三千，则难也㉜。'公西赤问曰：'何谓也？'子曰：'貌以摈礼，礼以摈辞，是谓难焉㉝。'众人闻之，以为成也㉞。孔子语人曰：'当宾客之事则达矣㉟。'谓门人曰：'二三子之欲学宾客之礼者，其于赤也。'"

"满而不盈，实而如虚，过之如不及，先王难之㊱；博无不学，其貌恭，其德敦；其言于人也，无所不信；其骄大人也，常以浩浩㊲。是以眉寿㊳。是曾参之行也。孔子曰：'孝，德之始也；悌，德之序也㊴；信，德之厚也；忠，德之正也。参中夫四德者也。'以此称之。"

"美功不伐，贵位不善㊵，不侮不佚㊶，不傲无告㊷，是颛孙师之行也㊸。孔子言之曰：'其不伐则犹可能也，其不弊百姓则仁也㊹。《诗》云："恺悌君子，民之父母。"㊺'夫子以其仁为大。"

"学之深㊻，送迎必敬㊼，上交下接若截焉㊽，是卜商之行也。孔子说之以《诗》曰：'式夷式已，无小人殆。'㊾若商也，其可谓不险矣㊿。"

"贵之不喜，贱之不怒，苟利于民矣，廉于行己，其事上也，以佑其下（51），是澹台灭明之行也（52）。孔子曰：'独贵独富，君子耻之（53），夫也中之矣（54）。'"

"先成其虑，及事而用之，故动则不妄，是言偃之行也。孔子曰：'欲能则学，欲知则问，欲善则详（55），欲给则豫（56），当是而行，偃也得之矣。'"

"独居思仁，公言仁义，其于《诗》也，则一日三复'白圭之玷'(57)，是宫绍之行也(58)。孔子信其能仁，以为异士(59)。"

"自见孔子，出入于户，未尝越礼；往来过之，足不履影(60)；启蛰不杀(61)，方长不折(62)；执亲之丧，未尝见齿。是高柴之行也(63)。孔子曰：'柴于亲丧，则难能也；启蛰不杀，则顺人道；方长不折，则恕仁也。成汤恭而以恕，是以日跻(64)。'"

"凡此诸子，赐之所亲睹者也。吾子有命而讯赐(65)，赐也固，不足以知贤。"

文子曰："吾闻之也，国有道则贤人兴焉，中人用焉(66)，乃百姓归之。若吾子之论，既富茂矣，壹诸侯之相也(67)，抑世未有明君(68)，所以不遇也。"

子贡既与卫将军文子言，适鲁，见孔子曰："卫将军文子问二三子之于赐，不壹而三焉。赐也辞不获命，以所见者对矣。未知中否，请以告。"

孔子曰："言之乎。"子贡以其辞状告孔子。子闻而笑曰："赐，汝次为人矣(69)。"子贡对曰："赐也何敢知人，此以赐之所睹也。"

孔子曰(70)："然。吾亦语汝耳之所未闻，目之所未见者，岂思之所不至，智之所未及哉？"子贡曰："赐愿得闻之。"

孔子曰："不克不忌(71)，不念旧怨，盖伯夷、叔齐之行也(72)。思天而敬人，服义而行信，孝于父母，恭于兄弟，从善而不教，盖赵文子之行也(73)。其事君也，不敢爱其死，然亦不敢忘其身，谋其身不遗其友，君陈则进而用之(74)，不陈则行而退，盖随武子之行也(75)。其为人之渊源也(76)，多闻而难诞(77)，内植足以没其世(78)，国家有道，其言足以治，无道，其默足以生，盖铜鞮伯华之行也(79)。外宽而内正，自极于隐括之中(80)，直己而不直人，汲汲于仁(81)，以善自终，盖蘧伯玉之行也(82)。孝恭慈仁，允德图义(83)，约货去怨(84)，轻财不匮，盖柳下惠之行也。其言曰：'君虽不量于其身⑧，臣不可以不忠于其君。是故君择臣而任之，臣亦择君而事之。有道顺命⑧，无道衡命⑧。'盖晏平仲之行也⑧。踏忠而行信，终日言，不在尤之内⑧，国无道，处贱不闷⑩，贫而能乐，盖老子之行也。易行以俟天命⑨，居下不援其上⑫，其观于四方也，不忘其亲，不尽其乐⑬，以不能则学，不为己终身之忧⑭，盖介子山之行也⑮。"

子贡曰："敢问夫子之所知者，盖尽于此而已乎？"孔子曰："何谓其然？亦略举耳目之所及而矣。昔晋平公问祁奚曰⑯：'羊舌大夫⑰，晋之良大夫也。其行如何？'祁奚辞以不知。公曰：'吾闻子少长乎其所⑱。今子掩之，何也？'祁奚对曰：'其少也，恭而顺，心有耻而不使其过宿⑲；其为大夫，悉善而谦其端⑩；其为舆尉也⑩，信而好直其功⑩；至于其为容也，温良而好礼，博闻而时出其志⑬。'公曰：'曩⑭者问子，子奚曰不知也？'祁奚曰：'每位改变，未知所止，是以不敢得知也。此又羊舌大夫之行也。'"

子贡跪曰："请退而记之。"

【注释】

① 文子：王肃注："卫卿，名弥牟也。"事又见《大戴礼记·卫将军文子》。

② 观：示。

③ 文德：道艺与德行。

④ 入室升堂：喻人的学识技艺等方面有高深的造诣。

⑤ 贤：胜。

⑥ 贤人无妄：王肃注："贤人无妄，言举动不妄。"

⑦ 即：犹"则""乃"。

⑧ 逮及：交往，在一起。逮，与。

⑨ 行不贰过：王肃注："贰，再也。有不善未尝不知，知之未尝复行也。"

⑩ 称言不苟：王肃注："举言典法不苟且也。"

⑪ "媚兹一人，应侯慎德"：见《诗经·大雅·下武》。王肃注："一人，天子也。应，当也。侯，惟也。言颜渊之德足以媚爱天子，当于其心惟慎德。"

⑫ "永言孝思，孝思惟则"：亦见《下武》。王肃注："言能长是孝道，足以为法则也。"惟，今本《毛诗》作"维"。

⑬ 在贫为客：王肃注："言不贫累志，矜庄如为客也。"

⑭ 使其臣如借：王肃注："言不有其臣，如借使之也。"

⑮ 冉雍：孔子弟子，字仲弓，鲁国人，以德行著称。

⑯ 有土之君子也，有众使也，有刑用也，然后称怒焉：王肃注："言有土地之君，有众足使，有刑足用，然后可以称怒。冉雍非有土之君，故使其臣如借而不加怒也。"

⑰ "靡不有初，鲜克有终"：见《诗经·大雅·荡》。王肃注："冉雍能终其行。"初，此指人生之初的本性。终，此指人至终老尚保持其本性。

⑱ 匹夫不怒，唯以亡其身：王肃注："因说不怒之义，遂及匹夫以怒亡身。"

⑲ 其言循性：王肃注："循其性也，而言不诬其情。"

⑳ 其都以富：王肃注："仲由长于政事。"都，居，此指为政之处。

㉑ 戎：王肃注："戎，军旅也。"

㉒ "受小拱大拱，而为下国骏庞。荷天子之龙"：见《诗经·商颂·长发》。王肃注："拱，法也。骏，大也。庞，厚也。龙，和也。言受大小法，为下国大厚，乃可任天下道也。"今本《毛诗》"拱"作"共"，"庞"作"厖"，"天"下无"子"字。

㉓ "不戁不悚""敷奏其勇"：亦见《长发》。王肃注："戁（nǎn），恐。悚（sǒng），惧。敷，陈。奏，荐。"

㉔ 强乎武哉！文不胜其质：王肃注："言子路强勇，文不胜其质。"武，勇敢。

㉕ 宾旅：王肃注："宾旅，谓寄客也。"

㉖ 省物而勤也：王肃注："省录诸事而能勤也。"

㉗ 国老：王肃注："国老，助宣德教。"

㉘ 齐（zhāi）庄：恭敬。齐，同"斋"。四库本、同文本、玉海堂本即作"斋"。

㉙ 摈相：出接宾曰摈，入赞礼曰相。指为君主主持礼仪之事。

㉚ 公西赤：孔子弟子，字子华，鲁国人。

㉛ 礼经三百，可勉能也：王肃注："礼经三百，可勉学而能知。"或以为《周礼》六篇，其官有三百六十，故曰礼经三百。

㉜ 威仪三千，则难也：王肃注："能躬行三千之威仪则难可为，而公西赤能躬行之。"威仪，祭享等典礼中的动作仪节及待人接物的礼仪。

㉝ 貌以俟礼，礼以俟辞，是谓难焉：王肃注："言所以为者，当观容貌而俟相其礼，度其礼而俟相其辞，度事则宜，故难也。"

㉞ 众人闻之，以为成也：王肃注："众人闻公西赤能行三千之威仪，故以为成也。"

㉟ 当宾客之事则达矣：王肃注："当宾客之事则达，未尽达于治国之本体也。"

㊱ 满而不盈，实而如虚，过之如不及，先王难之：王肃注："盈而如虚，过而不及，是先王之所难，而曾参体其行。"

㊲ 其骄大人也，常以浩浩：王肃注："浩然志大，骄大貌也。大人，富贵者也。"大，原作"于"，据四库本、同文本、玉海堂本、备要本、陈本改。

㊳ 是以眉寿：王肃注："不慕富贵，安静虚无，所以为之富贵。"眉寿，长寿。眉，老。

㊴ 悌，德之序也：王肃注："悌以敬长，是德之次序也。"

㊵ 不善：谓面无喜色。善，犹"喜"。

㊶ 不侮不佚：王肃注："侮、佚，贪功慕势之貌。"

㊷ 不傲无告：王肃注："鳏寡孤独，此四者，天民之穷而无告者也。

子张之行，不傲此四者。"傲，凌傲。

㊸颛孙师：孔子弟子，字子张，陈国人。

㊹不弊百姓：王肃注："不弊愚百姓，即所谓不傲之也。"

㊺"恺悌君子，民之父母"：见《诗经·大雅·泂酌》。王肃注："恺，乐。悌，易也。乐以强教之，易以说安之。民皆有是父之尊、母之亲也。"恺悌，今本《毛诗》作"岂弟"。

㊻学之深：王肃注："学而能入其深义也。"

㊼送迎必敬：王肃注："送迎宾客，常能敬也。"

㊽若截：喻界限分明，区别严格。

㊾"式夷式已，无小人殆"：见《诗经·小雅·节南山》。王肃注："式，用。夷，平也。言用平则已也。殆，危也，无以小人至于危也。"

㊿若商也，其可谓不险矣：王肃注："险，危也。言子夏常厉以断之，近小人斯不危。"

51其事上也，以佑其下：王肃注："言所以事上，乃欲佑助其下也。"

52澹（tán）台灭明：孔子弟子，字子羽，鲁国武城（在今山东平邑）人。

53耻：原作"助"，据四库本、同文本、玉海堂本、陈本及《大戴礼记》改。

54夫也中（zhòng）之矣：王肃注："夫，谓灭明。中，犹当也。"

55欲善则详：王肃注："欲善其事，当详慎也。"

56欲给（jǐ）则豫：王肃注："事欲给而不碍，则莫若于豫。"给，丰足。

57一日三复"白圭之玷"："白圭之玷"，见《诗经·大雅·抑》。王肃注："玷（diàn），缺也。《诗》：'白圭之玷，尚可磨也。斯言之玷，不可为也。'一日三复之，慎之至也。"白圭，白玉制的礼器。

58宫绍：即南宫绍（或作适、括），孔子弟子，鲁国人。

59异士：王肃注："殊异之士也。"

60往来过之，足不履影：王肃注："言其往来常迹，故迹不履影也。"

⑥ 启蛰不杀：王肃注："春分当发。蛰虫启户咸出，于此时不杀生也。"

⑥ 方长不折：王肃注："春夏生长养时，草木不折。"

⑥ 高柴：孔子弟子，字子羔，又称季羔等，卫国人，一说齐国人。

⑥ 成汤恭而以恕，是以日陟（zhì）：王肃注："陟，升也。成汤行恭而能恕，出见搏鸟焉，四面施网，乃去其三面。《诗》曰：'汤降不迟，圣敬日陟。'言汤疾行古人之道，其圣敬之德日升闻也。"

⑥ 讯：王肃注："讯，问。"

⑥ 中人用焉：王肃注："中庸之人，为时用也。"

⑥ 壹：王肃注："壹，皆。"

⑥ 抑：犹"可是""然而"。

⑥ 次为人矣：王肃注："言为知人之次。"为，原作"焉"，据四库本、同文本、玉海堂本、备要本、陈本改。

⑦ 曰：此字原脱，据四库本、同文本、玉海堂本补。

⑦ 克：喜欢与人争胜。忌：为人所厌恶。

⑦ 伯夷、叔齐：商末孤竹君之子。伯夷为长子。初，孤竹君以次子叔齐为继承人。孤竹君死后，叔齐让位，伯夷不受。后二人奔周，及武王灭商，隐居首阳山，不食周粟而死。

⑦ 赵文子：即赵武，春秋时晋国大夫。

⑦ 陈：王肃注："谓陈列于君，为君之使用也。"

⑦ 随武子：即随会、范会、士会，又称范武子，春秋时晋国大夫。

⑦ 为人之渊源：谓思虑深清不测。渊，深。

⑦ 诞：欺诈。

⑦ 植：刚直。没其世：即终其身。

⑦ 铜锶（dī）伯华：春秋时晋国大夫，羊舌氏，名赤，字伯华。食邑于铜锶（今山西沁县南），故称。

⑧ 自极于隐括之中：王肃注："隐括，所以自极。"极，正，端正。隐括，矫正邪曲的器具，引申为标准、规范。

㉛ 汲汲：心情急切貌。

㉜ 蘧（qú）伯玉：即蘧瑗，春秋时卫国大夫。蘧，或作"璩"。

㉝ 允德图义：王肃注："允，信也。图，谋也。"

㉞ 约货去怨：王肃注："夫利，怨之所聚，故约省其货，以远去其怨。"

㉟ 不量于其身：王肃注："谓不量度其臣之德器也。"

㊱ 有道顺命：王肃注："君有道则顺从其命。"

㊲ 无道衡命：王肃注："衡，横也。谓不受其命之隐居者也。"

㊳ 晏平仲：晏子，即晏婴，春秋时齐国卿相，字仲，谥平，世称晏平仲，东莱夷维（今山东高密）人。

㊴ 尤：王肃注："尤，过。"

㊵ 闷：王肃注："闷，忧。"

㊶ 易：王肃注："易，治。"

㊷ 居下不援其上：王肃注："虽在下位，不攀援其上以求进。"

㊸ 观于四方也，不忘其亲，不尽其乐：王肃注："虽有观四方之乐，常念其亲，不尽其归之。""观"上原有"亲"字，据陈本及《大戴礼记》删。

㊹ 以不能则学，不为己终身之忧：王肃注："凡忧忧所知，不能则学，何忧之有？"

㊺ 介子山：即介之推，或作介子推、介推，春秋时晋国大夫，后与母亲隐居绵上（今山西介休东南）山中而死。

㊻ 晋平公：春秋时晋国国君，姬姓，名彪，在位 26 年（前 557—前 532 年）。祁奚：晋国大夫。

㊼ 羊舌大夫：春秋时晋国大夫，叔向祖父，史佚其名。

㊽ 少长乎其所：王肃注："于其所长。"

㊾ 心有耻而不使其过宿：王肃注："心常有所耻恶，及其有过，不令更宿辄改。"

㊿ 悉善而谦其端：王肃注："尽善道而谦让，是其正也。"

⑩ 舆尉：负责国君车驾的军尉。

⑩ 直其功：王肃注："言其功直。"原王注窜入正文，据四库本、备要本改。

⑩ 时出其志：王肃注："时出，以其出之诲未及之，是其志也。"

⑩ 囊（nǎng）者：刚才。

【译文】

卫国将军文子问子贡说："我听说孔子教育学生的时候，先是教给他们有关《诗》《书》的知识，再用孝悌教导他们，用仁义说服他们，用礼乐启示他们，然后使他们成就道艺和德行。孔门中造诣高深的有七十多人，其中谁最突出呢？"子贡回答说不知道。

文子说："我这样问，是由于您常常在孔子那里学习，是贤者，为什么不知道呢？"子贡答道："贤人不能随意对人妄加评论，知道谁贤能就更难了，所以君子有言：'对有智慧的人来说，最难的事情就是了解别人。'因此我很难回答。"

文子说："凡是了解贤人，没有不难的。目前您亲从孔子游学，所以我才冒昧相问："子贡说："跟从孔夫子的弟子，大约有三千人。其中有的我交往过，有的没有交往，因而无法把他们的情况全都告诉您。"

文子说："请问您所交往的这些人的表现。"子贡答复道："能够早起晚睡，讽诵、尊崇礼仪，不再犯已犯过的错误，说话从不苟且、随意，这是颜回的表现。孔子用《诗经》中的话来评价他：'足以得到天子爱，唯有慎德更应该'。'永把孝心来保持，可为法则示后代。'如果遇上实行仁德的君主，就会世代接受显赫的恩命，名号不会遭到埋没；如果为天子所任用，就会成为王者卿相。"

"生活贫困而依然庄重如同做客，役使下属如同借用他们的力量，不深怨别人，不计较旧仇，这是冉雍的表现。孔子评论他的品质说：'先得成为占有土地的君子，有民众可以役使，有刑法可以动用，

然后才会说些发怒的话。'孔子用《诗经》里的话对他说：'善良本性
谁都有，始终保持却难得。'平民百姓不敢轻易发怒，就是因为这样
会危及自身。"

"不畏强暴，不欺侮矜寡，说话依循人性，居官富庶一方，才能
适于治理军队，这是仲由的表现。孔子以文章与他唱和，用《诗经》
评价他说：'遵守大法和小法，对下国仁厚宽大。受天子唱和之宠，
'毫不惊恐和惧怕'，'奏陈勇敢顶呱呱'。真是刚强勇敢啊！他的文采
多于朴实。"

"尊敬老人，抚恤幼孤，不忘寄居的旅客，喜欢学习，博通技
艺，办事俭省，工作勤劳，这是冉求的表现。孔子因此对他说：'喜
欢学习就会聪明，抚恤幼孤就会仁惠，对人恭敬就能够接近礼制的要
求，工作勤劳就能够使财富增益。尧舜纯厚恭敬，因而统有天下。'
孔子称赞道：'他适合担任国老。'"

"严整端庄，态度严肃，思想通达，喜欢礼仪之事，为两君相会
出任傧相，厚重典雅，严守礼节，这是公西赤的表现。孔子说：'礼
经三百，可以勉强掌握；威仪三千，施行起来就困难了。'公西赤问
道：'为什么这样说呢？'孔子说：'礼仪需要一定的容貌才能施行，
辞令需要一定的礼仪才能道出，这是它的困难之处。'众人听了这话，
认为公西赤已经有所成就。孔子对他们说：'关于迎送宾客的事情，
公西赤已经做到了。'又对弟子们说：'你们想学习迎送宾客的礼仪，
可以去找公西赤。'"

"充满而不外溢，充实却如虚亏，已经远远超过却像是没有达
到，对此先世圣王也感到难以做到；知识广博，无所不学，容貌恭
敬，德性敦厚；对人说话时，没有一句话不可信；傲视那些富贵者，
保持一种浩然之气。所以能够长寿。这是曾参的表现。孔子说：'孝，
是德行的开端；悌，是德行的次序；信，是德行的丰厚；忠，是德行
的准则。曾参实现了这四种德行。'孔子就是这样称赞曾参的。"

"有美德功劳而不自夸，居高贵地位而不自喜，不自侮自贱自我

放任以贪功慕势，不凌傲穷苦无告的百姓，这是颛孙师的表现。孔子评价他说：'他不自夸这事别人还可以做到，他不愚弄百姓却是他突出的仁义之举。《诗经》里说："君子和乐又平易，为民父母顺民意。"'孔夫子非常看重他的仁义。"

"学习知识能够深入，迎送宾客必定恭敬，交往上层和接触下层界限分明，这是卜商的表现。孔子用《诗经》中的话评价他：'心平气和已可贵，不因小人而致危。'像卜商这样，可以说是不会有什么危险的。"

"地位高贵不自喜，地位低贱不怨怒，只求对百姓有利，注意自身行为廉洁，事奉上司，从而护佑部下，这是澹台灭明的表现。孔子说：'只求独自富贵，君子以为羞耻，澹台灭明就是这样的君子。'"

"事前先把计谋策划好，遇事时用上，所以从不轻举妄动，这是言偃的表现。孔子说：'想具有才能就要学习，想掌握知识就要询问，想把事做好就要详慎，想达到目的就要有所准备，应该这样去做，而言偃已经做到了。'"

"独居时想着仁爱，为官时考虑仁义，读《诗经》时一天重复三次'白圭之玷'，这是南宫绍的行为。孔子相信他能够施行仁爱，把他看做是卓异之士。"

"自从拜见孔子以后，出入门口，未曾违背礼制；往来经过门口，两脚从未踩到别人的身影上；动物开春活动时不杀害它们，草木生长时不去折断它们；为亲人服丧，未曾露出牙齿言笑。这是高柴的表现。孔子说：'高柴为亲人服丧时的表现，是非常难得的；动物开春活动时不杀害它们，是顺应为人之道的；草木生长时不去折断它们，是极其合乎仁道的。成汤恭敬仁恕，因而能日渐发展起来。'"

"上面说的这几位的表现，都是我亲眼目睹的。您有命令问我，我不得不答复，只是我很愚陋，无法真正了解贤人。"

文子说："我听说，国家政治清明时就会有贤人居官，就会有中庸之人被重用，于是百姓纷纷归附。像您所谈论的，已经非常丰富、全面了，这些人都可以做诸侯的卿相，只不过今世没有圣明君主出现，所以无法施展才能。"

子贡与卫国将军文子交谈以后，到了鲁国，进见孔子说："卫国将军文子向我问起师兄弟们的情况，并且是一而再，再而三地问。我无法推辞，就把看到的一些情况告诉给了他。不知对不对，请求能汇报一下。"

孔子说："讲吧。"子贡就把自己谈过的情况告诉给了孔子。孔子听了笑笑说："端木赐，你已经了解人的高下次序了。"子贡答复道："我哪里敢说是知人，这仅仅是我亲眼目睹的情况。"

孔子说："是的。我还要告诉你耳朵没有听到，眼睛没有看到的东西，这些恐怕是思虑无法达到，智慧无法赶上的吧！"子贡说："我希望能听听。"

孔子说："不争胜，不妒忌，不计较往日仇怨，这大概是伯夷、叔齐的品行。心存天意，尊敬别人，遵从于义，言行求信，对父母孝顺，对兄弟恭敬，一心从善而用不着教诲，这大概是赵文子的品行。事奉国君，不敢苟且偷生，但也不敢轻易死于非义，谋求自己生存时不忘掉朋友，君主能够任用就进而尽力于政事，不能任用时就后退而行，这大概是随武子的品行。为人思虑深清，博闻多识而不被欺诈，内心刚直并终生坚持，国家政治清明时，言语足以用来治国，黑暗时，沉默足以用来求得生存，这大概是铜鍉伯华的品行。外表宽仁而内心正直，遵循一定的标准而端正自身，只求自己正直而不强求别人正直，急切地追求仁德，让美善陪伴自己一生，这大概是蘧伯玉的品行。孝顺恭敬，慈爱宽仁，信守德行，一心向义，节省财货，根除怨仇，贱视财宝却无所匮乏，这大概是柳下惠的品行。曾有言道：'虽然君主不考虑臣下的才德，但臣下却不能不忠于君主。因此君主要择取臣下而加以任用，臣下也要选择君主而加以事奉。君主圣明就顺从其命，昏庸就不受其命。'这大概是晏平仲的品行。遵行忠信，终日言谈也毫无过失，国家政治清明时，身处贱位而无所忧愁，生活贫困却依然安乐，这大概是老子的品行。修养德行以接受天命，身居下位却不攀援上司，游观于四方时，不忘双亲，不尽情享乐，由于没有能力而去学习、请教，不使这事成为终身的忧虑，这大概是介子推的品行。"

子贡问道："请问先生您所了解的，大致全部就是这些吗？"孔子说："怎么能这样说呢？我也只是大略举出耳闻目睹的而已。从前晋平公问祁奚说：'羊舌大夫是晋国的好大夫。他的表现怎样？'祁奚推说不知道。平公问：'我听说您小时候在他家长大。现在您隐瞒他的行为，这是为什么？'祁奚回答说：'他年轻的时候，恭敬谦逊，心中觉得有羞耻之事能在当天迅速改正；他担任大夫以后，能竭尽善道，谦逊待人而端正自身；他出任舆尉以后，能诚实地直言自己的军功；至于他的仪表，则是温和善良而乐于遵礼，博闻多识而时时显示出自己的志向。'平公说：'刚才我问您，您为什么说不知道呢？'祁奚答道：'地位每每改变，不知道止于何处，因而不敢说能够知道。这又是羊舌大夫的一个做法。'"

子贡向孔子行跪拜之礼，说道："请允许我回去后把先生的这番话记下来。"

贤君第十三

【原文】

哀公问于孔子曰："当今之君，孰为最贤？"孔子对曰："丘未之见也。抑有卫灵公乎①？"

公曰："吾闻其闺门之内无别②，而子次之贤③，何也？"孔子曰："臣语其朝廷行事，不论其私家之际也④。"

公曰："其事何如？"孔子对曰："灵公之弟曰公子渠牟⑤，其智足以治千乘⑥，其信足以守之。灵公爱而任之。又有士曰林国者⑦，见贤必进之，而退与分其禄，是以灵公无游放之士。灵公贤而尊之。又有士曰庆足者，卫国有大事，则必起而治之；国无事，则退而容贤⑧。灵公悦而敬之。又有大夫史鳅⑨，以道去卫，而灵公郊舍三日⑩，琴瑟不御，必待史鳅之入而后敢入。臣以此取之。虽次之贤，不亦可乎？"

【注释】

① 抑：大概，也许，有推测、疑虑不定的语气。卫灵公：春秋时卫国国君，姬姓，名元，在位42年（前534—前493年）。事又见《说苑·尊贤》。

② 闺门：宫苑、内室的门，借指家庭。无别：谓家庭内部乱伦。

③ 次：排列，列次。

④ 际：中间，里边。

⑤ 公子渠牟：原作"灵公弟子渠牟"，据四库本、玉海堂本、陈本及《说苑》删改。

⑥ 千乘（shèng）：古时诸侯大国地方百里，出车千乘，称千乘之国。

⑦ 曰：此字原脱，据四库本、同文本、玉海堂本补。

⑧ 退而容贤：王肃注："言其所以退者，欲以容贤于朝。"

⑨ 史鳅（yóu）：卫国大夫，字子鱼，亦称史鱼。

⑩ 郊舍：谓宿于城郊，表示诚敬。

【译文】

鲁哀公问孔子说："当今的君主，数谁最贤？"孔子答道："孔丘我未曾见过最贤的君主。要有，也许是卫灵公吧？"哀公问道："我听说他家庭内有淫乱行为，而您却将他列入贤君，为什么？"孔子回答说："臣下我说的是他在朝廷上做的事情，没有说他家庭内部。"

哀公问道："他在朝廷上做的事情怎么样？"孔子回答说："灵公的弟弟叫公子渠牟，他的智慧足以治理一个诸侯大国，他的诚信足以守住该国。灵公喜爱并任用了他。又有一个叫林国的士人，发现有贤人一定要加以荐进，还私下将自己的俸禄分给那人，因而灵公手下没有游荡放纵的士人。灵公称他为贤士并予以尊敬。又有一个叫庆足的士人，卫国有了大事他就一定被起用来治理政务；国家平安无事，他就退隐起来而使贤人在朝内得到更多的机会。灵公很喜欢他、尊敬他。又有一个叫史鳅的大夫，因实践自己的主张而离开卫国，灵公就宿于城郊三天，不近声乐，一定要等史鳅入朝后才敢回宫。臣下我因此选中了卫灵公。将他列入贤君，不也可以吗？"

【原文】

子贡问于孔子曰："今之人臣，孰为贤？"子曰："吾未识也①。往者齐有鲍叔②，郑有子皮③，则贤者矣。"

子贡曰："齐无管仲，郑无子产？"子曰："赐，汝徒知其一，未知其二也。汝闻用力为贤乎，进贤为贤乎?"子贡曰："进贤贤哉!"子曰："然。吾闻鲍叔达管仲④，子皮达子产，未闻二子之达贤己之才者也。"

【注释】

① 识：识别，知道。事又见《韩诗外传》卷七、《说苑·臣术》。

② 鲍叔：即鲍叔牙，春秋时齐国大夫。

③ 子皮：春秋时郑国大夫，罕姓，名虎。

④ 达：使……显达、得志。这里表示推荐的意思。

【译文】

子贡问孔子说："如今做臣子的，谁可以称得上是贤者?"孔子说："我不知道。从前齐国有鲍叔，郑国有子皮，他们就是贤者。"

子贡问道："当时齐国没有管仲，郑国没有子产吗?"孔子说："端木赐啊，你只知其一，不知其二。你听说过使出气力为贤，还是举荐贤能为贤呢?"子贡说："举荐贤能为贤啊!"孔子说："是的。我听说鲍叔牙推荐了管仲，子皮推荐了子产，没有听说管仲、子产二人推荐过比自己贤能的才士。"

【原文】

哀公问于孔子曰："寡人闻忘之甚者，徙而忘其妻，有诸?"孔子对曰："此犹未甚者也，甚者乃忘其身。"

公曰："可得而闻乎?"孔子曰："昔者夏桀贵为天子，富有四海，忘其圣祖之道，坏其典法，废其世祀，荒于淫乐①，耽湎于酒②；佞臣谄谀③，窥导其心；忠士折口④，逃罪不言。天下诛桀而有其国。此谓忘其身之甚矣。"

【注释】

① 荒：沉溺，迷乱。事又见《尸子》（辑本）、《说苑·敬慎》。

② 耽湎：沉迷，酷嗜。

③ 佞臣：善以花言巧语献媚的臣下。

④ 折口：王肃注："折口，杜口。"

【译文】

鲁哀公问孔子说："我听说有忘事严重的人，搬家的时候把自己的妻子也忘掉了，有这样的事吗？"孔子答道："这还算不上严重的，忘事严重的人连自身都会忘掉。"

哀公问："可以听听是怎么回事吗？"孔子说："从前夏桀贵为天子，富有天下，却忘掉了圣明祖先的为政之道，破坏典章、法制，废止世代相传的祭祀，沉迷于过度享乐之中，贪酒暴饮；佞臣阿谀逢迎，揣摩和引诱他的心思；忠臣闭口，为逃避罪责而不发表言论。结果天下人起而灭桀，别人也统治了他的国家。这就是所说的忘掉自身很严重的情况。"

【原文】

颜渊将西游于宋，问于孔子曰："何以为身？"子曰："恭敬忠信而已矣。恭则远于患，敬则人爱之，忠则和于众，信则人任之。勤斯四者，可以政国①，岂特一身者哉②？故夫不比于数而比于疏，不亦远乎③？不修其中而修外者，不亦反乎？虑不先定，临事而谋，不亦晚乎？"

【注释】

① 政：通"正"，治理。

② 特：王肃注："特，但。"

③ 不比于数而比于疏，不亦远乎：王肃注："不比亲数，近疏远也。"

比于数，与此同列。数，亲密，亲近。比于疏，与此疏远。

【译文】

颜渊准备西行到宋国游历，行前向孔子请教说："应该靠什么来立身处世呢？"孔子说："注意恭敬忠信就可以了。遇事恭谨就可以远离祸患，对人礼敬就可以受人爱戴，对人忠实就可以与众和睦，待人诚信就可以得人任用。努力做到这四条，就能够用来治理国家，哪里只是对立身处世有益？因而与致力于此的人相处时，不是亲近，而是疏远，不是离自己追求的目标更远了吗？不注重内心修养而仅仅是修饰外表，不也是反其道而行之了吗？事先不考虑周全，遇事才开始谋划，不也是太晚了吗？"

【原文】

孔子读《诗》，于《正月》六章①，惕焉如惧，曰："彼不达之君子，岂不殆哉！从上依世则道废；违上离俗则身危。时不兴善，己独由之②，则曰非妖即妄也。故贤也既不遇天，恐不终其命焉。桀杀龙逢③，纣杀比干④，皆是类也⑤。《诗》曰：'谓天盖高，不敢不局。谓地盖厚，不敢不蹐。'⑥此言上下畏罪，无所自容也。"

【注释】

① 《正月》：《诗经·小雅》中的一篇。事又见《说苑·敬慎》。

② 由：蹈行，践履。

③ 龙逢：即关龙逢，夏朝大臣。见夏桀暴虐荒淫，屡加直谏，遂被囚禁杀害。

④ 比干：商朝贵族，纣王叔父，官少师。因屡谏纣王，被剖心而死。

⑤ 是类：原作"类是"，据四库本、同文本、玉海堂本改。

⑥ "谓天盖高，不敢不局。谓地盖厚，不敢不蹐"：王肃注："此

《正月》六章之辞也。局，曲也。言天至高，己不敢不曲身危行，恐上干忌讳也。蹐（jí），累足也。言地至厚，己不敢不累足，恐陷累在位之罗网。"盖，借为"盍"，何等，多么。蹐，累足，即用最小的步子走路，后脚紧跟着前脚，为小心戒惧之状。

【译文】

孔子读《诗经》，读到《正月》第六章时，感到震惊，好像非常恐惧，说："仕途不畅的君子，难道不是很危险吗？顺从君主，依循世俗，大道就会遭到废弃；违抗君主，远离世俗，自身就会出现危险。世人都不愿做好事，而自己独自去做，那样不是被说成是妖孽，就是被说成是狂妄。因此对贤人来说，没有逢遇天时，还得常常担心性命难保。夏桀杀了关龙逢，商纣杀了比干，都属于此类情况。《诗经》里说：'都说天是多么高，不敢不去深弯腰。都说地是多么厚，不敢不去叠双脚。'这是说上上下下都担心招惹罪过，失去自己的立身之地。"

【原文】

子路问于孔子曰："贤君治国，所先者何？"孔子曰："在于尊贤而贱不肖。"子路曰："由闻晋中行氏尊贤而贱不肖矣①，其亡何也？"孔子曰："中行氏尊贤而不能用，贱不肖而不能去。贤者知其不用而怨之，不肖者知其必己贱而仇之。怨仇并存于国②，邻敌搆兵于郊③，中行氏虽欲无亡，岂可得乎？"

【注释】

①　中行（háng）氏：指中行文子，即荀寅，春秋时晋国卿。后与范氏（范吉射）败于赵鞅而奔齐。

②　国：指中行氏在晋国的封地。

③　搆（gòu）兵：交兵，交战。搆，同"构"。

【译文】

子路问孔子说："贤君治理国家，首先应该做的是什么？"孔子说："首要的在于尊重贤人而轻视不肖的人。"子路问："仲由我听说晋国中行氏尊重贤人而轻视不肖的人，他为什么会败亡呢？"孔子说："中行氏尊重贤人却不能加以信用，轻视不肖的人却不能加以罢退。贤能的人知道自己不能被信用而埋怨他，不肖的人知道自己必定会被轻视而仇恨他。埋怨和仇恨并存于他的封地之中，相邻的敌对势力来侵，交战于郊野，中行氏虽然想不灭亡，但怎么能办得到呢？"

【原文】

孔子闲处，喟然而叹曰："向使铜鞮伯华无死，则天下其有定矣！"子路曰："由愿闻其人也。"子曰："其幼也，敏而好学；其壮也，有勇而不屈；其老也，有道而能下人。有此三者，以定天下也，何难乎哉？"

子路曰："幼而好学，壮而有勇则可也，若夫有道下人，又谁下哉？"子曰："由不知。吾闻以众攻寡，无不克也；以贵下贱，无不得也。昔者周公居冢宰之尊①，制天下之政，而犹下白屋之士②，日见百七十人。斯岂以无道也？欲得士之用也。恶有道而无下天下君子哉？"

【注释】

① 冢宰：周代辅佐天子的最高长官。
② 白屋之士：指贫寒的士人。白屋，王肃注："草屋也。"

【译文】

孔子闲居在家，长叹一声说："当初铜鞮伯华不死，天下必然会有安定的时候！"子路说："仲由我希望能听听他为人的情况。"孔子说："他小时候机敏好学，壮年时勇敢不屈，老年时仍然坚守道义而能够屈己待人。有了这三个方面，想安定天下，又有什么困难的呢？"

　　子路说："他小时候机敏好学，壮年时勇敢不屈是应该肯定的，至于坚守道义而能够屈己待人，那又是居谁之下呢？"孔子说："仲由，你不明白。我听说以多攻少，没有不会被攻克的；居于尊贵地位而谦恭地对待低贱的人，没有什么得不到的。从前周公居于冢宰的尊贵地位，裁定天下的政事，但仍然谦恭地对待贫寒的士人，每天约见一百七十人。这难道是缺乏道艺吗？这是想得到贤士而为己所用。怎么能说有了道艺就不必谦恭地对待天下君子呢？"

【原文】

　　齐景公来适鲁，舍于公馆①，使晏婴迎孔子。孔子至，景公问政焉。孔子答曰："政在节财。"

　　公悦，又问曰："秦穆公国小处僻而霸②，何也？"孔子曰："其国虽小，其志大；处虽僻而其政中③。其举也果，其谋也和，法无私而令不愉④。首拔五羖，爵之大夫⑤，与语三日而授之以政。以此取之⑥，虽王可，其霸少矣。"景公曰："善哉！"

【注释】

　　① 公馆：诸侯的离宫别馆。事又见《说苑·尊贤》。

　　② 秦穆公：春秋时秦国国君，嬴姓，名任好，在位 39 年（前 659—前 621 年）。

　　③ 其政中：原作"政其中"，据四库本、玉海堂本、备要本改。

　　④ 愉（tōu）：王肃注："愉，宜为偷。愉，苟且也。"

　　⑤ 首拔五羖（gǔ），爵之大夫：王肃注："首，宜为身。五羖大夫，百里奚也。"羖，黑色公羊。原作"叛"，据四库本、同文本、玉海堂本、备要本、陈本及《说苑》改。百里奚原为虞国大夫，虞亡时为晋所俘，作为陪嫁之臣送入秦国。后出走至楚，为楚人所获，又被秦穆公用五张黑公羊皮赎回，任用为大夫，故称五羖大夫。后与蹇叔、由余等佐

助秦穆公建立霸业。

⑥ 以：此字原脱，据陈本补。

【译文】

齐景公前来鲁国访问，住在公馆之中，派晏婴迎接孔子。孔子到了以后，景公向他请教为政的方法。孔子回答说："为政的关键在于节省财货。"

景公大为高兴，又问："秦穆公的国家小，地理位置偏僻，然而却能成就霸业，为什么呢？"孔子回答说："虽然他的国家小，但他的志向远大；虽然地理位置偏僻，但他的政策正确。他办事果断，谋略得当，法律无所偏私而政令不随意颁布。他亲自将百里奚从牢狱中选拔出来，授以大夫的官爵，在一块儿交谈了三天后便把政务交给百里奚处理。由这里取法，即使成就王业也是可能的，称霸还算是小的成就。"景公说："讲得好啊！"

【原文】

哀公问政于孔子。孔子对曰："政之急者莫大乎使民富且寿也。"公曰："为之奈何？"孔子曰："省力役，薄赋敛，则民富矣；敦礼教，远罪疾①，则民寿矣。"公曰："寡人欲行夫子之言，恐吾国贫矣。"孔子曰："《诗》云：'恺悌君子，民之父母。'未有子富而父母贫者也。"

【注释】

① 罪疾：灾祸。事又见《说苑·政理》。

【译文】

鲁哀公向孔子请教为政的方法。孔子回答说："为政最紧迫的事情就是要让百姓富足长寿。"哀公问："如何能达到这一目标呢？"孔子说:"减少劳役,减轻赋税,百姓就会富足;对他们厚施礼教,使他们远离灾祸,百姓就会长寿。"哀公说:"我本想按先生您说的去做,但又担心我的国家变得贫穷。"孔子说:"《诗经》里说:'君子和乐又平易,为民父母顺民意。'从来没有儿子富足而父母贫穷的现象。"

【原文】

卫灵公问于孔子曰:"有语寡人:'有国家者,计之于庙堂之上①,则政治矣。'何如?"孔子曰:"其可也。爱人者则人爱之,恶人者则人恶之。知得之己者,则知得之人。所谓不出环堵之室,而知天下者,知反己之谓也。"

【注释】

① 庙堂:指朝廷。事又见《说苑·政理》。

【译文】

卫灵公问孔子说:"有人对我讲:'统治国家的人,只要在朝廷上谋划好了,国家就能治理好。'这种说法怎么样?"孔子答道:"这种说法是对的。爱别人的人,别人也会爱他;恨别人的人,别人也会恨他。知道从自身获益的人,也会知道从别人身上获益。所谓不出斗室却能了解天下大事,说的就是知道回过头来要求自己的道理。"

【原文】

孔子见宋君。君问孔子曰:"吾欲使长有国而列都得之①,吾欲使民无惑,吾欲使士竭力,吾欲使日月当时②,吾欲使圣人自来,吾欲使官府治理③,为之奈何?"孔子对曰:"千乘之君问丘者多矣,而未有若主君之问问之悉也④。然主君所欲者尽可得也。丘闻之,邻国相亲,则长有国;君惠臣忠,则列都得之;不杀无辜，无释罪人，则民不惑；士益之禄，则皆竭力；尊天敬鬼，则日月当时；崇道贵德，则圣人自来；任能黜否⑤，则官府治理。"

宋君曰："善哉！岂不然乎？寡人不佞⑥，不足以致之也。"孔子曰："此事非难，唯欲行之云耳。"

【注释】

① 列都得之：王肃注："国之列都，皆得其道。"列都，各座城邑。事又见《说苑·政理》。

② 当（dàng）时：适时，正常。

③ 治理：得到管理、统治。

④ 主君：对一国之主的称呼。

⑤ 黜否：罢斥奸邪小人。否，恶，低劣（的人）。

⑥ 不佞：谦词，犹"不才"。

【译文】

孔子拜见宋国国君。宋君问孔子说："我想使自己长久地保住国家，统有各座城邑，我想让百姓安心而不困惑，我想让士人竭尽才力，我想让日月正常运行，我想让圣人自动到来，我想使官府得到治理。怎样才能做到这些呢？"孔子回答说："诸侯国君中询问我孔丘的很多，但都不如主君您问得这么详备。不过主君您所想的都可以办到。我听说，邻国之间亲近和睦，就能长久地保住国家；君主仁惠，臣子忠诚，就能长久地统有各座城邑；不杀害无罪的人，不放过有罪的人，就能让百姓不困惑；增加士人的俸禄，就能让他们竭尽才力；尊崇天命，敬奉鬼神，就能让日月运行正常；推崇道义，重视德行，就能使圣人自动到来；任用贤能，罢退奸人，就能使官府得到治理。"

宋君说："讲得好！哪里能不这样呢？我不才，难以实现这些目标。"孔子说："这些做起来并不难，只要想做就可以做到，如此而已。"

辩政第十四

【原文】

　　子贡问于孔子曰："昔者齐君问政于夫子，夫子曰'政在节财'；鲁君问政于夫子，夫子曰'政在谕臣①'；叶公问政于夫子②，夫子曰'政在悦近而来远③'。三者之问一也，而夫子应之不同。然政在异端乎④?"孔子曰："各因其事也。齐君为国，奢乎台榭⑤，淫于苑囿⑥，五官伎乐⑦，不解于时⑧，一旦而赐人以千乘之家者三，故曰'政在节财'；鲁君有臣三人⑨，内比周以愚其君⑩，外距诸侯之宾以蔽其明，故曰'政在谕臣'；夫荆之地广而都狭⑪，民有离心，莫安其居，故曰'政在悦近而来远'。此三者所以为政殊矣。《诗》云：'丧乱蔑资，曾不惠我师！'⑫此伤奢侈不节以为乱者也。又曰：'匪其止共，惟王之邛。'⑬此伤奸臣蔽主以为乱者也⑭。又曰：'乱离瘼矣，奚其适归?'⑮此伤离散以为乱者也。察此三者，政之所欲，岂同乎哉?"

【注释】

　　① 夫：此字原脱，据四库本、同文本、玉海堂本及上下文补。谕：晓谕，教导。事又见《韩非子·难三》《尚书大传》（辑本）。

　　② 叶（shè）公：即沈诸梁，字子高，楚国叶（今河南叶县南）地的地方长官。

　　③ 来远：原作"远来"，据四库本、同文本、玉海堂本、备要本及

上下文改。

　　④ 异端：各种说法，不同见解。

　　⑤ 台榭：指亭阁楼台等建筑物。

　　⑥ 苑囿：蓄养禽兽供帝王玩乐的园林。

　　⑦ 五官：宫中女官名。

　　⑧ 解：通"懈"，懈怠。

　　⑨ 鲁君有臣三人：王肃注："孟孙、叔孙、季孙，三也。"

　　⑩ 比周：结党营私。

　　⑪ 荆：楚国的别称。狭：少。

　　⑫ "丧乱蔑资，曾不惠我师"：见《诗经·大雅·板》。王肃注："蔑，无也。资，财也。师，众也。夫为亡乱之政，重赋厚敛，民无资财，曾莫肯爱我众。"曾（zēng），犹"何""怎"。

　　⑬ "匪其止共，惟王之邛"：见《诗经·小雅·巧言》。王肃注："止，止息也。邛，病也。谗人不共所止息，故惟王之病。"共（gōng），通"恭"。

　　⑭ 者：此字原脱，据四库本、同文本、玉海堂本及上下文补。

　　⑮ "乱离瘼矣，奚其适归"：见《诗经·小雅·四月》。王肃注："离，忧也。瘼（mò），病也。言离散以成忧，忆祸乱于斯归于祸乱者也。"奚，今本《毛诗》作"爰"。

【译文】

　　子贡问孔子说："从前齐国国君向先生您请教为政的方法，您说'为政的关键在于节省财货'；鲁国国君向您请教为政的方法，您说'为政的关键在于晓谕臣下'；叶公向您请教为政的方法，您说'为政的关键在于使近处的人欢欣，使远处的人归附'。三个人请教的是同一问题，但您的回答却不相同。这样是不是说对为政的关键有着不同的理解呢？"孔子说："我是根据各自不同的实际情况说的。齐国国君治理国家，建造亭台楼阁时十分奢侈；对在园林中嬉戏玩乐过分迷恋，对宫中女官掌管的音乐舞蹈始终都是兴趣不减，一个早上就把有着千辆兵车的家产赏赐给了三个人，所以我才说‘为政的关键在于节省财货’；鲁国国君有大臣三人，在国内结党营私以愚弄君主，对外则排斥诸侯国君的宾客以掩蔽鲁君的圣明，所以我才说‘为政的关键在于晓谕臣下’；楚国地域辽阔而都邑少，百姓有离叛的念头，不能安心居处，所以我才说‘为政的关键在于使近处的人欢欣，使远处的人归附’。这就是三人为政关键不同的原因。《诗经》里说：‘死丧祸乱民财空，怎不爱护我大众！’这是悼伤不加节制地一味奢侈而导致祸乱。《诗经》里又说：‘谗邪不恭无止休，实为大王所病忧。’这是悼伤奸臣蒙蔽君主而导致祸乱。《诗经》里还说：‘祸乱使我忧病深，何处归往长安身？’这是悼伤百姓离散而导致祸乱。明白了这三种情况，为政者所要追求的目标，哪里能完全相同呢？”

【原文】

孔子曰："忠臣之谏君，有五义焉：一曰谲谏①，二曰戆谏②，三曰降谏③，四曰直谏，五曰风谏④。唯度主而行之，吾从其风谏乎！"

【注释】

① 谲（jué）谏：王肃注："正其事，以谲谏其君。"谲，委婉，婉曲，不直言。事又见《说苑·正谏》。

② 戆（zhuàng）谏：王肃注："戆谏无文饰也。"

③ 降谏：王肃注："卑降其体，所以谏也。"

④ 风（fěng）谏：王肃注："风谏，依违远罪避害者也。"即用委婉的态度和言辞，通过比喻、暗示等方法来劝谏。风，通"讽"。四库本、同文本、玉海堂本即作"讽"。

【译文】

孔子说："忠臣进谏君主，有五种方法，一是谲谏，二是戆谏，三是降谏，四是直谏，五是风谏。要揣测君主的心理而采用相应的方式，我是赞成采用风谏的！"

【原文】

子曰："夫道不可不贵也，中行文子倍道失义以亡其国，而能礼贤以活其身①。圣人转祸为福②，此谓是与！"

【注释】

① 中行文子倍道失义以亡其国，而能礼贤以活其身：王肃注："此说倍道失义，不宜说得道之意。而云礼贤，不与上相次配。又文子无礼贤之事。中行文子得罪于晋，出亡至边。从者曰：'谓此啬夫者，君子也。故休马待骏者。'文子曰：'吾好音，子遗吾琴；好珮，子遗吾玉，是以不振吾过，自容于我者也。吾恐其以我求容也。'遂不入车。人闻文子之所言，执而不杀之。孔子闻之曰：'文子倍道失义以亡其国，然得之由活其身，而能礼贤以为宜以然后得也。'"倍，通"背"，违背，背弃。

② 转祸为福：王肃注："若人将死，不入得活，故曰转祸为福。"

【译文】

孔子说："大道不可不尊崇。中行文子背弃大道而丢了封地，但却能够礼待贤人而保全性命。圣人转祸为福，说的就是这种情况吧！"

【原文】

楚王将游荆台①，司马子祺谏②，王怒之。令尹子西贺于殿下③，谏曰："今荆台之观，不可失也。"王喜，拊子西之背曰④："与子共乐之矣。"

子西步马十里⑤，引辔而止，曰："臣愿言有道，王肯听之乎?"王曰："子其言之。"子西曰："臣闻为人臣而忠其君者，爵禄不足以赏也；谏其君者，刑罚不足以诛也。夫子祺者，忠臣也；而臣者，谀臣也。愿王赏忠而诛谀谏焉。"

王曰："我今听司马之谏，是独能禁我耳。若后世游之何也?"子西曰："禁后世易耳。大王万岁之后⑥，起山陵于荆台之上，则子孙必不忍游于父祖之墓以为欢乐也。"王曰："善!"乃还。

孔子闻之，曰："至哉，子西之谏也! 入之于千里之上⑦，抑之于百世之后者也。"

【注释】

① 楚王：据《说苑》，指楚昭王，春秋时楚国国君，名壬，在位27年（前515—前488年）。荆台：地名，在今湖北江陵北。事又见《说苑·正谏》。

② 子祺：即楚公子结，曾任司马。祺，或作期、綦。

③ 子西：楚平王庶长子，曾任令尹。贺：赞许，附和。

④ 拊（fǔ）：拍，轻击。

⑤ 步马：牵马调习，训练。

⑥ 万岁：帝王去世的讳称。

⑦ 千里之上：此谓荆台。千里，《说苑》作"十里"，似更恰切。

【译文】

楚王打算到荆台游玩，司马子祺加以劝止，楚王大为恼怒。令尹子西却在宫殿下附和楚王，替他谋划道："眼下不该错过到荆台游观的机会。"楚王听了十分高兴，拍了拍子西的后背说："我要和你一起快乐快乐。"

子西牵马走了十里，然后拉着马缰绳停下来，说："臣下我想着说几句话，不知大王愿不愿听?"楚王说："你讲吧。"子西说："臣下听说做臣子而忠于君主的，只拿官爵俸禄来赏赐是不够的；做臣子而阿谀君主的，只用刑罚来诛杀也是不够的。子祺是忠臣，而我是谀臣。希望大王赏赐忠臣而诛杀谀臣。"

楚王说："我现在可以听从司马的劝谏，但这只能禁止我本人的行动。如果后人来荆台游玩又怎么办呢？"子西回答说："禁止后人来游玩也很容易。大王驾崩以后，可以在荆台上面修筑陵墓，那么子孙必定不忍心在父祖的陵墓上游玩以寻求欢乐。"楚王说："好！"于是就返回都城。

孔子听到这件事情，说："子西的劝谏真是妙啊！这真可以说是进谏于千里之上，抑制于百世以后。"

【原文】

子贡闻于孔子曰①："夫子之于子产、晏子，可为至矣。敢问二大夫之所为目②，夫子之所以与之者。"孔子曰："夫子产于民为惠主③，于学为博物。晏子于君为忠臣，而行为恭敬。故吾皆以兄事之，而加爱敬。"

【注释】

①闻（wèn）：通"问"。

②目：要目，要点，此指主要而突出的行为、表现。

③主：对大夫的称呼。

【译文】

子贡问孔子说："先生您对子产、晏子的评价，可以说是无以复加。想冒昧地问一问这两位大夫的突出表现，以及您称赞他们的理由。"孔子说："子产对百姓来说是仁惠的大夫，在学识上则通晓众物。晏子对君主来说是忠臣，而且行为谨恭勤勉。因此我把他们都当做兄长来事奉，加以爱戴和尊敬。"

【原文】

齐有一足之鸟，飞集于宫朝①，下止于殿前，舒翅而跳。齐侯大怪之，使使聘鲁问孔子。孔子曰："此鸟名曰商羊，水祥也②。昔童儿有屈其一脚，振讯两眉而跳③，且谣曰：'天将大雨，商羊鼓舞④。'今齐有之，其应至矣。急告民趋治沟渠，修堤防，将有大水为灾。"

顷之，大霖雨⑤，水溢泛诸国，伤害民人，唯齐有备不败。景公曰："圣人之言，信而征矣。"

【注释】

① 宫朝：宫室。事又见《说苑·辨物》。

② 祥：灾异。

③ 振讯：抖动。

④ 鼓舞：手足舞动，表示欢欣。

⑤ 霖雨：久雨。

【译文】

齐国出现只有一只脚的鸟，它们飞聚到宫室，又飞下来停留在宫殿前，张开翅膀跳跃不止。齐国国君对此大为惊异，便派使者去鲁国请教孔子。孔子说："这种鸟叫做商羊，显示关于水的灾异。从前有小孩弯曲一只脚，抖动双眉跳起来，并唱起歌谣说：'天将下起大雨，商羊手足舞动。'现在齐国出现了这种鸟，说明歌谣所讲应验的时候到了。应该赶快告诉百姓，让他们迅速行动起来治理沟渠，修筑堤防，因为将会发生大水灾。"

不久，大雨降下，而且持续了很长时间，各国大水漫溢，泛滥成灾，人民受到严重伤害，唯独齐国有所防备，没有造成大的损失。景公说："圣人说的话，确实可信而且有所证验。"

【原文】

孔子谓宓子贱曰①："子治单父②，众悦。子何施而得之也？子语丘所以为之者。"对曰："不齐之治也，父恤其子，其子恤诸孤而哀丧纪③。"

孔子曰："善。小节也，小民附矣，犹未足也。"曰："不齐所父事者三人，所兄事者五人，所友事者十一人。"

孔子曰："父事三人，可以教孝矣；兄事五人，可以教悌矣；友事十一人，可以举善矣。中节也，中人附矣，犹未足也。"曰："此地民有贤于不齐者五人，不齐事之而禀度焉④，皆教不齐之道。"

孔子叹曰："其大者乃于此乎有矣！昔尧舜听天下，务求贤以自辅。夫贤者，百福之宗也，神明之主也。惜乎不齐之所以治者小也⑤。"

【注释】

① 宓（fú）子贱：孔子弟子，名不齐，字子贱，鲁国人，曾任单父宰。事又见《韩诗外传》卷八、《说苑·政理》。

② 单（shàn）父（fǔ）：鲁邑，在今山东单县。

③ 丧纪：丧事。

④ 禀度：犹"受教"。

⑤ 所以：原作"以所"，据四库本、同文本、玉海堂本改。

【译文】

孔子对宓子贱说："你治理单父，那里的民众都很高兴。你采取了什么措施而得到他们的拥护呢？请你告诉我其中的原因。"宓子贱答复道："宓不齐我在治理百姓时，像当父亲的一样爱抚他们的儿子，又像对儿子一样爱抚所有的孤儿，并为他们的丧事深表哀痛。"

孔子说："好。不过这些都是小的善行，能使一般百姓亲附，还做得不够。"宓子贱说："被我当做父亲来对待的有三个人，当做兄长来对待的有五个人，当做朋友来对待的有十一个人。"

孔子说："被当做父亲来对待的有三个人，可用以教育人们恪守孝道；被当做兄长来对待的有五个人，可用以教育人们敬爱兄长；被当做朋友来对待的有十一个人，可用以荐举德才兼备的人。不过这些都是中等的善行，能使平常的人亲附，但还不够。"宓子贱说："当地人比我贤明的有五个人，我事奉他们并从他们那里接受教诲，他们都教给我为政的方法。"

孔子叹息一声，说道："要想成就大业，关键就在这里啊！从前尧舜治理天下，致力于搜求贤人来辅佐自己。贤人是求得福佑的根本，是敬事神灵的主体。只可惜宓不齐用这些方法治理的地方太小了。"

【原文】

子贡为信阳宰①，将行，辞于孔子。孔子曰："勤之慎之，奉天子之时，无夺无伐，无暴无盗。"子贡曰："赐也少而事君子，岂以盗为累哉②？"

孔子曰："汝未之详也。夫以贤代贤，是谓之夺；以不肖代贤，是谓之伐；缓令急诛，是谓之暴；取善自与，是谓之盗③。盗非窃财之谓也。吾闻之，知为吏者，奉法以利民；不知为吏者，枉法以侵民。此怨之所由也。治官莫若平，临财莫如廉。廉平之守，不可改也。匿人之善，斯谓蔽贤；扬人之恶，斯为小人。内不相训而外相谤，非亲睦也。言人之善，若己有之；言人之恶；若己受之。故君子无所不慎焉。"

【注释】

① 信阳：楚邑，在今河南信阳南。事又见《说苑·政理》。
② 累（lèi）：过失，错误。

③ 是：此字原脱，据四库本、同文本、玉海堂本改。

【译文】

子贡出任信阳宰，临行前，去向孔子告辞。孔子说："努力去做，谨慎从事，尊奉天子颁行的时令，不要侵夺，不要攻伐，不要暴虐，不要盗窃。"子贡说："我从小就事奉君子，怎么会犯有盗窃的罪过呢？"

孔子说："你知道的并不详悉。用贤人取代贤人，这叫侵夺；用不肖的人取代贤人，这叫攻伐；法令松弛而诛杀峻急，这叫暴虐；把别人的成绩占为己有，这叫盗窃。这里盗窃并不是指盗窃财物。我听说，会当官吏的人，执行法令以造福人民；不会当官吏的人，歪曲法令以侵害百姓。这就是怨恨产生的根由。做官从政最重要的是公平，面对财物最重要的是廉洁。廉洁公平的操守，是不可以改变的。抹杀别人的优点，这叫做障蔽贤路；彰扬别人的缺点，这称为小人。在内不相互教诲，却在外相互诽谤，这绝不是亲近和睦。说别人的优点时，好像自己有这些优点；说别人的缺点时，好像自己应该把它承受下来。因此，君子时时处处无不谨慎。"

【原文】

子路治蒲三年，孔子过之，入其境，曰："善哉！由也恭敬以信矣。"入其邑，曰："善哉！由也忠信而宽矣。"至庭①，曰："善哉！由也明察以断矣。"

子贡执辔而问曰："夫子未见由之政，而三称其善，其善可得闻乎？"孔子曰："吾见其政矣。入其境，田畴尽易②，草莱甚辟③，沟洫深治，此其恭敬以信，故其民尽力也。入其邑，墙屋完固，树木甚茂，此其忠信以宽，故其民不偷也。至其庭，庭甚清闲，诸下用命④，此其言明察以断，故其政不扰也⑤。以此观之，虽三称其善，庸尽其美乎⑥？"

【注释】

① 庭：官署。事又见《韩诗外传》卷六。

② 田畴：田地，田亩。易：治，整治。

③ 草莱：指荒芜之地。

④ 用命：听从命令，执行命令。

⑤ 扰：混乱，烦乱。

⑥ 庸：犹"岂""难道"。

【译文】

　　子路在蒲地当官治民三年了，孔子经过那里，进入它的辖境，说："好啊！仲由恭敬而诚信。"进入它的城邑，说："好啊！仲由忠信而宽厚。"到了子路的官署，说："好啊！仲由明察而果断。"

　　子贡拉着缰绳问："先生您还没有了解仲由为政的情况，却三次称赞他为政好。他为政好在哪里，可以听听吗？"孔子说："我已经了解他为政的情况了。进入蒲境，见田亩全部得到整治，荒地大都得到开辟，沟渠也得到拓宽加深，这说明他恭敬而诚信，因而当地百姓尽力劳作。进入蒲邑，见城墙和房屋都很坚固，树木十分繁茂，这说明他忠信而宽厚，因而当地百姓毫不懈怠。进入蒲地官署，见官署内很安静，手下人都听从命令，这说明他明察而果断，因而当地政治毫不烦乱。从这些方面来看，即使三次称赞仲由为政好，难道就能把他的美德善行都包括进去了吗？"

卷　四

六本第十五

【原文】

孔子曰："行己有六本焉，然后为君子也。立身有义矣，而孝为本；丧纪有礼矣，而哀为本；战阵有列矣，而勇为本；治政有理矣，而农为本；居国有道矣，而嗣为本①；生财有时矣，而力为本。置本不固，无务农桑；亲戚不悦，无务外交；事不终始，无务多业；记闻而言，无务多说②；比近不安③，无务求远。是故反本修迩，君子之道也。"

【注释】

①嗣为本：王肃注："继嗣不立，则乱之萌。"事又见《说苑·建本》。

②记闻而言，无务多说：王肃注："但记（原作'说'，据四库本、备要本改）所闻而言，言不出说中，故不可以务多说。"

③比近：邻近。

【译文】

孔子说："人立身处世具备了六大根本，然后才能成为君子。立身要讲求道义，以行孝为根本；遇有丧事要遵守礼制，以尽哀为根本；临阵参战要布好队列，以勇敢为根本；治理政务要有条不紊，以农事为根本；管理国家要遵行大道，以立嗣为根本；创造财富要把握时机，以尽力为根本。树立的根本不牢固，就不必去致力农桑；自己的亲戚都不喜欢，就不必去结交外人；做事有始无终，就不必去什么都干；单凭记忆和闻见发表言论，就不必多说话；邻近之处都得不到安宁，就不必贪求办好远处的事情。因此返归根本并做好身边的事情，这是君子应该采取的原则和方法。"

【原文】

孔子曰："良药苦于口而利于病，忠言逆于耳而利于行。汤武以谔谔而昌①，桀纣以唯唯而亡②。君无争臣，父无争子，兄无争弟，士无争友，无其过者，未之有也。故曰君失之，臣得之；父失之，子得之；兄失之，弟得之；己失之，友得之。是以国无危亡之兆，家无悖乱之恶，父子兄弟无失，而交友无绝也。"

【注释】

① 谔（è）谔：直言貌。事又见《说苑·正谏》。
② 唯唯：应而不置可否貌。

【译文】

孔子说："良药苦口利于病，忠言逆耳利于行。商汤、周武王因为喜欢直言进谏的人而使国家昌盛，夏桀、商纣王因为喜欢唯唯诺诺的人而使国家灭亡。君主没有敢于谏争的臣下，父亲没有敢于谏争的儿子，兄长没有敢于谏争的弟弟，士人没有敢于谏争的朋友，他们想不犯错误，那是不可能的。所以说君主有了过失，臣下可以补正；父亲有了过失，儿子可以补正；兄长有了过失，弟弟可以补正；自己有了过失，朋友可以补正。因此国家不会有危亡的兆头，家庭不会有叛逆、离乱的厄运，父子兄弟不会失去亲情，结交的朋友也会接连不断。"

【原文】

孔子见齐景公，公悦焉，请置廪丘之邑以为养①，孔子辞而不受。入谓弟子曰："吾闻君子当功受赏②。今吾言于齐君，君未之有行，而赐吾邑，其不知丘亦甚矣。"于是遂行③。

【注释】

①廪丘：齐邑，在今山东莘县南。事又见《吕氏春秋·高义》《说苑·立节》。

②当：原作"赏"，据四库本、同文本、玉海堂本、备要本及《吕氏春秋》《说苑》改。

③行：离去，离开。

【译文】

孔子进见齐景公，景公十分高兴，表示愿意将廪丘城邑交付孔子以供给养，孔子推辞而不接受。回到住处，他对弟子们说："我听说君子因有功而接受赏赐。今天我向齐君进言，他没有听从，却赐给城邑，他也太不了解我孔丘了。"于是就离开了。

【原文】

孔子在齐，舍于外馆①，景公造焉。宾主之辞既接，而左右白曰："周使适至，言先王庙灾②。"景公复问："灾何王之庙也？"孔子曰："此必釐王之庙③。"

公曰："何以知之？"孔子曰："《诗》云：'皇皇上天，其命不忒。天之以善，必报其德。'④祸亦如之。夫釐王变文武之制，而作玄黄华丽之饰⑤，宫室崇峻⑥，舆马奢侈，而弗可振也⑦，故天殃所宜加其庙焉。以是占之为然⑧。"公曰："天何不殃其身而加罚其庙也？"孔子曰："盖以文武故也。若殃其身，则文武之嗣无乃殄乎⑨？故当殃其庙以彰其过。"

俄顷，左右报曰："所灾者，釐王庙也。"景公惊起，再拜曰："善哉！圣人之智，过人远矣。"

【注释】

① 外馆：客舍。事又见《说苑·权谋》。

② 灾：焚烧，发生火灾。

③ 釐（xī）王：即周釐王，亦作僖王，东周国王，姬姓，名胡齐，在位 5 年（前 681—前 677 年）。

④ "皇皇上天，其命不忒。天之以善，必报其德"：王肃注："此《逸诗》也。皇皇，美貌也。忒（tè），差也。"

⑤ 玄黄：泛指颜色。

⑥ 崇峻：高大。

⑦ 振：王肃注："振，救。"

⑧ 占：推测。

⑨ 殄（tiǎn）：尽，灭绝。

【译文】

孔子在齐国，住在客舍中，齐景公前来拜访。宾主之间的交谈开始后，左右的人报告说："周王室的使者刚到，说先王祭庙发生了火灾。"景公又问："烧着了哪位先王的祭庙？"孔子说："这肯定是釐王的祭庙。"

景公问道："凭什么知道是这样？"孔子说："《诗经》里说：'上天美善又伟大，它的命令无偏差。上天对待那善人，德行一定要报答。'灾祸也是一样。釐王改变文王、武王的制度，制作颜色华丽的服饰，宫室高大，车马奢侈，而且到了不可救药的地步，所以上天应该降灾给他的祭庙。因为这样，我推测是釐王的祭庙被烧。"景公又问："上天为什么不降灾给他本人而降灾给他的祭庙呢？"孔子说："大概是由于文王、武王的缘故。如果降灾给他本人，那么文王、武王的后代岂不是就断绝了吗？所以应该降灾给他的祭庙，以此显露他的过错。"

不一会儿，左右的人又来报告说："被烧的是釐王的祭庙。"景公大惊，起身向孔子拜了两拜说："好啊！圣人的智慧，真是远远地超过一般人。"

【原文】

子夏三年之丧毕①，见于孔子。子曰："与之琴，使之弦。"侃侃而乐②，作而曰："先王制礼，不敢不及。"子曰："君子也！"

闵子三年之丧毕，见于孔子。孔子与之琴，使之弦。切切而悲，作而曰："先王制礼③，弗敢过也。"子曰："君子也！"

子贡曰："闵子哀未尽，夫子曰'君子也'；子夏哀已尽，又曰'君子也'。二者殊情而俱曰君子，赐也或，敢问之。"孔子曰："闵子哀未忘，能断之以礼；子夏哀已尽，能引之及礼。虽均之君子④，不亦可乎？"

【注释】

① 子夏：原作"子贡"，据四库本、同文本、玉海堂本、陈本改。事又见《诗经·桧风·素冠》毛传、《礼记·檀弓上》《说苑·修文》。

② 侃侃：和乐貌。

③ 先王制礼：此4字及其以上35字原脱，据四库本、同文本、玉海堂本、陈本并参照《诗经》毛传、《礼记》及《说苑》补。闵子：即闵损，孔子弟子，字子骞，鲁国人，以德行著称。切切：悲哀、忧伤貌。

④ 之：犹"为"。

【译文】

子夏三年的服丧期结束了，前来进见孔子。孔子对人说："给他琴，让他弹奏。"子夏流露出愉悦的样子，弹奏起来，并说："先王制定的礼仪要求，不敢不达到。"孔子说："真是君子啊！"

闵损三年的服丧期结束了，前来进见孔子。孔子给他琴，让他弹奏。闵损流露出悲伤的样子，弹奏起来，并说："先王定下的礼仪规则，不敢加以超越。"孔子说："真是君子啊！"

子贡问道："闵损悲哀未尽，先生您说'真是君子'；子夏悲哀已尽，先生您还是说'真是君子'。两个人心情不同，您却都把他们称为君子，端木赐我感到迷惑，请问其中的原因。"孔子说："闵损不忘悲哀，却能用礼制来加以压抑；子夏悲哀已尽，却能引导它趋向礼制的要求。即使把他们都称为君子，不也是应该的吗？"

【原文】

孔子曰："无体之礼①，敬也；无服之丧，哀也；无声之乐，欢也。不言而信，不动而威，不施而仁，志。夫钟之音，怒而击之则武，忧而击之则悲。其志变者，声亦随之。故志诚感之，通于金石②，而况人乎？"

【注释】

① 体：形式，仪式。此指升降揖让等。事又见《说苑·修文》。
② 金石：指钟磬一类乐器。

【译文】

孔子说："没有仪式的礼节，才是真正的恭敬，没有服制的丧事，才是真正的悲哀；没有声音的音乐，才是真正的欢乐。不说话就有信用，不行动就有尊严，不施予就有仁爱，这是出于心志。钟的声音，发怒时敲击就高亢威武；忧伤时敲击就低沉悲凉。心志改变了，声音也会跟着改变。因此心志真诚就会有所感应，能够通达至钟磬乐器，何况人呢?"

【原文】

孔子见罗雀者所得皆黄口小雀①。夫子问之曰："大雀独不得，何也?"罗者曰："大雀善惊而难得，黄口贪食而易得。黄口从大雀则不得，大雀从黄口亦不得。"

孔子顾谓弟子曰："善惊以远害，利食而忘患②，自其心矣，而以所从为祸福。故君子慎其所从。以长者之虑，则有全身之阶③；随小者之戆④，而有危亡之败也⑤。"

【注释】

① 黄口：指小鸟。以其嘴黄，故称。事又见《说苑·敬慎》。

② 利：贪，贪求。

③ 阶：途径。

④ 戆（zhuàng）：痴，傻，愚。

⑤ 败：恶，灾祸。

【译文】

孔子看见用网捕鸟的人捕得的全是黄嘴小鸟，便问他："偏偏捕不到大鸟，这是为什么?"捕鸟的人说："大鸟警觉，所以很难捕得；小鸟贪食，所以容易捕得。但小鸟在跟从大鸟时就捕不到，有大鸟跟着时也捕不到。"

孔子回头对弟子说："警觉而远避伤害，贪食而忘掉祸患，根源都在于内心世界，由所跟从的对象导致祸患和福佑。因此君子在选择所跟从的对象时要十分慎重。遵从年纪大的人的想法，就会有保全自身的途径；跟随年纪轻的人的愚直之举，就会有危险、灭亡的灾祸。"

【原文】

孔子读《易》，至于《损》《益》①，喟然而叹。子夏避席问曰："夫子何叹焉？"孔子曰："夫自损者必有益之，自益者必有决之②，吾是以叹也。"

子夏曰③："然则学者不可以益乎？"子曰："非道益之谓也。道弥益而身弥损。夫学者损其自多，以虚受人，故能成其满。博哉天道，成而必变，凡持满而能久者，未尝有也。故曰，自贤者，天下之善言不得闻于耳矣。昔尧治天下之位，犹允恭以持之④，克让以接下⑤，是以千岁而益盛，迄今而逾彰⑥。夏桀、昆吾自满而无极⑦，亢意而不节⑧，斩刈黎民如草芥焉⑨，天下讨之，如诛匹夫，是以千载而恶著，迄今而不灭。观此，如行，则让长，不疾先；如在舆，遇三人则下之，遇二人则式之⑩。调其盈虚，不令自满，所以能久也。"

子夏曰："商请志之，而终身奉行焉。"

【注释】

① 《损》《益》：《易经》二卦名。事又见《说苑·敬慎》。

② 自损者必有益之，自益者必有决（quē）之：王肃注："《易》，《损》卦次得《益》，《益》次《夬》。《夬》，决也。损而不已必益，故受之以《益》；益而不已必决，故受之以《夬》。"决，通"缺"。

③ 子夏：原脱"夏"字，据四库本、同文本、玉海堂本、备要本、陈本补。

④ 允：王肃注："允，信也。"

⑤ 克：王肃注："克，能也。"

⑥ 逾：愈益，更加。

⑦ 昆吾：王肃注："昆吾国与夏桀作乱。"昆吾为夏同盟诸侯，己姓，在今河南许昌东，后为商汤所灭。无：此字原脱，据四库本、同文本、玉海堂本补。

⑧亢意：犹言"恣意妄为"。

⑨斩刈：斩杀。

⑩式：通"轼"，以手抚轼（车前扶手横木），是表示敬意的一种礼节。

【译文】

孔子读《易经》，读到《损卦》《益卦》，发出一阵感叹声。子夏起身离席，问道："先生您为什么感叹呢？"孔子说："那些认为自己不足的人总会得到补益，那些自满的人总会有缺陷，我因此而感叹。"

子夏问："那么通过学习不能得到补益吗？"孔子说："但这不是说道艺的补益。道艺越补益，自己越认为不足。学习的人认为自己不足的地方很多，用谦虚的态度去向别人学习知识，所以能达到盈满的程度。天道真是广博，有所成就后一定会发生变化，保持盈满而又能够长久的事情，是不曾有过的。所以说认为自己贤能的人，天下的好言论就不能进入他的耳中了。从前尧登上治理天下的天子之位，仍诚信恭敬地保持它，能够用谦让的态度对待臣下，所以他的事业经过长期发展而更加兴盛，他的德泽到了今日越发显明。夏桀、昆吾极度自满，恣意妄为而不加节制，屠杀百姓如同对待草芥，天下人讨伐他也如同诛杀独夫民贼，所以历经很长时间，他的罪恶越发显著，至今也未消失。由此可见，如果走路，就应先让路给年纪大的人，不去抢先；如果乘车，遇见三个人就应下车，遇见两个人则应扶轼，以表示礼敬。调节那盈满和空虚的关系，不使自满情绪发生，因而盛名能够保持长久。"

子夏说："卜商我希望能记下这番教诲，并奉行终生。"

【原文】

子路问于孔子曰："请释古之道而行由之意，可乎？"子曰："不可。昔东夷之子慕诸夏之礼①，有女而寡，为内私婿②，终身不嫁。不嫁则不嫁矣③，亦非贞节之义也④。苍梧娆娶妻而美⑤，让与其兄。让则让矣，然非礼之让矣。不慎其初，而悔其后，何嗟及矣⑥？今汝欲舍古之道，行子之意，庸知子意不以是为非，以非为是乎？后虽欲悔，难哉！"

【注释】

①　东夷：古时华夏族对东方诸族的称呼。子，泛指人。诸夏：指周朝分封的诸侯国。事又见《说苑·建本》。

②　内（nà）：同"纳"，纳入。私婿：非正式婚配的女婿。

③　不嫁则："不"字原脱，据陈本及《说苑》补。

④　非：原作"有"，据四库本、同文本、玉海堂本、陈本及《说苑》改。

⑤　苍梧娆（rǎo）：或作"苍梧绕"，与孔子同时代人。

⑥　不慎其初，而悔其后，何嗟及矣：王肃注："言事至而后悔吁嗟，又何及矣！"

【译文】

子路问孔子说："请求抛开古人的道艺而按照仲由我的意志办事，行吗？"孔子说："不行。从前东夷人仰慕中原礼仪，有女人当了寡妇，就为她收纳了一个未正式结婚的丈夫，终身不再出嫁。不嫁虽说是不嫁，但也不是贞节的本义了。苍梧娆娶的妻子貌美，便让给了他的哥哥。让虽说是让，但却不是合于礼制的让了。做事开头不谨慎，而在事后懊悔嗟叹，又有什么用处呢？如今你想抛开古人的道艺，按你的意志办事，谁能知道你会不会把正确的当成错误的，把错误的当成正确的呢？以后即使想后悔，那也将是很难的啊！"

【原文】

曾子耘瓜，误斩其根。曾皙怒①，建大杖以击其背。曾子仆地而不知人②，久之。有顷乃苏，欣然而起，进于曾晳曰："向也参得罪于大人，大人用力教参，得无疾乎？"退而就房，援琴而歌，欲令曾晳而闻之，知其体康也。孔子闻之而怒，告门弟子曰："参来，勿内。"

曾参自以为无罪，使人请于孔子③。子曰："汝不闻乎，昔瞽瞍有子曰舜④，舜之事瞽瞍，欲使之，未尝不在于侧；索而杀之，未尝可得。小棰则待过，大杖则逃走。故瞽瞍不犯不父之罪，而舜不失蒸蒸之孝⑤。今参事父，委身以待暴怒，殪而不避⑥。既身死而陷父于不义，其不孝孰大焉？汝非天子之民也，杀天子之民，其罪奚若？"

曾参闻之，曰："参罪大矣。"遂造孔子而谢过。

【注释】

①　曾晳：即曾蒧（或作"点"），孔子弟子，曾参之父，字晳，一作"子晳"。事又见《韩诗外传》卷八、《说苑·建本》。

②　仆：通"扑"，向前扑倒。

③　请：问，询问。

④　瞽（gǔ）瞍（sǒu）：舜父。瞽、瞍皆为瞎眼之意。或以为舜父有目而不能分别好恶，故时人谓之瞽瞍。

⑤　蒸蒸：同"烝烝"，厚美貌。

⑥　殪（yì）：王肃注："殪，死。"

【译文】

曾参在瓜田锄草，不小心误断了瓜的根。父亲曾晳很生气，举起大棒打他的后背。曾参扑倒在地，很长时间都不省人事。过了一会儿，他苏醒过来，很高兴地爬起来，进见曾晳说："刚才我得罪了父亲大人，大人用力教训我，该不会伤着了吧？"然后退下去走进屋里，弹琴唱歌，想让曾晳听到琴声和歌声，知道他身体安然无恙。孔子听到这事后十分生气，告诉门下弟子说："曾参来了，不要让他进来。"

曾参自认为没有什么罪过，便托人向孔子询问其中的原因。孔子通过那人对他说："你没有听说过吗，从前瞽瞍有个儿子叫舜，舜侍奉瞽瞍，凡是想使唤的时候，他从来不曾不在身边；想找他来杀掉，却又从来不曾得手。轻揍时他就等着挨，重打时就逃掉。所以瞽瞍不犯不父的罪行，而舜也没有丢掉厚美的孝德。如今曾参事奉，把身体交给父亲而一味承受暴怒，打死了也不躲避。自己死了又从而使父亲陷入不义的境地，谁的不孝会比他更严重呢？你算不上天子的百姓，因为杀死天子的百姓，这该是什么样的罪行？"

曾参听了这番话，说道："曾参的罪过真是太严重了。"于是前往孔子那里谢罪。

【原文】

荆公子行年十五而摄荆相事①。孔子闻之，使人往观其为政焉。使者反曰："视其朝，清净而少事，其堂上有五老焉，其廊下有二十壮士焉②。"孔子曰："合二十五人之智，以治天下，其固免矣③，况荆乎？"

【注释】

① 行年：经历的年岁，指当时的年龄。事又见《说苑·尊贤》。

② 壮士：《说苑》作"俊士"，观下文"合二十五人之智"云云，于义较胜。

③ 固：必，一定。免：特指免祸。

【译文】

楚公子15岁就代理楚相的职务。孔子听说后，派人去观察他为政的情况。派出去的人回来报告说："看他的朝政，清净而很少有什么事务，厅堂上有5位老人，走廊下有20位壮士。"孔子说："集中

25 个人的智慧，用以治理天下，那一定能免遭灾祸，何况仅仅是一个楚国呢？"

【原文】

子夏问于孔子曰："颜回之为人奚若？"子曰："回之信贤于丘。"曰："子贡之为人奚若？"子曰："赐之敏贤于丘。"曰："子路之为人奚若？"子曰："由之勇贤于丘。"曰："子张之为人奚若？"子曰："师之庄贤于丘。"

子夏避席而问曰："然则四子何为事先生？"子曰："居，吾语汝。夫回能信而不能反①，赐能敏而不能诎②，由能勇而不能怯，师能庄而不能同③。兼四子者之有以易吾④，弗与也。此其所以事吾而弗贰也⑤。"

【注释】

① 能信而不能反：王肃注："反，谓反信也。君子言不必信，唯义所在耳。"事又见《淮南子·人间》《说苑·杂言》《列子·仲尼》。

② 能敏而不能诎（qū）：王肃注："言人虽辨敏，亦宜有屈折时也。"诎，通"屈"，屈服，屈抑。

③ 能庄而不能同：王肃注："言人虽矜庄，亦当有和同时也。"

④ 者：疑为衍文。

⑤ 贰：疑，怀疑。

【译文】

子夏问孔子说："颜回的为人怎么样？"孔子说："颜回在诚信这方面比我强。"子夏问："子贡的为人怎么样？"孔子说："端木赐在机敏这方面比我强。"子夏问："子路的为人怎么样？"孔子说："仲由在勇敢这方面比我强。"子夏问："子张的为人怎么样？"孔子说："颛孙师在庄重这方面比我强。"

子夏离开座席，起身问道："既然这样，他们四个人为什么跟先生您学习呢？"孔子说："坐下，我告诉你，颜回诚信却不会变通，端木赐机敏却不能屈抑，仲由勇敢却不知退避，颛孙师庄重却不能合群。即使同时兼有这四个人的长处以改变我的言行，我也不会同意。这就是他们跟我学习而且坚定不移的原因。"

【原文】

孔子游于泰山，见荣声期行乎郕之野①，鹿裘带索②，鼓瑟而歌③。孔子问曰："先生所以为乐者，何也？"期对曰："吾乐甚多，而至者三。天生万物，唯人为贵。吾既得为人，是一乐也。男女之别，男尊女卑，故人以男为贵。吾既得为男，是二乐也。人生有不见日月，不免襁褓者④。吾既以行年九十五矣，是三乐也。贫者，士之常；死者，人之终。处常得终⑤，当何忧哉？"孔子曰："善哉！能自宽者也。"

【注释】

①荣声期：春秋时著名隐士。王肃注："声，宜为启。或曰荣益期也。"郕（chéng）：鲁邑，在今山东泗水北。事又见《说苑·杂言》《列子·天瑞》。

②带索：以绳索为衣带。

③鼓：原作"瑟"，据四库本、同文本、玉海堂本、陈本改。

④襁褓：背小孩儿的背带和布兜。

⑤得：王肃注："得，宜为待。"《说苑》即作"待"。

【译文】

孔子到泰山游历时，发现荣声期在郕邑的郊野行走，穿着鹿皮袍，用绳索作衣带，正在弹琴唱歌。孔子问他说："先生您高兴的原因是什么呢？"荣声期答道："我感到高兴的事情很多。上天创造万物，只有人最尊贵。我已经做了人，这是第一件值得高兴的事情。男女之间有区别，男尊女卑，所以人们认为男子尊贵。我已经做了男子，这是第二件值得高兴的事情。人生下来，有的看不见日月，很小就遇祸死去。我已经活了 95 岁，这是第三件值得高兴的事。贫困，是士人的常情；死亡，是人们的归宿。处在常情中等待最后的归宿，还有什么值得忧愁的呢？"孔子说："好啊！真是一个能够自我宽慰的人。"

【原文】

孔子曰："回有君子之道四焉：强于行义，弱于受谏，怵于待禄①，慎于治身。史鳍有君子之道三焉②：不仕而敬上，不祀而敬鬼，直己而曲人。"曾子侍，曰："参昔常闻夫子三言，而未之能行也。夫子见人之一善，而忘其百非，是夫子之易事也；见人之有善，若己有之，是夫子之不争也；闻善必躬行之，然后导之，是夫子之能劳也。学夫子之三言，而未能行，以自知终不及二子者也③。"

【注释】

①怵于待禄：王肃注："怵，怵惕也。待，宜为得也。"事又见《说苑·杂言》。

②君子：原作"男子"，据四库本、同文本、玉海堂本及《说苑》改。

③二子：王肃注："二子，颜回、史鳍也。"

【译文】

孔子曰："颜回具备君子的四种品行：实行德义时很坚定，接受劝谏时很柔顺，得到官禄时很戒惧，修养自身时很谨慎。史鳍具备君子的三种品行：不做官却能尊敬身居上位的人，不祭祀却能敬事鬼神，严格要求自己正直而对别人宽容、忍让。"曾参陪着孔子，说道：

"曾参我从前常听先生您讲的三句话，但未能实行。先生发现别人的一种长处，就忘记了他的许多毛病，这说明先生容易向人学习；看到别人有长处，就好像自己有了这种长处，这说明先生不与人争胜；先生听到一个正确主张，一定要亲自加以实行，然后再引导别人，这说明先生能够吃苦耐劳。学习了先生您的这三句话，却未能实行，因而我自知永远达不到颜回、史鳅二人的境界。"

【原文】

孔子曰："吾死之后，则商也日益，赐也日损。"曾子曰："何谓也？"子曰："商也好与贤己者处，赐也好说不若己者。不知其子，视其父；不知其人，视其友；不知其君，视其所使；不知其地，视其草木。故曰，与善人居，如入芝兰之室①，久而不闻其香，即与之化矣；与不善人居，如入鲍鱼之肆②，久而不闻其臭，亦与之化矣。丹之所藏者赤③，漆之所藏者黑。是以君子必慎其所与处者焉。"

【注释】

①芝兰：芷和兰，皆香草。芝，通"芷"，白芷。事又见《说苑·杂言》。

②鲍鱼：盐渍鱼，气味腥臭。肆：店铺，市集。

③丹：朱砂。

【译文】

孔子说："我死以后，卜商会越来越长进，端木赐则会越来越退步。"曾参问："为什么呢？"孔子说："卜商喜欢与比自己强的人相处，端木赐则喜欢谈论那些不如自己的人。不了解一个做儿子的，可以看他的父亲怎样；不了解某一个人，可以看他结交的朋友怎样；不了解某一个君主，可以看他使用的臣下怎样；不了解某一个地方，可以看它那里草木生长的情况。所以说，与好人相处，如同进入有白芷和兰草的房间，长时间不闻它的香味，就会与它同化了；与坏人相处，如同进入卖鲍鱼的店铺，长时间不闻它的臭味，也会与它同化了。藏有朱砂的地方是红的，藏有漆的地方是黑的。因此君子一定要慎重对待自己所处的环境。"

【原文】

曾子从孔子之齐，齐景公以下卿之礼聘曾子，曾子固辞。将行，晏子送之曰："吾闻之，君子遗人以财，不若善言。今夫兰本三年①，湛之以鹿酳②，既成噉之③，则易之匹马。非兰之本性也，所以湛者美矣。愿子详其所湛者。夫君子居必择处，游必择方④，仕必择君。择君所以求仕，择方所以修道。迁风移俗者，嗜欲移性，可不慎乎？"

孔子闻之曰："晏子之言，君子哉！依贤者固不困，依富者固不穷。马蚿斩足而复行⑤，何也？以其辅之者众。"

【注释】

① 兰本：兰草的根。事又见《晏子春秋·内篇杂上》《荀子·大略》《说苑·杂言》。

② 湛（jiān）：同"渐"，浸渍。鹿酳（yìn）：用鹿肉做成的肉汤。四库本、同文本、玉海堂本及《说苑》作"醢"。

③ 噉（dàn）：同"啖"，吃，嚼食。同文本、玉海堂本即作"啖"。

④ 方：类，辈。

⑤ 马蚿（xián）：虫名，又名马陆、百足、刀环虫，形状如蚯蚓，黑紫色，多足。

【译文】

曾子跟从孔子到齐国，齐景公用下卿的礼节来聘用曾子，曾子坚决推辞。曾子准备动身离开时，晏子为他送行，说道："我听说，对君子来讲，赠送给人财物，不如赠送给人几句有益的话。现在有这么一块生长三年的兰草根，用鹿肉汤浸渍它，浸渍成功后很好吃，可以换一匹马。并不是兰草生来如此，而是用以浸渍的东西好。希望您能明白它是用什么浸渍的。君子居处一定要选择地方，交游一定要选择品类，入仕一定要选择君主。选择君主是为了求仕，选择品类是为了加强道德修养。那些改变风气，移风易俗的人，十分喜欢改变本性，能不谨慎吗？"

孔子听到这事，说道："晏子的话，真是君子之言啊！依靠贤人当然不会困厄，依靠富人当然不会贫穷。马蚿被砍断了脚还能爬行，这是为什么呢？这是因为它辅助的脚很多。"

【原文】

孔子曰："以富贵而下人①，何人不尊？以富贵而爱人，何人不亲？发言不逆，可谓知言矣；言而众向之，可谓知时矣。是故以富而能富人者，欲贫不可得也；以贵而能贵人者，欲贱不可得也；以达而能达人者，欲穷不可得也。"

【注释】

① 以：原作"与"，据四库本、同文本、玉海堂本、备要本、陈本改。

【译文】

孔子说："身处富贵而能甘居人下，又有什么人不尊重他呢？身处富贵而能敬爱别人，又有什么人不亲近他呢？发表言论不违背众人的意愿，可以说是懂得讲话了；自己说话能使众人响应，可以说是懂得时宜了。所以，由于自己富有而能使别人富有的人，想贫穷也办不到；由于自己显贵而能使别人显贵的人，想卑贱也不可能；由于自己通达而能使别人通达的人，想陷入困境也不可能。"

【原文】

孔子曰："中人之情也，有余则侈，不足则俭，无禁则淫，无度则逸，从欲则败①。是故鞭扑之子②，不从父之教；刑戮之民，不从君之令。此言疾之难忍，急之难行也。故君子不急断，不急制，使饮食有量，衣服有节，宫室有度，畜积有数，车器有限，所以防乱之原也。夫度量不可不明③，是中人所由之令④。"

【注释】

① 从（zònɡ）：通"纵"，放纵。事又见《说苑·杂言》。

② 扑：原作"朴"，据四库本、备要本改。

③ 不明："不"字原脱，据四库本、陈本改。

④ 令：王肃注："教令之令。"

【译文】

孔子说："一般人的常情是，财物有余就奢侈，不足就节俭，没有禁令就恣肆，没有制度就逸乐，放纵欲望就败亡。因此遭受鞭打的儿子，往往不听从父亲的教诲；受过刑罚的百姓，往往不顺从君主的政令。这是说要求过速会让人难以忍受，操之过急则难以行得通。所以君子不匆匆断狱，不急着确立制度，使饮食有定量，衣服有节制，宫室有限度，积聚有定数，车辆器物有限额，这是为了杜绝祸乱的根源。法度不能不明确，这是一般人都要遵从的教令。"

【原文】

孔子曰："巧而好度必攻①，勇而好问必胜，智而好谋必成。以愚者反之。是以非其人，告之弗听；非其地，树之弗生。得其人，如聚砂而雨之②；非其人，如会聋而鼓之。夫处重擅宠，专事妒贤，愚者之情也。位高则危，任重则崩，可立而待。"

【注释】

　①度（duó）：揣度，筹算。攻：王肃注："攻，坚"。事又见《荀子·仲尼》《说苑·杂言》。

　②如聚砂而雨之：王肃注："言立入也。"

【译文】

　孔子说："灵巧而善于筹算的人必然坚定，勇敢而善于请教的人必然胜利，聪明而善于谋划的人必然成功。而愚蠢的人与此相反。所以不是合适的人，告诉他也不会听从；不是合适的地方，植上树也不会生长。遇上合适的人，就像把沙子聚拢起来让它淋雨；不是合适的人，就像把聋子集合起来敲鼓给他们听。身处要职，独受宠信，专揽政事，嫉妒贤能，是愚蠢者的本性。地位高贵就会面临危险，责任重大就会遇上失败，这些都是随时可能到来的。"

【原文】

　孔子曰："舟非水不行，水入舟则没；君非民不治，民犯上则倾。是故君子不可不严也，小人不可不整一也。"

【译文】

　孔子说："船没有水不能行进，水进了船就会沉没；君主没有百姓就无法治理国家，百姓违抗君命就会使国家倾覆。所以君子不能不严厉，小人不能不一概整治。"

【原文】

　齐高庭问于孔子曰："庭不旷山，不直地①，衣穰而提贽②，精气以问事君子之道③，愿夫子告之。"孔子曰："贞以干之④，敬以辅之，施仁无倦，见君子则举之，见小人则退之，去汝恶心，而忠与之，效其行，修其礼，千里之外，亲如兄弟。行不效，礼不修，则对门不汝通矣。夫终日言，不遗己之忧；终日行，不遗己之患。唯智者能之。故自修者，必恐惧以除患，恭俭以避难者也。终身为善，一言则败之，可不慎乎？”

【注释】

① 庭不旷山，不直地：王肃注：“庭，高庭，名也。旷，隔也。不以山为隔，逾山而来。直，宜为植，不根于地而远来也。”事又见《说苑·杂言》。

② 衣穰（ráng）而提贽（zhì）：王肃注：“穰，蒿草衣。提，持。贽，所以执为礼也。”

③ 精气：犹“精诚”。君子：此指国君。

④ 贞以干之：王肃注：“贞正以为干植。”

【译文】

齐国的高庭向孔子请教道：“高庭我不怕高山阻隔，脚步如飞，身穿蒿草衣，手提礼物，诚心诚意地来请教事奉国君的方法，希望先生告诉我。”孔子说：“以贞正作为主干，以恭敬作为辅助，施行仁德时毫不厌倦，发现君子就加以荐举，发现小人就加以斥退，打消你邪恶的念头，忠实地与人共事，尽心竭力地做事，努力研习各种礼仪，千里之外的人也会亲如兄弟。做事不尽心竭力，不研习各种礼仪，那么即使住在对门也不会与你沟通。整天言谈，也不会给自己留下忧虑；整天做事，也不会给自己留下祸患。只有聪明的人才能做到这些。因此注意自我修养的人，必然保持恐惧的心理以消除祸患，保持恭敬节俭的态度以避免灾难。一辈子都在做好事，却会因一句话而导致失败，能不谨慎吗？”

辩物第十六

【原文】

　　季桓子穿井，获如土缶①，其中有羊焉。使使问孔子曰："吾穿井于费，而于井中得一狗，何也?"孔子曰："丘之所闻者，羊也。丘闻之，木石之怪②，夔、蝄蜽③；水之怪，龙、罔象；土之怪，羵羊也④。"

【注释】

　　① 土缶（fǒu）：土罐。土，原作"玉"，据四库本、同文本、玉海堂本、备要本改。事又见《国语·鲁语下》《说苑·辩物》。

　　② 木石：指山林。

　　③ 夔（kuí）、蝄（wǎng）蜽（liǎng）：传说中山林里的异兽精怪。蝄蜽，同"魍魉"。四库本即作"魍魉"。

　　④ 羵（fén）羊：羊形山怪，相传为雌雄同体。

【译文】

　　季桓子家挖井，挖到一个如同土罐的东西，里面有羊。他派使者请教孔子说："我在费地挖井，在井中得到一条狗，请问这是什么?"孔子说："孔丘我所听到的是羊。我听说，山林里的精怪是夔、蝄蜽，水里的精怪是龙、罔象，土里的精怪是羵羊。"

【原文】

吴伐越，隳会稽①，获巨骨一节，专车焉②。吴子使来聘于鲁③，且问之孔子，命使者曰："无以吾命也。"宾既将事④，乃发币于大夫，及孔子⑤，孔子爵之⑥。

既彻俎而燕⑦，客执骨而问曰："敢问骨何如为大？"孔子曰："丘闻之，昔禹致群臣于会稽之山，防风后至⑧，禹杀而戮之⑨，其骨专车焉。此为大矣。"

客曰："敢问谁守为神？"孔子曰："山川之灵，足以纪纲天下者⑩，其守为神⑪。诸侯社稷之守为公侯⑫，山川之祀者为诸侯，皆属于王⑬。"

客曰："防风何守？"孔子曰："汪芒氏之君，守封嵎山者⑭，为漆姓，在虞夏商为汪芒氏，于周为长翟氏，今曰大人⑮。"

有客曰："人长之极几何？"孔子曰："焦侥氏长三尺⑯，短之至也。长者不过十，数之极也。"

【注释】

① 吴伐越，隳（huī）会稽：王肃注："吴王夫差败越王勾践，栖于会稽，吴又隳之。会稽，山也。隳，毁者也。"会稽山在今浙江绍兴东南。

② 专车：占满一车。专，满。

③ 吴子：指吴王夫差，在位 23 年（前 495—前 473 年）。

④ 将事：从事某项工作，完成某项任务。

⑤ 发币于大夫，及孔子：王肃注："赐大夫，及孔子。"

⑥ 爵之：王肃注："饮酒。"

⑦ 彻：撤除，撤去。燕：通"宴"。

⑧ 防风：夏初诸侯（实为部落首领），汪芒氏之君。

⑨ 戮：陈列尸体，曝尸。

⑩ 足以纪纲天下：王肃注："谓名山大川能兴云致雨，以利天下也。"

⑪ 其守为神：王肃注："守山川之祀者为神。"

⑫ 诸侯社稷之守为公侯：王肃注："但守社稷，无山川之祀者，直为公侯而已。"

⑬ 皆属于王：王肃注："神与公侯之属也。"

⑭ 汪芒氏之君，守封嵎（yú）山者：王肃注："汪芒，国名。封嵎，山名。"封嵎即封山、嵎山的合称，在今浙江德清西南，两山相距很近。

⑮ 于周为长翟（dí）氏，今曰大人：王肃注："周之初及当孔子之时，其名异也。"长翟，即"长狄"，狄人的一支。

⑯ 焦侥（yáo）：亦作"僬侥"，相传为西南蛮人的一支。

【译文】

吴国攻伐越国，摧毁会稽山，获得一节大骨头，大骨头占满了一辆车子。吴王派使者到鲁国聘问，同时向孔子请教。吴王告诫使者："不要说是我命令你这样做的。"吴国来宾做完应做的事情后，便向鲁国大夫分发礼品，发到孔子，孔子饮了一杯酒。

撤掉礼器后，众人欢宴，来宾拿着那节大骨头向孔子请教："请问这节骨头为什么这样大？"孔子说："孔丘我听说，从前禹在会稽山召集群臣，防风氏来晚了，禹将他杀掉，并陈尸示众，他的骨头占满了车子。这就是那节大骨头。"

来宾问："请问守护什么的是神灵？"孔子说："山川的精灵，能够兴云致雨以便利天下的，它的守护者为神灵。在诸侯中，国家的守护者为公侯，山川的祭祀者为诸侯，都归属天子。"

来宾问："防风氏守护什么？"孔子说："他是汪芒氏的君主，封山、嵎山的守护者，漆姓，虞、夏、商时称汪芒氏，在周朝称长翟氏，如今称大人。"

有来宾问："人身高的最大极限是多少？"孔子说："焦侥氏身高三尺，是最短小的。最高的人不超过十尺，这是最大极限了。"

【原文】

孔子在陈，陈惠公宾之于上馆①。时有隼集陈侯之庭而死②，楛矢贯之，石砮③，其长尺有咫④。惠公使人持隼，如孔子馆而问焉。孔子曰："隼之来远矣。此肃慎氏之矢⑤。昔武王克商，通道于九夷百蛮⑥，使各以其方贿来贡⑦，而无忘职业⑧。于是肃慎氏贡楛矢、石砮，其长尺有咫。先王欲昭其令德之致远物也，以示后人，使永鉴焉，故铭其栝曰⑨：'肃慎氏贡楛矢'，以分大姬，配胡公而封诸陈⑩。古者分同姓以珍玉，所以展亲亲也⑪；分异姓以远方之职贡，所以无忘服也。故分陈以肃慎氏贡焉。君若使有司求诸故府⑫，其可得也。"公使人求，得之金椟⑬，如之。

【注释】

① 陈惠公：陈国国君，妫姓，名吴，在位 28 年（前 533—前 506 年）。事又见《国语·鲁语下》。

② 时有隼（sǔn）集陈侯之庭而死：王肃注："隼，鸟也。始集庭便死。"

③ 楛（hù）矢贯之，石砮（nǔ）：王肃注："楛，木名。砮，箭镞。"

④ 咫：王肃注："咫，八寸也。"

⑤ 肃慎：古代的少数民族，居于今东北地区，从事狩猎。秦汉以后，名称屡有变化。

⑥ 九夷百蛮：王肃注："九夷，东方九种。百蛮，夷狄百种。"泛指周边各族。

⑦ 方贿：土产，地方特产。贿：财物。

⑧ 职业：犹"职守"，职分内应做之事。

⑨ 栝（kuò）：箭末扣弦处。

⑩ 以分大姬，配胡公而封诸陈：王肃注："大姬，武王女。胡公，舜之后。"分，予。胡公，名满。

⑪ 展（dǎn）：通"亶"，厚，重。

⑫　故府：旧府。府，国家收藏财货或文书的地方。

⑬　金椟：即"金匮"，铜制的柜，用以收藏文献或文物。王肃注："椟，匮也。"

【译文】

　　孔子在陈国时，陈惠公把他安排到上等馆舍住下。当时有鸟儿一起飞至惠公的庭院，随即死去，楛木做的箭矢穿透了它们的身体，箭镞是石头做的，箭的长度是一尺八寸。惠公派人拿着鸟儿，到孔子居住的馆舍请教。孔子说："鸟儿飞来的地方离这里很远。这是肃慎氏的箭矢。从前周武王攻灭商朝，打通道路通往周边各族，让他们各自以他们所在地方的特产作为礼物，前来贡献，从而不致忘记自己的职守。于是肃慎氏前来贡献楛木做的箭，石头做的箭镞，箭的长度是一尺八寸。先王想彰扬能够招致远方贡物的美好德行，以便昭示后人，使他们得到永久的鉴诫，因而在箭末扣弦处刻上'肃慎氏贡献的楛木箭'并赐予大姬，把她嫁给胡公，分封于陈。古时分给同姓诸侯珍宝玉器，是为了强化亲亲之道；分给异姓诸侯按职分贡献的物产，是为了让他们不忘服从王室。因此才分给陈国肃慎氏的贡物。君主如果派人到过去的府库去寻找，这件贡物肯定能够找到。"惠公派人去寻找，果真在一个铜柜子里找到了它，确如孔子所说。

【原文】

　　郯子朝鲁①，鲁人问曰②："少昊氏以鸟名官③，何也？"对曰："吾祖也，我知之。昔黄帝以云纪官，故为云师而云名④。炎帝以火⑤，共工以水⑥，大昊以龙⑦，其义一也⑧。我高祖少昊挚之立也，凤鸟适至，是以纪之于鸟，故为鸟师而鸟名。自颛顼氏以来⑨，不能纪远，乃纪于近，为民师而命以民事，则不能故也⑩。"

　　孔子闻之，遂见郯子而学焉。既而告人曰："吾闻之，天子失官，学在四夷。犹信⑪。"

【注释】

① 郯子：郯国国君，相传为少昊后裔。事又见《左传·昭公十七年》。

② 鲁人：王肃注："鲁人，叔孙昭子。"

③ 少昊：王肃注："少昊，金天氏也。"或作"少皞"。传说中古代帝王，东夷族首领，己姓，名挚，字青阳，活动中心在奄（今山东曲阜）。

④ 黄帝以云纪官，故为云师而云名：王肃注："黄帝，轩辕氏。师，长也。云纪其官长而为其官名者也。"黄帝为传说中中国历史上第一位帝王，姬姓。

⑤ 炎帝：王肃注："神农氏也。"亦为传说中古代帝王，姜姓。后为黄帝所败。

⑥ 共工：王肃注："共工霸九州也。"共工为传说中古代诸侯。

⑦ 大（tài）昊：王肃注："包（伏）牺氏也。"或作"大皞"，亦为传说中古代帝王，东夷族首领，风姓。

⑧ 其义一也：王肃注："火师而火名也，龙师而龙名也。"

⑨ 颛顼：传说中古代帝王，号高阳氏，继少昊为帝。顼，原作"项"，据四库本、同文本、玉海堂本、备要本、陈本改。

⑩ 不能故：王肃注："言不能纪远方。"

⑪ 天子失官，学在四夷，犹信：王肃注："郯，小国也。故吴伐郯，季文子叹曰：'中国不振旅，蛮夷之伐吾，亡无日矣。'孔子称官学在四夷，疾时之废学也。郯，少昊之后，以其世则远矣，以其国则小矣。鲁公之后，以其世则近（原作'远'，据四库本等改）矣，以其国则大矣。然其知礼不若郯子，故孔子发此言，疾时之不学也。"

【译文】

郯国国君到鲁国来朝见，鲁国人问他："少昊氏用鸟字来作为官名，这是为什么？"郯君答复说："他是我的祖先，我了解情况。从前黄帝用云字来记录官职，所以设置各部门长官都用云字来命名。炎帝用火字来命名，共工用水字来命名，大昊用龙字来命名，意思都是一样的。我们高祖少昊挚即位的时候，正好凤鸟飞来，因而就用鸟字来记录，所以设置各部门长官都用鸟字来命名。自从颛顼氏以来，不能记述远古的事情，便从近世开始记录，做百姓的长官而用百姓的事情来命名，这样就不能按过去的方法去办理了。"

孔子听说这件事，于是进见郯君，向他请教。事后他告诉别人说："我听说，在天子那里失去了古代官制的材料，有关学问却还保存在周边小国。这还是可以相信的。"

【原文】

郯隐公朝于鲁①，子贡观焉②。郯子执玉高，其容仰；定公受玉卑，其容俯。子贡曰："以礼观之，二君者将有死亡焉！夫礼，生死存亡之体。将左右、周旋，进退、俯仰，于是乎取之；朝、祀、丧、戎，于是乎观之。今正月相朝，而皆不度③，心以亡矣④。嘉事不体⑤，何以能久？高、仰，骄；卑、俯，替⑥。骄近乱，替近疾。君为主⑦，其先亡乎！"

夏五月，公薨，又郯子出奔。孔子曰："赐不幸而言中，是赐多言。"

【注释】

① 郯隐公：邾国国君，曹姓，名益。事又见《左传·定公十五年》。

② 子贡观焉：王肃注："子贡时为鲁大夫也。"

③ 不度：王肃注："不得其法度也。"

④ 以：通"已"。

⑤ 嘉事不体：王肃注："朝聘亦嘉事也。不体，不得其体。"

⑥ 替：废惰，衰亡。

⑦ 君：原作"若"，据四库本、同文本、玉海堂本、备要本、陈本

及《左传》改。

【译文】

　　邾隐公前来鲁国朝见，子贡观看朝见的礼仪。邾君高高地把玉举起，脸往上仰；定公低低地将玉接过，脸往下俯。子贡说："依据礼制来看待这事，两位国君都快要死亡了。礼制，是生死存亡的主导，一举一动，或左或右，对人揖让，以及进退、俯仰，都从这里来择取它；朝会、祭祀、丧葬、征战，也从这里来观察它。如今在正月里前来朝见，而且都不合于制度规定，他们心中已经不存在礼制了。朝聘不合于礼制，怎么能够长久？高和仰，这是骄傲；低和俯，这是衰废。骄傲接近动乱，衰废接近疾病。君主是主人，恐怕会先死去吧！"

　　夏五月，鲁定公去世，邾君也出奔国外。孔子说："端木赐不幸而说中了，不过这也是他多嘴。"

【原文】

　　孔子在陈，陈侯就之燕游焉。行路之人云："鲁司铎灾①，及宗庙。"以告孔子。子曰："所及者其桓、僖之庙②。"

　　陈侯曰："何以知之？"子曰："礼，祖有功而宗有德，故不毁其庙焉。今桓、僖之亲尽矣③，又功德不足以存其庙，而鲁不毁，是以天灾加之。"

　　三日，鲁使至。问焉，则桓、僖也。陈侯谓子贡曰："吾乃今知圣人之可贵。"对曰："君之知之，可矣，未若专其道而行其化之善也。"

【注释】

　　① 司铎：在宫城中的官署，即后世的郎署。事又见《左传·哀公三年》。

②桓、僖：即鲁桓公、鲁僖公，春秋时鲁国国君。桓公名允，一作"轨"，在位18年（前711—前694年）。僖公，或作"釐公"，名申，在位33年（前659—前627年）。

③今桓、僖之亲尽矣：就鲁哀公而言，桓公为八世祖，僖公为六世祖，据"诸侯五庙"之制，宗亲关系已经结束。

【译文】

孔子在陈国，陈君与他一起闲游。路上的行人说："鲁国司铎官署发生火灾，连宗庙也被烧着。"陈君将这件事告诉给孔子。孔子说："被烧着的恐怕是祭祀桓公、僖公的宗庙。"

陈君问："怎么知道的呢？"孔子说："按照礼制规定，祖宗有功德，因而不废毁他们的祭庙。如今与桓公、僖公的宗亲关系已经结束，而且他们的功德也不足以使后人继续保留他们的祭庙，但鲁国一直没有加以废毁，因此天灾就落在它们身上。"

过了三天，鲁国派出的使者到了，一问，果然是桓公、僖公的祭庙被烧。陈君对子贡说："我今天才知道圣人的可贵。"子贡说："君主您知道这些，就已经足够了，但还不如专心遵守圣人的道艺而实行他的教化原则更好一些。"

【原文】

阳虎既奔齐①，自齐奔晋，适赵氏。孔子闻之，谓子路曰："赵氏其世有乱乎！"子路曰："权不在焉，岂能为乱②？"孔子曰："非汝所知。夫阳虎亲富而不亲仁，有宠于季孙，又将杀之，不克而奔，求容于齐；齐人囚之，乃亡归晋。是齐、鲁二国已去其疾。赵简子好利而多信③，必溺其说而从其谋。祸败所终，非一世可知也。"

【注释】

① 阳虎：一作"阳货"，或说字货，鲁国季孙氏家臣。以陪臣执国命，权势很大。后欲去三桓，谋杀季桓子未遂，据阳关（今山东泰安南）以叛。为鲁所攻，突围出奔。事又见《左传·定公九年》。

② 能：原作"不"，据四库本、同文本、玉海堂本、备要本、陈本改。

③ 赵简子：即赵鞅、赵孟，又名志父，晋国卿，曾为执政。

【译文】

阳虎出奔齐国以后，又从齐国逃奔晋国，跑到赵氏那里。孔子听到这件事，对子路说："赵氏恐怕世世代代都会有动乱吧！"子路说："权力不在他手里，怎么能作乱呢？"孔子说："这不是你所能懂得的。阳虎亲近富贵而不亲近仁义，受到季孙氏的宠信，又准备杀掉他，不成而后出奔，请求在齐国容身；齐国将他囚禁起来，他便逃跑前往晋国。这样齐、鲁二国已经除掉了他带来的祸患。赵简子好利而又喜欢轻易相信人，必然会沉溺于阳虎的说教而听从他的计谋。阳虎带来的祸害什么时候能终结，这不是一代人所能知道的。"

【原文】

季康子问于孔子曰："今周十二月，夏之十月，而犹有螽①，何也？"孔子对曰："丘闻之，火伏而后蛰者毕②。今火犹西流③，司历过也④。"

季康子曰："所失者几月也？"孔子曰："于夏十月，火既没矣，今火见，再失闰也。"

【注释】

① 螽（zhōng）：蝗灾，蝗虫群飞，铺天盖地，多发生于周历秋八月或九月。事又见《左传·哀公十二年》。

② 火伏而后蛰者毕：王肃注："火，大火，心星也。蛰，蛰虫也。"大火星为心宿二，一般夏历十月即不见于天空，此时天气转冷，昆虫皆蛰入地下。

③ 西流：即出现在西方天空，逐渐沉没。

④ 司历：掌管历法的官员。

【译文】

季康子问孔子说："现在是周正十二月，夏正十月，但仍然有蝗虫为灾，这是为什么？"孔子答道："孔丘我听说，大火星下去以后，昆虫也蛰伏完毕。如今大火星还在经过西方，这是负责历法的官员的过错。"

季康子问："差了几个月？"孔子说："在夏正十月，大火星就沉没下去，如今它还能被看见，这是又一次应设闰月而未设。"

【原文】

吴王夫差将与哀公见晋侯①。子服景伯对使者曰②："王合诸侯，则伯率侯牧以见于王③；伯合诸侯，则侯率子、男以见于伯。今诸侯会，而君与寡君见晋君，则晋成为伯也。且执事以伯召诸侯，而以侯终之，何利之有焉？"吴人乃止。既而悔之，遂囚景伯。

伯谓太宰嚭曰④："鲁将以十月上辛有事于上帝、先王⑤，季辛而毕，何也世有职焉⑥，自襄已来未之改⑦。若其不会，则祝宗将曰⑧'吴实然'。"嚭言于夫差，归之。

子贡闻之，见于孔子曰："子服氏之子拙于说矣，以实获囚，以诈得免。"孔子曰："吴子为夷德，可欺而不可以实。是听者之蔽，非说者之拙也。"

【注释】

① 吴王夫差将与哀公见晋侯：王肃注："吴子鲁哀公十二年与晋侯会于黄池。"晋侯，指晋定公，名午，在位 37 年（前 511—前 475 年）。事又见《左传·哀公十三年》。

② 子服景伯：即子服何，鲁国大夫，时随鲁哀公参加会盟。

③ 伯率侯牧：王肃注："伯，王官。侯牧，方伯名。"伯即诸侯之长。

④ 太宰嚭（pǐ）：吴国大臣，伯氏，名嚭，或作帛喜、白喜，字子余，甚得吴王夫差宠信。

⑤ 上辛：农历每月上旬的辛日。而下旬的辛日则称季辛。有事：王肃注："有事，祭。所以欺吴也。"

⑥ 何：王肃注："何，景伯名。"

⑦ 襄：王肃注："襄，鲁襄公是也。"襄公名午，在位 31 年（前 572—前 542 年）。未之改：原作"之改之"，据四库本、同文本、玉海堂本、备要本、陈本及《左传》改。唯诸本及《左传》除备要本外，"未之改"后有"也"字。

⑧ 祝宗：主持祭祀祈祷的官员。

【译文】

吴王夫差准备带着鲁哀公去进见晋君。子服景伯对吴王使者说："天子会合诸侯，那么诸侯的首领就率领诸侯进见天子；诸侯的首领会合诸侯，那么侯就率领有子、男爵位的人进见首领。现在是诸侯相会，而君主打算带着我们的国君进见晋君，那么晋国就成为首领了。而且你们是以诸侯首领的身份召集诸侯，却以一般诸侯的身份来了结，这有什么好处呢？"吴人于是作罢。后又感到后悔，就把子服景伯囚禁起来。

子服景伯对吴国太宰嚭说："鲁国计划在十月的第一个辛日祭祀上帝、先王，最后一个辛日完毕，子服何我的世代祖先都在这一活动中担任一定的职事，自襄公以来没有改变过。如果这次我不参加，祝宗会说'是吴国使他这样的'。"太宰嚭对吴王夫差一说，就把子服景伯放了回去。

子贡听到这件事，进见孔子说："子服家的儿子在谈说方面表现得很拙劣，因为讲实话被囚禁，又因为欺诈获免。"孔子说："吴君施行的是夷狄的仁德，可以欺骗他但不可以对他讲实话。在这件事里，是听者昏聩，并不是讲话的人拙劣。"

【原文】

叔孙氏之车士曰子鉏商①，采薪于大野②，获麟焉③，折其前左足，载以归。叔孙以为不祥，弃之于郭外，使人告孔子曰："有麏而角者④，何也？"孔子往观之，曰："麟也。胡为来哉？胡为来哉？"反袂拭面⑤，涕泣沾衿⑥。叔孙闻之，然后取之。

子贡问曰："夫子何泣尔？"孔子曰："麟之至，为明王也。出非其时而见害⑦，吾是以伤焉。"

【注释】

① 叔孙氏之车士曰子鉏（xú）商：王肃注："车士，持车者。子，姓也。"事又见《左传·哀公十四年》《公羊传·哀公十四年》《孔丛子·记问》。

② 采薪于大野：王肃注："《春秋经》：鲁哀公十四年，西狩获麟；《传》曰西狩大野。若车士子鉏商非狩者，采薪，西获麟。麟，瑞物，时见狩获，故《经》书西狩获麟也。"薪，柴，柴火。大野，即大野泽，在今山东巨野北。

③ 麟：麒麟。古人以为仁兽，为圣人之喜瑞也。

④ 麏（jūn）：同"麇"，獐子。

⑤ 反袂（mèi）：用衣袖拭泪，形容哭泣。

⑥ 衿：同"襟"，衣襟。

⑦ 见：此字原脱，据四库本、同文本、玉海堂本、陈本补。

【译文】

　　叔孙氏的一个叫子锄商的车夫，到大野一带砍柴，捕得一只麒麟，折断了它的前左脚，并将它载回来。叔孙氏认为不吉祥，就把它丢到城郭外，派人告诉孔子说："有一种长有角的獐子，是个什么？"孔子前去看了看，说："这是麒麟。它为什么来这里？为什么来这里？"孔子用衣袖擦着脸上的泪水，哭泣着，泪水打湿了衣襟。叔孙氏听说后，就把麒麟带了回去。

　　子贡问孔子说："先生您为什么要哭泣呢？"孔子说："麒麟的到来，是为了圣明的君主，在不该出来的时候出来，而且受到伤害，所以我感到伤心。"

哀公问政第十七

【原文】

　　哀公问政于孔子。孔子对曰："文武之政，布在方策①。其人存，则其政举；其人亡，则其政息。天道敏生，人道敏政，地道敏树。夫政者，犹蒲卢也②，待化以成。故为政在于得人。取人以身，修道以仁。仁者，人也，亲亲为大；义者，宜也，尊贤为大。亲亲之杀③，尊贤之等，礼所以生也。礼者，政之本也。是以君子不可以不修身；思修身，不可以不事亲；思事亲，不可以不知人；思知人，不可以不知天。天下之达道有五④，其所以行之者三。曰君臣也，父子也，夫妇也，昆弟也⑤，朋友也，五者，天下之达道。智、仁、勇三者，天下之达德也，所以行之者一也。或生而知之，或学而知之，或困而知之，及其知之一也。或安而行之，或利而行之，或勉强而行之，及其成功一也。"

　　公曰："子之言，美矣至矣！寡人实固，不足以成之也。"孔子曰："好学近乎智，力行近乎仁，知耻近乎勇。知斯三者，则知所以修身；知所以修身，则知所以治人；知所以治人，则能成天下国家者矣。"

　　公曰："政其尽此而已乎？"孔子曰："凡为天下国家有九经，曰修身也，尊贤也，亲亲也，敬大臣也，体群臣也⑥，子庶民也⑦，来百工也⑧，柔远人也⑨，怀诸侯也⑩。夫修身则道立，尊贤则不惑，亲亲则诸父、兄弟不怨⑪，敬大臣则不眩⑫，体群臣则士之报礼重，子庶民则百姓劝⑬，来百工则财用足，柔远人则四方归之，怀诸侯则天下畏之。"

公曰："为之奈何？"孔子曰："齐洁盛服⑭，非礼不动，所以修身也；去谗远色，贱财而贵德，所以尊贤也；爵其能，重其禄，同其好恶，所以笃亲亲也；官盛任使⑮，所以敬大臣也；忠信重禄⑯，所以劝士也；时使薄敛，所以子百姓也；日省月考，既廪称事⑰，所以来百工也；送往迎来，嘉善而矜不能⑱，所以绥远人也⑲；继绝世，举废邦，治乱持危，朝聘以时，厚往而薄来，所以怀诸侯也。治天下国家有九经，其所以行之者一也。凡事豫则立，不豫则废，言前定则不跲⑳，事前定则不困，行前定则不疚，道前定则不穷。在下位不获于上，民弗可得而治矣；获于上有道，不信于友，不获于上矣；信于友有道，不顺于亲，不信于友矣；顺于亲有道，反诸身不诚，不顺于亲矣；诚身有道，不明于善，不诚于身矣。诚者，天之至道也；诚之者，人之道也。夫诚，弗勉而中，不思而得，从容中道，圣人之所以体定也㉑。诚之者，择善而固执之者也。"

公曰："子之教寡人备矣。敢问行之所始。"孔子曰："立爱自亲始，教民睦也；立敬自长始，教民顺也。教之慈睦，而民贵有亲；教以敬，而民贵用命。民既孝于亲，又顺以听命，措诸天下，无所不可。"

公曰："寡人既得闻此言也，惧不能果行而获罪咎。"

【注释】

① 布：陈述。方策：指典籍。王肃注："方，版。"即书写用的木板。策，同"册"，竹简。事又见《礼记·中庸》。

② 蒲卢：王肃注："蒲卢，螺蠃也，谓土蜂也。取螟蛉而化之，以为（原作'君'，据四库本改）子。为政化百姓，亦如之者也。"

③ 杀（shài）：差，等差。

④ 达道：公认的准则。

⑤ 昆弟：兄弟。昆，兄长。

⑥ 体：体念，体贴。

⑦ 子：以……为子，爱……如子。

⑧ 来：招来，招集。百工：指各种手工业工匠。

⑨ 柔：安抚，怀柔，优待。

⑩ 怀：安，安抚。

⑪ 诸父：指伯父、叔父。

⑫ 眩：眼花，迷惑。

⑬ 劝：勤勉，努力。

⑭ 齐（zhāi）洁：犹"斋戒"。齐，同"斋"。四库本、同文本、玉海堂本即作"斋"。盛服：衣冠穿戴整齐。此处指仪表端庄。

⑮ 官盛任使：王肃注："盛其官委任使之也。"官盛，官属众多。任使，听任差使。

⑯ 忠信重禄：王肃注："忠信者与之重禄也。"

⑰ 既（xì）廪（lǐn）称（chèn）事：王肃注："既廪食之多寡称其事也。"既廪，同"饩廪"，指月给的薪资粮米。

⑱ 矜：怜悯，同情。

⑲ 绥：安，安抚。

⑳ 跲（jiá）：窒碍。

㉑ 体：禀性，心性，心胸。

【译文】

鲁哀公向孔子请教为政问题。孔子回答说："周文王和武王的为政之道，典籍中都有记述。如果现在有像文王、武王那样的人存在，那么他们的为政之道便能实行；如果没有像文王、武王那样的人存在，那么他们的为政之道便会止息。天道使生命迅速繁衍，人道使政治迅速昌明，地道使树木迅速生长。为政如同蒲卢一样，要在化行以后才能取得成就。所以为政的关键在于获得人才。获得人才的关键在于加强自身修养，修养德行的关键在于树立仁爱之心。仁，就是人与人之间相互亲爱，而以亲爱自己的亲人最为重要；义，就是人与人之间相处适宜得当，而以尊敬贤人最为重要。亲爱自己的亲人有等差，尊敬贤人也有级别之分，这些都是依礼定出的。礼，是为政的根本。因此君子不能不加强自身的品德修养；想加强自身的品德修养，不能不侍奉好自己的亲人，想事侍好自己的亲人，不能不懂得知人善任；想懂得知人善任，不能不了解天行之道。天下普遍共行的大道有五种，而实行这些大道的美德有三个方面。君臣之道、父子之道、夫妇之道、兄弟之道、朋友之道，这五种就是天下共行的大道。智慧、仁爱、勇敢，这三个方面就是天下共行的美德，而实现这些大道和美德的方法只能是诚实专一。有的人生来就懂得这些道理，有的人通过学习才懂得，但到了真正懂得这些道理，他们又都是一样的了。有的人心安理得地去实践这些道理，有的人唯利是图地去实践，但到了实践成功的时候，他们又都是一样的了。"

哀公说："您讲得真是好极了！但我确实愚笨，无法加以成就。"孔子说："喜好学习的人已接近智慧，努力行善的人已接近仁爱，懂得羞耻的人已接近勇敢。懂得这三个方面，就懂得怎样提高自身的品德修养；懂得怎样提高自身的品德修养，就懂得怎样治理别人；懂得怎样治理别人，就能使天下国家实现太平。"

哀公问："为政的道理就只有这些吗?"孔子说："治理天下国家大致有九条常规，就是修养自身，尊崇贤人，亲爱亲人，敬重大臣，体恤众臣，像对待自己的儿子一样对待百姓，招集各种工匠，优待边远地区的人民，安抚各地诸侯。修养自身，就能树立好为人之道；尊崇贤人，就不致被迷惑；亲爱亲人，就不致遭伯叔、兄弟怨恨；敬重大臣，就不会疑惑不定；体恤众臣，就会使士人重报受礼遇的恩德；爱民如子，就会使百姓更加勤勉；招集各种工匠，就会使国家财用充足；优待边远地区的人民，就会使四方百姓都来归附；安抚各地诸侯，就会使天下人民感到敬畏。"

哀公问："怎样才能做到这些呢?"孔子说："坚持斋戒,仪表整齐,不符合礼仪的事情绝对不干,这是修养自身的最好方法;摒弃谗言,远离女色,轻视钱财而注重德行,这是尊崇贤人的最好方法;对有能力的亲人加官晋爵,对他们重赐俸禄,与他们的好恶保持一致,这是真诚亲爱亲人的最好方法;多为大臣设置属官,足供指使,这是敬重大臣的最好方法;对忠信的士人授予高官厚禄,这是劝勉士人的最好方法;对百姓役使适时,减轻赋税征收,这是爱民如子的最好表现;对工匠日日月月进行省视和考察,使发放的粮米薪资与他们的工作成绩相称,这是招集各种工匠的最好方法;对远方来客热情相送,盛情相迎,嘉奖其中有善行的人,同情其中能力差的人,这是安抚边远地区人民的最好方法;延续已经绝祀的世家,复兴已被废灭的国家,整顿已经混乱的秩序,挽救陷入危亡的国家,让各地诸侯按时朝聘,赐予的礼品多而收受的礼品少,这是安抚各地诸侯的最好方法。治理天下国家有九条常规,而实行这些常规的办法只能是真诚专一。无论做什么事情,如果能预先确立一种诚实态度,就一定会成功,否则就会失败;讲话以前要求自己必须诚实,讲起话来就会流畅而无窒碍;做事以前要求自己必须诚实,做事时就不感到困难;行动以前要求自己必须诚实,行动以后就不会感到内疚;实行道德以前要求自己必须诚实,实行起来就不会有什么行不通的地方。身处下位的人得不到上面的信任和支持,那就不可能治理好人民;有一定的方法去获取上面的信任和支持,却不能取信于朋友,那就不会真正获取上面的信任和支持;有一定的方法去取信于朋友,却不能孝顺父母,那就不会真正取信于朋友;有一定的方法去孝顺父母,却不能使自己内心诚实,那就做不到真正孝顺父母;有一定的方法使自己内心诚实,却不能彰显善的本性,那就不能真正使自己内心诚实。诚,是上天的最高准则;实现这个诚,又是为人的准则。有了诚,不必勉强,为人处世自然合理,不用苦苦思索,言语行动自然得当,一切从从容容,合乎道义，这是圣人之所以心性平定的原因。要做到诚，必须择取至善的道德，并且坚守下去。"

哀公说："您对我的教导已经很完备周全了。请问要做到这些应该从哪里开始呢？"孔子答道："树立爱心，要从自己的亲人开始，这是为了教导百姓和睦；培养敬意，要从自己的长辈开始，这是为了教导百姓孝顺。教导他们慈爱和睦，百姓就会注重照顾亲人；教导他们尊敬别人，百姓就会争相服从命令。百姓既然能够孝敬亲人，又十分顺从地听从命令，把这些扩大开来治理天下，就不会有什么办不到的事情。"

哀公说："我已经听您讲了这么多，现在最担心的就是不能立即去加以实行，从而招致怪罪和埋怨。"

【原文】

宰我问于孔子曰①："吾闻鬼神之名，而不知所谓，敢问焉。"孔子曰："人生有气有魄。气者，人之盛也②；魄者，鬼之盛也③。夫生必死，死必归土，此谓鬼；魂气归天，此谓神。合鬼与神而享之，教之至也④。骨肉弊于下，化为野土，其气发扬于上者，此神之著也。圣人因物之精，制为之极⑥，明命鬼神，以为民之则⑥，而犹以是为未足也，故筑为宫室，设为宗祧⑦，春秋祭祀，以别亲疏，教民反古复始，不敢忘其所由生也。众人服自此，听且速焉⑧。教以二端⑨，二端既立，报以二礼⑩：建设朝事⑪，燔燎羶芗⑫，所以报气也；荐黍稷，羞肺肝，加以郁鬯，所以报魄也⑬。此教民修本反始崇爱，上下用情，礼之至也⑭。君子反古复始，不忘其所由生，是以致其敬，发其情，竭力从事，不敢不自尽也，此之谓大教。昔者文王之祭也，事死如事生，思死而不欲生，忌日则必哀⑮，称讳则如见亲⑯。祀之忠也，思之深，如见亲之所爱。祭欲见亲之颜色者⑰，其唯文王与！《诗》云：'明发不寐，有怀二人'。⑱则文王之谓与！祭之明日，明发不寐，有怀二人，敬而致之，又从而思之。祭之日，乐与哀半，飨之必乐，已至必哀⑲，孝子之情也。文王为能得之矣。"

【注释】

① 宰我：即宰予，孔子弟子，字子我，通称宰我，鲁国人，以言语见称。事又见《礼记·祭义》。

② 气者，人之盛也：王肃注："精气者，人神之盛也。"

③ 魄者，鬼之盛也：此 6 字原脱，据陈本及《礼记》补。

④ 合鬼与神而享之，教之至也：王肃注："合神鬼而事之者，孝道之至。孝者，教之所由生也。"

⑤ 制为之极：王肃注："极，中。制为中法。"谓尊极于鬼神，不可复加。

⑥ 明命鬼神，以为民之则：王肃注："明命，犹尊名，使民事其祖祢也。"

⑦ 宗祧：王肃注："宗，宗庙也。祧，远庙也。天子特有二祧，诸侯谓始祖为祧也。"

⑧ 听：王肃注："听，谓慎教令也。"

⑨ 二端：王肃注："二端，气与魄也。"

⑩ 二礼：王肃注："二礼，谓荐黍稷也。"

⑪ 建设朝事：王肃注："荐腥时也。"指早晨祭祀宗庙之事。

⑫ 羶（shān）芗（xiāng）：牛羊肠间脂膏。羶，即"膻"之异体。牛膏曰膻，羊膏曰芗。

⑬ "气也"至"所以报"：此 15 字原脱，据四库本、同文本、玉海堂本、陈本及《礼记》补。荐、羞：进献。郁鬯（chàng）：王肃注："郁，香草。鬯，樽也。"郁鬯即香酒，以酒调和郁金草汁而成，用来祭祀降神。

⑭ 此教民修本反始崇爱，上下用情，礼之至也：王肃注："民能不忘其所由生，然后能相爱也。上下，谓尊卑。用情，谓亲也。"

⑮ 忌日：指父母及其他亲属去世的日子。每逢这一天，禁忌饮酒、作乐等事，故称。

⑯ 讳：指已故尊长之名。

⑰ 之：此字原脱，据四库本、同文本补。

⑱ "明发不寐，有怀二人"：见《诗经·小雅·小宛》。王肃注："假此诗以喻文王。二人，谓父母也。"明发，醒。

⑲ 已至必哀：王肃注："已至，谓祭事已毕，不知亲飨否，故哀。"

【译文】

宰我问孔子说："我听说过鬼神的名称，却不明白说的是什么，想请教一下先生。"孔子说："人的生命有气也有魄。气是人盛极而生的，魄是鬼盛极而生的。人有生必然有死，死后必然归入土中，这就叫鬼；魂气归于天上，这就叫神。把鬼神合起来祭祀，是教化的最高境界。骨肉在地下腐烂，演化为田野土壤，它的气数散扬于空中，这是最容易感觉到的一种神。圣人依据万物的精灵，制定出极尊的称呼，叫做鬼神，作为百姓的行为法则。但圣人认为这样做还不够，所以又建筑宫室，设置宗庙和远祖庙，在春秋季节进行祭祀，从而区别关系亲疏，教导百姓追溯古时，回顾当初，不敢忘记自己是从哪里来的。大家从此表示信服，纷纷听命而且十分迅速。用气与魄教导百姓，气与魄两种名称确立以后，又制定了回报它们的两种礼仪：设立早上祭祀的礼仪，焚烧牛羊肠间脂肪，这是用来回报气的；献上黍稷、肺肝，再奉上香酒，这是用来回报魄的。这样做是为了教导百姓依循本根，回返本原，注重相互爱护，上下尊卑都讲究人情，这是礼制的最高要求。君子追溯古时，回顾当初，不忘记自己是从哪里来的，所以能向祖先表达敬意，抒发自己的感情，竭尽全力去做事，而且不敢不自觉地去尽力，这称得上是最重要的教化。从前周文王举行祭祀活动，敬事死者如同侍奉活着的人，思念死者时痛不欲生，忌日那天必定哀痛至极，提到死去父母的名字就像是见到了父母本人。祭祀的忠敬，思念的深切，就像是见到了父母所喜爱的东西。祭祀时想见到父母容貌的，恐怕只有文王吧！《诗经》里说：'想了一夜总是醒，怀念双亲难平静。'这说的是文王吧！祭祀的第二天，整夜不能入睡，怀念着双亲，恭敬地献上祭品，接着又思念起他们。祭祀那天，欢乐与悲哀参半，亲人的神灵来享用祭品自然高兴，享用完毕时又陷入悲哀，这是作为孝子的感受。文王做到了这些。"

卷　五

颜回第十八

【原文】

　　鲁定公问于颜回曰："子亦闻东野毕之善御乎?"对曰："善则善矣。虽然，其马将必佚①。"定公色不悦，谓左右曰："君子固有诬人也。"颜回退。

　　后三日，牧来诉之曰："东野毕之马佚，两骖曳②，两服入于厩。"公闻之，越席而起，促驾召颜回。回至，公曰："前日寡人问吾子以东野毕之御，而子曰善则善矣，其马将佚。不识吾子奚以知之?"颜回对曰："以政知之。昔者帝舜巧于使民，造父巧于使马③。舜不穷其民力，造父不穷其马力，是以舜无佚民，造父无佚马。今东野毕之御也，升马执辔，衔体正矣④；步骤驰骋，朝礼毕矣⑤；历险致远，马力尽矣。然而犹乃求马不已。臣以此知之。"

　　公曰："善。诚若吾子之言也。吾子之言，其义大矣。愿少进乎。"颜回曰："臣闻之，鸟穷则啄，兽穷则攫，人穷则诈，马穷则佚，自古及今，未有穷其下而能无危者也。"

　　公悦，遂以告孔子。孔子对曰："夫其所以为颜回者，此之类也。岂足多哉⑥?"

【注释】

①佚：通"逸"，奔逸，逃亡。事又见《荀子·哀公》《韩诗外传》卷二、《新序·杂事五》。

②两骖：一车驾四马，居中的两匹叫两服，外面的两匹叫两骖。曳（yè）：逃逸。

③造父：西周时善御者，幸于周穆王，为赵氏始祖。

④衔体正矣：王肃注："马非为车。"衔体，指马嚼子。

⑤步骤驰骋，朝礼毕矣：王肃注："马步骤驰骋，尽礼之仪也。"

⑥多：称赞，看重。

【译文】

鲁定公问颜回说："您也听说过东野毕善于驾车吗？"颜回答道："他驾车好倒是好。虽然这样，他的马将会奔逃。"定公露出不高兴的神色，对左右的人说："君子原来也有诽谤人的。"颜回告退。

三天后，马官前来报告说："东野毕的马跑了，在两旁驾车的两匹马脱逃，只有中间的两匹马回到马棚。"定公一听，跨过座席站立起来，催促驾车的人去召请颜回入朝。颜回来到后，定公说："前天我向您问起东野毕驾车的事，您说好倒是好，但他的马将会奔逃。不知您根据什么知道这些？"颜回答道："臣下我是根据为政的道理明白这些的。从前帝舜善于驾驭百姓，造父善于驾驭马。帝舜做到不让自己的百姓力量穷尽，造父做到不让自己的马气力穷尽，所以帝舜没有逃亡的百姓，造父没有逃逸的马。如今东野毕驾车，登马上车，握住缰绳，马嚼子的位置放得很端正了；马迈步驰骋，朝廷礼仪做得也很周到了；穿越险阻，奔向远方，马的气力已经用光。但他仍然要求马奔跑不止。臣下我是从这些事情上搞明白的。"

定公说："好。确实像您说的这样。您说的话，意义非常重大。希望能再稍微进一步谈谈。"颜回说："臣下我听说，鸟儿到了穷途末路时就会啄人，野兽到了走投无路时就会抓人，人们到了山穷水尽时就会欺诈，骏马气力穷尽就会逃逸。从古到今，没有穷迫自己的下民而不出现危险的。"

定公很高兴，便把这些告诉给孔子。孔子说："他之所以成其为颜回，就是因为有这类的事情。这件小事哪里值得太看重?"

【原文】

孔子在卫，昧旦晨兴①，颜回侍侧，闻哭者之声甚哀。子曰："回，汝知此何所哭乎?"对曰："回以此哭声非但为死者而已，又有生离别者也。"子曰："何以知之?"对曰："回闻桓山之鸟生四子焉，羽翼既成，将分于四海，其母悲鸣而送之，哀声有似于此，谓其往而不返也。回窃以音类知之。"

孔子使人问哭者，果曰："父死家贫，卖子以葬，与之长决②。"子曰："回也善于识音矣。"

【注释】

① 昧旦：天将明未明之时，破晓。晨兴：早起。事又见《说苑·辨物》。

② 决：通"诀"，辞别，告别。

【译文】

孔子在卫国，一次天蒙蒙亮时就早早起来，颜回在一旁陪着，听到一个人在哭泣，声音很是悲哀。孔子问："颜回，你知道这是为什么事哭的吗?"颜回答道："颜回我认为这种哭声不仅仅是为了死去的人，而且还为了活着的将要离别的人。"孔子问："根据什么知道是这样?"颜回答道："我听说桓山的鸟儿生下四只小鸟，小鸟羽毛翅膀长成以后，将要分飞四方，它们的母亲悲哀地鸣叫着为它们送行，悲哀的声音很像这种哭声，这是因为它们一去就不能返回了。我私下里根据声音类似而知道这是一种什么哭声。"

孔子派人去询问哭泣的人，那人果然说："我父亲去世，家里贫穷，只得卖子葬父，与儿子长久辞别。"孔子说："颜回确实善于识别声音。"

【原文】

颜回问于孔子曰："成人之行若何①？"子曰："达于性情之理，通于物类之变，知幽明之故②，睹游气之原。若此可谓成人矣。既能成人，而又加之以仁义礼乐，成人之行也。若乃穷神知礼③，德之盛也。"

【注释】

① 成人：德才兼备的完人。事又见《说苑·辨物》。
② 幽明：泛指有形和无形的物象。
③ 礼：王肃注："礼，宜为化。"

【译文】

颜回问孔子说："完人的德行是怎么样的？"孔子说："能明白人类性情的道理，通晓各类事物的变化，懂得有形和无形物象的成因，洞察风云变幻的根源。像这样就可以称为完人了。既能够自己成为完人，用仁义礼乐来加以实践，这就是完人的德行。至于穷究事物的本质变化，则是德行盛大的标志。"

【原文】

颜回问于孔子曰："臧文仲、武仲孰贤？"孔子曰："武仲贤哉！"颜回曰："武仲世称圣人，而身不免于罪①，是智不足称也；好言兵讨，而挫锐于邾②，是智不足名也。夫文仲，其身虽殁，而言不朽，恶有未贤③？"孔子曰："身殁言立，所以为文仲也。然犹有不仁者三，不智者三，是则不及武仲也。"

回曰："可得闻乎?"孔子曰："下展禽④，置六关⑤，妾织蒲⑥，三不仁；设虚器⑦，纵逆祀⑧，祠海鸟⑨，三不智。武仲在齐，齐将有祸，不受其田，以避其难⑩，是智之难也。夫臧武仲之智⑪，而不容于鲁，抑有由焉⑫。作而不顺，施而不恕也夫⑬。《夏书》曰：'念兹在兹，顺事恕施。'⑭"

【注释】

① 身不免于罪：王肃注："武仲为季氏废適立庶，为孟氏所譖，出奔于齐。"事又分见于《左传·文公二年》《襄公二十三年》。

② 挫锐于邾：王肃注："武仲与邾战而败绩，国人颂之曰：我君小子，侏儒使我败于邾。"

③ 言不朽，恶有未贤：王肃注："立不朽之言，故以为贤。"

④ 下展禽：王肃注："展禽，柳下惠。知其贤而使在下位，不与立于朝也。"

⑤ 置六关：王肃注："六关，关名。鲁本无此关，文仲置之以税行者，故为不仁。《传》曰'废六关'，非也。"

⑥ 妾织蒲：王肃注："蒲，蒲席也。言文仲为国为家，在于贪利也。"

⑦ 设虚器：王肃注："居蔡。蔡，天子之守龟，非文仲所有，故曰虚器也。"虚器谓有其器而无其位。器，指表示等级的车服、仪制等。此指臧文仲私蓄大蔡之龟，作室以居之之事。

⑧ 纵逆祀：王肃注："夏父弗忌为宗人，跻僖公于闵公之上，文仲纵而不禁也。"

⑨ 祠海鸟：王肃注："海鸟止于鲁东门之上，文仲不知，而令国人祠之，是不知也。"

⑩ 避其难：王肃注："武仲奔齐，齐庄公将与之田。武仲知庄公将有难，辞而不受也。"

⑪ 武仲：原作"文仲"，据四库本、同文本、玉海堂本、陈本改。

⑫ 抑：语助词。

⑬ 作而不顺，施而不恕：谓做事不顺从无嫡立长之礼，施行起来又不推己及人，给被废者以宽仁。

⑭ "念兹在兹，顺事恕施"：王肃注："今此在常，当顺其事，恕其施也。"此当为《逸书》之文。

【译文】

颜回问孔子说："臧文仲、臧武仲二人中谁是贤人？"孔子说："臧武仲是贤人啊！"颜回说："臧武仲被世人称为圣人，但自身不能免于罪责，这说明他的智慧不值得称道；喜欢谈论征战，但却被邾国打败，这说明他的智慧不值得赞誉。而臧文仲呢，虽然身死，但言论却永远不朽，哪里有不贤的地方？"孔子说："身死而言论得以流传，这是他臧文仲的过人之处。但他还做过三件不仁爱的事情，三件不明智的事情，这样他就比不上臧武仲了。"

颜回问："我可以听一听具体怎么回事吗？"孔子说："使展禽居于下位，设置六关征税，家里的妾编织草席贩卖，这是三件不仁爱的事情；养了一只有器无位的大龟，纵容逆序的祭祀，祭祀海鸟，这是三件不明智的事情。而臧武仲在齐国时，齐国将面临灾祸，所以没有接受齐国赏赐的土地，从而避免灾难，这是一种很难做到的明智。臧武仲如此明智，却不能被鲁国容纳，这是有原因的，所作没有顺从事理，所为没有合于仁恕的道德要求。《夏书》里说：'想着这里，一心扑在这里，要顺从事理，施行仁恕。'"

【原文】

颜回问君子①。孔子曰："爱近仁，度近智②，为己不重，为人不轻，君子也夫！"回曰："敢问其次。"子曰："弗学而行，弗思而得。小子勉之！"

【注释】

①问：此下原有"于"字，据四库本、同文本、玉海堂本、陈本删。

②度（duó）近智：王肃注："度事而行，近于智也。"度，谋划，思量。

【译文】

颜回请教有关君子的问题。孔子说："有爱心就接近仁德，会谋划就接近明智，对自己不要看得太重，对别人不要看得太轻，这是君子的表现啊！"颜回说："请问比这略次一些的表现。"孔子说："不用学习就能行动，不用想就能有所得。你好好努力吧！"

【原文】

仲孙何忌问于颜回曰①："仁者一言而必有益于仁智，可得闻乎？"回曰："一言而有益于智，莫如预；一言而有益于仁，莫如恕。夫知其所不可由②，斯知所由矣。"

【注释】

①仲孙何忌：即孟懿子，鲁国大夫，曾与南宫敬叔一起从孔子学礼。

②由：行，从事。

【译文】

仲孙何忌问颜回说："讲究仁德的人说出一个字来必定有益于仁德、智慧的实行，可以听听这方面的道理吗？"颜回说："说一个字就能有益于智慧，不如说预；说一个字就能有益于仁德，不如说恕。明白了不能干什么，也就明白了该干什么。"

【原文】

颜回问小人。孔子曰："毁人之善以为辩，狡讦怀诈以为智①，幸人之有过，耻学而羞不能，小人也。"

【注释】

① 狡讦（jié）：犹"诋毁"。

【译文】

颜回请教有关小人的问题。孔子说："把诋毁别人的优点当做能言善辩，把诽谤别人、满心伪诈当成聪明，对别人犯有过失幸灾乐祸，把学习看做不光彩的事情，羞辱没有能力的人，这样的人就是小人。"

【原文】

颜回问子路曰："力猛于德而得其死者鲜矣，盍慎诸焉？"孔子谓颜回曰："人莫不知此道之美，而莫之御也①，莫之为也，何居？为闻者盍日思也夫②！"

【注释】

① 御：王肃注："御，犹待也。"

② 为闻者盍日思也夫：王肃注："为闻盍日有闻而后言者。"

【译文】

颜回问子路说："力气比德行猛健而死得其所的人很少，何不谨慎一点呢？"孔子对颜回说："人们都知道这个道理是正确的，但却不能耐心等待，不能照着去做，有什么办法？听到这些道理的人怎么就不能天天都思量一下呢！"

【原文】

颜回问于孔子曰："小人之言有同乎君子者，不可不察也。"孔子曰："君子以行言，小人以舌言。故君子于为义之上相疾也①，退而相爱；小人于为乱之上相爱也②，退而相恶。"

【注释】

① 于为义之上相疾：王肃注："相疾，急欲相劝，令为仁义。"于，此字原脱，据四库本、同文本、玉海堂本、陈本补。

② 于为乱之上相爱：王肃注："乐并为乱，是以相爱。小人之情不能久亲也。"

【译文】

颜回请教孔子时说："小人说的话也有与君子相同的地方，不能不加以详察。"孔子说："君子用行动来说话，而小人只是用舌头来说话。所以君子出于行义的目的而相互批评，退下来后则相互亲爱；小人出于作乱的目的而相互亲爱，退下来后则相互憎恨。"

【原文】

颜回问："朋友之际如何?"孔子曰："君子之于朋友也，心必有非焉，而弗能谓'吾不知'，其仁人也。不忘久德①，不思久怨，仁矣夫!"

【注释】

① 久：旧。

【译文】

颜回问："朋友之间应该怎么相处?"孔子说："君子对于朋友，心里认定他有错误的地方，而不能说'我不知道'，这才是讲求仁德的人。不忘记旧德，不计较旧怨，真是仁德啊！"

【原文】

　　叔孙武叔见于颜回①。回曰："宾之。"武叔多称人之过而已评论之。颜回曰："固子之来辱也，宜有得于回焉？吾闻诸孔子曰②：'言人之恶，非所以美己；言人之枉，非所以正己。故君子攻其恶，无攻人恶。'"

【注释】

　　① 叔孙武叔：即叔孙州仇，鲁国大夫。未仕：二字当为衍文，故删。
　　② 闻：此字下原衍有"知"字，据四库本、同文本、玉海堂本、备要本、陈本删。

【译文】

　　叔孙武叔去拜访颜回。颜回招呼人："请用宾客的礼仪招待他。"武叔常常数说别人的过失而自己妄加评论。颜回说："您本来是屈驾来此，该是想从我这里得到些什么吧？我从孔子那里听说过：'说人的不好，并不能证明自己好；说人的过失，并不能证明自己正确。因此君子应该批评自己的过失，不要总是攻击别人的过失。'"

【原文】

　　颜回谓子贡曰："吾闻诸夫子，身不用礼而望礼于人，身不用德而望德于人，乱也。夫子之言，不可不思也。"

【译文】

　　颜回对子贡说："我听先生讲过，自己不遵行礼制却以礼制来要求别人，自己不坚守德行却以德行来要求别人，那样会引起变乱的。对先生这些话，不能不加以考虑。"

子路初见第十九

【原文】

　　子路见孔子，子曰："汝何好乐？"对曰："好长剑。"孔子曰："吾非此之问也，徒谓以子之所能，而加之以学问，岂可及乎？"

　　子路曰："学岂益也哉①？"孔子曰："夫人君而无谏臣则失正，士而无教友则失听②。御狂马不释策③，操弓不反檠④，木受绳则直，人受谏则圣。受学重问，孰不顺哉？毁仁恶仕，必近于刑⑤。君子不可不学。"

　　子路曰："南山有竹，不揉自直⑥，斩而用之，达于犀革。以此言之，何学之有？"孔子曰："括而羽之⑦，镞而砺之，其入之不亦深乎？"子路再拜曰："敬而受教。"

【注释】

　　① 也哉：原作"哉也"，据四库本、同文本、玉海堂本、备要本改。事又见《说苑·建本》。

　　② 教友：谓给以教益的朋友。失听：谓所闻不广。

　　③ 御狂马不释策：王肃注："御狂马不得释箠策也。"策，驱赶骒马役畜的鞭棒。

　　④ 操弓不反檠（qíng）：王肃注："弓不反于檠，然后可持也。"檠，矫正弓弩的器具。

　　⑤ 毁仁恶仕，必近于刑：王肃注："谤毁仁者，憎怒士人，必主于

刑也。"仕，通"士"。四库本、同文本、玉海堂本、备要本、陈本即作"士"。

⑥ 揉：使竹木变形，直者令曲，曲者令直，皆为揉。原作"柔"，据四库本、同文本、玉海堂本、备要本、陈本及《说苑》改。

⑦ 括：通"栝"，箭的末端，与弓弦交会处。

【译文】

子路进见孔子，孔子问："你爱好什么？"子路回答："爱好长剑。"孔子说："我问的不是这个，只是说凭着你的才能，再进一步学习，别人哪里能够赶得上？"

子路问："学习也有好处吗？"孔子说："君主没有能直言劝谏的臣下，就会犯错误；士人没有能给以教益的朋友，所闻就不广。驾驭狂奔的马不能丢开马鞭，使用弓弩不能离开校正器，木料经墨线一弹就能取直，人接受劝谏就能变得圣明。接受教育，注重请教，哪有办事不顺利成功的？诋毁仁者，憎恨士人，必然有遭受刑罚的危险。君子不能不学习。"

子路说："南山有竹子，不用揉制自然端直，砍伐下来做成箭射出去，能够穿透犀牛皮。由此而言，又有什么要学习的呢？"孔子说："在箭的尾部装上羽毛，把箭头磨得极其锋利，那它射入得不更深吗？"子路又一次弯腰拱手说："恭敬地接受您的教诲。"

【原文】

子路将行，辞于孔子。子曰："赠汝以车乎，赠汝以言乎？"子路曰："请以言。"孔子曰："不强不达①，不劳无功，不忠无亲，不信无复②，不恭失礼。慎此五者而矣。"

子路曰："由请终身奉之。敢问亲交取亲若何③？言寡可行若何？长为善士而无犯若何？"孔子曰："汝所问，苞在五者中矣④。亲交取亲，其忠也；言寡可行，其信乎；长为善士而无犯，其礼也⑤。"

【注释】

　　① 不强不达：王肃注："人不以强力，则不能自达。"事又见《说苑·杂言》。

　　② 不信无复：王肃注："信近于义，言可复也。今而不信，则无可复。"

　　③ 亲（xīn）交：新结交的朋友。亲，通"新"。

　　④ 苞：通"包"，包容，包含。

　　⑤ 其：原作"于"，据陈本及《说苑》改。

【译文】

　　子路准备动身出行，向孔子告辞。孔子说："我是赠给你车子呢，还是赠给你几句话呢？"子路说："请赠给我几句话吧。"孔子说："不坚强就不能自立，不劳动就不能成功，不忠诚就不能受人亲近，不守信就不会有回报，不恭敬则是失礼的表现。谨慎地对待这五个方面就行了。"

　　子路说："仲由我愿意终身遵奉您的教导。请问新结交朋友选择亲近的怎么样？说话少却能加以实行的怎么样？长久地做好人而无所冒犯的怎么样？"孔子说："你所问的这些，已经包含在上述五个方面了。新结交朋友选择亲近的，这是忠诚；说话少却能加以实行的，这是守信；长久地做好人而无所冒犯的，这是遵礼。"

【原文】

　　孔子为鲁司寇，见季康子①，康子不悦，孔子又见之。宰予进曰："昔予也常闻诸夫子曰：'王公不我聘，则弗动。'今夫子之于司寇也日少②，而屈节数矣③。不可以已乎？"孔子曰："然。鲁国以众相陵，以兵相暴之日久矣，而有司不治，则将乱也。其聘我者，孰大于是哉④！"

鲁人闻之，曰："圣人将治，何不先自远刑罚！"自此之后，国无争者。孔子谓宰予曰："违山十里，蟪蛄之声犹在于耳⑤。故政事莫如应之。"

【注释】

① 康子：王肃注："当为桓子，非康子也。"事又见《说苑·政理》。

② 于司寇也日少：王肃注："谓在司寇官少日浅。"

③ 屈节数（shuò）矣：王肃注："谓屈节数见于季孙。"数，多次，频繁。

④ 其聘我者，孰大于是哉：王肃注："言聘我使在官，其为治岂复可大于此者也。"

⑤ 违山十里，蟪（huì）蛄（gū）之声犹在于耳：王肃注："违，去也。蟪蛄，蛁蟟也。蛁蟟之声去山十里犹在于耳，以其鸣而不已，言政事须慎听之，然后行之者也。"蟪蛄，蛁蟟，一种黄绿色的蝉，翅有黑色条纹，夏末时雄虫从早到晚鸣叫不止。

【译文】

孔子进见季康子，季康子显得不高兴，孔子又去见他。宰予进见孔子说："从前宰予我常听先生讲：'天子、诸侯不来聘请我，我就不会动身。如今先生您做司寇时间不长，但却数次屈节去见季氏。不能不去吗？"孔子说："确实像你说的一样。在鲁国，仗着人多欺侮别人，凭借武力凌辱别人的现象已经存在很长时间了，但官吏却不加治理，这样下去将会发生动乱。至于聘请不聘请我，能比这更要紧吗？"

鲁国人听到这番话，都说："圣人将要治理国家，为什么不首先让咱们自己远离刑罚呢！"从此以后，鲁国没有发生争斗的事情。孔子对宰予说："离山十里，蝉鸣的声音好像还在耳边。所以国家政治的好坏没有不像这样产生反响的。"

【原文】

孔子兄子有孔篾者①，与宓子贱偕仕。孔子往过孔篾而问之曰："自汝之仕，何得何亡？"对曰："未有所得，而所亡者三。王事若龙②，学焉得习③？是学不得明也；俸禄少，馆粥不及亲戚④，是以骨肉益疏也；公事多急，不得吊死问疾，是朋友之道阙也。其所亡者三，即谓此也。"

孔子不悦。往过子贱，问如孔篾。对曰："自来仕者，无所亡，其有所得者三。始诵之，今得而行之，是学益明也；俸禄所供，被及亲戚⑤，是骨肉益亲也；虽有公事，而兼以吊死问疾，是朋友笃也。"孔子喟然谓子贱曰："君子哉若人⑥！鲁无君子者，则子贱焉取此⑦？"

【注释】

①孔篾（miè）：即孔忠，孔子兄孟皮之子，亦孔子弟子，字子篾。篾，或作"蔑"。事又见《说苑·政理》。

②龙：王肃注："龙，宜为袭，前后相因也。"

③学焉得习：王肃注："言不得习学也。"

④馆（zhān）粥：稀饭。

⑤被：及，延及。

⑥若人：王肃注："若人，犹言是人者也。"

⑦鲁无君子者，则子贱焉取此：王肃注："如鲁无君子者，此人安得而学之。言鲁有君子也。"

【译文】

孔子的哥哥有个儿子叫孔篾，与宓子贱一起做官。孔子经过孔篾处，问他说："自从你做官以后，得到了什么？失去了什么？"孔篾答道："没有得到什么，但失去的却有三个方面。政事陈陈相因，所学的知识哪能得到温习，这样学习就不能融会贯通；俸禄太少，连稀饭都不能供给亲戚，因而骨肉之亲日益疏远；公务繁忙，不能吊唁死者和探望病人，这样作为朋友就做得很不够。所失去的三个方面，就是指这些。"

孔子听了很不高兴。孔子经过宓子贱处，又向子贱提出了同样的问题。宓子贱答道："自从我来做官后，没有什么失去的，却在三个方面有所获得。当初记诵先生讲的道理，如今得以实践，这样学习真正做到了融会贯通；用所得俸禄维持生活，可以顾及亲戚，这样骨肉之亲更加密切；虽然公事缠身，但仍可兼顾吊唁死者和探望病人，这样朋友关系更加牢固。"孔子感叹地称道宓子贱说："这个人真是君子啊！如果说鲁国没有君子，那么宓子贱是从哪里学来这种品德的呢？"

【原文】

孔子侍坐于哀公。赐之桃与黍焉，哀公曰"请食。"孔子先食黍而后食桃。左右皆掩口而笑。公曰："黍者所以雪桃①，非为食之也。"孔子对曰："丘知之矣。然夫黍者，五谷之长，郊礼宗庙以为上盛②。果属有六，而桃为下，祭祀不用，不登郊庙③。丘闻之，君子以贱雪贵，不闻以贵雪贱。今以五谷之长雪果之下者，是从上雪下，臣以为妨于教，害于义，故不敢。"公曰："善哉！"

【注释】

① 雪桃：谓拭桃、擦桃，刷除桃上的毛。王肃注："雪，拭。"事又见《韩非子·外储说左下》。

② 郊礼：帝王祭天地的大礼。因在都城南北郊举行，故称。盛(chéng)：祭祀时置于礼器中的祭品。

③ 郊庙：帝王祭天地的郊宫和祭祖先的宗庙。

【译文】

孔子陪鲁哀公坐着。哀公赐给孔子桃子和黍子，说："请吃。"孔子先吃黍子，然后吃桃子。哀公左右的人都捂着嘴发笑。哀公说："黍子是用来擦拭桃子的，不是吃的。"孔子答复说："臣下孔丘我知道。然而黍子是五谷中的尊长，在郊礼和宗庙中作为上等祭品。果品一类共有六种，而桃最为低下，祭祀时不能使用，登不上郊礼和宗庙的祭坛。我听说，君子用下贱的东西擦拭高贵的东西，不曾听说用高贵的东西擦拭下贱的东西。如今用五谷中的尊长之物来擦拭果品中低下的东西，这是由居上位的擦拭居下位的，臣下我认为这会妨碍教化，有害仁义，所以不敢去做。"哀公说："讲得好啊！"

【原文】

子贡曰："陈灵公宣淫于朝①，泄冶正谏而杀之②。是与比干谏而死同，可谓仁乎？"子曰："比干于纣，亲则诸父，官则少师，忠报之心，在于宗庙而已，固必以死争之，冀身死之后，纣将悔寤，其本志情在于仁者也。泄冶之于灵公，位在大夫，无骨肉之亲，怀宠不去，仕于乱朝，以区区之一身，欲正一国之淫昏，死而无益，可谓狷矣③。《诗》云：'民之多僻，无自立辟。'④ 其泄冶之谓乎！"

【注释】

① 陈灵公宣淫于朝：王肃注："灵公与卿共淫夏姬。"陈灵公，春秋时陈国国君，妫姓，名平国，在位 15 年（前 613—前 599 年）。与卿公孙宁、仪行父皆私通于大夫夏徵舒之母夏姬，甚至穿着夏姬的衣服在朝廷上相互戏弄。事又见《左传·宣公九年》。

② 泄冶：陈国大夫。冶，原作"治"，据四库本、同文本、玉海堂本、备要本、陈本及《左传》改。下同。

③ 狷（juàn）：耿直，固执。原作"捐"，据四库本、同文本、玉海

堂本、备要本、陈本改。

④"民之多僻,无自立辟":见《诗·大雅·板》。民,人。(此字原脱,据备要本补)"多僻(pì)"之僻,原作"辟",据四库本、同文本、玉海堂本、备要本改。

【译文】

子贡问:"陈灵公在朝廷上公开宣泄淫欲,泄冶严正劝谏,结果被杀。这与比干进谏而身死相同,可以称得上仁义吗?"孔子说:"比干对于纣来说,论亲缘是叔父,论官职是少师,忠诚回报的心情,只不过是为了宗庙的延续。所以必然要以身死来谏争,希望自己死后,纣将会后悔和醒悟,他本来的理想和情感就是出于仁义。泄冶对于陈灵公来说,论官位只是大夫,又没有骨肉的亲缘关系,拥有宠爱而不舍得离去,在混乱的朝廷为官,用小小的一个身体,想纠正一个国家的淫乱昏庸,死了也没有什么益处,可以说是固执。《诗经》里说:'当今之人多邪僻,勿自立法以害己。'这恐怕说的是泄冶吧!"

【原文】

孔子相鲁①,齐人患其将霸,欲败其政,乃选好女子八十人,衣以文饰而舞容玑②,及文马四十驷③,以遗鲁君。陈女乐,列文马于鲁城南高门外,季桓子微服往观之④,再三,将受焉,告鲁君为周道游观,观之终日,怠于政事。子路言于孔子曰:"夫子可以行矣!"孔子曰:"鲁今且郊,若致膰于大夫⑤,是则未废其常,吾犹可以止也。"

桓子既受女乐,君臣淫荒,三日不听国政,郊又不致膰俎。孔子遂行,宿于郭屯。师已送曰⑥:"夫子非罪也。"孔子曰:"吾歌可乎?"歌曰:"彼妇人之口,可以出走;彼妇人之请,可以死败⑦。优哉游哉,聊以卒岁⑧。"

【注释】

① 相：治，治理。事又见《史记·孔子世家》。

② 容玑：王肃注："容玑，舞曲。"

③ 驷：王肃注："驷，四马也。"驾车用四马，故四马称驷。

④ 微服：为隐藏身份，以免被人注意而改换便装。多指帝王贵族或其他有身份的人而言。

⑤ 膰（fán）：王肃注："膰，祭肉也。"即下文之"膰俎"，祭祀用的熟肉。

⑥ 师已：鲁国乐师。已，原作"以"，据四库本、同文本、玉海堂本、备要本、陈本改。

⑦ 彼妇人之口，可以出走；彼妇人之请，可以死败：王肃注："言妇人口请谒，足以使人死败，故可出走。"

⑧ 优哉游哉，聊以卒岁：王肃注："言士不遇，优游以终岁也。"

【译文】

孔子治理鲁国，齐国人害怕鲁国将会称霸，打算破坏它的政治。于是齐国就挑选了80名美女，让她们穿上纹饰华丽的衣服，能够跳容玑之舞，又挑选了120匹花纹美丽的骏马，一起送给鲁国国君。这些舞女、骏马安排在鲁国都城南面的高门外，季桓子换上便装前去观赏，一连观赏了三次，准备接受下来，就报告鲁君说到各处巡游，随后就整天观赏齐国的舞女、骏马，连政事都懒得处理。子路对孔子说："先生可以出走了！"孔子说："现在鲁国准备举行郊礼，如果能在祭祀后把祭祀用的熟肉分给大夫们，那说明还没有废弃世代相承的礼制，我们还可以留一留。"

季桓子接受美女歌舞以后，君臣上下荒淫无度，甚至连着三天不处理国家政务，举行郊礼时也没有分送祭祀用的熟肉。这样孔子便上路了，先在城郭外的屯地住宿下来。师已前往送行说："先生您并没有什么罪过。"孔子说："我唱一首歌好不好？"接着就唱道："那些妇人的口舌呀，可以使人出走；那些妇人的请求呀，可以使人败亡。我还是要痛快游乐，姑且度过岁月。"

【原文】

　　澹台子羽有君子之容，而行不胜其貌；宰我有文雅之辞，而智不充其辩。孔子曰："里语云①：'相马以舆，相士以居，弗可废矣。'以容取人，则失之子羽；以辞取人，则失之宰予。"

【注释】

　　① 里语：犹"里谚"，民间谚语。事又见《韩非子·显学》。《史记·仲尼弟子列传》亦有记述，但于澹台子羽事有相异之处。

【译文】

　　澹台子羽有君子一般的容貌，但他的行为与他的容貌不够相称；宰我能讲十分文雅的言辞，但他的智慧与他的辩才不相符合。孔子说："谚语讲：'观察马匹要在它驾车的时候，观察士人要在他独处的时候，这个法则不能废弃。'凭着容貌来选取人才，失误就表现在子羽身上；凭着言辞来选取人才，失误就表现在宰予身上。"

【原文】

　　孔子曰："君子以其所不能畏人，小人以其所不能不信人。故君子长人之才，小人抑人而取胜焉。"

【译文】

　　孔子说："君子由于有不能做到的地方而畏惧别人，小人由于有不能做到的地方而不信任别人。因此君子努力增长别人的才能，小人通过压抑别人来取胜。"

【原文】

　　孔篾问行己之道。子曰："知而弗为，莫如勿知；亲而弗信，莫如勿亲。乐之方至，乐而勿骄；患之将至，思而勿忧。"孔篾曰："行己乎？"子曰："攻其所不能，补其所不备。毋以其所不能疑人，毋以其所能骄人。终日言，无遗己之忧；终日行，不遗己之患①。唯智者有之。"

【注释】

　　① 之：原脱，据陈本及《说苑》补。事又见《说苑·杂言》。

【译文】

　　孔篾请教立身行事的方法。孔子说："知道而不去做，不如不去知道；亲近而不信任，不如不去亲近。高兴的事到来，感到高兴而不要骄傲；祸患即将发生，思考对策而不要忧愁。"孔篾问："这样做就能立身行事了吗？"孔子说："攻克不能做到的事情，补充不够完备的事情。不要因为有自己不能做到的事情而怀疑别人，不要因为有自己能够办到的事情而傲视别人。整天谈话，但不留给自己忧愁；整天做事，但不留给自己祸患。只有明智的人才能做到这一步。"

在厄第二十

楚昭王聘孔子，孔子往拜礼焉，路出于陈、蔡。陈、蔡大夫相与谋曰："孔子圣贤，其所刺讥，皆中诸侯之病。若用于楚，则陈、蔡危矣。"遂使徒兵距孔子。

孔子不得行，绝粮七日，外无所通，藜羹不充①，从者皆病。孔子愈慷慨讲诵②，弦歌不衰。乃召子路而问焉，曰："《诗》云：'匪兕匪虎，率彼旷野。'③吾道非乎？奚为至于此？"子路愠④，作色而对曰："君子无所困。意者夫子未仁与，人之弗吾信也⑤，意者夫子未智与，人之弗吾行也⑥？且由也昔者闻诸夫子：'为善者，天报之以福；为不善者，天报之以祸。'今夫子积德怀义，行之久矣，奚居之穷也？"子曰："由未之识也！吾语汝。汝以仁者为必信也，则伯夷、叔齐不饿死首阳；汝以智者为必用也，则王子比干不见剖心；汝以忠者为必报也，则关龙逢不见刑⑦；汝以谏者为必听也，则伍子胥不见杀⑧。夫遇不遇者，时也；贤不肖者，才也⑨。君子博学深谋，而不遇时者众矣，何独丘哉！且芝兰生于深林，不以无人而不芳；君子修道立德，不为穷困而改节⑩。为之者，人也；生死者，命也。是以晋重耳之有霸心，生于曹、卫⑪；越王勾践之有霸心，生于会稽⑫。故居下而无忧者，则思不远；处身而常逸者，则志不广。庸知其终始乎⑬？"子路出。

召子贡，告如子路。子贡曰："夫子之道至大，故天下莫能容夫子，夫子盍少贬焉？"子曰："赐！良农能稼，不必能穑⑭；良工能巧，不能为顺⑮。君子能修其道，纲而纪之，不必其能容。今不修其道，而求其容，赐，尔志不广矣！思不远矣！"子贡出。

　　颜回入，问亦如之。颜回曰："夫子之道至大，天下莫能容。虽然，夫子推而行之，世不我用，有国者之丑也。夫子何病焉？不容然后见君子。"孔子欣然叹曰："有是哉，颜氏之子！使尔多财⑯，吾为尔宰⑰。"

【注释】

　　① 藜羹：用藜菜做的羹。藜，一种野菜，嫩叶可食。事又见《荀子·宥坐》《韩诗外传》卷七、《史记·孔子世家》《说苑·杂言》。

　　② 诵：此字原脱，据四库本、同文本、玉海堂本、备要本、陈本及《史记》补。

　　③ "匪兕匪虎，率彼旷野"：见《诗经·小雅·何草不黄》。王肃注："率，循也。言非兕（sì）虎而循旷野也。"兕，犀牛。

　　④ 愠：含怒，怨恨。

　　⑤ 夫子未仁与，人之弗吾信也：王肃注："言人不信，岂以未仁故也。"

　　⑥ 夫子未智与，人之弗吾行也：王肃注："言人不使通行而困穷者，岂以吾未智也？"

　　⑦ 关龙逢：夏代末年大臣。见夏桀淫暴，多次直谏，遂遭囚禁杀死。

　　⑧ 伍子胥：春秋时吴国大夫，名员，字子胥。劝吴王夫差拒越求和并停止伐齐，渐被疏远，后又被赐剑自杀。

　　⑨ 才：才质，本质。

　　⑩ 为：原作"谓"，据四库本、同文本、玉海堂本、陈本改。

　　⑪ 晋重耳之有霸心，生于曹、卫：王肃注："重耳，晋文公也。为公子时出奔，困于曹、卫。"

⑫ 越王勾践之有霸心，生于会稽：王肃注："言越王之有霸心，乃坐困于会稽之时也。"

⑬ 庸知其终始乎：王肃注："庸，用也。汝何用知其终始，或者晋文公、越王之时也。"

⑭ 良农能稼，不必能穑：王肃注："种之为稼，敛之为穑。良农能善种之，未必能敛获之也（此后原衍一'哉'字，据四库本、备要本删）。"

⑮ 良工能巧，不能为顺：王肃注："言良工能巧，不能每顺人意也。"

⑯ 使尔多财：此句前原有"吾亦"二字，据陈本及《史记》删。

⑰ 吾为尔宰：王肃注："宰，主财者。为汝主财，言志同也。"

【译文】

楚昭王聘请孔子到楚国为官，孔子准备前往拜见，接受礼聘，路上经过陈国、蔡国。陈国、蔡国的大夫一起商议说："孔子是个圣贤人物，他所批评的，确实都是诸侯各国的弊政。如果他在楚国被重用，那么陈国、蔡国就危险了。"于是他们就派出兵丁，阻拦孔子。

孔子一行无法前行，断粮七日，与外界失去了联系，野菜汤里见不着米粒，跟从的弟子都生了病。孔子却更加慷慨激昂地讲授学问，弹琴唱歌而毫不停息。他又叫来子路，问道："《诗经》里说：'不是犀牛不是虎，沿着旷野急出入。'我讲的道理错了吗？为什么落到这种地步？"子路怨怒起来，脸色也变了，对孔子说："君子不应该遭受困厄。是先生不够仁德，致使人们不相信我们呢，还是先生不够聪明，致使人们不让我们通行？而且仲由我从前听先生讲过：'行善的人，上天将回报给他幸福；作恶的人，上天将回报给他灾祸。'如今先生积累德行，胸怀仁义，已经做了很久了，为什么处境还会这么穷困？"孔子说："仲由你不明白啊！我告诉你。你认为仁德的人一定会得到信任，那么伯夷、叔齐就不会饿死在首阳山；你认为聪明的人一定会得到任用，那么王子比干就不会被剖心致死；你认为忠诚的人一定会得到回报，那么关龙逢就不会遭到刑杀；你认为进谏的人一定会有人听从，那么伍子胥就不会终被杀害。遇上遇不上明君，这是由时运决定的；贤良或者不肖，这是由本质决定的。君子学问广博，智谋高深，但遇不上时运的人是很多的，哪里只是我孔丘一个人！况且白芷、兰草生长在深林里面，不会因为那里没有人就变得不芬芳；君子学习道艺和树立德性，不会因为贫穷困顿而改变节操。做与不做，这是人事；生存与死亡，这是天命。所以晋国重耳有称霸的心志，发生在他逃亡到曹国、卫国的时候；越王勾践有称霸的心志，发生在他被围困于会稽的时候。因此身处下位而没有忧愁的人，理想就不会远大；生活长期安逸的人，志向就不会宏阔。哪里用得着了解他们活动的全过程？"子路退了出去。

孔子又叫来子贡，提出了与向子路提出的一样的问题。子贡说："先生的理论主张极为高妙，因而天下都不能接纳先生，先生您为什么不稍微降低一些要求呢？"孔子说："端木赐啊！一个好的农夫擅长播种，但不一定擅长收获；一个好的工匠能够制造精巧的东西，但不一定都能符合别人的要求。君子能完善自己的理论主张，把它们有条有理地表达出来，但不一定能被人接受。现在不去完善自己的理论主张，而只是要求它被人接受，端木赐，你的志向还不够宏阔啊！理想还不够远大啊！"子贡退了出去。

颜回进来，孔子也提出了相同的问题。颜回说："先生的理论主张极为高妙，致使天下都不能接受。即使这样，先生将这些理论主张推广施行，世人不能任用我们，这是各国当权者的耻辱。先生您有什么忧愁的呢？不被人接受，然后才显示出君子的本色。"孔子高兴地感叹说："就是这个话呀，颜氏家的小伙子！假使你有很多钱财，我愿意帮你管理。"

【原文】

子路问于孔子曰："君子亦有忧乎？"子曰："无也。君子之修行也，其未得之，则乐其意；既得之，又乐其治①。是以有终身之乐，无一日之忧。小人则不然，其未得也，患弗得之；既得之，又恐失之。是以有终身之忧，无一日之乐也。"

【注释】

① 治：为，作为。事又见《荀子·子道》《说苑·杂言》。

【译文】

子路问孔子说："君子也有忧愁吗？"孔子说："没有。君子修养自己的德行，在没有所得的时候，就为自己有内心体验而高兴；在有所得以后，就为自己能有所作为而高兴。所以有终身的欢乐，没有一天忧愁。小人却不是这样，在没有所得的时候，担心得不到；在有所得以后，又恐怕失去。所以有终身的忧愁，没有一天欢乐。"

【原文】

曾子弊衣而耕于鲁，鲁君闻之而致邑焉①。曾子固辞不受。或曰："非子之求，君自致之，奚固辞也？"曾子曰："吾闻受人施者常畏人，与人者常骄人。纵君有赐，不我骄也，吾岂能勿畏乎？"

孔子闻之曰："参之言，足以全其节也。"

【注释】

① 致邑：送给封邑。致，送，赐赠。事又见《说苑·立节》。

【译文】

曾子穿着破旧衣服在鲁国从事耕作，鲁国国君听说后要送给他封邑。曾子坚决推辞。有人说："不是您请求的，而是国君自己要送的，为什么坚决推辞呢？"曾子说："我听说接受别人赠送的人常常惧怕别人，送给别人东西的人常常傲视别人。即使是国君赏赐我，也不傲视我，我哪里能不惧怕呢？"

孔子听到这件事后说："曾参的这番话，能够使他保全气节。"

【原文】

孔子厄于陈、蔡，从者七日不食。子贡以所赍货①，窃犯围而出，告籴于野人②，得米一石焉。颜回、仲由炊之于坏屋之下，有埃墨堕饭中③，颜回取而食之。

子贡自井望见之，不悦，以为窃食也。入问孔子曰："仁人廉士穷改节乎？"孔子曰："改节即何称于仁廉哉？"子贡曰："若回也，其不改节乎？"子曰："然。"子贡以所饭告孔子。子曰："吾信回之为仁久矣，虽汝有云，弗以疑也，其或者必有故乎？汝止，吾将问之。"召颜回曰，"畴昔予梦见先人④，岂或启祐我哉？子炊而进饭，吾将进焉。"对曰："向有埃墨堕饭中，欲置之，则不洁；欲弃之，则可惜。回即食之，不可祭也。"孔子曰："然乎！吾亦食之。"

颜回出，孔子顾谓二三子曰："吾之信回也，非待今日也。"二三子由此乃服之。

【注释】

① 赍（jī）：携带。事又见《吕氏春秋·任教》。
② 告籴（dí）：请求买粮。籴，买进粮食。
③ 埃墨：烟灰。
④ 畴昔：往日，从前。

【译文】

孔子被困厄在陈国、蔡国之间，跟从的弟子一连七天吃不上粮食。子贡拿着所携带的钱财，偷偷地冲出包围，向郊野的农夫请求买粮，买到一石米。颜回、仲由在一间破屋子里煮饭，有一块烟灰落入饭中，颜回便把饭拿去吃了。

子贡从水井边看到颜回的举动，很不高兴，认为颜回在偷吃食物。他进见孔子问道："仁人廉士穷困时会改变节操吗？"孔子说："改变节操还怎么能够与仁义、廉洁的称号相符合呢？"子贡问道："像颜回这样，他不会改变节操吗？"孔子说："是的。"子贡便把颜回吃饭的事情告诉给孔子。孔子说："我相信颜回为人仁德已经很久了，虽然你讲了这件事情，我也不怀疑真有此事，但或许其中定有某种原因吧？你先停停，我准备问一下。"孔子叫来颜回，说道："前几天我梦见先人，难道有的是要启示和帮助我吗？你做了饭拿上来，我准备用它进献先人。"颜回说："刚才有一块烟灰落入饭中，想不管它，那么饭就不洁净了；想丢了它，那么又太可惜。颜回我便把饭吃掉了，已经无法用来祭祀了。"孔子说："应该这样办啊！换了我，我也会把饭吃掉的。"

颜回走了出去，孔子回头对弟子们说："我相信颜回，并不是从今天才开始的。"弟子们从此就更佩服颜回了。

入官第二十一

【原文】

　　子张问入官于孔子①。孔子曰："安身取誉为难。"子张曰："为之如何?"孔子曰："己有善勿专②，教不能勿怠③，己过勿发④，失言勿挢⑤，不善勿遂⑥，行事勿留⑦。君子入官，有此六者，则身安誉至而政从矣⑧。且夫忿数者⑨，官狱所由生也；距谏者，虑之所以塞也；慢易者⑩，礼之所以失也；急憎者，时之所以后也；奢侈者，财之所以不足也；专独者，事之所以不成也。君子入官，除此六者，则身安誉至而政从矣。故君子南面临官，大域之中而公治之⑪，精智而略行之⑫。合是忠信，考是大伦，存是美恶⑬，进是利而除是害，无求其报焉，而民之情可得也。夫临之无抗民之恶⑭，胜之无犯民之言⑮，量之无佼民之辞⑯，养之无扰于其时，爱之无宽于刑法⑰。若此，则身安誉至而民得也。君子以临官所见则迩⑱，故明不可蔽也；所求于迩，故不劳而得也⑲；所以治者约，故不用众而誉立；凡法象在内，故法不远而源泉不竭㉑。是以天下积而本不寡㉒，短长得其量，人志治而不乱政，德贯乎心，藏乎志，形乎色，发乎声。若此，而身安誉至，民咸自治矣。是故临官不治则乱，乱生则争之者至，争之至又乱㉒。明君必宽裕以容其民，慈爱优柔之，而民自得矣。行者，政之始也㉓；说者，情之导也㉔；善政行易而民不怨㉕；言调说和则民不变㉖。法在身则民象之㉗，明在己则民显之。若乃供己而不节，则财利之生者微矣㉘；贪以不得，则善政必简矣㉙；苟以乱之，则善言必不听也；详以纳之，则规谏日至㉚。言之善者，在所日闻㉛；行之善者，在所能为。故君上者，民之仪也；有司执政者，民之表也；迩臣便僻者，群仆之伦也㉜。故仪不正则民失，表不端则百姓乱，迩臣便僻则群臣污矣，是以人主不可不敬乎三伦。君子修身反道，察里言而服之㉝，则身安誉至，终始在焉。故夫女子必自择丝麻，良工必自择完材㉞，贤君必自择左右。劳于取人，佚于治事，君子欲誉，则必谨其左右。为上者，譬如缘木焉，务高而畏下滋甚。六马之乖离，必于四达之交衢㉟；万民之叛道，必于君上之失政。上者尊严而危，民者卑贱而神㊱。爱之则存，恶之则亡。长民者必明此之要。故南面临官，贵而不骄，富而能供㊲，有本而能图末，修事而能建业㊳，久居而不滞，情近而畅乎远，察一物而贯乎多，治一物而万物不能乱者，以身本者也。君子莅民，不可以不知民之性而达诸民之情。既知其性，又习其情，然后民乃从命矣。故世举则民亲之，政均则民无怨。故君子莅民，不临以高㊴，不导以远，不责民之所不为，不强民之所不能。廓之以明王之功㊵，不因其情，则民严而不迎㊶；笃之以累年之业，不因其力，则民引而不从㊷。若责民所不为，强民所不能，则民疾，疾则僻矣㊸。古者圣主冕而前旒㊹，所以蔽明也；纮紞充耳㊺，所以掩聪也。水至清则无鱼，人至察则无徒。枉而直之，使自得之；优而柔之，使自求之㊻；揆而度之，使自索之㊼。民有小罪，必求其善，以赦其过；民有大罪，必原其故，以仁辅化。如有死罪，其使之生，则善也。是以上下亲而不离，道化流而不蕴㊽。故德者，政之始也。政不和，则民不从其教矣；不从教，则民不习；不习，则不可得而使也。君子欲言之见信也，莫善乎先虚其内㊾；欲政之速行也，莫善乎以身先之；欲民之速服也，莫善乎以道御之。故虽服必强㊿，自非忠信，则无可以取亲于百姓者矣。内外不相应，则无已取信于庶民者矣㉛。此治民之至道矣，入官之大统矣。”

子张既闻孔子斯言，遂退而记之。

【注释】

① 入官：王肃注：“入官，谓当官治民之职也。”事又见《大戴礼记·子张问入官》。

② 己有善勿专：王肃注：“虽有善，当与下共之，勿专以为己有者也，”

③ 怠：王肃注：“怠，懈。”

④ 已过勿发：王肃注：“言人已过误，无所伤害，勿发扬。”

⑤ 失言勿掎（jǐ）：王肃注：“有人失言，勿掎角之。”掎，指摘，抓住别人的过失不放。

⑥ 不善勿遂：王肃注：“己有不善，不可遂行。”

⑦ 行事勿留：王肃注：“宜行之事，勿令留滞。”

⑧ 政从：王肃注：“众从其政，无违教也。”

⑨ 数：疾，憎恨。

⑩ 慢易：怠忽，轻慢。

⑪ 大域：大略，梗概。

⑫ 精智而略行之：王肃注：“以精知之略行，举其要而行之。”

⑬ 存：察，省察。

⑭ 临之无抗民之恶：王肃注：“治民无抗扬之志也。”

⑮ 胜之无犯民之言：王肃注：“以慎胜民，言不犯民。”

⑯ 量之无佼民之辞：王肃注：“佼，犹周也。度量而施政，言不周民也。”

⑰ 爱之无宽于刑法：王肃注：“言虽爱民，不可宽于刑法，威克其爱，故事无不成也。”

⑱ 所见则迩：王肃注：“所见迩，谓察于微也。”

⑲ 所求于迩，故不劳而得也：王肃注：“所求者近，故不劳而得也。”

⑳ 凡法象在内，故法不远而源泉不竭：王肃注："法象近在于内，故不远而源泉不竭尽。"法象，指合于礼仪规范的仪表、举止。

㉑ 天下积而本不寡：王肃注："言天下之事皆积聚而成，如源泉之本，非徒不竭，乃不寡。"

㉒ 乱生则争之者至，争之至又于乱：王肃注："小乱则争，争之甚者，又大乱至矣。"

㉓ 行者，政之始也：王肃注："行为政始，言民从行不从言也。"

㉔ 说者，情之导也：王肃注："言说者但导达其情。"

㉕ 善政行易而民不怨：王肃注："言善政行简易而民无怨者也。"

㉖ 言调说和则民不变：王肃注："调，适也。言适于事，说和于民则不变。"

㉗ 法在身则民象之：王肃注："言法度常在身则民法之。""之"字原脱，据四库本、同文本、玉海堂本、陈本补。

㉘ 供己而不节，则财利之生者微矣：王肃注："言自供不节于财，财不可供，生财之道微矣。"

㉙ 贪以不得，则善政必简矣：王肃注："言徒贪而不得财，善政则简略而不修也。"

㉚ 详以纳之，则规谏日至：王肃注："纳善言也。"

㉛ 言之善者，在所日闻：王肃注："日闻善言，可行于今日也。"

㉜ 迩臣便僻者，群仆之伦也：王肃注："僻，宜为辟。便辟，执事在君之左右者。伦，纪也。为众之纪。"

㉝ 服：王肃注："服，行。"

㉞ 完：原作"貌"，据四库本、同文本、玉海堂本、备要本、陈本改。

㉟ 衢：四通八达的道路。

㊱ 民者卑贱而神：王肃注："君有爱思之心，感于民，故谓如神。"

㊲ 供：王肃注："供，宜为共，古恭字也。"

㊳ 修事而能建业：王肃注："既能修治旧事，又（原衍'人君'二

字，据四库本删）能建乎功业也。”

㊴ 不临以高：王肃注：“不亢扬也。”

㊵ 廓之：此二字原无，据陈本补。

㊶ 民严而不迎：王肃注：“迎，奉也。民严畏其上，而不奉迎其教。”严，敬畏。

㊷ 引：收敛，退避。

㊸ 疾则僻矣：王肃注：“民疾其上，目之邪僻之心生。”

㊹ 旒（liú）：冠冕前后悬垂的玉串。

㊺ 纮（hóng）紞（dǎn）：垂于冠冕两旁悬瑱的带子。

㊻ 优而柔之，使自求之：王肃注：“优，宽也；柔，和也。使自求宜也。”

㊼ 揆（kuí）而度之，使自索之：王肃注：“揆度其法以开示之，使自索得之也。”

㊽ 蕴：王肃注：“蕴，滞积也。”

㊾ 虚其内：王肃注：“虚其内，谓直道而行，无情欲也。”

㊿ 虽服必强：王肃注：“言民虽服，必以威强之，非心服也。”

(51) 已：同“以”。

【译文】

子张向孔子请教入仕为官的问题。孔子说：“获得立身之地并取得荣誉，这是困难的事情。”子张问：“怎样才能做到这一步呢？”孔子说：“自己有优点不要专归己有，教诲没有能力的人不要懈怠，别人有了过失不要总是提及，别人失言不要总是抓住不放，发现自己有不好的行为不要再做下去，应该干的事情不要停滞止步。君子入仕当官，做到这六个方面，就会有立身之地，取得荣誉，使众人服从政令。而且愤怒憎恨别人，这是身陷官司牢狱的根源；拒听别人劝谏，这是思路受到阻塞的根源；待人轻慢，这是失礼的根源；懈怠废堕，这是失时的根源；生活奢侈，这是资财不足的根源；为人专横独行，这是事业无所成就的根源。君子入仕当官，去除了这六个方面，就会有立身之地，取得荣誉，使众人服从政令。因此君子当官治民，要保持大致中正并用公心治理，使智慧更为精妙，举其大略而行事。集中其中的忠信，讲求其中的基本伦理道德，省察其中的美与恶，吸收其中的有利因素而去除弊害，不求别人回报，这样民情就可以了解到了。临官治民而没有傲视百姓的罪过，胜于百姓而没有冲犯他们的话语，测度百姓而没有谨防他们的言辞，养护百姓而不去扰乱他们的劳作时间，爱抚百姓而不随意放松刑法。像这样，就可以有立身之地，取得荣誉并使百姓有所获得了。君子因为当官治民能够察于细微，所以聪明不会被遮蔽；所追求的目标近在眼前，所以不用经历劳苦就能达到目标；因为实现大治的原因简约，所以不用劳动众人就可以树立自己的名誉，所有合于礼仪规范的仪表、举止存在于心中，所以所效法的对象不在远处而它的源泉也不会竭尽。因此天下的事情全为积聚而成而本原却不曾减少，短长适量，人们思治而不扰乱政治，德性贯通于心中，蕴藏于志向中，表现于容貌上，阐发于声音中。像这样，就可以有立身之地，取得荣誉并使百姓实现自我修养。因此君子当官不能治理就会发生混乱，混乱发生，争夺就会随之到来。争夺到来，又会陷入大的混乱。圣明的君主必定要以宽松宏远的态度容纳自己的百姓，以慈爱宽和的态度对待他们，从而使百姓自得其乐。行为是为政的开始，言谈是民情的前导。好的政治行为简易，而百姓却没有怨怒；言语适当，谈话温和，就不会使百姓有变乱的念头；自身遵守法度，百姓就会加以效法；自身办事明智，百姓就会加以显扬。至于自己生活不够节约，那么生财之道就会十分狭窄；贪图财物而又无所获得，那么好的政治必然会简略不修；如果出现混乱，那么好的言论必然不会被听从；对这些言论加以详察并接纳，那么规劝进谏的人每天都会前来。好的言论，在于能够天天听到；好的行为，在于能够有所作为。因此君上是百姓的仪范，执政官吏是百姓的表率，左右近臣是众臣仆的榜样。所以仪范不端正，百姓就会放纵；表率不端正，百姓就会动乱；近臣常居左右，群臣就会贪污，因而人主不可不谨慎对待这三个方面的道理。君子修养自身，返归大道，详察民间言论而加以实行，那么就会有立身之地，做事有终有始。因此女子一定要自己择取丝麻作材料，好的工匠一定要自己择取所需准备的材料，贤明的君主一定要自己择取左右近臣。居上位的人，好像是爬树，越想爬得高就越担心掉下来。六匹马分离，一定是在四通八达的岔道；众多百姓背叛大道，一定是在君上为政有失的时候。居上位的人拥有尊严而面临危险，身为百姓的人地位卑贱而感应如神。爱护他们，政权就能存在下去；憎恨他们，政权就会灭亡。统治百姓的人必须明白这里的要旨。因此当官治民，尊贵而不骄傲，富有而能恭谨，把握根本而能图谋末事，修治旧事而能建立功业，长期安定而不是停滞不前，近于情理而又能畅达远方，观察一件事物而不会发生混乱，这是因为自身才是根本。君子当官治民，不能不了解百姓的本性，习知百姓的情感。既了解他们的本性，又习知他们的情感，然后就会使百姓听从政令。所以世道太平，百姓就会表示亲近；为政均平，百姓就无所怨恨。因此君子当官治民，不以高高在上的态度对待他们，不以远离于世的姿态训导他们，不责成百姓去干不愿意干的事情，不强迫百姓去干没能力干的事情。用圣明天子的功绩开导他们，但却不考虑他们的情感，那么百姓就会感到严畏而不奉迎教命；用多年的功业促使他们诚实，但却不考虑他们的实际力量，那么百姓就会有所退避而不服从政令。如果责成百姓去干不愿意干的事情，强迫百姓去干没能力干的事情，百姓就会憎恨官长，有了憎恨就会产生邪僻的念头。古时候圣明君主头戴冠冕而前边悬垂玉串，这是为了遮蔽明亮；两旁悬瑱的带子挂在耳边，这是为了遮蔽听觉。水极其清澈就没有鱼儿了，人极其明察就没有跟从者了。百姓有了邪枉而加以正直，要使他们自己去做；对待百姓宽和，使他们自己求得适宜；揆度国家法制，要使他们自己索得。百姓有小罪过时，一定要同时看到他们的好处，从而赦免他们的罪过；百姓犯了大罪，一定要考虑犯罪的原因，用仁德来辅助教化。

如果百姓犯了死罪，能使他们活下来，那是最好不过了。这样就会上下相互亲近而不背离，道德教化流行而不积滞。所以德行是为政的开端。为政不宽和，百姓就不会听从教命；不听从教命，百姓就不会学习；不学习，百姓就不可能接受指使。君子要想说话被人相信，最好是首先保持清心寡欲；要想让政令得到迅速执行，最好是身先士卒；要想让百姓迅速服从政令，最好是用大道来加以统治。因此百姓尽管表示服从但却是依靠威严强迫而来，自然不是真正的忠诚和信任，那么就不可能得到百姓的亲近。朝廷内外不相呼应，那么就无法取信于普通百姓。这是统治百姓最重要的道理，是入仕为官最重要的原则。"

子张听了孔子这番话后，便退了出去并把它记了下来。

困誓第二十二

【原文】

　　子贡问于孔子曰："赐倦于学，困于道矣。愿息于事君，可乎？"孔子曰："《诗》云：'温恭朝夕，执事有恪。'① 事君之难也，焉可息哉？"

　　曰："然则赐愿息而事亲。"孔子曰："《诗》云：'孝子不匮，永锡尔类。'② 事亲之难也，焉可以息哉？"

　　曰："然赐请愿息于妻子。"孔子曰："《诗》云：'刑于寡妻，至于兄弟，以御于家邦。'③ 妻子之难也，焉可以息哉？"

　　曰："然赐愿息于朋友。"孔子曰："《诗》云：'朋友攸摄，摄以威仪。'④ 朋友之难也，焉可以息哉？"

　　曰："然则赐愿息于耕矣。"孔子曰："《诗》云：'昼尔于茅，宵尔索绚。亟其乘屋，其始播百谷。'⑤ 耕之难也，焉可以息哉？"

　　曰："然则赐将无所息者也？"孔子曰："有焉。自望其广，则罜如也⑥；视其高，则填如也⑦；察其从，则隔如也⑧。此其所以息也矣。"

　　子贡曰："大哉乎死也！君子息焉！小人休焉！大哉乎死也！"

【注释】

　　① "温恭朝夕，执事有恪"：见《诗经·商颂·那》。王肃注："恪，敬也。"朝见，早见君谓朝，暮见君谓夕。事又见《荀子·大略》《韩诗

外传》卷八、《列子·天瑞》。

②"孝子不匮，永锡尔类"：见《诗经·大雅·既醉》。王肃注："匮，竭也。类，善也。子之道不匮竭者，能以类相传，长锡尔以善道也。"

③"刑于寡妻，至于兄弟，以御于家邦"：见《诗经·大雅·思齐》。王肃注："刑，法也。寡，適也。御，正也。文王以正法接其寡妻，至于同姓兄弟，以正治天下之国家者矣。"

④"朋友攸摄，摄以威仪"：见《诗经·大雅·既醉》。摄，佐助，帮助。

⑤"昼尔于茅，宵尔索绹。亟其乘屋，其始播百谷："见《诗经·豳风·七月》。王肃注："宵，夜。绹（táo），绞也。当以时治屋也。亟，疾也。当亟乘尔屋以善治之也。其复当修农，播百谷。言无懈怠。"

⑥自望其广，则罣（gāo）如也：王肃注："广，宜为圹。罣，高貌。圹而高冢是也。"圹，墓穴。

⑦视其高，则填如也：王肃注："填，塞实貌也。冢虽高而塞实也。"

⑧察其从，则隔如也：王肃注："言其隔而不得复相从也。"

【译文】

子贡问孔子说："端木赐我对学习感到疲倦，对行道感到困惑了。希望不再事奉君主，可以吗？"孔子说："《诗经》里说：'朝暮温恭把君见，谨小慎微将事干。'事奉君主很不容易，怎么可以中止呢？"

子贡说："那么我希望不再事奉父母。"孔子说："《诗经》里说：'孝子美德无终了，祖宗永赐你们好。'事奉父母很不容易，怎么可以中止呢？"

子贡说："那么我希望不再帮助妻子儿女。"孔子说："《诗经》里说：'仪法达于己正妻，及于同宗诸兄弟，以正将国来治理。'帮助妻子儿女不容易，怎么可以中止呢？"

子贡说："那么我希望不再交结朋友。"孔子说："《诗经》里说：

'交结朋友为相助，仪节方面最突出。'交结朋友很不容易，怎么可以中止呢？"

子贡说："那么我希望不再耕作。"孔子说："《诗经》里说：'白日里去取茅草，到夜里把绳搓好。急着登屋去修护，又要开始种百谷。'耕作很不容易，怎么可以中止呢？"

子贡问："那么我就没有什么可以中止的了吗？"孔子说："有的。望望自己的坟墓，已经很高了；虽然很高，但却塞得很充实；看看跟从的人，已经相隔十分遥远了。这就是要中止的时候。"

子贡说："死亡真是太伟大了！君子安息了！小人中止了！死亡真是太伟大了！"

【原文】

孔子自卫将入晋，至河，闻赵简子杀窦犨鸣犊及舜华①，乃临河而叹曰："美哉水，洋洋乎！丘之不济此，命也夫！"子贡趋而进曰："敢问何谓也？"孔子曰："窦犨鸣犊、舜华，晋之贤大夫也。赵简子未得志之时，须此二人而后从政。及其已得志也，而杀之。丘闻之，刳胎杀夭②，则麒麟不至其郊；竭泽而渔，则蛟龙不处其渊③；覆巢破卵，则凤凰不翔其邑。何则？君子违伤其类者也④。鸟兽之于不义，尚知避之，况于人乎！"遂还，息于邹，作《槃操》以哀之⑤。

【注释】

① 窦犨鸣犊：春秋时晋国大夫，姓窦名犨，字鸣犊。鸣犊，或作"鸣铎"。舜华：亦晋国大夫。事又见《孔丛子·记问》《史记·孔子世家》《说苑·权谋》《三国志·魏志·刘琬传》裴松之注引《新序》。

② 刳（kū）胎杀夭：剖挖母胎，残害幼体，谓凶残不仁。刳，剖挖。夭，幼小的动物。

③ 蛟龙：传说中的两种动物，居深水中。相传蛟能发洪水，龙能兴

云雨。

④ 违：王肃注："违，去也。违，或为讳也。"

⑤《槃（pán）操》：王肃注："《槃操》，琴曲名也。"操，原作"琴"，据四库本、陈本及此处王肃注改。

【译文】

孔子准备从卫国到晋国去，到了黄河边上，听说赵简子杀了窦犨鸣犊和舜华，就对着黄河叹息道："多么壮美的河水啊，浩浩荡荡地奔流着！我不渡河，是命中注定的吧！"子贡赶上前去问："请问先生说这话是什么意思？"孔子说："窦犨鸣犊、舜华，是晋国贤能的大夫。赵简子没有得志的时候，必须依靠这两个人，然后才能从事政治活动。到了他自己得志以后，却杀害了这两个人。我听说，剖挖母胎，残害幼小的生物，麒麟就不肯来他的城邑郊外；把水排干了抓鱼，蛟龙就不会再待在他那里的深渊；打翻鸟巢，毁掉鸟蛋，凤凰就不会在他的城邑上空飞翔。为什么呢？因为君子避讳伤害自己的同类。鸟兽对于不讲道义的事情，还知道避开，何况是人呢？"于是孔子便退回来，在邹地停下，作了一首名叫《槃操》的琴曲，以寄托对窦犨鸣犊和舜华的哀思。

【原文】

子路问于孔子曰："有人于此，夙兴夜寐，耕芸树艺①，手足胼胝②，以养其亲，然而名不称孝，何也？"孔子曰："意者身不敬与？辞不顺与？色不悦与？古之人有言曰：'人与己与，不汝欺③。'"

"今尽力养亲，而无三者之阙，何谓无孝之名乎？"孔子曰："由！汝志之！吾语汝。虽有国士之力，而不能自举其身，非力之少，势不可矣。夫内行不修，身之罪也；行修而名不彰，友之罪也；行修而名自立。故君子入则笃行，出则交贤，何谓无孝名乎？"

【注释】

①芸：通"耘"，除草。树：栽植。艺：播种。事又见《荀子·子道》《韩诗外传》卷九。

②胼（pián）胝（zhī）：俗称老茧，手掌或足底因长期劳动摩擦而形成的厚皮。

③人与己与，不汝欺：王肃注："言人与己事实相通，不相欺也。"

【译文】

子路问孔子说："有这么一个人，早起晚睡，耕耘栽种，手脚都起了老茧，为的是奉养父母，但却没能赢得孝顺的名声，这是为什么？"孔子说："或许是举止不恭敬吧？言辞不柔顺吧？表情不和悦吧？古人说过这样的话：'别人造成的呢，还是自己造成的呢？恐怕人们不会欺骗你的。'"

子路问："如今这个人竭尽全力奉养父母，并没有这三个缺点，为什么还是没能赢得孝顺的名声呢？"孔子说："仲由！你记着！我告诉你。虽然有与全国最有勇力的勇士一样的力气，也不能举起自己的身体，这并不是因为力气小，而是形势不允许。平日居家行为不整饬，这是自身的罪过；行为整饬而名声得不到彰扬，这是朋友的罪过；行为整饬了，名声自然就能树立起来。所以君子居家时为人厚道，外出则交结贤人，那怎么会没有孝顺的名声呢？"

【原文】

孔子遭厄于陈、蔡之间，绝粮七日，弟子馁病①，孔子弦歌。子路入见曰："夫子之歌，礼乎？"孔子弗应，曲终而曰："由来！吾语汝。君子好乐，为无骄也；小人好乐，为无慑也②。其谁之子不我知而从我者乎③？"子路悦，援戚而舞④，三终而出。

明日，免于厄，子贡执辔，曰："二三子从夫子而遭此难也，其弗忘矣！"孔子曰："善！恶何也⑤？夫陈、蔡之间，丘之幸也。

二三子从丘者，皆幸也。吾闻之，君不困不成王；烈士不困行不彰⑥，庸知其非激愤厉志之始于是乎在？"

【注释】

① 馁（něi）病：饥饿困顿。馁，饥饿。事又见《说苑·杂言》。

② 摄：王肃注："摄，惧。"

③ 其谁之子不我知而从我者乎：王肃注："其谁之子，犹言以谁氏子，谓子路也，虽从我而不知我也。"

④ 援：拿起。戚：兵器名，斧的一种，亦用为舞具。

⑤ 善！恶何也：王肃注："善子贡言也。恶何，犹言是何也。"

⑥ 烈士：坚贞刚强的士人。

【译文】

孔子在陈国、蔡国之间遭受围困，断粮七天，弟子们饥饿困顿，孔子却弹琴唱歌。子路进见说："先生唱歌，符合礼制的规定吗？"孔子没有回答，唱完那支曲子后才说："仲由过来！我告诉你。君子喜欢音乐，为的是避免骄傲；小人喜欢音乐，为的是去除畏惧。你不了解我，为什么还要跟从我呢？"子路高兴了，拿着戚跳起舞来，舞了三遍才退出去。

第二天，孔子一行摆脱了困境。子贡挽着缰绳，说："我们这些人跟从先生遭遇这场磨难，真是不能忘记的啊！"孔子说："讲得好！但这是什么意思呢？这次在陈、蔡之间受困，是我的幸运。你们这些人跟从我，都是幸运的。我听说，君主不遭受困厄不能成就王业，烈士不遭受困厄，德行就得不到彰扬，怎么知道他们不是在这个时候开始满怀激愤，磨炼意志的呢？"

【原文】

孔子之宋，匡人简子以甲士围之①。子路怒，奋戟将与战。

孔子止之，曰："恶有修仁义而不免世俗之恶者乎？夫《诗》《书》之不讲，礼乐之不习，是丘之过也；若以述先王、好古法而为咎者，则非丘之罪也。命之夫！歌，予和汝。"

子路弹琴而歌，孔子和之②。曲三终，匡人解甲而罢。

【注释】

①匡：宋地，在今河南睢县西。简子：未详，疑为匡人首领。

②和（hè）：应和，跟着唱。

【译文】

孔子一行到宋国去，途中匡地人简子率领士兵包围了他们。子路发怒，用力挥动长戟，准备下车战斗。孔子制止住他，说："怎么会有讲求仁义而不能免除世俗憎恨的人呢？不讲诵《诗》《书》，不研习礼乐，这是我的过错；如果因为祖述先王、喜欢古法而受到指责，那就不是我的罪过了。这是命中注定的吧！你唱歌，我应和你。"

子路弹起琴，唱起歌，孔子加以应和。他们唱了三遍，匡地人便解围退去。

【原文】

孔子曰："不观高崖，何以知颠坠之患？不临深泉，何以知没溺之患？不观巨海，何以知风波之患？失之者其不在此乎①？士慎此三者，则无累于身矣。"

【注释】

①失之者其不在此乎：王肃注："不在此三者之域也。""不"字原脱，据四库本、同文本、玉海堂本、陈本、此处王肃注及《说苑》补。事又见《说苑·杂言》。

【译文】

孔子说:"不观察高高的山崖,怎么能够明白倒着掉下去的灾祸?不面临深深的渊泉,怎么能够明白淹没沉溺的灾祸?不观察浩瀚的大海,怎么能够明白风波带来的灾祸?造成过失的原因不正在这里吗?士人谨慎地对待这三个问题,就不会伤害到自身。"

【原文】

子贡问于孔子曰:"赐既为人下矣①,而未知为人下之道,敢问之。"子曰:"为人下者,其犹土乎! 汩之之深则出泉②;树其壤,则百谷滋焉,草木植焉,禽兽育焉。生则出焉,死则入焉。多其功而不意③,弘其志而无不容④。为人下者以此也。"

【注释】

①下:谦下,甘居人下。事又见《荀子·尧问》《韩诗外传》卷七、《说苑·臣术》。

②汩:疑当从《荀子》作"抇(hú)",形近而讹。抇,掘,挖掘。

③多其功而不意:王肃注:"功虽多而无所意也。"不意,不在意,不放在心上。

④弘其志而无不容:王肃注:"为人下者当弘志,如地无所不容也。"

【译文】

子贡请教孔子说:"端木赐我为人谦下,但不懂得其中的道理,想请教一下。"孔子说:"为人谦下的人,大概像泥土一样吧! 向下掘得深就会有甘泉流淌出来;在它上面种植,就会有百谷生长出来,草木繁殖出来,禽兽滋育出来。活着的人活动在它上面,死了的人埋葬在它下面,虽然功劳很多,但它却毫不在意;它志向远大,无所不容。为人谦下的人就应该是这样的。"

【原文】

孔子适郑，与弟子相失①，独立东郭门外。或人谓子贡曰："东门外有一人焉，其长九尺有六寸，河目隆颡②，其头似尧，其颈似皋繇，其肩似子产，然自腰已下不及禹者三寸，累然如丧家之狗③。"

子贡以告，孔子欣然而叹曰："形状，末也。如丧家之狗，然乎哉！然乎哉！"

【注释】

① 失：走失，走散。事又见《韩诗外传》卷九、《史记·孔子世家》。

② 河目：王肃注："河目，上下匡平而长。"即上下眶平正而长的眼睛。颡（sǎng）：王肃注："颊。"

③ 累然如丧家之狗：王肃注："丧家狗，主人哀荒，不见饮食，故累然不得意。孔子生于乱世，道不得行，故累然，是不得意之貌也。"

【译文】

孔子前往郑国，跟弟子们走散了，独自一个人站立在城郭的东门外。有人对子贡说："东门外有一个人，身长九尺六寸，眼睛上下眶平正而长，面颊突起，头像尧，颈像皋繇，肩像子产，但自腰以下比禹短三寸，一副不得意的样子，如同一条丧家之狗。"

子贡把这番话告诉给孔子，孔子高兴地感叹道："他说起我的相貌，那倒是小事一桩。但他说我像丧家之狗，真是对极了！对极了！"

【原文】

孔子适卫，路出于蒲①，会公叔氏以蒲叛卫而止之②。孔子弟子有公良儒者③，为人贤长④，有勇力，以私车五乘从夫子行，喟然曰："昔吾从夫子遇难于匡，又伐树于宋⑤，今遇困于此，命也夫！与其见夫子仍遇于难，宁我斗死！"挺剑而合众，将与之战。

蒲人惧，曰：“苟无适卫，吾则出子。”以盟孔子，而出之东门。孔子遂适卫。子贡曰：“盟可负乎？”孔子曰：“要我以盟⑥，非义也。”

卫侯闻孔子之来，喜而于郊迎之。问伐蒲，对曰：“可哉！”公曰：“吾大夫以为蒲者，卫之所以恃晋、楚也⑦，伐之无乃不可乎？”孔子曰：“其男子有死之志⑧，吾之所伐者，不过四五人矣⑨。”公曰：“善。”卒不果伐。

他日，灵公又与夫子语，见飞雁过而仰视之，色不悦。孔子乃逝⑩。

【注释】

①蒲：卫地，在今河南长垣。事又见《史记·孔子世家》。

②公叔氏：即公叔戌，卫国大夫。

③公良儒：或作“公良孺”，孔子弟子，字子正，陈国人。

④贤长：谓贤能而有长者之风。

⑤伐树于宋：王肃注：“孔子与弟子行礼于大树之下，桓魋欲害之，故先伐其树焉。”

⑥要（yāo）：要挟。

⑦恃：防备，抵御。

⑧其男子有死之志：王肃注：“公叔氏欲蒲适他国，故男子欲死之，不乐适也。”

⑨四五人：王肃注：“本与公叔同畔者也。”

⑩逝：王肃注：“逝，行。”

【译文】

孔子准备到卫国去，路经蒲地，正碰上公叔氏在蒲地背叛卫国，不让孔子通过。孔子弟子有一个叫公良儒的，为人贤能而有长者风度，且有勇力，带着自家的五辆车子跟从孔子出行。他感叹地说：

"从前我跟着先生在匡地遭难，还在宋国遇上行礼之处的大树被砍伐的事情，如今又在这里遇到困厄，真是命该如此了！与其看着先生再次遭难，不如让我战死！"他举着宝剑抵御敌众，准备与蒲人展开战斗。蒲人害怕起来，对孔子说："如果你不到卫国去，我们就放你走。"蒲人与孔子订立盟约，然后放他出了东门。于是孔子便前往卫国。子贡问："盟约可以违背吗？"孔子说："他们要挟我订立盟约，这是不义之举。"

卫灵公听说孔子来了，非常高兴，赶到郊外迎接。灵公问起讨伐蒲地的事情，孔子回答："可以讨伐！"灵公说："我的大夫认为蒲地是用来抵御晋国、楚国的，前去讨伐恐怕不可以吧？"孔子说："蒲地的男子宁死不愿让蒲地改属别国，我们所要讨伐的，不过是公叔氏等四五个人。"灵公说："讲得好！"但最后还是没有出兵讨伐。

另一天，灵公又与孔子谈话，见有大雁飞过就仰起脸来观看，脸色显得很不高兴。孔子便离去了。

【原文】

卫蘧伯玉贤①，而灵公不用；弥子瑕不肖②，反任之。史鱼骤谏而不从③。史鱼病，将卒，命其子曰："吾在卫朝，不能进蘧伯玉，退弥子瑕，是吾为臣不能正君也。生而不能正君，则死无以成礼。我死，汝置尸牖下④，于我毕矣。"其子从之。

灵公吊焉，怪而问焉。其子以其父言告公。公愕然失容，曰："是寡人之过也。"于是命之殡于客位，进蘧伯玉而用之，退弥子瑕而远之。

孔子闻之，曰："古之列谏之者⑤，死则已矣，未有若史鱼死而尸谏，忠感其君者也，不可谓直乎？"

【注释】

①蘧（qú）伯玉：名瑗，卫国大夫，以贤著称。事又见《新书·胎

教》《韩诗外传》卷七、《新序·杂事一》《大戴礼记·保傅》。

② 弥子瑕（xiá）：卫灵公之嬖大夫。

③ 史鱼：即史鰌，春秋时卫国大夫，字子鱼。骤：屡次。

④ 置尸牖（yǒu）下：王肃注："礼，饭含于牖下，小敛于户内，大敛于阼，殡于客位也。"牖，窗户。

⑤ 列谏：极力劝谏。列，通"烈"。

【译文】

　　卫国蘧伯玉贤能，但卫灵公却不予任用；弥子瑕不肖，灵公反而加以任用。史鱼屡次进谏，灵公一直没有听从。史鱼得了重病，临死时，嘱咐他的儿子说："我身在卫国朝廷，却不能荐进蘧伯玉，斥退弥子瑕，这是我身为臣下而不能匡正君主。活着不能匡正君主，死了就不值得治办丧礼。我死后，你把我的尸体放置在窗下，这样对我来说也就算了结了。"他的儿子听从了他的遗言。

　　灵公前往吊唁，感到很奇怪，便加以询问。子鱼的儿子便把父亲的遗言告诉给灵公。灵公脸色大变，露出非常惊愕的样子，说："这是我的过错。"于是下令按照丧礼将史鱼的尸体停放在宾客的位置，召进蘧伯玉而加以任用，斥退弥子瑕而予以疏远。

　　孔子听到这事，说："古时极力劝谏的人，死就死了，没有像史鱼这样死了却还要用尸体来进谏，用忠诚来感动君主的，这还不可以称为正直吗？"

五帝德第二十三

【原文】

宰我问于孔子曰："昔者吾闻诸荣伊曰：'黄帝三百年。'请问黄帝者，人也？抑非人也？何以能至三百年乎？"孔子曰："禹、汤、文、武、周公，不可胜以观也，而上世黄帝之问①，将谓先生难言之故乎？"宰我曰："上世之传，隐微之说，卒采之辩②，暗忽之意③，非君子之道者，则予之问也固矣④。"

孔子曰："可也。吾略闻其说，黄帝者，少典之子⑤，曰轩辕，生而神灵，弱而能言，幼齐睿庄⑥，敦敏诚信，长聪明。治五气⑦，设五量⑧，抚万民，度四方⑨，服牛乘马，扰驯猛兽⑩，以与炎帝战于阪泉之野⑪，三战而后克之。始垂衣裳⑫，作为黼黻⑬。治民以顺天地之纪，知幽明之故，达生死存亡之说，播时百谷⑭，尝味草木，仁厚及于鸟兽昆虫。考日月星辰，劳耳目，勤心力，用水火财物以生民。民赖其利，百年而死；民畏其神，百年而亡；民用其教，百年而移。故曰'黄帝三百年'。"

【注释】

① 上世：远古时代。事又见《大戴礼记·五帝德》。

② 卒采之辩：王肃注："采，事也。辩，说也。卒，终也。其事之说也。"

③ 暗忽：王肃注："暗忽，久远不明。"

④固：王肃注："固陋不得其问。"

⑤少典：原作"少昊"，据四库本、同文本、玉海堂本及《大戴礼记》改。《史记·五帝本纪》亦谓："黄帝者，少典之子。"

⑥齐：疾，机敏。睿：圣明，聪慧。

⑦五气：王肃注："五行之气。"

⑧五量：五种计量标准的合称。王肃注："五量：权衡、升斛、尺寸、里步、十百。"

⑨度四方：王肃注："商度四方而抚（原作'无'，据备要本改）安定。"

⑩扰驯：驯服。扰，驯。

⑪阪（bǎn）泉：地名，一说在今河北涿鹿东南，一说在今山西运城解池附近。

⑫垂衣裳：谓定衣服之制，示天下以礼。

⑬黼（fǔ）黻（fú）：泛指礼服上所绣的花纹。白与黑相间谓黼，黑与青相间谓黻。

⑭播时：种植。时，通"莳"。

【译文】

宰我请教孔子说："以前我从荣伊那里听说：'黄帝活了三百年。'请问黄帝是人呢？或者不是人呢？为什么能活三百年？"孔子说："禹、汤、周文王、武王、周公，对他们的记述看也看不尽，而偏偏要问远古时代黄帝的事情，这是因为当老师的也难以讲清的缘故吗？"宰我说："远古时代的传说，隐约细微的言论，事发以后的辩说，久远不明的含义，这些都不是君子应该讲的，而宰予我请教这一问题也是因为固陋无知。"

孔子说："可以给你讲一讲。我大略听人讲过，黄帝是少典的儿子，名叫轩辕，生下来就神明灵异，很早便会说话，小时机敏聪明而又行为端庄，厚道勤勉，长大后更是智慧过人。他治理五行之气，设置五种计量标准，安抚天下百姓，考察四方民情，役使牛马驾车，驯服众多猛兽，在阪泉的原野上与炎帝展开大战，经过三次大战而战胜炎帝。于是黄帝开始确立有关衣服的礼制，规定了礼服上的各种花纹。治理百姓，顺应天地变化的规律，了解阴阳交替的原因，通晓生死存亡的道理，种植百谷，遍尝草木，仁德厚道也体现在鸟兽昆虫身上。他研究日月星辰的运转，勤动耳目，竭尽心力，利用水、火和财物来养育百姓。百姓依靠他提供的各种有利条件，生活百年才死去；百姓敬畏他的神明，过了百年才消亡；百姓接受他的教化，又过了一百年才移易。所以说'黄帝活了三百年'。"

【原文】

宰我曰："请问帝颛顼①。"孔子曰："五帝用说，三王有度②。汝欲一日遍闻远古之说，躁哉予也！"宰我曰："昔予也闻诸夫子曰：'小子毋或宿③。'故敢问。"

孔子曰："颛顼，黄帝之孙，昌意之子，曰高阳。渊而有谋④，疏通以知远，养财以任地，履时以象天，依鬼神而制义，治气性以教众，洁诚以祭祀，巡四海以宁民，北至幽陵⑤，南暨交趾⑥，西抵流沙⑦，东极蟠木⑧，动静之神，小大之物，日月所照，莫不底属⑨。"

【注释】

①颛（zhuān）顼（xū）：传说中的古代帝王，黄帝之孙，号高阳氏，列入司马迁《史记·五帝本纪》。

②五帝用说，三王有度：王肃注："五帝久远，故用说也。三王迩，则有成法度。"

③毋或宿：王肃注："有所问当问，勿令更宿也。"

④渊：深邃，深沉。

⑤幽陵：指后来的幽州一带。

⑥ 交趾：指五岭以南地区。

⑦ 流沙：指西北沙漠地区。

⑧ 蟠（pán）木：传说中的山名，在东海之中。

⑨ 底属：王肃注："底，平。四远皆平而来服属之也。"

【译文】

宰我对孔子说："想请教一下帝颛顼的事情。"孔子说："五帝的事情要用人们去解说，三王的事情则有现成的法度可以依据。你想在一天之内把关于远古时代的解说全都听到，宰予你太急躁了！"宰予说："从前宰予我听先生您说过：'你不要把问题留到过宿以后。'所以我才请教。"

孔子说："颛顼是黄帝的孙子，昌意的儿子，号称高阳氏。他为人深沉而有计谋，通达而有远见，蓄养财物以发挥地利，顺应时气以取法于天，依从鬼神而裁断适宜，调治性情以教化众民，纯洁诚实以进行祭祀，巡行四海以安定百姓，向北达到幽州，向南到达交趾，向西抵于流沙，向东到达蟠木，活动和静止的神灵，大大小小的生物，日月所能照耀到的地方，没有不被平定而表示归属的。"

【原文】

宰我曰："请问帝喾。"孔子曰："玄枵之孙，乔极之子①，曰高辛。生而神异，自言其名。博施厚利，不于其身。聪以知远，明以察微。仁以威，惠而信，以顺天地之义。知民所急，修身而天下服，取地之财而节用焉。抚教万民而诲利之②，历日月之生朔而迎送之③，明鬼神而敬事之。其色也和，其德也重，其动也时，其服也哀。春夏秋冬，育护天下。日月所照，风雨所至，莫不从化。"

【注释】

① 帝喾（kù）……玄枵（xiāo）之孙，乔极之子：《史记·五帝本纪》："帝喾高辛者，黄帝之曾孙也。高辛父曰蟜极，蟜极父曰玄嚣，玄嚣父曰黄帝。"事又见《大戴礼记·五帝德》。

② 诲利：谓教诲百姓生财之道。

③ 历：数，推算。朔：月生。

【译文】

宰我说："想请教一下有关帝喾的事情。"孔子说："帝喾是玄枵的孙子，乔极的儿子，号称高辛氏。他一生下来就神明灵异，能说出自己的名号。他广施厚利，但却不及于自身。聪慧而有远见，圣明而明察细微。仁德而有威望，施惠而讲信用，从而顺从天地运行的规律。他知道百姓所急，修养自身而使天下服从，获取地上的财物而节约使用。安抚和训教百姓并教诲他们生财的方法，推算日月出现而加以迎送，了解鬼神而加以恭敬事奉。他的面容温和，他的德性厚重，他的动作适时，他在服丧时也显得十分哀痛。一年春夏秋冬，他都在养育和爱护天下百姓。日月所能照到的地方，风雨所能到达的地方，没有不接受他的教化的。"

【原文】

宰我曰："请问帝尧。"孔子曰："高辛氏之子，曰陶唐。其仁如天，其智如神。就之如日，望之如云。富而不骄，贵而能降。伯夷典礼①，夔、龙典乐②，舜时而仕，趋视四时，务先民始之③，流四凶而天下服④。其言不忒⑤，其德不回。四海之内，舟舆所及，莫不夷说⑥。"

【注释】

① 伯夷：尧臣，齐太公之祖。事又见《大戴礼记·五帝德》。

②夔、龙典乐：王肃注："舜时夔典乐，龙作纳言。然则尧时龙亦典乐者也。"

③务先民始之：王肃注："务先民事以为始也。"先，原作"元"，据四库本、同文本、玉海堂本、备要本、陈本及王注和《大戴礼记》改。

④流四凶而天下服：《尚书·尧典》："流共工于幽州，放驩兜于崇山，窜三苗于三危，殛鲧于羽山，四罪而天下咸服。"《大戴礼记》亦有类似记述。

⑤忒（tè）：疑，疑惑。

⑥夷说（yuè）：王肃注："夷，平心。说，古通以为悦字。"

【译文】

宰我说："想请教一下有关帝尧的事情。"孔子说："帝尧是高辛氏的儿子，号称陶唐。他的仁德如同上天一样广大，智慧如同神灵一样精微。追随他时他像太阳，仰慕他时他像云彩。他富有而不骄傲，尊贵而能谦下。他让伯夷主持礼制，让夔、龙掌管音乐，让舜及时为官，前去考察四时的变化，务必把百姓的事情放在首位，并放逐了四个凶恶的罪人，从而使天下人表示顺从。他的言语不令人疑惑，德行毫无差失。四海之内普天之下，只要是舟车所能到达的地方，没有不心悦诚服的。"

【原文】

宰我曰："请问帝舜。"孔子曰："乔牛之孙，瞽瞍之子也，曰有虞。舜孝友闻于四方，陶渔事亲①，宽裕而温良，敦敏而知时，畏天而爱民，恤远而亲近。承受大命②，依于二女③。睿明智通，为天下帝。命二十二臣，率尧旧职④，躬己而已⑤。天平地成，巡狩四海⑥，五载一始。三十年在位，嗣帝五十载⑦。陟方岳⑧，死于苍梧之野而葬焉⑨。"

【注释】

① 陶渔事亲：王肃注："为陶器，躬捕鱼以养父母。"事又见《大戴礼记·五帝德》。

② 大命：天子之命，此指帝尧之命。

③ 依于二女：王肃注："尧妻舜以二女。舜动静谋之于二女。"二女，长曰娥皇，次曰女英。

④ 率：遵行，遵循。

⑤ 躬己：恭己。谓帝王敬肃己身，无为而治。躬，通"恭"。

⑥ 巡狩：同"巡守"，视察诸侯所守的地方。

⑦ 三十年在位，嗣帝五十载：《史记·五帝本纪》："舜年二十以孝闻，年三十尧举之，年五十摄行天子事。"

⑧ 方岳：四方之山岳。岳，高大的山。

⑨ 苍梧：山名。即九嶷山，在今湖南宁远南。

【译文】

宰我说："想请教一下有关帝舜的事情。"孔子说："帝舜是乔牛的孙子，瞽瞍的儿子，号称有虞。舜孝顺友敬的名声传遍四方，他制陶、打鱼以侍奉父母，胸怀宽广而温和善良，厚道敏捷而能把握时机，敬畏天命而爱护百姓，抚恤远方的人而亲爱身边的人。承受帝尧的命令，取得两位女子的帮助。圣明通达，成为天下的统治者。他命令二十二位臣下，遵行尧时的旧职，实行无为而治。天上平静而地上功成，他便出行视察诸侯所守的地方，五年一次。他三十岁时始居官位，继承帝位时年已五十。他登临四方山岳，最后死在苍梧山的山野并埋葬在那里。"

【原文】

宰我曰："请问禹。"孔子曰："高阳之孙，鲧之子也，曰夏后①。敏给克齐②，其德不爽③，其仁可亲，其言可信。声为律，身为度④。亹亹穆穆⑤，为纪为纲。其功为百神之主，其惠为民父母。左准绳，右规矩⑥，履四时⑦，据四海。任皋繇、伯益以赞其治⑧，兴六师以征不序⑨。四极之民，莫敢不服。"

【注释】

① 高阳之孙，鲧之子也：《史记·夏本纪》："禹之父曰鲧，鲧之父曰帝颛顼，颛顼之父曰昌意，昌意之父曰黄帝。"事又见《大戴礼记·五帝德》。

② 克齐（jì）：谓能成就。克，能。齐，通"济"，成。

③ 爽：王肃注："爽，忒。"即差错。

④ 身为度：王肃注："以身为法度也。"

⑤ 亹（wěi）亹穆穆：勤勉庄敬。

⑥ 左准绳，右规矩：王肃注："左、右，言常用也。"

⑦ 履四时：王肃注："所行不违四时之宜。"

⑧ 伯益：舜、禹时大臣。舜任以为虞，掌管草木鸟兽。禹时以其协助治水有功，选以为继承人。禹死后，与启争位，被杀。或说由于他推让，启才得以即位。

⑨ 六师：即"六军"，天子所统领的军队。

【译文】

宰我说："想请教一下有关禹的事情。"孔子说："禹是高阳的孙子，鲧的儿子，号称夏后。他为人敏捷而能有所成就，德行毫无差失，他的仁爱使人能够亲近，他的言语使人能够信任。他的声音可以作为音律的标准，他的身体可以作为度量的标准。他勤勉庄敬，可以当做行为的纪纲。他的功业使他成为群神的领袖，他的恩惠使他成为百姓的父母。测量和规划的工具不离左右，工作合于四季的变化，统有四海之内。他任命皋繇、伯益来协助治理，调动军队以征讨不顺从的人。天下四方的百姓，不敢不表示臣服。"

【原文】

孔子曰："予！大者如天，小者如言，民悦至矣。予也非其人也①。"宰我曰："予也不足以戒敬承矣。"

他日，宰我以语子贡，子贡以复孔子。子曰："吾欲以颜状取人也，则于灭明改之矣②；吾欲以言辞取人也，则于宰我改之矣；吾欲以容貌取人也，则于子张改之矣。"宰我闻之，惧，弗敢见焉。

【注释】

① 予也非其人也：王肃注："言不足以明五帝之德也。"事又见《大戴礼记·五帝德》。

② 之：原脱，据四库本、同文本、玉海堂本、陈本及《大戴礼记》补。

【译文】

孔子说："宰予啊！古代帝王德行大的好像是上天，德行小的也好像我所说，百姓高兴地前往归附。宰予你不是能懂得这些的人。"宰我说："宰予我无能，难以小心谨慎地接受教命。"

有一天，宰我把这事告诉给子贡，子贡又汇报给孔子。孔子说："我想根据外表选人，但到了澹台灭明身上却又改变了想法；我想根据言辞选人，但到了宰我身上却又改变了想法；我想根据容貌选人，但到了子张身上却又改变了想法。"宰我听到这些话，十分害怕，不敢去见孔子。

卷 六

五帝第二十四

【原文】

　　季康子问于孔子曰："旧闻五帝之名而不知其实，请问何谓五帝？"孔子曰："昔丘也闻诸老聃曰：'天有五行，水、火、金、木、土，分时化育，以成万物①，其神谓之五帝②。'古之王者，易代而改号，取法五行。五行更王，终始相生，亦象其义③。故其为明王者，而死配五行，是以太皞配木，炎帝配火，黄帝配土，少皞配金，颛顼配水。"

　　康子曰："太皞氏其始之木何如？"孔子曰："五行用事，先起于木。木，东方，万物之初皆出焉。是故王者则之，而首以木德王天下，其次则以所生之行转相承也④。"

　　康子曰："吾闻勾芒为木正，祝融为火正，蓐收为金正，玄冥为水正，后土为土正。此五行之主而不乱，称曰帝者，何也？"孔子曰："凡五正者，五行之官名。五行佐成上帝，而称五帝。太皞之属配焉，亦云帝，从其号⑤。昔少皞氏之子有四叔，曰重，曰该，曰修，曰熙⑥，实能金、木及水，使重为勾芒，该为蓐收，修及熙为玄冥。颛顼氏之子曰黎，为祝融。共工氏之子曰勾龙，为后土。此五者各以其所能业为官职⑦，生为上公，死为贵神，别称五祀，不得同帝⑧。"

康子曰："如此之言，帝王改号，于五行之德，各有所统，则其所以相变者，皆主何事⑨?"孔子曰："所尚则各从其所王之德次焉⑩。夏后氏以金德王，色尚黑，大事敛用昏⑪，戎事乘骊⑫，牲用玄；殷人用水德王，色尚白⑬，大事敛用日中⑭，戎事乘翰⑮，牲用白；周人以木德王，色尚赤，大事敛用日出⑯，戎事乘骝⑰，牲用骍⑱。此三代之所以不同。"

康子曰："唐、虞二帝，其所尚者何色?"孔子曰："尧以火德王，色尚黄；舜以土德王，色尚青⑲。"

康子曰："陶唐、有虞、夏后、殷、周独不配五帝，意者德不及上古耶? 将有限乎?"孔子曰："古之平治水土及播殖百谷者众矣，唯勾龙氏兼食于社⑳，而弃为稷神，易代奉之，无敢益者，明不可与等。故自太皞以降，逮于颛顼，其应五行而王，数非徒五，而配五帝，是其德不可以多也。"

【注释】

① 天有五行，木、火、金、水、土，分时化育，以成万物：王肃注："一岁三百六十日，五行各主七十二日也。化生长育，一岁之功，万物莫敢不成。"

② 其神谓之五帝：王肃注："五帝，五行之神，佐生物者，而谶纬皆为之名字，亦为妖怪妄言。"

③ 五行更王，终始相生，亦象其义：王肃注："法五行更王，终始相生，始以木德王天下，其次以生之行转相承。而诸说乃谓五精之帝下生王者，其为蔽惑无可言也。"

④ 首以木德王天下，其次则以所生之行转相承也：王肃注："木生火，火生土之属。"

⑤ 五行佐成上帝，而称五帝。太皞之属配焉，亦云帝，从其号：王肃注："天至尊，物不可以同其号，亦兼称上帝。上天以其五行佐成天

事，谓之五帝。以地有五行，而其精神在上，故亦为帝、五帝。黄帝之属，故亦称帝，亦从天五帝之号。故王者虽号称帝而不得称天帝，而曰天子者。而天子与父，其尊卑相去远矣。曰天王者，言乃天下之王也。"

⑥ 少皞氏之子有四叔，曰重，曰该，曰修，曰熙：据《左传·昭公二十九年》"少皞氏有四叔，曰重，曰该，曰修，曰熙"，疑此处"之子"乃衍文。杨伯峻《春秋左传注》谓四叔疑为少皞氏之弟辈，是也。

⑦ 此五者各以所能业为官职：王肃注："各以一行之官为职业之事。"

⑧ 别称五祀，不得同帝：王肃注："五祀，上公之神，故不得称帝也。其序则五正不及五帝，五帝不及天地，而不知者以祭社为祭地，不亦失之远矣！且土与火俱为五行，是地之子也。以子为母，不亦颠倒失尊卑之序！"

⑨ 皆主何事：王肃注："在木家而尚赤，所以问也。"

⑩ 所尚则各从其所王之德次焉：王肃注："木次火而木家尚赤者，以木德义之著，修其母，兼其子。"

⑪ 大事敛用昏：王肃注："大事，丧。昏时，亦黑也。"大事，指丧事。敛，通"殓"，给死者穿衣，入棺。

⑫ 骊：王肃注："黑马也。"

⑬ 殷人以水德王，色尚白：王肃注："水家尚青而尚白者，避土家之尚青。"

⑭ 日中：王肃注："日中，白也。"

⑮ 翰：王肃注："翰，白色马。"

⑯ 日出：王肃注："日出时，亦赤也。"

⑰ 骏（yuán）：王肃注："马白腹。"即白腹之马。

⑱ 骍（xīn）：王肃注："骍，赤色也。"

⑲ 舜以土德王，色尚青：王肃注："土家宜尚白。土者，四行之主，王于四季，五行用事，先起于水，色青，是以水家避土，土家尚白。"

⑳ 兼：王肃注："兼，犹配也。"

【译文】

季康子请教孔子说："从前听说过五帝的名称而不知道实际所指，请问什么叫五帝？"孔子说："以前孔丘我听老聃讲：'上天有五行，即水、火、金、木、土，它们分别在不同的时间化生长育，从而产生万物，它们的神灵称做五帝。'古时称王的人，改换朝代，变革名号，就是以五行为根据的。五行更相为主，称王的人始终相互衍生，也是以五行变化的意义为根据的。因而那些圣明天子，死后就配享于五行，所以太皞配享于木，炎帝配享于火，黄帝配享于土，少皞配享于金，颛顼配享于水。"

康子问："为什么太皞氏要从木开始？"孔子说："五行主事，首先从木开始。木为东方，万物生长都从这里开始。因此称王的人加以效法，首先用木德统有天下，接下来便以它所衍生的某一行转相承续。"

康子问："我听说勾芒为木正，祝融为火正，蓐收为金正，玄冥为水正，后土为土正。这些五行的主管者不相混乱，却又称为帝，这是为什么？"孔子说："凡是称为五正的，都是五行官属的名称。五行佐助成就上帝，称为五帝。太皞之类配享，也称为帝，这是依循它的称号。少皞氏的儿子有四个叔父，叫重，叫该，叫修，叫熙，能够管理金、木和水，于是派重做勾芒，该做蓐收，修和熙做玄冥。颛顼氏的儿子叫黎，做祝融。共工氏的儿子叫勾龙，做后土。这五人各以自己所能从事的职业为官职，活着的时候尊为上公，死了以后奉为贵神，另称为五祀，不可与帝同号。"

康子问："按这个说法，帝王改易称号，在五行的德性中，各有所主管的一种，那么他们互相改变，又掌管什么事情呢？"孔子说："所崇尚的东西各依循所据以称王的某一德性来安排次序。夏后氏以金德称王，颜色上崇尚黑，丧事中入殓的时间选在黄昏，有战事时车乘用黑马，祭祀时牺牲也用黑色的；殷人以水德称王，颜色上崇尚白，丧事中入殓的时间选在中午，有战事时车乘用白马，祭祀时牺牲也用白色的；周人以木德称王，颜色上崇尚红，丧事中入殓的时间选在日出时，有战事时车乘用白腹的马，祭祀时牺牲也用红色的。这就是三代所尚为什么不同的原因。"

康子问："唐、虞时代的帝王，他们崇尚的是什么颜色？"孔子说："尧以火德而称王，颜色上崇尚黄；舜以土德而称王，颜色上崇尚青。"

康子问："陶唐、有虞、夏后、殷、周的帝王却不能配享五帝，也许是德行不及上古帝王？或者是德行有限吧？"孔子说："古代平治水土和播种百谷的人很多，唯独勾龙氏能祭社时配享祭祀，弃为稷神，不论换了什么朝代都予以尊奉，此外没有敢再增加的，表明别人不可与二人处于同一等次。因此从太皞以来，直到颛顼，顺应五行变化而称王的，在数目上不止五个，而只有他们能配享五帝，是因为他们的德行已经无以复加。"

执辔第二十五

闵子骞为费宰，问政于孔子。子曰："以德以法。夫德法者，御民之具，犹御马之有衔勒也。君者，人也；吏者，辔也；刑者，策也。夫人君之政，执其辔策而已。"

子骞曰："敢问古之为政。"孔子曰："古者天子以内史为左右手①，以德法为衔勒，以百官为辔，以刑罚为策，以万民为马，故御天下数百年而不失。善御马，正衔勒，齐辔策，均马力，和马心，故口无声而马应辔，策不举而极千里。善御民，壹其德法，正其百官，以均齐民力，和安民心，故令不再而民顺从，刑不用而天下治。是以天地德之②，而兆民怀之③。夫天地之所德，兆民之所怀，其政美，其民而众称之④。今人言五帝、三王者，其盛无偶，威察若存⑤，其故何也？其法盛，其德厚，故思其德必称其人，朝夕祝之，升闻于天，上帝俱歆⑥，用永厥世而丰其年。不能御民者，弃其德法，专用刑辟⑦，譬犹御马，弃其衔勒而专用棰策，其不制也可必矣。夫无衔勒而用棰策，马必伤，车必败；无德法而用刑，民必流，国必亡。治国而无德法，则民无修；民无修，则迷惑失道。如此，上帝必以其为乱天道也。苟乱天道，则刑罚暴，上下相谀⑧，莫知念忠，俱无道故也。今人言恶者，必比之于桀、纣，其故何也？其法不听，其德不厚，故民恶其残虐，莫不吁嗟，朝夕祝之，升闻于天，上帝不蠲⑨，降之以祸罚，灾害并生，用殄厥世。故曰德法者，御民之本。古之御天下者，以六官总治焉：冢宰之官以成道⑩，司徒之官以成德⑪，宗伯之官以成仁⑫，司马之官以成圣⑬，司寇之官以成义⑭，司空之官以成礼⑮。六官在手以为辔，司会均仁以为纳⑯，故曰御四马者执六辔，御天下者正六官。是故，善御马者，正身以总辔。均马力，齐马心，回旋曲折，唯其所之，故可以取长道，可赴急疾，此圣人所以御天地与人事之法则也。天子以内史为左右手，以六官为辔，已而与三公为执六官⑰，均五教⑱，齐五法⑲，故亦唯其所引，无不如志。以之道，则国治⑳；以之德，则国安㉑；以之仁，则国和；以之圣，则国平㉒；以之礼，则国定㉓；以之义，则国义㉔。此御政之术。过失，人之情莫不有焉；过而改之，是为不过。故官属不理，分职不明，法政不一，百事失纪，曰乱。乱则饬冢宰㉕。地而不殖，财物不蓄，万民饥寒，教训不行，风俗淫僻，人民流散，曰危。危则饬司徒。父子不亲，长幼失序，君臣上下乖离异志，曰不和。不和则饬宗伯。贤能而失官爵，功劳而失赏禄㉖，士卒疾怨，兵弱不用，曰不平。不平则饬司马。刑罚暴乱，奸邪不胜，曰不义。不义则饬司寇。度量不审，举事失理，都鄙不修㉗，财物失所，曰贫。贫则饬司空。故御者同是车马，或以取千里，或不及数百里，其所谓进退缓急异也。夫治者同是官法，或以致平，或以致乱者，亦其所以为进退缓急异也。古者，天子常以季冬考德正法㉘，以观治乱。德盛者治也，德薄者乱也。故天子考德，则天下之治乱，可坐庙堂之上而知之。夫德盛则法修，德不盛则饬法与政，咸德而不衰㉙。故曰王者又以孟春论吏之德及功能㉚，能德法者为有德，能行德法者为有行，能成德法者为有功，能治德法者为有智。故天子论吏而德法行，事治而功成。夫季冬正法，孟春论吏，治国之要。"

【注释】

① 天子以内史为左右手：王肃注："内史掌王八柄及叙事之法，纳以诏王听治命，孤卿大夫则策命以四方之事，书则读之。王制禄则费为之，赏则亦如之，故王以为左右手。"事又见《大戴礼记·盛德》。

② 天地德之：王肃注："天地以为有德。"

③ 兆民：天子之民，泛指众民百姓。怀：王肃注："怀，归。"

④ 其民而众称之：王肃注："其民为众所称举也。"

⑤ 威察：令人敬畏的察考。

⑥ 歆：欣，欣喜。

⑦ 刑辟（bì）：刑法，刑律。

⑧ 谀：王肃注："谄谀。"

⑨ 蠲（juān）：通"捐"，除去，减免。

⑩ 冢宰之官以成道：王肃注："治官所以成道。"据《周礼》，天官冢宰掌邦治，总御百官。

⑪ 司徒之官以成德：王肃注："教官所以成德。"地官司徒掌邦教，安抚万民。

⑫ 宗伯之官以成仁：王肃注："祀官所以成仁。"春官宗伯掌建邦之天神、人鬼、地祇之礼，即宗庙祭祀等礼仪。

⑬ 司马之官以成圣：王肃注："治官所以成圣。圣，通。征伐所以通天下也。"夏官司马掌邦政。

⑭ 司寇之官以成义：王肃注："刑官所以成义。"秋官司寇掌邦刑。

⑮ 司空之官以成礼：王肃注："事官所以成礼。礼非事不立也。"冬官司空掌邦事。

⑯ 司会均仁以为纳：王肃注："纳，骖马辔，辔系轼前者。司会掌邦之六典、八法之戒，以周知四方之治，冢宰之副，故不在其六辔，至当纳位。""司会"二字原误入王肃注，据四库本、同文本、玉海堂本、备要本、陈本及《大戴礼记》改。

⑰ 三公：谓太师、太傅、太保。

⑱ 五教：五常之教。指父义、母慈、兄友、弟恭、子孝五种伦理道德的教育。

⑲ 五法：王肃注："仁、义、礼、智、信之法也。"

⑳ 以之道，则国治：王肃注："冢宰治官。"

㉑ 以之德，则国安：王肃注："德教成之仁，则国和；礼之用，和为贵，则国安。"

㉒ 以之圣，则国平：王肃注："通治远近，则国平也。"

㉓ 以之礼，则国定：王肃注："事物以礼，则国定也。"定，原作"安"，据四库本、同文本、玉海堂本、备要本及《大戴礼记》改。

㉔ 则国义：王肃注："义，平也。刑罚当罪则国平。"

㉕ 饬：王肃注："饬，谓整摄人也。"

㉖ 贤能而失官爵，功劳而失赏禄：王肃注："司勋之职，属之司马。"

㉗ 都鄙：京城和边邑。

㉘ 季春：冬季的最后一个月，农历十二月。

㉙ 咸德而不衰：王肃注："法与政皆合于德，则不杀。"

㉚ 孟春：春季的第一个月，农历正月。吏：此字原脱，据四库本、同文本、玉海堂本、备要本、陈本补。

【译文】

闵子骞出任费邑宰，行前向孔子请教为政的方法。孔子说："要依靠德行，依靠法制。德行和法制，是驾驭百姓的工具，就好像驾驭马要有马嚼子和马络头。君主，就是驾驭马的人；官吏，就是马缰绳；刑罚，就是马鞭子。君主为政，只不过是在使用缰绳和鞭子罢了。"

闵子骞说："想请教一下古时为政的情况。"孔子说："古时天子把内史当做左右手，把德行和法制当做马嚼子和马络头，把众官吏当做马缰绳，把刑罚当做马鞭子，把天下百姓当做马，因而统治天下数百年而无所丧失。善于驾驭马的人，放正马嚼子和马络头，协调使用马缰绳和马鞭子，均衡使用马的力气，使马的内心感到和顺，所以不用动嘴喊而马就会循着缰绳活动，不用举起马鞭子而马就会跑至千里之外。善于驾驭百姓的人，统一德行和法制，端正众官吏的言行，从而均平使用民力，使百姓和顺安宁，所以不需要第二次发布政令而百姓就已经顺从了，用不着动用刑罚而天下就会太平。因此天地认为他有德行，众百姓也纷纷归附于他。天地认为有德行的人，众百姓纷纷归附的人，他的政治好，他的百姓也受到众人的称誉。现在的人们说起五帝、三王，都认为他们兴盛无比，令人敬畏的察考好像尚存，这是什么原因？他们的法制有力，他们的德行厚重，所以思念他们的德行也必然称颂他们的为人，朝夕祈祷，声音传到天上，上帝都很高兴，因而使他们世系永固，年景丰收。不能驾驭百姓的人，丢弃德行和法制，专用刑律，就好像驾驭马，丢掉马嚼子和马络头而专用棍棒和马鞭子，他无法加以控制也是必然的。没有马嚼子和马络头而专用棍棒和马鞭子，马必然受到伤害，车子也必然毁坏；没有德行和法制而专用刑罚，百姓必然流亡，国家也必然灭亡。治理国家而无德行和法制，百姓就会无所依循；百姓无所依循，就会迷惑不定而违背道义。这样，上帝必然认为他违背天道。如果违背天道，刑罚就会变得酷暴，上下就会相互诡谀，不懂得心向忠诚，这都是不讲道义的缘故。现在的人们说起凶恶的人，必然要把他们比作桀、纣，这是为什么呢？这是因为他们的法制无人遵从，他们的德行不够厚重，所以百姓憎恨他们残暴酷虐，没有不怨叹呼号的，朝夕祈祷，声音传到天上，上帝对他们的罪行不予减免，把灾祸惩罚降到他们身上，让灾害一起发生，从而使他们世系灭亡。因此说德行和法制，是驾驭百姓的根本。古时统治天下的人，设置六官负责治理：设置冢宰官职用以成就道义，设置司徒官职用以成就德行，设置宗伯官职用以成就仁爱，设置司马官职用以实现通达，设置司寇官职用以实现公理，设置司空官职用以实现礼制。六官好像是马缰绳掌握在手中，又设置司会官职均平仁爱，好像是握住了两旁的马缰绳，所以说驾驭四马的人手持六根缰绳，统治天下的人端正六官。因此，善于驾驭马的人，端正自身以总揽缰绳，均衡使用马的力气，使马心保持一致，即使遇上回旋曲折，也听凭它去任何地方，因而可以踏上很远的路程，可以前往办理紧急的事情，这就是圣人用来驾驭天地和人事的法则。天子以内史为左右手，以六官为缰绳，随后与三公一同管理六官，推广五教，统一五法，因而人们也听凭他的引导，没有达不到目的的。以此来成就道义，国家就会太平；以此来成就德行，国家就会安宁；以此来成就仁爱，国家就会和平；以此来实现通达，国家就会平安；以此来实现礼制，国家就会稳定；以此来实现公理，国家就会平静。这是驾驭政治的方法。过错和失误，就人的情理来说不可能完全避免；但有了过错而能加以改正，这就是没有过错。所以官吏属下不加治理，区分职责不够明确，法制教化不够一致，从事工作没有纪律，叫做混乱。有了混乱就应该告诫冢宰。土地得不到耕种，财物得不到增殖，万民饥饿寒冷，政教训令得不到执行，风俗淫泆邪僻，百姓流散逃亡，叫做危险。有了危险就应该告诫司徒。父子不相亲爱，长幼不讲次序，君臣上下离心离德，叫做不和。出现不和就应该告诫宗伯。为人贤能却失掉官爵，有了功劳却得不到赏赐和俸禄，士卒怨恨，军队弱小而不能使用，叫做不平。出现不平就应该告诫司马。刑罚残暴混乱，奸邪行为不止，叫做不义。出现不义就应该告诫司寇。考虑不周，做事没有条理，都城和边邑得不到修治，财物无处可得，叫做贫穷。出现贫穷就应该告诫司空。所以驾驭车马的人用的是同样的车马，有的能用以行至千里之外，有的连几里路都走不出，这是由于在进退缓急上的处理方法不同。从事政治的人用的是同样的朝廷法令，有的能据以实现太平，有的却由此导致混乱，这也是由于在进退缓急上的处理方法不同。古时候，天子常常在冬季的最后一个月考察德行，端正法制，以了解太平或混乱。因此天子考察德行，那么天下的太平和混乱，可以坐在朝廷上得知。德行盛大就会使法制得到遵循，德行不够盛大，就要整顿法制和政令，使它们都合于德行而不致衰亡。所以说称王的人又在春季的第一个月考论官吏的德行和功劳、能力，把能够注意德行和法制的人当做有德之人，把能够实践德行和法制的人当做有行之人，把能够成就德行和法制的人当做有功之人，把能够研习德行和法制的人当做聪明之人。因此天子考论官吏而使德行和法制得到实施，使事情得到处理而功勋得到成就。冬季的最后一个月端正法制，春季的第一个月考论官吏，这是治理国家的关键。"

【原文】

子夏问于孔子曰："商闻《易》之生人及万物鸟兽昆虫，各有奇偶①，气分不同②，而凡人莫知其情，唯达德者能原其本焉。天一，地二，人三，三三如九③，九九八十一，一主日，日数十，故人十月而生④。八九七十二，偶以从奇，奇主辰，辰为月，月主马，故马十二月而生⑤。七九六十三，三主斗，斗主狗，故狗三月而生⑥。六九五十四，四主时，时主豕，故豕四月而生。五九四十五，五为音，音主猿，故猿五月而生⑦。四九三十六，六为律，律主鹿，故鹿六月而生。三九二十七，七主星，星主虎，故虎七月而生⑧。二九一十八，八主风，风为虫，故虫八月而生⑨。其余各从其类矣。鸟、鱼生阴，而属于阳，故皆卵生。鱼游于水，鸟游于云，故立冬则燕雀入海，化为蛤。蚕食而不饮，蝉饮而不食，蜉蝣不饮不食⑩，万物之所以不同。介鳞夏食而冬蛰⑪，龁吞者八窍而卵生⑫，咀嚼者九窍而胎生⑬，四足者无羽翼，戴角者无上齿，无角无前齿者膏，有角无后齿者脂⑭，昼生者类父，夜生者似母，是以至阴主牝，至阳主牡。敢问其然乎？"孔子曰："然。吾昔闻老聃亦如汝之言。"

子夏曰："商闻《山书》曰⑮：地东西为纬，南北为经；山为积德，川为积刑；高者为生，下者为死；丘陵为牡，溪谷为牝⑯；蚌蛤龟珠与日月而盛虚⑰。是故坚土之人刚，弱土之人柔，墟土之人大⑱，沙土之人细，息土之人美，毛土之人丑⑲。食水者善游而耐寒，食土者无心而不息㉑，食木者多力而不治㉒，食草者善走而愚，食桑者有绪而蛾，食肉者勇毅而捍㉒，食气者神明而寿，食谷者智惠而巧，不食者不死而神。故曰，羽虫三百有六十，而凤为之长；毛虫三百有六十，而麟为之长；甲虫三百有六十，而龟为之长；鳞虫三百有六十，而龙为之长；倮虫三百有六十㉓，而人为之长。此乾《《之美也㉔，殊形异类之数。王者动必以道动，静必以道静，必顺理以奉天地之性，而不害其所主，谓之仁圣焉。"子夏言终而出。

子贡进曰："商之论也何如？"孔子曰："汝谓何也？"对曰："微则微矣，然则非治世之待也㉕。"孔子曰："然，各其所能㉖。"

【注释】

①奇（jī）偶：单数和双数，阳和阴。偶，原作"耦"，二字通。据四库本、同文本、玉海堂本改。事又见《大戴礼记·易本命》。

②气分（fèn）不同：王肃注："《易》主天地以生万物。言受气者各有分数，不齐同。"气分，谓人和动物所受元气的分限。

③三三如九：原脱一"三"字，据四库本、同文本、玉海堂本、备要本补。

④一主日，日数十，故人十月而生：王肃注："一主日，日从一而生。日者阳，从奇数。日数十，从甲至癸也。"

⑤偶以从奇，奇主辰，辰为月，月主马，故马十二月而生：王肃注："偶以承奇，阴以承阳，辰数十二，从子至亥也。"

⑥三主斗：王肃注："斗次日月，故三主斗。"

⑦五九四十五，五为音，音主猿，故猿五月而生：此句原脱，据四库本、同文本、玉海堂本及《大戴礼记》补。王肃注："音不过五，故五为音。"

⑧七主星：王肃注："星二十八宿为四方，方有七，故七主星也。"

⑨八主风，风为虫，故虫八月而生：王肃注："风之数尽于八，凡

虫为风，风为虫也。"八风指八方之风，而具体名称，文献记载各有不同。

⑩ 蜉蝣：一种昆虫。幼虫生活在水中，成虫为褐绿色，有四翅，生存期极短。

⑪ 介鳞：甲虫与鳞虫。王肃注："介，甲虫也。"

⑫ 龁（hé）吞：啮咬蚕食。八窍：王肃注："八窍，鸟属。"

⑬ 龃（jǔ）齚（jué）：咀嚼，用牙齿磨碎食物。

⑭ 无角无前齿者膏，有角无后齿者脂：王肃注："《淮南》取此义曰：无角者膏而无前，有角者脂而无后。膏，豚属，而脂，羊属。无前后，皆谓其锐小者也。"膏，肥，借指豚（猪）。脂，多油脂，借指牛羊。有，原作"无"，据备要本改。

⑮ 《山书》：古代一种山川地理之书，如传世的《山海经》之类，早已亡佚。

⑯ 牝（pìn）：本指鸟兽的雌性。与"牡"相对。

⑰ 蚌蛤龟珠与日月而盛虚：王肃注："月盛则蚌蛤之属满，月亏则虚。"

⑱ 墟土：丘陵之地。墟，大丘，山。

⑲ 息土之人美，毛（hào）土之人丑：王肃注："毛，耗字也。息土细致，毛土粗疏者也。"息土即肥沃的土地，毛土即瘠薄的土地。

⑳ 食土者无心而不息：王肃注："蚓属不气息也。"

㉑ 食木者多力而不治：王肃注："血气不治。《淮南子》曰：多力而弗戾，亦不治之貌者也。"食木者指熊、犀之属。

㉒ 捍：通"悍"，勇猛，强悍。

㉓ 倮（luǒ）虫：身无羽毛鳞甲的动物。倮，同"裸"。

㉔ 乾巛（kūn）：同"乾坤"。王肃注："乾，天。巛，地。"

㉕ 待：须，需要。

㉖ 然，各其所能：王肃注："孔子曰然，子贡治世不待世事，世事之急，然亦各其所知能也。"

【译文】

子夏请教孔子说："卜商我听说，在《易》理之中，产生人类和万物鸟兽昆虫，各有单数和双数，所禀受元气的分限不同，但一般的人弄不明白这个情况，只有德行通达的人能够得知其中的本源。天为一，地为二，人为三，三三得九，九九八十一，一主象天干，天干数有十。所以人怀胎十个月后出生。八九七十二，是双数承接奇数，奇数主象地支，地支主象月份，月份主象马，所以马怀胎十二个月后出生。七九六十三，三主象北斗，北斗主象狗，所以狗怀胎三个月后出生。六九五十四，四主象四时，四时主象猪，所以猪怀胎四个月后出生。五九四十五，五主五音，五音主象猿，所以猿怀胎五个月后出生。四九三十六，六主六律，六律主象鹿，所以鹿怀胎六个月后出生。三九二十七，七主象星宿，星宿主象虎，所以虎怀胎七个月后出生。二九一十八，八主象八风，八风主象虫，所以虫经过八个月后化成。其余动物也都是根据自己的类别生成。鸟、鱼生于阴处，但却飞游于阳处，所以都是卵生。鱼在水中游，鸟在云中飞，所以立冬时燕雀飞至海上，化为蚌蛤。蚕光吃不喝，蝉光喝不吃，蜉蝣不喝不吃，可见万物各不相同。长有鳞甲的动物夏天进食而冬天蛰伏，啮咬吞食的动物长有八个器官而卵生，咀嚼食物的动物长有九个器官而胎生，长有四只脚的动物没有羽毛和翅膀，长有角的动物牙齿小，没有角且前齿小的动物长得肥，有角而后齿小的动物身上多油脂，白天出生的像父亲，夜里出生的像母亲，因此极阴的地方主象牝，极阳的地方主象牡。请问是这样吗？"孔子说："是的。我过去听老聃讲的也和你说的一样。"

子夏说："卜商我见《山书》中写道：大地东西方向为纬，南北方向为经；山是积累德行的表现，河是积累刑罚的表现；居高象征着生，居下象征着死；丘陵代表着牡，溪谷代表着牝；蚌蛤龟珠随日月变化而或多或少。因此坚硬土地上的人刚强，松软土地上的人柔弱，丘陵土地上的人高大，沙质土地上的人瘦小，肥沃土地上的人美丽，粗疏土地上的人丑陋。以水中之物为食的动物擅长游泳且禁得住寒冷，以泥土为食的动物没有心脏但却用不着呼吸，以树木为食的动物力气很大但却难以驯服，以草为食的动物善于奔跑但却生性愚笨，以桑叶为食的动物能够吐丝而且变成飞蛾，食肉动物勇敢坚毅却性情凶悍，食用元气的人神明而且长寿，吃粮食的动物富有智慧而且灵巧，不吃东西的动物不死而且神灵。所以说，长有羽翼的动物三百六十种，而凤凰居于首位；长有皮毛的动物三百六十种，而麒麟居于首位；长有甲壳的动物三百六十种，而龟居于首位；长有鳞片的动物三百六十种，而龙居于首位；不长羽毛鳞甲的动物三百六十种，而人居于首位。这就是天地的美妙之处，不同形貌和类别的事物的不同气数。称王的人有所行动必须顺应天道，居安守静也必须顺应天道，一定要服从公理而遵循天地的特性，不伤害它们所主象的事物，这叫做仁圣。"子夏说完就出去了。

子贡上前问道："卜商说得怎么样?"孔子反问："你觉得怎么样?"子贡答道："微妙是微妙，但却不是太平盛世所需要的。"孔子说："对，不过还是应发挥各自的才能。"

本命解第二十六

【原文】

鲁哀公问于孔子曰:"人之命与性何谓也?"孔子对曰:"分于道,谓之命①;形于一,谓之性②;化于阴阳,象形而发,谓之生;化穷数尽,谓之死。故命者,性之始也;死者,生之终也。有始则必有终矣。人始生而有不具者五焉:目无见,不能食,不能行,不能言,不能化③。及生三月而微煦④,然后有见;八月生齿,然后能食;三年颐合⑤,然后能言;十有六而精通,然后能化。阴穷反阳,故阴以阳变;阳穷反阴,故阳以阴化。是以男子八月生齿,八岁而龀⑥。女子七月生齿,七岁而龀,十有四而化。一阳一阴,奇偶相配⑦,然后道合化成。性命之端,形于此也。"

公曰:"男子十六精通,女子十四而化,是则可以生民矣。而礼,男子三十而有室,女子二十而有夫也,岂不晚哉?"孔子曰:"夫礼言其极,不是过也。男子二十而冠,有为人父之端;女子十五许嫁,有适人之道。于此而往,则自婚矣。群生闭藏乎阴,而为化育之始⑧。故圣人因时以合偶男女⑨,穷天数之极⑩。霜降而妇功成,嫁娶者行焉⑪。冰泮而农桑起,婚礼而杀于此⑫。男子者,任天道而长万物者也。知可为,知不可为;知可言,知不可言;知可行,知不可行者。是故审其伦而明其别,谓之知,所以效匹夫之听也⑬。女子者,顺男子之教而长其理者也⑭。是故无专制之义,而有三从之道,幼从父兄,既嫁从夫,夫死从子,言无再醮之端⑮，教令不出于闺门，事在供酒食而已，无阃外之非仪也⑯，不越境而奔丧，事无擅为，行无独成，参知而后动⑰，可验而后言，昼不游庭，夜行以火，所以效匹妇之德也。"

孔子遂言曰："女有五不取⑱：逆家子者⑲，乱家子者⑳，世有刑人子者㉑，有恶疾子者㉒，丧父长子㉓。妇有七出、三不去。七出者㉔，不顺父母者㉕，无子者㉖，淫僻者㉗，嫉妒者㉘，恶疾者㉙，多口舌者㉚，窃盗者㉛。三不去者，谓有所取无所归，与共更三年之丧，先贫贱后富贵。凡此，圣人所以顺男女之际，重婚姻之始也。"

【注释】

① 分于道，谓之命：王肃注："分于道，谓始得为人，故下句云性命之始。"分，制，决定。事又见《大戴礼记·本命》。

② 形于一，谓之性：王肃注："人各受阴阳以刚柔之性，故曰形于一也。"

③ 化：生，生育。

④ 煦（xù）：王肃注："煦，睛转也。"即眼睛转动。

⑤ 顋（sāi）：同"腮"。

⑥ 齓（chèn）：同"龀"，换牙，脱乳齿换长恒齿。四库本、同文本、玉海堂本即作"龀"。

⑦ 奇偶相配：王肃注："阳，奇数。阴，偶数。"

⑧ 群生闭藏乎阴，而为化育之始：王肃注："阴为冬也。冬藏物而为化育始。"

⑨ 女：原作"子"，据陈本改。

⑩ 之：原作"也"，据陈本改。

⑪ 霜降而妇功成，嫁娶者行焉：王肃注："季秋霜降，嫁娶者始于此。《诗》云：'将子无怒，秋以为期'也。"

⑫ 冰泮（pàn）而农桑起，婚礼而杀于此：王肃注："泮，散也。正

月农事起，蚕者采桑，婚礼始杀，言未止也。至二月农事始起，会男女之无夫家者奔者，期尽此月故也。《诗》云：'士如归妻，迨冰未泮。'言如欲使妻归，当及冰未泮散之盛时。"泮，散，融解。杀，止，断绝。

⑬ 效：明，显明。听：王肃注："听，宜为德。"

⑭ 顺男子之教而长其理者：王肃注："为男子长养其理也。"

⑮ 言无再醮（jiào）之端：王肃注："始嫁言醮。礼无再醮之端，统言无改事人也。"

⑯ 无阃（kǔn）外之非仪也：王肃注："阃，门限。妇人以自专，无阃外之威仪。《诗》云：'无非无仪，酒食是议。'"阃外，指家庭之外。

⑰ 参知：验证确知。参，检验，考索验证。

⑱ 女有五不取：王肃注："逆家子也，乱家子也，世有刑人子也，世有恶疾子也，丧父长子也。此五者皆不取也矣。"取，取妻，后多作"娶"。

⑲ 逆家子者：王肃注："谓其逆德。"

⑳ 乱家子者：王肃注："谓其乱伦。"

㉑ 世有刑人子者：王肃注："谓其弃于人也。"刑人，指因罪而遭受墨、劓、宫、刖、髡等刑罚者。

㉒ 有恶疾子者：王肃注："谓其弃于天也。"恶疾，谓难以医治的疾病，一般指哑、聋、盲、疠（恶疮）、秃、跛、伛（驼背）。

㉓ 丧父长子者：王肃注："谓其无受命也。"

㉔ 七出者：王肃注："不顺父母，出；无子，出；淫僻，出；恶疾，出；嫉妒，出；多口舌，出；窃盗，出。"

㉕ 不顺父母者：王肃注："谓其逆德也。""母"下原衍一"出"字，据陈本删。

㉖ 无子者：王肃注："谓其绝世也。"

㉗ 淫僻者：王肃注："谓其乱族也。"

㉘ 嫉妒者：王肃注："谓其乱家也。"

㉙ 恶疾者：王肃注："谓其不可供粢盛也。"

㉚ 多口舌者：王肃注："谓其离亲也。"
㉛ 窃盗者：王肃注："谓其反义也。"

【译文】

鲁哀公问孔子说："人的命和性指的是什么？"孔子答道："为天道所决定的，叫做命；通过同一途径而形成的，叫做性；随着阴阳变化，根据它们的形象产生的，叫做生；造化和命数穷尽，叫做死。因而命是性的开始，死是生的终止。有开始就必然有终止。人刚生下来时身体存在不完备之处，一般表现在五个方面：眼睛看不见，不能吃饭，不能行走，不能说话，不能生育。人在出生后三个月时眼睛能够稍微转动，然后能够看见东西；八个月时开始长牙齿，然后能够吃饭；三岁时腮颊长合，然后能够说话；十六岁时精气通畅，然后能够生育。阴到了极点就会反归到阳，所以阴由于得阳而变化；阳到了极点就会反归到阴，所以阳由于得阴而变化。因此男子八个月的时候开始长牙，八岁的时候开始换牙。女子七个月的时候开始长牙，七岁的时候开始换牙，十四岁的时候可以生育。一阳一阴，奇数和偶数相配，然后合于天地之道，成就生育之功。性和命的开端，就表现在这里。"

哀公问："男子十六岁时精气通畅，女子十四岁时能够生育，这样就可以繁殖人口了。但男子三十岁时才能有家室，女子二十岁时才能有丈夫，这难道不是太晚了吗？"孔子说："礼制上规定的是最大极限，只要不超过就行了。男子二十岁加冠，开始做为人父亲的事情；女子十五岁许嫁男子，开始有事奉别人的义务。从这个年龄往上，可以自行确定婚龄。众多生物都藏伏于冬季，这时候也是生养活动的开始。因而圣人根据时节使男女合婚，以不致超过上天历运的极限。到了霜降的时候，妇人把应做的事情做完，嫁娶的人也就开始行动起来了。到冰雪融化的时候，农桑、蚕桑活动开始进行，婚礼之事也就于此结束了。男子是遵行天道而长养万物的人。他们懂得什么事可以去做，也懂得什么事不可以去做；懂得什么话可以去说，也懂得什么话不可以去说；懂得什么事能够成功，也懂得什么事不能够成功。所以能够详察人际关系而明白其间的区别，就称为聪明，这是用来显明一般男子的德行的。女子是顺从男子的教诲而帮助他们增益义理的。所以她们没有擅断的理由，而有三从的准则，年少时听命于父亲和兄长，出嫁后听命于丈夫，丈夫死后听命于儿子，这是说她们不能有再嫁的事情，她们的教令不出于内室之门，要做的事情只不过是供奉酒食而已，没有家庭之外不遵守礼仪的举动，不越过国境奔丧，做事不擅自而为，外出不独自成行，验证确知后再行动，能够有所验证才说话，白天不在庭院游观，夜间走路要用火炬照亮，这是为了显明一般妇女的德行。"

孔子于是说："有五种女子不能娶：家庭叛逆的孩子，家中淫乱的孩子，祖上曾受过刑罚的孩子，患有病残的孩子，父亲去世而自己又是长女的那些孩子。对妇女还有七出、三不去的规定。七出包括不顺从父母，没有儿子，淫乱邪僻，心怀嫉妒，身患残疾，胡乱说话而挑拨离间，盗窃财物。三不去的情况是指有人娶而无处可归，与丈夫一同守丧三年，丈夫原先贫贱而后来富贵。这些都是圣人为了理顺男女之间的关系，让人们重视婚姻这一人伦的开端而制定的。"

【原文】

孔子曰："礼之所以象五行也①，其义四时也，故丧礼有举焉，有恩有义，有节有权②，其恩厚者其服重，故为父母斩衰三年③，以恩制者也。门内之治恩掩义，门外之治义掩恩。资于事父以事君，而敬同。尊尊贵贵，义之大也。故为君亦服衰三年，以义制者也。三日而食，三月而沐，期而练④，毁不灭性，不以死伤生，丧不过三年，齐衰不补⑤，坟墓不修，除服之日鼓素琴⑥，示民有终也。凡此以节制者也。资于事父以事母，而爱同。天无二日，国无二君，家无二尊以治之，故父在为母齐衰期者，见无二尊也。

百官备，百物具，不言而事行者，扶而起⑦；言而后事行者，杖而起⑧；身自执事行者，面垢而已⑨。此以权制者也。亲始死，三日不怠，三月不懈，期悲号，三年忧，哀之杀也。圣人因杀以制节也。"

【注释】

① 礼之所以象五行也：王肃注："服之制有等。"事又见《大戴礼记·本命》《礼记·丧服四制》。

② 有恩有义，有节有权：王肃注："所以举象四时。"

③ 斩衰（cuī）：五种丧服中最重的一种。用极粗的生麻布制成，不缉边（斩），以示无饰，服期三年。衰，通"缞"。

④ 期（jī）：一周年。练：本指把丝麻或布帛煮得柔软洁白，此指死者周年时举行的练祭。可穿用练过的布帛，故名。

⑤ 齐（zī）衰：五服之一，次于斩衰。服用粗麻布做成，下部缉边（齐）。服期有一年的，也有五个月、三个月的。

⑥ 素琴：没有装饰的琴。

⑦ 不言而事行者，扶而起：王肃注："谓天子、诸侯也。"

⑧ 言而后事行者，杖而起：王肃注："卿大夫、士也。"

⑨ 身自执事行者，面垢而已：王肃注："谓庶人也。"

【译文】

孔子说："礼制是用来效法五行的，道义则是效法四时的，所以举行丧礼的时候，要有恩情有道义，有节制有变通，恩情厚重的，所穿丧服也要重，所以要为父母穿用斩衰之服，丧期三年，这是考虑到恩情而制定的。在家庭之内要多讲恩情而少讲道义，在家庭之外要多讲道义而少讲恩情。借鉴于事奉父亲的举动来事奉君主，但恭敬的程度则是相同的。尊崇尊者，推重贵者，这是义理中的重要原则。所以为君主也要服丧三年，这是考虑到道义而制定的。死者死后三天可以吃饭，三个月可以洗浴，周年时可以穿用练过的布帛，哀毁过度而使身体有损但却不能毁灭心性，不能因为死者而损害活着的人，丧期不超过三年，齐衰之服破损了也不用缝补，坟墓也用不着培土整修，服期结束那日要用没有装饰的琴弹奏，以便告诉人们服丧有终尽的时候。这些都是考虑到有所节制而制定的。借鉴于事奉父亲的举动来事奉母亲，但亲爱的程度是相同的。天上不能有两个太阳，国家不能有两个国君，家庭不能有两个至尊来治理，所以父亲在世时母亲去世，要为母亲穿齐衰丧服一年，以显示不能有两个至尊。料理丧事的众官员和所需物品都齐备，不用发话事情就有人处理的，要哀痛到自己站立不起来而经人搀扶而起才行；发话以后才有人办事的人，要哀痛到能拄着丧杖站起来为止；靠自己料理丧事的，只需蓬头垢面表示哀伤即可。这些都是考虑到权变而制定的。双亲刚去世，三天内不废怠，三个月内不松懈，周年时悲痛哭号，三年后只要内心忧伤即可，这就到了哀痛结束的时候了。圣人考虑到结束丧期来制定关于丧事的礼节。"

论礼第二十七

孔子闲居，子张、子贡、言游侍。论及于礼，孔子曰："居！汝三人者，吾语汝以礼周流无不遍也。"

子贡越席而对曰："敢问如何？"子曰："敬而不中礼，谓之野；恭而不中礼，谓之给①；勇而不中礼，谓之逆。"子曰："给夺慈仁②。"

子贡曰："敢问将何以为此中礼者？"子曰："礼乎！夫礼，所以制中也。"子贡退。

言游进曰："敢问礼也，领恶而全好者与③？"子曰："然。"子贡问："何也？"子曰："郊社之礼，所以仁鬼神也；禘尝之礼④，所以仁昭穆也⑤；馈奠之礼⑥，所以仁死丧也；射飨之礼⑦，所以仁乡党也⑧；食飨之礼⑨，所以仁宾客也。明乎郊社之义、禘尝之礼，治国其如指诸掌而已。是故，居家有礼，故长幼辨；以之闺门有礼，故三族和⑩；以之朝廷有礼，故官爵序；以之田猎有礼，故戎事闲⑪；以之军旅有礼，故武功成。是以宫室得其度，鼎俎得其象，物得其时，乐得其节，车得其轼，鬼神得其享，丧纪得其哀，辩说得其党⑫，百官得其体⑬，政事得其施⑭。加于身而措于前，凡众之动，得其宜也。"言游退。

子张进曰："敢问礼何谓也？"子曰："礼者，即事之治也。君子有其事，必有其治。治国而无礼，譬犹瞽之无相⑮，伥伥乎何所之⑯？譬犹终夜有求于幽室之中⑰，非烛何以见？故无礼则手足无所措，耳目无所加，进退揖让无所制。是故，以其居处，长幼失其别，闺门三族失其和，朝廷官爵失其序，田猎戎事失其策，军旅武功失其势，宫室失其度，鼎俎失其象，物失其时，乐失其节，车失其轼，鬼神失其享，丧纪失其哀，辩说失其党，百官失其体，政事失其施。加于身而措于前，凡动之众失其宜。如此，则无以祖洽四海⑱。"

子曰："慎听之！汝三人者，吾语汝：礼犹有九焉，大飨有四焉⑲。苟知此矣，虽在畎亩之中，事之，圣人矣⑳。两君相见㉑，揖让而入门，入门而悬兴㉒；揖让而升堂，升堂而乐阕㉓；下管象舞，夏籥序兴㉔；陈其荐俎，序其礼乐，备其百官㉕。如此而后，君子知仁焉。行中规㉖，旋中矩㉗，銮和中。《采荠》㉘，客出以《雍》㉙，彻以《振羽》㉚。是故君子无物而不在于礼焉。入门而金作，示情也㉛；升歌《清庙》，示德也㉜；下管象舞，示事也㉝。是故，古之君子，不必亲相与言也，以礼乐相示而已。夫礼者，理也；乐者，节也。无礼不动，无节不作。不能《诗》，于礼谬㉞；不能乐，于礼素㉟；于德薄，于礼虚㊱。"

子贡作而问曰："然则夔其穷与㊲？"子曰："古之人与！上古之人也，达于礼而不达于乐，谓之素；达于乐而不达于礼，谓之偏㊳。夫夔达于乐而不达于礼，是以传于此名也㊴。古之人也。凡制度在礼，文为在礼，行之其在人乎！"三子者，既得闻此论于夫子也，焕若发矇焉㊵。

【注释】

①给（jǐ）：捷给，敏捷。事又见《礼记·孔子闲居》。

②给夺慈仁：王肃注："巧言、足恭、捷给之人似仁非仁，故言给夺慈仁。"

③领：王肃注："领，理。"

④ 禘（dì）尝之礼：禘礼与尝礼。周礼，夏祭曰禘，秋祭曰尝。泛指天子、诸侯岁时祭祖的大典。

⑤ 昭穆：此处泛指先祖。

⑥ 馈奠之礼：指丧事中祭奠的礼仪。

⑦ 射飨之礼：指乡射礼和乡饮酒礼。飨，谓乡人相聚宴饮。

⑧ 乡党：同乡，乡亲。

⑨ 食（sì）飨之礼：食礼和飨礼。以酒食宴请宾客。

⑩ 三族：指父、子、孙。

⑪ 闲：习，熟习。

⑫ 党：王肃注："党，类。"

⑬ 体：原作"礼"，据四库本、同文本、玉海堂本、备要本及《礼记》改。

⑭ 政事得其施：王肃注："各得其所宜施行之。"

⑮ 相：指导引盲者的人。

⑯ 伥（chāng）伥：迷茫不知所措貌。

⑰ 幽：昏暗，阴暗。

⑱ 无以祖洽四海：王肃注："祖，始也。洽，合。无礼则无以为众法，无以合聚众。"

⑲ 礼犹有九焉，大飨有四焉：王肃注："语汝有九，其四大飨，所以待宾之礼。其五动静之威仪也。"大飨，谓诸侯相飨即相互宴请。

⑳ 虽在畎（quǎn）亩之中，事之，圣人矣：王肃注："在畎亩之中，犹焉为圣人。"畎亩，田地，田间。

㉑ 君：原作"军"，据陈本及《礼记》改。

㉒ 悬兴：谓奏钟磬之类的乐器。悬，悬挂的钟磬等乐器。王肃注："兴，作乐。一也。"

㉓ 乐阕（què）：乐终。阕，止，终止。王肃注："二也。"

㉔ 下管象武，夏籥（yuè）序兴：王肃注："下管，堂下吹管。象，武舞也。夏，文舞也，执籥。籥如笛，序以更作。三也。"籥，一种管

乐器，似笛，象编管之形，可执作舞具。

㉕ 陈其荐俎，序其礼乐，备其百官：王肃注："四也。所以大飨有四也。"

㉖ 行中规：王肃注："五也。"

㉗ 旋中矩：王肃注："六也。"

㉘ 銮和中《采荠（jì）》：王肃注："《采荠》，乐曲名，所以为和銮之节。七也。"和銮，车上的铃铛。挂在车前横木上称和，挂在轭（马具，套在马的颈部）首或车架上称銮。銮，或作"鸾"。

㉙ 客出以《雍》：王肃注："《雍》，乐曲名，在《周颂》。八也。"

㉚ 彻以《振羽》：王肃注："亦乐曲名。九也。"

㉛ 入门而金作，示情也：王肃注："金既鸣声，终始若一，故以示情也。"金，八音之一，指钲、钟一类金属打击乐器。

㉜ 升歌《清庙》，示德也：王肃注："《清庙》，所以颂文王之德也。"《清庙》，在《诗·周颂》中，为周天子祭祀文王的乐歌。

㉝ 下管象舞，示事也：王肃注："凡舞象事。"

㉞ 不能《诗》，于礼谬：王肃注："《诗》以言礼。"

㉟ 素：王肃注："素，质。"

㊱ 于德薄，于礼虚：王肃注："非其人，则礼不虚行。"

㊲ 然则夔其穷与：王肃注："言达于乐而不达于礼者也。"

㊳ 达于乐而不达于礼，谓之偏：王肃注："达，谓遍有所达，非殊。"

㊴ 传于此名也：王肃注："言达于乐多，故遂传名乐。"

㊵ 发矇（méng）：使盲人眼睛复明。喻启发蒙昧，开阔眼界。

【译文】

孔子在家闲居，子张、子贡、言游在旁边侍奉。谈论到礼，孔子说："你们三个人坐下！我告诉你们怎样使礼运用到天下任何地方和场合。"

子贡越过座席，就此问道："请问先生，怎样做才行呢？"孔子说："敬重而不合于礼，叫做粗野；恭谨而不合于礼，叫做捷给；勇敢而不合于礼，叫做悖逆。"孔子又说："捷给会毁掉仁慈。"

子贡问："请问怎样做才能合于礼呢？"孔子说："礼呀！礼呀！只有礼才能使一切恰到好处。"子贡退下。

言游上前问道："请问礼就是治理坏的而保全好的吗？"孔子说："是的。"子贡问："为什么呢？"孔子说："郊祭、社祭的意义，在于使鬼神得到仁爱；禘祭和尝祭的礼仪，用以使先祖得到仁爱；馈食和祭奠的礼仪，在于使死者得到仁爱；乡射、乡饮酒的礼仪，在于使同乡得到仁爱；食礼和飨礼，在于使宾客得到仁爱。明白了郊祭、社祭的意义和禘祭、尝祭的礼仪，那么治理国家就如同在手掌上指划一样了。因此，居家有礼，于是长辈、晚辈就分清了；进而到家族有礼，于是父、子、孙三族就和睦了；进而到朝廷有礼，于是官品、爵位就井然有序了；进而到田猎有礼，于是战事就熟习了；进而到军队有礼，于是战功就成就了。所以宫室有适当的尺度，鼎俎等礼器有法定的形制，万物能适时生长，音乐能合于节拍，车子有合适的车前横木，鬼神得到各自应得的供飨，丧事中有适度的悲哀，辩论中有拥护者，官吏们做事得体，政策得以顺利实施。自身很好地行礼并起到前导作用，任何举动都能做得合适。"言游退到一旁。子张又上前问道："请问礼指的是什么呢？"孔子说："礼就是做事的方法。君子做事，一定要有自己的方法。治理国家而没有礼，好像是盲人失去了导引者，迷迷茫茫能走到哪里去呢？好像整夜在黑暗的房子里找东西，没有烛光能看见什么呢？所以没有礼，手足不知该怎么放置，耳朵、眼睛听不进、看不见什么，进退揖让也不明白怎样把握尺度。这样居处时长辈、晚辈没有了分别，家族内父、子、孙三族失去了和睦，朝廷官爵失去了秩序，田猎和战事缺少计策，军队作战缺少气势，宫室没有了固定尺度，鼎俎等礼器没有了法定形制，万物得不到合适的生长时节，音乐没有了节拍，车子没有了合适的车前横木，鬼神得不到供飨，丧事中缺少适度的悲哀，辩论中失去了拥护者，官吏们做事不得体，政策得不到顺利实施。自身不能很好地行礼更不能起到前导作用，一切举动都不合适了。这样，就无法聚合天下民众。"

孔子说："你们三个人仔细听着！我告诉你们，除了上面说的，还有九个方面的礼，其中四个方面为大飨之礼。如果能做到这些，即使是田里干活的农夫，也可以成为圣人。两国国君相见，彼此拱手谦让着进入大门，进门时钟磬之乐奏响；彼此拱手谦让着登上厅堂，登堂后音乐终止；堂下管乐奏起，跳起武舞，文舞也伴随着籥声依照次序出场；陈列供献的食品，排列礼乐的顺序，办事官吏安排齐备。这样，君子就懂得了仁爱。进退合乎规矩，銮和合于《采荠》之乐，宾客离开时奏《雍》，撤宴时奏《振羽》。因此君子所做的事情没有不合于礼的。宾客进门而敲击金属乐器，为的是表达彼此的情谊；登堂而歌唱《清庙》，为的是昭示先祖的德行；堂下奏管乐，跳武舞，为的是显示先祖的事功。所以，古时的君子，不必相互说谦让的话，彼此的情感通过礼乐就可以表达了。礼就是理，乐就是节。不合于礼的事不做，不合于节的事不干。不懂得《诗经》，行礼时就会出错；不懂得乐，行礼时就不隆重；德行浅薄，行礼时就会虚假。"

子贡站起来问："这样说来，夔对于礼就完全不通吗？"孔子说："你说的是一位古时的人啊！对于上古时候的人来说，精通礼而不精通乐，叫做素；精通乐而不精通礼，叫做偏。夔精通乐而不精通礼，因而他的名字还能够传于后世。他毕竟是古时的人。一切制度都在礼的规定之内，一切修饰的行为也都在礼的规定之内，而具体去做，还是要靠人们自己啊！"三个弟子从孔子那里听到这一番教诲，眼前一亮，如同盲人复明一样。

【原文】

子夏侍坐于孔子，曰："敢问《诗》云'恺悌君子，民之父母'，何如斯可谓民之父母？"孔子曰："夫民之父母，必达于礼乐之源，以致五至而行三无①，以横于天下②。四方有败③，必先知之。此之谓民之父母。"

子夏曰："敢问何谓五至?"孔子曰："志之所至④，诗亦至焉；诗之所至，礼亦至焉；礼之所至，乐亦至焉；乐之所至，哀亦至焉。诗礼相成，哀乐相生。是以正明目而视之，不可得而见；倾耳而听之，不可得而闻。志气塞于天地，行之充于四海。此之谓五至矣。"

子夏曰："敢问何谓三无?"孔子曰："无声之乐，无体之礼，无服之丧，此之谓三无。"子夏曰："敢问三无，何诗近之?"孔子曰："'夙夜基命宥密'⑤，无声之乐也；'威仪逮逮，不可选也'⑥，无体之礼也；'凡民有丧，扶伏救之'⑦，无服之丧也。"

子夏曰："言则美矣大矣! 言尽于此而已?"孔子曰："何谓其然? 吾语汝，其义犹有五起焉⑧。"子夏曰："何如?"孔子曰："无声之乐，气志不违；无体之礼，威仪迟迟⑨；无服之丧，内恕孔悲。无声之乐，所愿必从；无体之礼，上下和同；无服之丧，施及万邦。既然，而又奉之以三无私而劳天下，此之谓五起。"

子夏曰："何谓三无私?"孔子曰："天无私覆，地无私载，日月无私照。其在《诗》曰：'帝命不违，至于汤齐。汤降不迟，圣敬日跻。昭假迟迟，上帝是祇，帝命式于九围。'⑩是汤之德也。"子夏蹴然而起⑪，负墙而立，曰："弟子敢不志之?"

【注释】

①　至：谓至于民。事又见《礼记·孔子闲居》。

②　横：充，充塞。

③　败：谓灾祸。

④　志：谓恩意。

⑤　"夙夜基命宥密"：见《诗经·周颂·昊天有成命》。王肃注："夙夜，恭也。基，始也。命，信也。宥，宽也。密，宁也。言以行与民信。五教在宽，民以安宁，故谓之无声之乐也。"

⑥"威仪逮（dì）逮，不可选也"：见《诗经·邶风·柏舟》。逮逮，今本《毛诗》作"棣棣"，娴雅庄重貌。

⑦"凡民有丧，扶伏救之"：见《诗经·邶风·谷风》。扶伏，今本《毛诗》作"匍匐"，手足并用，手忙脚乱貌。

⑧起：犹"发"，谓由内以发于外，由近以及于远。

⑨迟迟：舒缓，从容不迫貌。

⑩"帝命不违"至"帝命式于九围"：见《诗经·商颂·长发》。帝命不违，至于汤齐，王肃注："至汤与天心齐。"汤降不迟，圣敬日跻（jī），王肃注："不迟，言疾。跻，升也。汤疾行下人之道，其圣敬之德日升闻也。"圣德，圣明恭敬之德。昭假迟迟，上帝是祗（zhī），王肃注："汤之威德，昭明遍至，化行宽舒，迟迟然，故上帝敬其德。"昭假，昭告，明告。祗，敬，恭敬。帝命式于九围，王肃注："九围，九州也。天命用于九州，谓以为天下王。"

⑪蹶（guì）然：疾起貌。

【译文】

子夏陪孔子坐着，说："请问《诗经》里说'平易近人的君子，你是百姓的父母'，怎样做才能称得上百姓的父母呢？"孔子说："百姓的父母，必须通晓礼乐的来源，做到五至而施行三无，让它们充塞天下。任何地方发生了灾祸，必须要首先了解到。这样的人才能叫做百姓的父母。"

子夏问："请问什么叫做五至？"孔子说："君主恩意既然落实到百姓身上，诗也应该有所反映；既然诗有所反映，礼也应该有所显示；既然礼有所反映，乐也应该有所表现；既然乐有所表现，哀也应该做得到。诗与礼相辅相成，哀与乐交互而生。因此睁大眼睛看它，看不到；侧着耳朵听它，也听不到。恩意之气充塞于天地之间，实行起来能遍及各地。这就叫做五至。"

子夏问："请问什么叫做三无？"孔子说："没有声音的音乐，没有仪式的礼节，没有服制的丧事，这就叫做三无。"子夏问："请问对三无来说，什么诗最接近它的含义？"孔子说："'早晚恭敬，待民宽信，民得安宁'，这是无声之乐；'朝廷礼仪虽庄重，但却不可去选中'，这是无体之礼；'凡是百姓有丧事，手忙脚乱救助之'，这是无服之丧。"

子夏说："这些话太美妙太伟大了！先生要说的就到此为止了吗？"孔子说："怎么能这样说呢？我告诉你，应该做的还有五起。"子夏问："五起是指什么？"孔子说："无声之乐，不违背个人心愿；无体之礼，态度从容不迫；无服之丧，富有同情心，内心确为死者感到非常悲伤；无声之乐，使个人心愿满足；无体之礼，使上下和睦同心；无服之丧，能够使德行施于天下。有了这些，再遵行三无私，为天下操劳，这就叫做五起。"

子夏又问："什么叫做三无私？"孔子说："像上天无私地覆盖大地，像大地无私地负载万物，像日月无私地照耀各地。这体现在《诗经》里就是：'上帝之命不违逆，到了商汤更齐一。下人之道汤行疾，圣敬声名速升起。昭明遍至不迫急，上帝对其表敬意，命把九州来治理。'这就是商汤的德行。"子夏听了猛然站起来，靠墙站立着，说："弟子我怎敢不牢记先生这一番教诲呢？"

卷 七

观乡射第二十八

【原文】

　　孔子观于乡射，喟然叹曰："射之以礼乐也。何以射，何以听，循声而发①，而不失正鹄者②？其唯贤者乎！若夫不肖之人，则将安能以求饮③？《诗》云：'发彼有的，以祈尔爵。'④祈，求也。求所中，以辞爵⑤。酒者，所以养老，所以养病也。求中以辞爵，辞其养也。是故士使之射而弗能，则辞以病，悬弧之义⑥。"

　　于是退而与门人习射于瞿相之圃⑦，盖观者如堵墙焉。射至于司马，使子路执弓矢出列延⑧，谓射之者曰："奔军之将，亡国之大夫，与为人后者⑨，不得入。其余皆入。"盖去者半。

　　又使公罔之裘、序点扬觯而语曰⑩："幼壮孝悌，耆老好礼⑪，不从流俗，修身以俟死者，在此位。"盖去者半。

　　序点扬觯而语曰："好学不倦，好礼不变，旄期称道而不乱者⑫，在此位。"盖仅有存焉。

　　射既阕，子路进曰："由与二三子者之为司马，何如？"孔子曰："能用命矣。"

【注释】

① 循声：原作"修身"，据四库本、同文本、玉海堂本及《礼记》改。事又见《礼记·郊特牲》《射义》。

② 正鹄：王肃注："正鹄，所射者也。"即箭靶的中心。

③ 饮：（箭）深入所射物体，中（箭）。

④ "发彼有的，以祈尔爵"：见《诗经·小雅·宾之初筵》。王肃注："的，实也。祈，求也。言发中的以求饮尔爵也。胜者饮不胜者。"爵，酒器。

⑤ 以辞爵：王肃注："饮彼则己不饮，故曰以辞爵也。"

⑥ 悬弧之义：王肃注："弧，弓也。男子生则悬弧于其门，明必有射事也，而今不能射，唯病可以为辞也。"

⑦ 矍（jué）相：地名，在今山东曲阜市内阙里西。圃（pǔ）：种植蔬菜、花果或苗木的绿地，周围常无垣篱。

⑧ 射至于司马，使子路执弓矢出列延：王肃注："子路为司马，故射至，使子路出延射。"司马，指行乡射礼时监督礼仪的人。欲射之前，先行乡饮酒之礼，敬酒于宾客，监礼者为司正。至于将射之时，司正转为司马。

⑨ 与为人后者：王肃注："人已有后，而又为人后，故曰与为人后者也。"

⑩ 又使公罔之裘、序点扬觯（zhì）而语：王肃注："先行射，乡饮酒，故二人扬觯。"公罔之裘、序点，皆孔子弟子。觯，酒器，主要用于乡饮酒之时。

⑪ 耆（qí）老：年老，古称 60 岁为耆。

⑫ 耄（mào）期称道而不乱：王肃注："八十、九十曰耄。言虽老而能称道而不乱也。"

【译文】

孔子观看乡射的场面，感叹地说："射箭要合于礼仪和音乐。射箭的人谁能一边射，一边听着音乐的节拍，而又射中目标呢？恐怕只有贤能的人才可以做到吧！如果是不肖的人，那怎么能射中呢？《诗经》里说：'射箭就能中靶心，以祈罚你将酒饮。'祈，就是求。祈求射中，是为了自己免受罚酒。酒是用来奉养老人和病人的。祈求射中以免受罚酒，就是辞谢别人的奉养。所以作为士来说，让他射箭而又不能去射，就要以疾病为理由推辞，这就是在家门口悬挂桑弓的意义。"

于是孔子回来与弟子在矍相之圃演习射礼，围观的人围得好像一堵墙。射礼行至司正转为司马时，孔子让子路拿着弓箭出列邀请射箭的人，说："使军队败逃的将军，丢掉封地的大夫，以及主动去做别人后嗣的人，不准进来。其余的人都可以进来。"围观的人闻听后走了一半。

孔子又让公罔之裘、序点举起酒杯说道："小时候和二三十岁时能够孝顺父母、尊敬兄长，七八十岁时笃好礼制，不盲从于世俗风气，修养身心直至老死，这样的人才有资格处在射位。"围观的人又走了一半。

序点又举起酒杯说道："喜欢学习而不厌倦，爱好行礼永不改变，八九十岁时仍能称述道义而不迷乱的人，才有资格在射位。"结果围观的人所剩无几。

射礼结束了，子路上前问孔子说："仲由我和他们几个人担任司马，做得怎么样？"孔子说："你们还能够听从命令。"

【原文】

孔子曰："吾观于乡①，而知王道之易易也②。主人亲速宾及介③，而众宾从之，至于正门之外。主人拜宾及介，而众自入。贵贱之义别矣。三揖至于阶，三让，以宾升，拜至，献酬辞让之节繁。及介升，则省矣。至于众宾，升而受爵，坐祭，立饮，不酢而降。杀之义辩矣④。工入⑤，升歌三终，主人献宾⑥；笙入三终，主人又献之⑦；间歌三终⑧，合乐三阕⑨，工告乐备而遂出⑩。一人扬觯，乃立司正焉⑪。知其能和乐而不流⑫。宾酬主人，主人酬介，介酬众宾，宾少长以齿⑬，终于沃洗者焉⑭。知其能弟长而无遗矣⑮。降，脱屦升坐⑯，修爵无算⑰。饮酒之节，旰不废朝⑱，暮不废夕⑲。宾出，主人迎送⑳，节文终遂焉。知其能安燕而不乱也。贵贱既明，降杀既辩㉑，和乐而不流，弟长而无遗，安燕而不乱，此五者足以正身安国矣。彼国安，而天下安矣。故曰：'吾观于乡，而知王道之易易也。'"

【注释】

① 乡：指乡饮酒。事又见《礼记·乡饮酒义》《荀子·乐论》。

② 易易：甚易（推行）。

③ 速：王肃注："速，召。"即敦促。宾：此指主宾。介：宾方的辅助人员，副手。

④ 杀：减，减少，减轻。据《礼记》，此字上当有"隆"字。辩：通"辨"。

⑤ 工：乐正，乐队领班。

⑥ 升歌三终，主人献宾：王肃注："《记》曰：'主人献之'。于义不得为宾也。下句'笙人三终，主人又献之'是也。歌《鹿鸣》《四牡》《皇皇者华》三篇终，主人乃献之是也。"

⑦ 笙人三终，主人又献之：王肃注："吹《南陔》《白华》《华黍》三篇终，主人献也。"

⑧ 间歌三终：王肃注："乃歌《鱼丽》，笙《由庚》；歌《南有嘉鱼》，笙《崇丘》；歌《南山有台》，笙《由仪》者也。"间，间代，谓堂上堂下一歌一吹，相代而作。

⑨ 合乐三阕：王肃注："合笙声同其音，歌《周南》《召南》三篇也。"

⑩ 工告乐备而遂出：王肃注："乐正既告备而降。言遂出，自此至去不复升也。"

⑪ 一人扬觯，乃立司正焉：王肃注："宾将欲去，故复使一人扬觯，乃立司正，主威仪，请安宾也。"

⑫ 流：失礼。

⑬ 齿：年龄的大小。

⑭ 沃洗：浇水盥洗。

⑮ 弟：少，年少。

⑯ 屦（jù）：麻、葛等制成的单底鞋。

⑰ 修爵：犹"行觞"，依次敬酒。

⑱ 旰（gàn）不废朝：王肃注："旰，晨饮早哺。废，罢。"

⑲ 夕：一种礼制，指傍晚时朝见君主。

⑳ 迎：据《礼记》，当作"拜"。

㉑ 降：据《礼记》，当作"隆"。

【译文】

孔子说："我观看乡饮酒礼，从而得知王者的教化是容易推行的。行礼之前，主人亲往邀请主宾及其副手，其他众宾客也都跟随而来，到达主人家的正门。主人拜迎主宾及其副手，然后又揖请其他宾客入内。这样高贵与卑贱就区别开了。乐正带领乐师进来，登堂演唱了三首诗歌，主人献酒给乐正；吹笙的人在堂下奏出三首诗歌的谱子，主人献酒给吹笙的人；唱歌和吹笙的人又相互交替地一吹一唱，各演出了三首诗歌，然后一唱一吹地合起来同时相和演出，各演出了三首，于是乐正报告音乐已经齐备并带领乐师走了出去。这时主人的一个下属举起酒杯以示大家可以喝酒了，大家便推举一人为司正监礼。由此可知，乡饮酒能使人和谐欢乐而不失礼。主宾先饮以劝主人饮，主人又劝主宾的副手饮，主宾的副手又劝其他宾客饮，其他宾客则按年龄的大小顺序饮，一直到负责盥洗的为止，均有酒饮。由此可知，乡饮酒时不论年龄大小都无遗漏。人们走下厅堂，脱掉鞋子后再登堂而坐，彼此劝酒，不计杯数。饮酒的程度，晨饮不至于误了早上朝见君主，晚饮不至于误了傍晚朝见君主。宾客离去，主人要拜送，按照礼仪进行到底。由此可知，乡饮酒能使人平安欢乐而不混乱。高贵与卑贱分明了，礼的隆重与减损区别了，和睦快乐而不失礼，老少都没有遗漏，平安欢乐而不混乱，有了这五个方面，就足以端正自身而安定国家。国家安定，天下也就安定了。因此我说：'我观看乡饮酒礼，从而得知王者的教化是容易推行的。'"

【原文】

子贡观于蜡①。孔子曰："赐也，乐乎？"对曰："一国之人皆若狂②，赐未知其为乐也。"孔子曰："百日之劳，一日之乐，一日之泽③，非尔所知也。张而不弛，文武弗能；弛而不张，文武弗为；一张一弛，文武之道也。"

【注释】

① 蜡（zhà）：即蜡祭。王肃注："蜡，索也。岁十有二月，索群神而祀之，今之腊也。"事又见《礼记·杂记下》。

② 一国之人皆若狂：王肃注："言醉乱也。"

③ 百日之劳，一日之乐，一日之泽：王肃注："古民皆勤苦稼穑，有百日之劳，喻久也。今一日使之饮酒焉，乐之，是君之恩泽也。"百日，多日，指较长的时间。

【译文】

子贡观看年终的蜡祭。孔子问："端木赐，你觉得有乐趣吗？"子贡回答说："全国的人都像发疯一样，我不理解这有什么乐趣。"孔子说："他们辛苦多日，才得到这一天的畅快，一天的恩泽，这不是你所能理解的。总是紧张而没有松弛，即使是周文王、武王也做不到；总是松弛而没有紧张，那又是文王、武王所不愿意做的；既有紧张，又有松弛，这才是文王、武王做事的原则。"

郊问第二十九

定公问于孔子曰："古之帝王必郊祀其祖以配天，何也？"孔子对曰："万物本于天，人本乎祖。郊之祭也，大报本反始也，故以配上帝。天垂象，圣人则之。郊所以明天道也。"

公曰："寡人闻郊而莫同，何也？"孔子曰："郊之祭也，迎长日之至也①。大报天而主日，配以月，故周之始郊，其月以日至，其日用上辛②；至于启蛰之月，则又祈谷于上帝③。此二者，天子之礼也。鲁无冬至大郊之事，降杀于天子，是以不同也。"

公曰："其言郊何也？"孔子曰："兆丘于南，所以就阳位也，于郊，故谓之郊焉④。"

曰："其牲器何如？"孔子曰："上帝之牛角茧栗⑤，必在涤三月⑥，后稷之牛唯具⑦，所以别事天神与人鬼也。牲用骍⑧，尚赤也；用犊，贵诚也⑨。扫地而祭，于其质也⑩。器用陶匏⑪，以象天地之性也⑫。万物无可称之者，故因其自然之体也。"

公曰："天子之郊，其礼仪可得闻乎？"孔子对曰："臣闻天子卜郊，则受命于祖庙，而作龟于祢宫⑬，尊祖亲考之义也⑭。卜之日，王亲立于泽宫，以听誓命，受教谏之义也⑮。既卜，献命库门之内⑯，所以诫百官也。将郊，则天子皮弁以听报⑰，示民严上也。郊之日，丧者不敢哭，凶服者不敢入国门，氾扫清路⑱，行者必止，弗命而民听，敬之至也⑲。天子大裘以黼之，被衮象天㉑，乘素车，贵其质也。旂十有二旒㉑，龙章而设以日月，所以法天也。既至泰坛㉒，王脱裘矣，服衮以临燔柴，戴冕，璪十有二旒㉓，则天数也。臣闻之，诵《诗》三百，不足以一献㉔；一献之礼，不足以大飨㉕；大飨之礼，不足以大旅㉖；大旅具矣，不足以飨帝㉗。是以君子无敢轻议于礼者也。"

【注释】

①长日：指冬至。王肃注："周人始以日至之月，冬日至而日长。"事又见《礼记·郊特牲》。

②上辛：农历每月上旬的辛日。

③至于启蛰之月，则又祈谷于上帝：王肃注："祈，求也。为农祈谷于上帝。《月令》，孟春之月，乃以元日祈谷于上帝，兼无仲冬大郊之事，至于祈农，与天子同。故《春秋传》曰：夫郊祀后稷，以祈农事也。是故启蛰而郊，郊而后耕。而说学者不知推经礼之指归，皮肤妄说，至乃颠倒神祇，变易时日，迁改兆位，良可痛心者也。"启蛰，节气名。今称惊蛰。

④兆丘于南，所以就阳位也，于郊，故谓之郊焉：王肃注："兆丘于南，谓之圆丘兆之于南郊也。然则郊之名有三焉，筑为圆丘以象天自然，故谓之圆丘。圆丘之人所造，故谓之泰坛。于南郊在南说学者谓南郊与圆丘异，若是，则《诗》《易》《尚书》谓不圜丘也，又不通。泰坛之名，或乃谓《周官》圜丘虚妄之言，皆不通典制也。"兆，划定区域设坛祭祀。

⑤茧栗：谓小牛的角初生时状如蚕茧和栗子。

⑥涤：王肃注："涤，所以养生具。"即牛牢，牛棚，因涤濯清洁，故名。

⑦后稷之牛唯具：王肃注："别祀稷时，牲亦刍之三月，配天之时献，故唯具之也。"

⑧骍（xīn）：指赤色牛。

⑨ 用犊,贵诚也:王肃注:"犊质悫,贵诚之美也。"

⑩ 扫地而祭,于其质也:王肃注:"地,圜丘之地。扫焉而祭,贵其质也。"

⑪ 陶匏(páo):陶制的尊、簋、俎豆和壶等器皿。

⑫ 以象天地之性:王肃注:"人之作物,无可称之,故取天地之性,以自然也。"

⑬ 作龟:谓用火灼龟甲,视其裂纹,以卜吉凶。祢(mí)宫:王肃注:"父庙也。受祭天之命于祖,而作龟于父庙。"

⑭ 考:对死去的父亲的称呼。

⑮ 王亲立于泽宫,以听誓命,受教谏之义也:王肃注:"泽宫,宫也。誓命,祭天所行威仪也。王亲受之,故曰受教谏之义。"

⑯ 库门:古时天子宫室有五门,库门为其最外一门。入库门则至于庙门外。

⑰ 天子皮弁以听报:王肃注:"报,白也。王夙兴朝服以待白,祭事后服衮。"

⑱ 氾(fàn)扫清路:王肃注:"氾,遍也。清路,以新土无复行也。"

⑲ 弗命而民听,敬之至也:王肃注:"以王恭敬事天,故民化之,不令而行也。"

⑳ 天子大裘以黼之,被衮象天:王肃注:"大裘为黼文也,言被之大裘,其有象天之文,故被之道路,至大坛而脱之。"大裘,天子祭天时穿的礼袍,罩于衮外。衮,天子及上公穿的绘有卷龙的礼服。

㉑ 旂(qí):同"旗"。旒(liú):旌旗上悬垂的饰物。

㉒ 泰坛:古时祭天之坛,在都城南郊。

㉓ 璪(zǎo):古时王冠前边下垂的饰物,用彩色丝线串玉而成,状如水藻。

㉔ 一献:王肃注:"祭群小祀。"

㉕ 大飨:王肃注:"大飨,祫祭先王。"

㉖ 大旅：王肃注："大旅，祭五帝也。"旅，陈列祭品而祭。

㉗ 飨帝：王肃注："飨帝，祭天。"

【译文】

鲁定公问孔子说："古时的帝王一定要郊祭祖先而让他们配享天，这是为什么？"孔子答道："万物都源于天，人都源于祖先。郊祭是为了用盛大的祭祀来报答本源的恩赐，回顾自己的由来，所以要让他们配享上帝。天将日月星辰运行显示给人间，圣人就用它作为法则。郊祭就是用来昭显天道的。"

哀公问："我听说过郊祭，但说法不同，这是为什么？"孔子说："郊祭是为了迎接长日的到来。用盛大的祭祀来报答天而以日作为祭拜的主体，并以月作为配祭，因此周朝开始郊祭时，选择月份是根据太阳由远而近地到来，把日期确定在这月上旬的辛日；到了启蛰这个月份，又祭祀上帝以祈求粮食丰收。这两种都是天子的礼仪。鲁国没有冬至盛大祭祀的事情，礼节上比天子有所减损，因而出现了不同。"

哀公问："为什么称为郊祭呢？"孔子说："在南郊划定区域设坛而祭，是为了处于阳位，因为在郊外进行，所以把它称为郊祭。"

哀公问："郊祭时供奉牺牲的器具是怎样的？"孔子说："祭祀上帝用的牛的牛角如同蚕茧和栗子，必须在清洁的牛棚里喂养三个月。祭祀后稷的牛只要形体、毛色完备即可，这是为了区别祭祀天神和祭祀人鬼的不同。牺牲用赤色的牛，这是因为周朝尚赤；牛要用牛犊，这是由于珍视它的诚信。祭祀时必须扫地，为的是取其质朴。祭器要用陶制器具，以象征天地自然的本性。万物没有什么可以称道的，因而要依循它们自然的本性。"

哀公问："天子郊祭的礼仪，可以听您讲一讲吗？"孔子回答说："臣下听说天子用龟卜确定郊祭祭时，先受命于祖庙，然后在父庙占卜，意在表示尊敬祖先，亲近死去的父亲。龟卜那天，天子亲自站在泽宫，以听取安排祭天礼仪的情况，意在表示接受教诲和劝谏。占卜以后，把礼仪安排的指示传达到库门之内，这是为了告诫众官吏抓紧准备。临近郊祭，天子戴着皮弁听取有关官吏的报告，这是为了昭示百姓严格遵守上面的命令。郊祭那天，有丧事的人不敢哭泣，穿丧服的人不敢进入都城的城门，各处普遍清扫，路面换上新土，走路的人必须止步，不等上面的命令而百姓就已经照办了，这是因为天子极为恭敬地祭天而起的表率作用。天子身披祭天礼袍，上有黑白相间的花纹，穿着绘有卷龙的礼服以象征上天的运行，乘坐没有金玉装饰的车子，这是表示珍视它的质朴。打的旗帜悬垂着十二个装饰物，旗帜上绘有龙形并按照日月的形象设计，这是表示效法天道。到了泰坛以后，天子脱掉礼袍，穿着礼服亲临烧柴，戴着王冠，冠前下垂着有十二个装饰物的玉璪，象征着天时的十二个月。臣下我听说，只要没学过行礼，即使能诵读《诗》三百，也不足以行一献之祭；学得一献之祭，也不足以行大飨之礼；学得大飨之礼，也不足以行大旅之礼；全部学得大旅之礼，也不足以行祭天之礼。所以君子不敢轻率地议论礼制。"

五刑解第三十

　　冉有问于孔子曰："古者三皇、五帝不用五刑①，信乎？"孔子曰："圣人之设防，贵其不犯也；制五刑而不用，所以为至治也。凡夫之为奸邪、窃盗、靡法②、妄行者，生于不足，不足生于无度。无度，则小者偷盗，大者侈靡，各不知节。是以上有制度，则民知所止，民知所止则不犯。故虽有奸邪、贼盗、靡法、妄行之狱，而无陷刑之民。不孝者生于不仁，不仁者生于丧祭之无礼也③。明丧祭之礼，所以教仁爱也。能教仁爱，则丧思慕，祭祀不解人子馈养之道④。丧祭之礼明，则民孝矣。故虽有不孝之狱，而无陷刑之民。杀上者生于不义。义所以别贵贱，明尊卑也。贵贱有别，尊卑有序，则民莫不尊上而敬长。朝聘之礼者，所以明义也。义必明，则民不犯。故虽有杀上之狱，而无陷刑之民。斗变者⑤，生于相陵；相陵者，生于长幼无序而遗敬让⑥。乡饮酒之礼者，所以明长幼之序而崇敬让也。长幼必序，民怀敬让。故虽有斗变之狱，而无陷刑之民。淫乱者，生于男女无别；男女无别，则夫妇失义。婚礼聘享者，所以别男女，明夫妇之义也。男女既别、夫妇既明，故虽有淫乱之狱，而无陷刑之民。此五者，刑罚之所以生，各有源焉。不豫塞其源，而辄绳之以刑，是谓为民设阱而陷之。刑罚之源，生于嗜欲不节。夫礼度者，所以御民之嗜欲而明好恶，顺天之道。礼度既陈，五教毕修，而民犹或未化，尚必明其法典，以申固之⑦。其犯奸邪、靡法、妄行之狱者，则饬制量之度⑧；有犯不孝之狱者，则饬丧祭之礼；有犯杀上之狱者，则饬朝觐之礼；有犯斗变之狱者，则饬乡饮酒之礼；有犯淫乱之狱者，则饬婚聘之礼。三皇、五帝之所化民者如此，虽有五刑之用，不亦可乎？”

孔子曰：“大罪有五，而杀人为下。逆天地者罪及五世，诬文武者罪及四世，逆人伦者罪及三世，谋鬼神者罪及二世，手杀人者罪及其身。故曰大罪有五，而杀人为下矣。”

【注释】

① 三皇：传说中的远古帝王。说法有七种之多，如《史记·秦始皇本纪》谓为天皇、地皇、泰皇，《白虎通》谓为伏羲、神农、祝融。五帝：传说中的上古帝王。时在三皇之后，夏代以前。说法亦有五种之多。《史记·五帝本纪》等谓为黄帝、颛顼、帝喾、唐尧、虞舜，《礼记·月令》谓为太皞、炎帝、黄帝、少皞、颛顼。五刑：我国古代的五种刑罚。其具体名称，见于《尚书·吕刑》的为墨、劓、剕、宫、大辟；见于《周礼·秋官·司刑》的为墨、劓、宫、刖、杀。事又见《大戴礼记·盛德》。

② 靡法：无法，非法。

③ 无：原脱，据陈本补。也：原脱，据四库本、同文本、玉海堂本补。

④ 祭祀不解（xiè）人子馈养之道：王肃注：“言孝子奉祭祀不敢解，生时馈养之道同之也。”解，通“懈”，懈怠。

⑤ 斗变：私斗。

⑥ 遗：王肃注：“遗，忘。”

⑦ 尚必明其法典，以申固之：王肃注：“尚，犹也。申令固其教也。”

⑧ 饬（chì）：整治，整顿。

【译文】

　　冉有问孔子说："古时三皇、五帝对五种刑罚都不曾使用，这可信吗?"孔子说："圣人设法防范，看重的是让人不犯法；制定五种刑罚而不加使用，为的是达到天下太平。凡出现奸邪、盗窃、违法、胡作非为的事情，都是由贪心不足引起的，贪心不足又是由没有法度引起的。没有法度，那么轻则偷盗财物，重则奢侈浪费，谁也不知有所节制。因此上面有制度，那么百姓就懂得有所止息，百姓懂得有所止息，就不会犯上作乱。所以虽然设有奸邪、贼盗、非法、胡作非为的罪名，但却没有遭此刑罚的百姓。不孝顺父母是由缺少仁爱引起的，缺少仁爱又是由不讲丧祭的礼仪引起的。彰明丧祭的礼仪，是为了教导人们仁爱。能够教导人们仁爱，那么有丧事时人们就会思慕亡故的亲人，祭祀时毫不懈怠，如同双亲在世而作为人子要对他们尽进食奉养的义务一样。丧祭的礼仪得到彰明，那么百姓就会孝顺父母。所以虽然设有不孝的罪名，但却没有遭此刑罚的百姓。杀害居于上位的人是由不讲道义引起的。道义是用以区分贵贱，辨明尊卑的。贵贱有所区别，尊卑井然有序，那么百姓就没有不尊敬官长的。朝拜聘问的礼仪，是用以彰明道义的。道义确实得到彰明，那么百姓就不会犯上作乱。所以虽然设有杀上的罪名，但却没遭此刑罚的百姓。私斗是由相互欺侮引起的；相互欺侮又是由长幼没有次序而忘掉礼仪谦让引起的。乡饮酒的礼仪，是用以明确长幼次序而推崇礼敬谦让的。长幼确实井然有序，百姓就会心存礼敬谦让。所以虽然设有私斗的罪名，但却没有遭此刑罚的百姓。淫乱是由男女之间没有区别引起的；男女之间没有区别，夫妇之间也就失去了恩义。婚聘宴享的礼仪，是用以区别男女，彰明夫妇恩义的。男女之间有所区别，夫妇恩义得到彰明，所以虽然设有淫乱的罪名，但却没有遭此刑罚的百姓。这五个方面，都是刑罚得以产生的因素，其中各有根源。不事先堵塞其中的根源，便急着绳之以刑罚，这可以说是为百姓设置陷阱让他们陷下去。刑罚产生的根源，在于人们的嗜好和欲望无所节制。礼仪法度用以控制百姓的嗜好和欲望而使他们分清好恶，顺应上天的运行规律。礼仪法度制定好了，五种教化全都搞好了，如果有的百姓还顽固不化，又必须阐明法典的精神，加以重申和强化。有犯奸邪、非法、胡作非为罪行的，就整治制度标准方面的规定；有犯不孝顺父母的罪行的，就整治丧葬祭祀的礼仪；有犯杀害居上位者的罪行的，就整治朝拜觐见的礼仪；有犯私斗罪行的，就整治乡饮酒的礼仪；有犯淫乱罪行的，就整治婚姻聘娶的礼仪。三皇、五帝这样教化百姓，即使使用五种刑罚，不也是可以的吗?"

孔子说："严重的罪行有五种，而杀人是最轻的。违背天地之道的罪行牵连五代，诬蔑周文王和武王的罪行牵连四代，违逆人伦之道的罪行牵连三代，算计鬼神的罪行牵连两代，亲手杀人的罪行只涉及本人。所以说严重的罪行有五种，而杀人是最轻的。"

【原文】

冉有问于孔子曰："先王制法，使刑不上于大夫，礼不下于庶人，然则大夫犯罪不可以加刑，庶人之行事不可以治于礼乎?"孔子曰："不然。凡治君子以礼，御其心，所以属之以廉耻之节也①。故古之大夫，其有坐不廉污秽而退放之者，不谓之不廉污秽而退放，则曰簠簋不饬②。有坐淫乱、男女无别者，不谓之淫乱、男女无别，则曰帷幕不修也③。有坐罔上不忠者④，不谓之罔上不忠，则曰臣节未著。有坐罢软不胜任者⑤，不谓之罢软不胜任，则曰下官不职⑥。有坐干国之纪者，不谓之干国之纪，则曰行事不请⑦。此五者，大夫既自定有罪名矣，而犹不忍斥然正以呼之也。既而为之讳，所以愧耻之。是故大夫之罪，其在五刑之域者，闻而谴发⑧，则白冠氂缨⑨，盘水加剑⑩，造乎阙而自请罪，君不使有司执缚牵掣而加之也⑪。其有大罪者，闻命则北面再拜跪而自裁，君不使人捽引而刑杀⑫，曰：'子大夫自取之耳，吾遇子有礼矣。'以刑不上大夫，而大夫亦不失其罪者，教使然也。所谓礼不下庶人者，以庶人遽其事而不能充礼，故不责之以备礼也。"

冉有跪然免席，曰："言则美矣！求未之闻。"退而记之。

【注释】

① 属（zhǔ）：叮嘱，告诫。后作"嘱"。

② 饬：王肃注："饬，整齐也。"

③ 帷幕：帐幕，帷幔。

④ 罔上：欺骗君上。罔，蒙蔽，欺骗。

⑤ 罢（pí）软：疲沓软弱。

⑥ 下官不职：王肃注："言其下官不称移其职，不斥其身也。"

⑦ 行事不请：王肃注："言不请而擅行。"

⑧ 谴发：王肃注："谴，谴让也。发，始发露。"即谴责揭发。

⑨ 白冠氂缨：用兽尾作缨的白帽。

⑩ 盘水加剑：以盘盛水，加剑其上。

⑪ 牵掣：牵拉。加：强加，凌辱。

⑫ 捽（zuó）引：揪住。

【译文】

冉有问孔子说："先王制定法令，使刑罚不对上施于大夫，礼仪不对下行于平民，然而犯了罪就不能处以刑罚，平民办事就不能遵行礼仪了吗？"孔子说："不是的。凡治理君子，要实行礼制，以此驾驭他们的思想，为的是用使他们懂得廉耻的礼节来劝诫他们。所以古时的大夫，其中有不够廉洁、行为污秽而被黜退放逐的，不说他们不够廉洁、行为污秽而被黜退放逐，而说簠簋不够整齐。有犯了淫乱、男女无别罪行的，不说他们淫乱或男女关系暧昧，而说帐幕没有整理好。有犯了欺骗君上，心不忠诚的罪行的，不说他们欺骗君上，心不忠诚，而说为臣的节操不够显著。有犯了疲沓软弱，不胜任工作的罪行的，不说他们疲沓软弱，不胜任工作，而说下属官吏不够称职。有犯了违反国家纲纪的罪行的，不说他们违反国家纲纪，而是说他们没有请示便擅自行事。这五个方面，大夫自己已经确知有了罪名，但仍然不忍心这样正面斥责他们。事后为他们隐讳，是为了使他们感到羞愧和耻辱。因此大夫犯了罪，属于五刑范围内的，如果有人上告和谴责揭发，他们便戴上用兽尾作缨的白帽，以盘盛水，上面放上剑，亲自前往宫阙请罪，君主也不让官吏捆绑牵拉而凌辱他们。其中有犯了重大罪行的，接受君命便朝北面两次跪拜，然后自杀，君主也不派人揪拉而加以刑杀，只是说：'大夫你咎由自取，我对你也算有礼了。'刑罚不对上施于大夫，而大夫却也不能逃脱罪责，这是因为教化才使他们这样的。所说的礼仪不对下行于平民，这是由于平民忙于劳作而不能充分行礼，故而不责求他们礼仪完备。"

冉求离开座席跪下，说："先生讲得真好啊！冉求我从来没有听说过。"回去以后便把孔子的这一番话记了下来。

刑政第三十一

【原文】

　　仲弓问于孔子曰①："雍闻至刑无所用政，至政无所用刑。至刑无所用政，桀纣之世是也；至政无所用刑，成康之世是也②。信乎?"孔子曰："圣人之治化也，必刑政相参焉。太上以德教民，而以礼齐之。其次以政焉导民，以刑禁之，刑不刑也。化之弗变，导之弗从，伤义以败俗，于是乎用刑矣。颛五刑必即天伦③，行刑罚则轻无赦④。刑，佣也⑤；佣，成也。壹成而不可更，故君子尽心焉。"

　　仲弓曰："古之听讼，尤罚丽于事，不以其心⑥。可得闻乎?"孔子曰："凡听五刑之讼，必原父子之情，立君臣之义以权之；意论轻重之序，慎测浅深之量以别之；悉其聪明，正其忠爱以尽之。大司寇正刑明辟以察狱，狱必三讯焉⑦。有指无简，则不听也⑧。附从轻，赦从重⑨。疑狱则泛与众共之，疑则赦之，皆以小大之比成也。是故爵人必于朝，与众共之也；刑人必于市，与众弃之也。古者公家不畜刑人，大夫弗养也。士遇之涂，以弗与之言，屏诸四方，唯其所之，不及与政，弗欲生之也。"

　　仲弓曰："听狱，狱之成，成何官?"孔子曰："成狱成于吏，吏以狱成告于正⑩。正既听之，乃告大司寇。听之，乃奉于王。王命三公卿士参听棘木之下⑪，然后乃以狱之成疑于王⑫。王三宥之，以听命而制刑焉⑬，所以重之也。"

仲弓曰："其禁何禁?"孔子曰："巧言破律⑭，遁名改作⑮，执左道与乱政者⑯，杀；作淫声⑰，造异服⑱，设伎奇器以荡上心者⑲，杀；行伪而坚⑳，言诈而辩，学非而博，顺非而泽㉑，以惑众者，杀；假于鬼神、时日、卜筮以疑众者，杀。此四诛者，不以听㉒。"

仲弓曰："其禁尽于此而已?"孔子曰："此其急者。其余禁者，十有四焉：命服命车不粥于市㉓；珪璋璧琮不粥于市㉔；宗庙之器不粥于市；兵车旌旗不粥于市㉕；牺牲秬鬯不粥于市㉖；戎器兵甲不粥于市；用器不中度，不粥于市；布帛精粗不中数，广狭不中量，不粥于市；奸色乱正色㉗，不粥于市；文锦珠玉之器，雕饰靡丽，不粥于市；衣服饮食不粥于市㉘；果实不时，不粥于市；五木不中伐㉙，不粥于市；鸟兽鱼鳖不中杀，不粥于市。凡执此禁以齐众者，不赦过也。"

【注释】

① 仲弓：即冉雍，孔子弟子，字仲弓，鲁国人，以德行著称。事又见《礼记·王制》。

② 成康：指周成王和康王。成王名诵，武王之子。康王名钊，成王之子。二人绪文武之业，使天下太平，史称成康之治。

③ 颛五刑必即天伦：王肃注："即，就也。就天伦，谓合天意。"颛，通"专"，专用。

④ 行刑罚则轻无赦：王肃注："行刑罚之官虽轻犹不得作威作福。"

⑤ 俐（xíng）：通"型"，已成形之物，引申为成事不可改变之义。

⑥ 古之听讼，尤罚丽于事，不以其心：王肃注："尤，过也。丽，附也。怪遇人罚之，必与事相当，而不与其心也。"

⑦ 三讯：王肃注："一曰讯群臣，二曰讯群吏，三曰讯万民也。"

⑧ 有指无简，则不听也：王肃注："简，诚也。有意无其诚者，不论以为罪也。"

⑨ 附从轻，赦从重：王肃注："附人之罪以轻为比，赦人之罪以重为比。"附，施刑。

⑩ 成狱成于吏，吏以狱成告于正：王肃注："吏，狱官吏。正，狱官长。"

⑪ 参听：协助审理、断决。棘木：即酸枣树，古时群臣外朝时，立九棘为标志，区分等级职位。

⑫ 疑（níng）：通"凝"，集，汇集。

⑬ 王三宥之，以听命而制刑焉：王肃注："君王尚宽宥，罪虽以定，犹三宥之，不可得轻，然后刑之者也。"三宥，对犯罪者可以从轻处理的三种情况，一是因不懂法律而犯罪，二是因过失而犯罪，三是因精神失常，遗忘世事而犯罪。

⑭ 巧言破律：王肃注："巧卖法令者也。"

⑮ 遁名改作：王肃注："变言与物名也。"

⑯ 左道：谓邪道，邪术。王肃注："左道，乱也。"

⑰ 淫声：王肃注："淫，逆也。惑乱人之声也。"

⑱ 异服：王肃注："非所常见。"

⑲ 设伎奇器以荡上心者：王肃注："怪异之伎，可以眩耀人心之器。荡，动。"

⑳ 行伪而坚：王肃注："行诈伪而守之坚也。"

㉑ 顺非而泽：王肃注："顺其非而滑泽。"

㉒ 不以听：王肃注："不听棘木之下。"

㉓ 命服命车：天子按官职等级赐予的衣服和车子。粥（yù）：王肃注："粥，卖。"同"鬻"。

㉔ 珪璋璧琮（céng）：皆为玉制的礼器，用于朝聘、祭礼等。

㉕ 旍（jīng）：同"旌"。

㉖ 秬（jù）鬯（chàng）：以黑黍和郁金香草酿造的酒，用于祭祀降神及赏赐有功的诸侯。秬，黑黍，古人视为嘉谷。鬯，郁金香草。

㉗ 奸色：非正色。两色相杂而成的颜色。古时以青、黄、赤、白、

黑为正色，其余色为奸色。

　　㉘ 衣服饮食不粥于市：王肃注："卖成衣服，非侈必伪，故禁之。禁卖熟食，所以厉取也。"

　　㉙ 五木：五种取火的木材。

【译文】

　　仲弓问孔子说："冉雍我听说最严厉的刑罚用不着政治，最成功的政治用不着刑罚。最严厉的刑罚用不着政治，夏桀和商纣的时候就是这样；最成功的政治用不着刑罚，周成王和康王的时候就是这样。这种说法可信吗？"孔子说："圣人治理国家，教化百姓，刑罚和政治必须相互参用。最好是以德行教化百姓，而以礼制加以整治。其次是以政治来引导百姓，而以刑罚加以禁止，处罚那些不遵守刑法的人。施行教化而他们不知改变，加以引导而他们不知听从，损害道义，败坏风俗，于是就要使用刑罚。专用刑罚也必须合于天意，施行刑罚时即使罚轻也不能随意赦免。刑，就是俋；俋，就是成形之义。一旦成形就不可更改，所以君子对案件的审理十分尽心尽意。"

　　仲弓问："古时审理案件，判定有罪而当责罚时必须使责罚和犯罪事实相符，不能只考虑犯罪动机。可以听听这方面的情况吗？"孔子说："凡审理应该处以五种刑罚的案件，必须体谅父子之间的亲情，把握君臣之间的恩义，从中加以权衡；必须充分考虑情节轻重的次序，慎重探察罪行轻重的程度，从中加以区别；竭尽自己审察、分辨是非真假的能力，抱着一种忠爱之心来穷究罪案。大司寇审定刑律，明断罪法，从而详察案件，审理时必须实行三讯。虽然上面有旨意，但找不到犯罪事实的，就不予判罪。施刑时选择处罚轻的，赦免时选择处罚重的。案情可疑而无法裁决的，就与众人广泛商议，共同审理，众人也存疑时，便只好加以赦免，这些都要依据以往大大小小的案例来决定。因此授人官爵一定要在朝廷进行，这是为了与众人共同褒奖他；对人施刑一定要在街市进行，这是为了与众人共同唾弃他。

古时公侯之家不收留受过刑罚的人，大夫对他们也不予收养。士人在路上遇到他们，不同他们说话，各处都拒绝加以接待，随便他们到什么地方，都不能参与政治，这是不想让他们生活下去。”

仲弓问："审理案件时，由什么官员裁定判决呢？"孔子说："裁定判决先由狱吏进行，然后狱吏把裁决意见报告给官长。官长加以审理，然后把裁决意见报告给大司寇。大司寇加以审理，然后把裁决意见报告给天子。天子命令三公卿士在棘木之下协助审理和断决，然后裁决结果就汇集到天子那里。天子再对三种犯罪情况加以宽减，最后就依照裁定结果制定刑罚标准，这反映了对刑罚一事的重视。"

仲弓问："法律禁止做的都是什么事情？"孔子说："花言巧语曲解法律，变易名称擅改法度，操持邪术以扰乱政令执行的，杀；编造惑乱人心的音乐，制作奇装异服，制作怪异奇特的器械以动摇君上思想的，杀；行为诡诈又顽固坚持，言语虚伪又善于辩论，学习歪门邪道又所知广博，干着邪恶之事又十分圆滑，从而蛊惑人心的，杀；假托鬼神和时日的吉凶以及卜筮结果来惑乱人心的，杀。犯了这四种应该诛杀的罪行的，均无须再经过审理。"

仲弓问："法律禁止的就是这些吗？"孔子说："这些只是最急需禁止的事情。其余应该禁止的，还有十四种事情：天子赐予的衣服、车子不准在市场出售；宗庙里的礼器不准在市场出售；兵车旌旗不准在市场出售；祭祀用的牺牲和用黑黍、郁金香草酿造的酒不准在市场出售；兵器兵甲不准在市场出售；日用器具不合规格，不准在市场出售；布帛的精细和粗疏达不到规定级别，幅度宽窄不合标准，不准在市场出售；布帛的颜色为两色相杂而成的颜色，与正色相混淆，不准在市场出售；文彩斑斓的织锦和珠宝玉器雕琢修饰过于华丽，不准在市场出售；现成的衣服和饮食不准在市场出售；树上的果实不到采摘的时节，不准在市场出售；取火用的五种木材不到砍伐的时节，不准在市场出售；鸟兽鱼鳖不到宰杀的时节，不准在市场出售。凡是用这些禁令来治理百姓时，不能赦免违犯者的罪过。"

礼运第三十二

【原文】

孔子为鲁司寇，与于蜡。既宾事毕①，乃出游于观之上②，喟然而叹。言偃侍，曰："夫子何叹也？"孔子曰："昔大道之行③，与三代之英④，吾未之逮也，而有记焉。大道之行，天下为公，选贤与能，讲信修睦⑤。故人不独亲其亲，不独子其子⑥。老有所终，壮有所用，矜寡孤疾皆有所养。货恶其弃于地，不必藏于己；力恶其不出于身，不必为人⑦。是以奸谋闭而不兴，盗窃乱贼不作，故外户而不闭。谓之大同。今大道既隐，天下为家，各亲其亲，各子其子。货则为己，力则为人。大人世及以为常⑧，城郭沟池以为固。禹、汤、文、武、成王、周公由此而选⑨，未有不谨于礼。礼之所兴，与天地并。如有不由礼而在位者，则以为殃。"

言偃复问曰："如此乎，礼之急也？"孔子曰："夫礼，先王所以承天之道，以治人之情，列其鬼神，达于丧祭、乡射、冠婚、朝聘。故圣人以礼示之，则天下国家可得以礼正矣。"

言偃曰："今之在位，莫知由礼，何也？"孔子曰："呜呼哀哉！我观周道，幽、厉伤也⑩。吾舍鲁何适⑪？夫鲁之郊及禘皆非礼⑫，周公其已衰矣⑬。杞之郊也禹，宋之郊也契⑭，是天子之事守也，天子以杞、宋二王之后。周公摄政，致太平，而与天子同是礼也。诸侯祭社稷宗庙，上下皆奉其典，而祝嘏莫敢易其常法，是谓大嘉。今使祝嘏辞说徒藏于宗祝巫史，非礼也⑮，是谓幽国⑯。醆斝及尸君，非礼也⑰，是谓僭君⑱。冕弁兵车藏于私家，非礼也⑲，是谓胁君⑳。大夫具官㉑，祭器不假㉒，声乐皆具，非礼也，是为乱国。故仕于公曰臣，仕于家曰仆。三年之丧与新有婚者，期不使也。以衰裳入朝，与家仆杂居齐齿㉓，非礼也，是谓臣与君共国。天子有田以处其子孙，诸侯有国以处其子孙，大夫有采以处其子孙㉔，是谓制度。天子适诸侯，必舍其宗庙㉕，而不以礼籍入㉖，是谓天子坏法乱纪。诸侯非问疾吊丧而入诸臣之家，是谓君臣为谑㉗。夫礼者，君之柄㉘，所以别嫌明微，傧鬼神㉙，考制度，列仁义，立政教，安君臣上下也。故政不正则君位危，君位危则大臣倍，小臣窃。刑肃而俗弊则法无常，法无常则礼无别，礼无别则士不仕，民不归，是谓疵国。是故夫政者，君之所以藏身也㉚，必本之天，效以降命㉛。命降于社之谓教地㉜，降于祖庙之谓仁义㉝，降于山川之谓兴作㉞，降于五祀之谓制度㉟。此圣人所以藏身之固也㊱。圣人参于天地，并于鬼神，以治政也。处其所存，礼之序也；玩其所乐，民之治也㊲。天生时，地生财，人其父生而师教之。四者君以政用之，所以立于无过之地㊳。君者人所明㊴，非明人者也；人所养，非养人者也；人所事，非事人者也。夫君者明人则有过㊵，养人则不足㊶，事人则失位。故百姓明君以自治，养君以自安，事君以自显。是以礼达而分定，人皆爱其死而患其生㊷。是故用人之智去其诈，用人之勇去其怒，用人之仁去其贪。国有患，君死社稷，为之义；大夫死宗庙，为之变㊸。凡圣人能以天下为一家，以中国为一人，非意之㊹，必知其情，从于其义，明于其利，达于其患，然后为之。何谓人情？喜、怒、哀、惧、爱、恶、欲，七者弗学而能。何谓人义？父慈、子孝、兄良、弟悌、夫义、妇听、长惠、幼顺、君仁、臣忠，十者谓之人义。讲信修睦，谓之人利。争夺相杀，谓之人患。圣人之所以治人，七情修，十义讲，信修睦，尚辞让，去争夺，舍礼何以哉？饮食男女，人之大欲存焉；死亡贫苦，人之大恶存焉。欲、恶者，人之大端。人藏其心，不可测度。美、恶皆在其心，不见其色。欲一以穷之，舍礼何以哉？故人者，天地之德，阴阳之交，鬼神之会，五行之秀。天秉阳，垂日星；地秉阴，载山川㊺。播五行于四时，和四气而后月生㊻。是以三五而盈，三五而缺㊼。五行之动，共相竭也㊽。五行、四气、十二月，还相为本㊾；五声、五律、十二管，还相为宫㊿；五味、六和、十二食，还相为质○51；五色、六章、十二衣，还相为主○52。故人者，天地之心而五行之端○53，食味、别声、被色而生者。圣人作则○54，必以天地为本，以阴阳为端，以四时为柄，以日星为纪，月以为量，鬼神以为徒，五行以为质，礼义以为器，人情以为田，四灵以为畜。以天地为本，故物可举○55；以阴阳为端，故情可睹○56；以四时为柄，故事可劝○57；以日星为纪，故业可别○58；月以为量，故功有艺○59；鬼神以为徒，故事有守○60；五行以为质，故事可复也○61；礼义以为器，故事行有考○62；人情以为田，故人以为奥也○63；四灵以为畜，故饮食有由也○64。何谓四灵？麟、凤、龟、龙，谓之四灵。故龙以为畜，而鱼鲔不淰○65；凤以为畜，而鸟不獝；麟以为畜，而兽不狨○66；龟以为畜，而人情不失○67。先王秉蓍龟，列祭祀，瘗缯，宣祝嘏○68，设制度、祝嘏辞说，故国有礼，官有御○69，职有序。先王患礼之不达于下，故飨帝于郊，所以定天位也；祀社于国，所以列地利也；禘祖庙，所以本仁也；旅山川，所以傧鬼神也；祭五祀，所以本事也。故宗祝在庙，三公在朝，三老在学○70，王前巫而后史，卜筮瞽侑皆在左右○71。王中心无为也，以守至正。是以礼行于郊，而百神受职；礼行于社，而百货可极；礼行于祖庙，而孝慈服焉○72；礼行于五祀，而正法则焉。故郊社、宗庙、山川、五祀，义之修而礼之藏○73。夫礼必本于太一○74，分而为天地，转而为阴阳，变而为四时，列而为鬼神。其降曰命○75。其官于天也○76，协于分艺○77，其居于人也曰养○78。所以讲信修睦，而固人之肌肤之会、筋骸之束者；所以养生送死。事鬼神之大端；所以达天道，顺人情之大窦。唯圣人为知礼之不可以已也。故破国、丧家、亡人，必先去其礼。礼之于人，犹酒之有蘖也㊆。君子以厚，小人以薄。圣人修义之柄、礼之序，以治人情。人情者，圣王之田也，修礼以耕之，陈义以种之，讲学以耨之㊀，本仁以聚之，播乐以安之。故礼者，义之实也，协诸义而协，则礼虽先王未有，可以义起焉。义者，艺之分，仁之节。协于艺，讲于仁，得之者强，失之者丧。仁者，义之本，顺之体，得之者尊。故治国不以礼，犹无耜而耕；为礼而不本于义，犹耕之而弗种；为义而不讲于学㊁，犹种而弗耨；讲之以学而不合以仁，犹耨而不获；合之以仁而不安之以乐，犹获而弗食；安之以乐而不达于顺，犹食而不肥。四体既正，肤革充盈㊂，人之肥也；父子笃，兄弟睦，夫妇和，家之肥也；大臣法，小臣廉，官职相序，君臣相正，国之肥也；天子以德为车，以乐为御，诸侯以礼相与，大夫以法相序，士以信相考，百姓以睦相守，天下之肥也。是谓大顺。顺者，所以养生送死，事鬼神之常也。故事大积焉而不苑㊃，并行而不谬，细行而不失，深而通，茂而有间㊄，连而不相及㊅，动而不相害，此顺之至也。明于顺，然后乃能守危㊆。夫礼之不同，不丰不杀㊇，所以持情而合危也㊈。山者不使居川，渚者不使居原㊉，用水、火、金、木，饮食必时㊀。冬合男女，春颁爵位，必当年德，皆所顺也，用民必顺㊁。故无水旱昆虫之灾，民无凶饥妖孽之疾，天不爱其道，地不爱其宝，人不爱其情。是以天降甘露，地出醴泉㊂，山出器车㊃，河出马图㊄，凤凰、麒麟皆在郊棷㊅，龟龙在宫沼㊆，其余鸟兽及卵胎，皆可俯而窥也。则是无故，先王能循礼以达义，体信以达顺。此顺之实也。"

【注释】

①宾事毕：王肃注："毕宾客之事也。"事又见《礼记·礼运》。

② 观（guàn）：王肃注："宫门外阙，《周礼》所谓象魏者也。"即宫殿或宗庙前面的大门楼。

③ 昔大道之行：王肃注："此谓三皇五帝时大道行也。"

④ 三代之英：王肃注："英，秀，谓禹、汤、文、武也。"

⑤ 讲信修睦：王肃注："讲，习也。修，行也。睦，亲也。"

⑥ 人不独亲其亲，不独子其子：王肃注："所谓大道，天下为公。"

⑦ 力恶其不出于身，不必为人：王肃注："言力恶其不出于身，不以为德惠也。"

⑧ 大人：指诸侯。世及：世袭，世代相传。父子相继曰世，兄弟相继曰及。

⑨ 由此而选：王肃注："言用礼义为之选也。"

⑩ 幽、厉伤也：王肃注："幽厉二王者，皆伤周道也。"周幽王和厉王皆为西周君王。幽王名宫湦。以佞臣虢石父为卿，使国人皆怨。又宠爱褒姒，欲废申后及太子宜臼。十一年（前771年），被申侯联合犬戎攻杀于骊山之下，西周亡。厉王名胡，幽王之祖。盘剥民财，为政暴虐。三年（前841年），为国人所攻袭，出奔于彘（在今山西霍县东北），共和十四年（前828年）死。

⑪ 吾舍鲁何适：王肃注："鲁有圣人之风，犹胜诸国也。"

⑫ 鲁之郊及禘皆非礼：王肃注："言失于礼而亡其义。"按周礼，郊、禘之祭均应天子为之，鲁乃诸侯，行之非礼。

⑬ 周公其已衰矣：王肃注："子孙不能行其礼义。"

⑭ 契（xiè）：传说中商及周代宋国的始祖，子姓。相传为帝喾之子，由其母简狄吞玄鸟（燕）卵而生。

⑮ 今使祝嘏之辞说徒藏于宗祝巫史，非礼也：王肃注："言君臣皆当知辞说之意议也。"宗祝，宗伯和太祝，皆为主祭祀之官。巫史，古时从事求神占卜等活动者曰巫，掌管天文、星象、历数、史册者曰史。这些职务最初往往由一人兼任，统称巫史。

⑯ 幽：王肃注："幽，敝于礼。"

⑰ 醆（zhǎn）斚（jiǎ）及尸君，非礼也：醆斚，酒器。王肃注："夏曰醆，殷曰斚。非王者之后，则尸与君不得用。"尸，古时祭祀时代死者受祭的人。

⑱ 僭君：王肃注："僭侈之君。"

⑲ 冕弁兵车藏于私家：王肃注："大夫称家。冕弁，大夫之服。孔子曰：天子、诸侯、大夫冕弁服归设奠后。此谓不得赐而藏之也。"

⑳ 胁君：王肃注："迫于其君。"

㉑ 大夫具官：古时大夫常兼数职，不得备置各种执事之官。今皆具官，故非礼。具，备，备置，备设。

㉒ 祭器不假：王肃注："大夫无田者不为祭器，今皆不假，故非礼。"假，借，此指借于有田之大夫。

㉓ 齐齿：并列，没上没下。

㉔ 采（cài）：采地，采邑，古时卿大夫的封邑。

㉕ 必舍其宗庙：王肃注："所谓临诸侯将舍宗庙，先告其鬼神以将入止也。"

㉖ 以：此字原脱，据四库本、同文本、玉海堂本及《礼记》补。礼籍：指太史所执典章礼簿，上记各国讳恶。

㉗ 谑：王肃注："谑，戏。"

㉘ 柄：王肃注："柄，亦秉持。"

㉙ 俟：尊敬。

㉚ 君之所以藏身也：王肃注："言所藏于身，不可以假人也。"

㉛ 必本之天，效以降命：王肃注："效天以下教令，所谓则天之命。"

㉜ 降于社之谓教地：王肃注："所谓因地之利。"

㉝ 降于祖庙之谓仁义：王肃注："奉祖庙，弥近弥亲，弥远弥尊，仁义之道也。"

㉞ 降于山川之谓兴作：王肃注："下命所谓祭山川者，谓其兴造云雨，作生万物也。"

㉟ 降于五祀之谓制度：王肃注："下命使事五祀者，以其能为人事之

制度。"五祀，五行之神。

㊱ 此圣人所以藏身之固也：王肃注："藏身以此则固。"

㊲ 处其所存，礼之序也；玩其所乐，民之治也：王肃注："言圣人常所存处者，礼之次序；常所玩乐者，民之治安也。"

㊳ 四者君以政用之，所以立于无过之地：王肃注："时及财，天地之所生，生而师以教之，君以政用之而已，故常立于无过之地也。"

㊴ 明：尊，尊崇，尊敬。

㊵ 君者明人则有过：王肃注："为君徒欲明人而已，则过谬也。"

㊶ 养人则不足：王肃注："时君失政，不能为民所养。""养"上原有"故"字，据四库本、同文本、玉海堂本及《礼记》删。

㊷ 人皆爱其死而患其生：王肃注："人皆爱惜其死，而患其生之无礼也。"

㊸ 大夫死宗庙，为之变：王肃注："大夫有去就之义，未必常死宗庙者。其死宗庙者，权变为也。"

㊹ 非意之：王肃注："非以意贪之，必有致之也。"

㊺ 载：此字下原衍一"于"字，据四库本、同文本、玉海堂本删。

㊻ 和四气而后月生：王肃注："月生而后四时行焉。布五行，和四时、四气，而后月生焉。"四气，指春、夏、秋、冬四时的温、热、冷、寒之气。

㊼ 三五而盈，三五而缺：王肃注："月阴道不常满，故十五日满，十五日缺。"

㊽ 五行之动，共相竭也：王肃注："竭，尽也。水用事尽则木用事。五行用事，更相尽也。"

㊾ 还相为本：王肃注："用事者为本也。"

㊿ 五声、五律、十二管，还相为宫：王肃注："五声者，宫、商、角、徵、羽也。管，十二月也。一月一管，阳律阴吕，其用事者为宫也。"宫，五声音阶的第一音阶。《礼记·乐记》："宫为君，商为臣，角为民，徵为事，羽为物。"

(51) 五味、六和、十二食，还相为质：王肃注："五味，酸、苦、咸、辛、甘。六和者，和之各有宜者，春多酸，秋多辛之属是也。十二食者，十二月之食。质，本也。"

(52) 五色、六章、十二衣，还相为主：王肃注："五色者，青、赤、白、黑、黄。《学记》曰：'水无当于五色，五色不得不彰。'五色待水而章也。"此以五色加水色为六章。

(53) 天地之心：王肃注："于天地间如五藏之有心矣。人，有生最灵；心，五藏最圣。"五行之端：王肃注："端，始也。能用五行也。"

(54) 作则：王肃注："作为法则。"

(55) 以天地为本，故物可举：王肃注："天地为本，则万物苞在于其中。"

(56) 以阴阳为端，故情可睹：王肃注："阴阳之为情始。"

(57) 以四时为柄，故事可劝：王肃注："四时各有事，故事可得而劝也。"劝，劝勉。

(58) 以日星为纪，故业可别：王肃注："日以纪昼，星以纪夜，故事可得而分别也。"

(59) 月以为量，故功有艺：王肃注："有度量以成四时，犹功业各有分理也。艺，犹理。"

(60) 鬼神以为徒，故事有守：王肃注："鬼神不相干，各有守。"

(61) 五行以为质，故事可复也：王肃注："五行终则复始，故事可修复也。"

(62) 考：王肃注："考，成。"

(63) 故人以为奥也：此句原脱，据四库本、同文本、玉海堂本、陈本及《礼记》补。奥，主。

(64) 四灵以为畜，故饮食有由也：后一句原脱，据四库本、同文本、玉海堂本、陈本及《礼记》补。王肃注："四灵，鸟兽之长。四灵为畜，则饮食可用。"

(65) 鱼鲔（wěi）：泛指鱼类。谂（shǎn）：通"淰"。王肃注："谂，潜藏也。"

⑯ 凤以为畜，而鸟不狨（xī）；麟以为畜，而兽不猣（xuè）：王肃注："狨、猣，飞走之貌。"猣，同"狨"。

⑰ 龟以为畜，而人情不失：王肃注："《易》曰：定天下之吉凶，成天下之亹亹者，莫善于蓍龟，人情不失也。"

⑱ 瘗（yì）缯，宣祝嘏：王肃注："瘗，谓祭祀之瘗。缯，谓若增封太山。宣，谓播宣扬之。"《礼记》"祝嘏"下有"辞说"二字，而无下文"祝嘏辞说"四字，疑此四字为衍文，或为"祝嘏"之注文而误入正文。瘗，埋。缯，帛。瘗帛以降神，乃地祇之祭。

⑲ 御：王肃注："治也。"

⑳ 三老在学：王肃注："王养三老在学。"

㉑ 侑（yòu）：四辅，辅佐天子的谏官。

㉒ 孝慈服焉：王肃注："孝慈之道为远近所服焉。"

㉓ 礼之藏：王肃注："言礼之宝藏。"

㉔ 太一：王肃注："太一者，元气也。"即天地未分前的混沌之气。

㉕ 其降曰命：王肃注："即上所为命降于天地、祖庙也。"

㉖ 其官于天也：王肃注："官为职分也，言礼职分皆从天下来也。"

㉗ 艺：王肃注："艺，理。"

㉘ 其居于人也曰养：王肃注："言礼之于人身，所以养成人也。"

㉙ 蘖（niè）：酒曲，酿酒用的发酵剂。

㉚ 耨（nòu）：王肃注："耨，除秽也。"即除草。

㉛ 义：此字原脱，四库本、同文本、玉海堂本补。

㉜ 肤革：皮肤的表里，肌肤。充盈：丰满，充足。

㉝ 苑：王肃注："苑，滞积也。"

㉞ 茂而有间：王肃注："言有理也。"

㉟ 连而不相及：王肃注："言有叙也。"

㊱ 守危：王肃注："高而不危，以长守危。"

㊲ 不：此字原脱，据四库本、同文本、玉海堂本补。杀（shà）：减

少、降等。

⑧ 合危：王肃注："合礼，安也。"

⑨ 渚（zhǔ）者：居渚上之人。渚，小洲，水中的小块陆地。

⑩ 用水、火、金、木，饮食必时：王肃注："用水，渔人以时入泽梁，乃溉灌。用火，季春出火，季秋纳火也。用金，以时采铜、铁。用木，斧斤以时入山林。饮食各随四时之宜者也。"

⑪ 用民必顺：王肃注："悦以使民。"

⑫ 醴泉：甜美的泉水。

⑬ 山出器车：王肃注："出银瓮、丹灶及象车也。"古人谓山林中产一种圆曲之木，可以制车，车称象车，以为瑞应之物。

⑭ 河出马图：王肃注："龙似马，负图出。"

⑮ 郊椒（sǒu）：郊外草泽地带。椒，通"薮"，草泽。原作"揫"，据陈本及《礼记》改。

⑯ 宫沼：帝王宫苑中的池沼。

【译文】

孔子担任鲁国司寇，曾参加蜡祭活动。忙完迎送宾客事务，他便出来到门楼上游观，并发出一阵长叹。言偃在旁边陪着，问道："先生您感叹什么呢？"孔子说："大道实行的时代和夏、商、周几位英明天子当政的时代，我都没能赶上，但好在还可以看到一些有关的记载。大道实行的时代，天下为天下人所共有，选举贤能的人为政，讲求诚信，彼此和睦。因此人们不只是亲爱自己的亲人，不只是把自己的子女看作子女。老人能够安享天年，处于壮年的人能够施展自己的才力，鳏寡孤独和病残的人都能够得到供养。人们厌恶把财物丢弃在地上不管，但决不把它收藏起来，据为己有；人们厌恶有力不肯出的现象，但决不认为这只是别人的事。所以各种奸诈计谋都杜绝了，盗窃财物和作乱害人的行为不曾发生，因而外面的门户也用不着关闭。这叫做大同世界。如今大道已经衰微，天下为一家一姓所私有，人们各自只亲爱自己的亲人，只把自己的子女看做子女。钱财归自己所有，把出力工作当成别人的事。诸侯将国家传给子弟被奉为礼法，城郭沟池被用于稳固政权。夏禹、商汤、周文王、武王、成王、周公用这种礼义治理天下而成为德才出众的人。他们没有一个不严守礼制。礼制的兴起，是与天地的由来一起发生的。如果有人不通过礼制而取得君位，就会遭殃。"

言偃又问："这样说来，礼制果真非常急需吗？"孔子说："礼制被前代君王们用来承续天道，从而控制人们的感情，取法于鬼神，体现到丧祭、乡射、冠婚、朝聘等礼仪中去。所以圣人用礼制来进行治理，那么天下国家就可以通过礼制来合于正道。"

言偃问："如今在位的君王，不懂得通过礼制来治理，这是为什么？"孔子说："哎呀，太可悲了！我考察周代的制度，发现自幽王、厉王时就被破坏了。除了鲁国，我还能到哪里去呢？然而鲁国的郊祭、禘祭都不合于礼制，周公的恩德已经衰微了。杞国举行郊祭是因为禹的缘故，宋国举行郊祭是因为契的缘故，这是对天子分内事情的一种继承，周天子把杞、宋当做两朝天子的后裔。周公摄政，实现太平，因而可以与天子同样实行这样的礼制。诸侯只可以祭祀社稷宗庙，上下都要遵奉这一法典规定，而祭祀时致祝祷之辞和传达神言的执事者都不敢改变这种固定的礼制，这叫做大嘉。如今让祝祷言辞和传达下来的神言仅仅藏在宗祝巫史那里，这是不合于礼制的。这叫做幽闭的国家。先王所用的酏醴，却为代死者受祭的人和诸侯国君所用，这是不合于礼制的。这叫做僭越的君主。冕弁和兵车藏在大夫家中，这是不合于礼制的。这叫做威胁君主。大夫配有完备的执事官吏，祭器自备而不用去借，声乐全部具备，这是不合于礼制的。这叫做纲纪混乱的国家。所以说为国君效力的人称为臣，为大夫效力的人称为仆。守三年之丧和新婚的，一年内不分派差使。穿着丧服入朝，与家中仆人杂处并列，这是不合于礼制的。这叫做君臣共同拥有国家。天子有土地来安置自己的子孙，大夫有封邑来安置自己的子孙，这叫做制度。天子到诸侯国去，必须住宿在诸侯的祖庙里。偏偏不按照一定的礼仪进入某一国，这叫做天子破坏法纪。诸侯不是因为探问和吊丧而随意进入臣下家中，这叫做君臣戏谑。礼制，是君主的权柄，可以用来辨别是非，探明幽微，敬事鬼神，规定制度，施行仁义，确立政教，使君臣上下都得到安宁。因而为政不正，君位就会出现危险，君位危险，大臣就会背叛，小臣就会窃权。刑罚严峻而习俗风气败坏，法令就会经常变更；法令经常变更，礼制就无法区别上下尊卑；礼制无法区别上下尊卑，士人就不会从政，百姓就不会归附，这叫做有病的国家。所以说政权是君主托身立命的保证，君主必须以天为本，效法天命下达教令。祭社时下令叫做教地之政，祭祀祖庙时下令叫做仁义之政，祭祀山川时下令叫做兴作之政，祭祀五行时下令叫做制度之政。这就是圣人托身立命之处稳固的原因。圣人效法、配合天地，与鬼神并列，以治理政事。身处其间，就能实现礼制确立的秩序；研究百姓所喜欢的事物，就能对百姓进行治理。天生四季，地生资财，人的身体由父亲生养而知识由老师教授。对这四个方面，君主通过政治来加以引导利用，因而能够立于没有过错的境地。君主是别人所尊崇的，而不是尊崇别人的；是别人所供养的，而不是供养别人的；是别人所事奉的，而不是事奉别人的。君主尊崇别人就会有差失，供养别人就会有不足，事奉别人就会失去自己的地位。所以百姓尊崇君主以管理自己，供奉君主以安定自身，事奉君主以显扬自己。因而礼制通达而名分确定，人们都珍惜生命而担心生而无礼。所以要用人的智慧而去其诈伪，用人的勇敢而去其暴怒，用人的仁爱而去其贪欲。国家遇到危难，君主为社稷而死，叫做道义；大夫为宗庙而死，叫做权变。凡是圣人都能把天下当成一家，把天下人都看得如同自己一人，这并不是有什么个人贪欲，他必定是懂得人情，顺从大义，明白利害所在，然后才能做到这一步。什么是人情？喜、怒、哀、惧、爱、恶、欲，这七情不学就会。什么是人义？做父亲的慈爱，做儿子的孝顺，做兄长的善良，做弟弟的尊兄，做丈夫的仁义，做妻子的听话，年长的仁惠，年少的顺从，做君主的宽仁，做臣下的忠诚，这十种道德叫做人义。讲求诚信，彼此和睦，叫做人利。你争我夺，互相杀戮，叫做人患。圣人之所以能够治理人民，协调人们的七情，培养人们的十义，重视亲睦，推崇辞让，摈弃争夺，除了实行礼制，又有什么办法呢？饮食和性爱，是人们最基本的欲求；死亡和贫苦，是人们最憎恶的现象。欲求和憎恶是人们主要的心理活动。人的思想和感情都隐藏在心中，别人无法猜测。美德和恶欲也都隐藏在心中，不会显露于形色。要想完全了解人的心理，除了运用礼制又有什么办法呢？所以说人是天地德化的成果，是阴阳交合的产物，是鬼神相会的结果，是五行灵秀的体现。天秉赋阳气，使太阳和星辰照临人间；地秉赋阴气，负载着山陵江河。五行分布于春、夏、秋、冬四季，协调着温、热、冷、寒四气，而后十二月相迭而生。因此月亮十五天趋于盈满，十五天趋于亏缺。五行运转，轮流尽职。五行、四气、十二月，周而复始；五声、五律、十二管，交替为宫；五味、六和、十二食，轮替为主；五色、六章、十二衣，交相为主。所以说人是天地的中心和五行开端，是吸食气味，辨别声音、沾染色彩而降生的。圣人制定法则，必然以天地为依据，以阴阳为端始，以四时为总纲，以太阳和星辰为准则，以月亮为标准，以鬼神为同类，以五行为主体，以礼义为工具，以人情为治理对象，以四灵为家畜。以天地为依据，因而能包罗万物；以阴阳为端始，因而能了解人情；以四时为总纲，因而能劝勉人们做事；以太阳和星辰为准则，因而能区分各种事物；以月亮为标准，因而做事能有条理；以鬼神为同类，因而能忠于职守；以五行为主体，因而事物能周而复始；以礼义为工具，因而做事能有成效；以人情为治理对象，因而能以人为主；以四灵为家畜，因而饮食能有来源。什么叫四灵？麟、凤、龟、龙，叫做四灵。所以畜养了龙，鱼类就不会潜藏；畜养了凤，鸟类就不会飞走；畜养了麟，野兽就不会跑掉；畜养了龟，就不会错误判断人情的真伪和善恶。先代君王秉持卜筮用的蓍草、龟甲，安排祭祀，埋帛降神，宣示祝祷的言辞和传达的神言，确立制度，因而国家有了礼制，官吏得到控制，工作井然有序。先代君王担心礼制不能通达于天下，所以在郊外祭帝，用来显明天的地位；在国都祭社，用来显示地的功利；祭祀祖庙，用来显示以仁为本；祭祀山川，用来尊崇鬼神；祭祀五行之神，用来纪念事物的起源。因此宗祝在宗庙协助实行祭祀之礼，三公在朝廷协助治理国政，三老在太学协助申明礼制，君王前有巫，后有史，负责卜筮、音乐和劝谏的官员都侍立身边。君王处于中心，无为而治，以保持最纯正的君道。所以在郊外行祭天之礼，于是群神就能各尽职守；在社中行祭地之礼，于是百姓就能各尽其用；在祖庙行祭祖之礼，于是孝顺、慈爱之道就能为远近所遵行；实行祭祀五行之神的礼仪，于是就可以端正法则。因此郊社、宗庙、五行之神的祭祀中，道义得到发扬而礼制也得以寄托其中。礼制必然本源于太一，而太一又分化而为天地，转化而为阴阳，演变而为四季，排列而为鬼神。它降于天地、祖庙就叫做命。它的职分都来自上天，合于分配的道理，落实到人身上就叫做养。它使人们讲求诚信，彼此和睦，如同肌肤相接、筋骨相连一样；它是人们用以供养活着的人，料理死者后事、敬事鬼神的重要纲领；它是人们用以通达天道、和顺人情的重要途径。只有圣人才懂得礼制是不可废止的。所以坏乱之国、丧败之家、逃亡之人，一定首先是丢弃了礼制。礼制对于人来说，就好像酒必须有酒曲一样。君子淳朴，小人浅薄。圣人强化道义的根本、礼制的秩序，以治理人情。人情是圣王的田地，要用整饰礼制来耕种，用阐明道义来种植，用讲诵学问来锄草，以仁为本来加以聚合，依靠乐的传播来加以安定。礼是义的实质，与义取得协调后自身才会协调，即使礼在先王那里没有出现，也可以根据义来加以创制。义是行事的分寸、行仁的符节。做事得其宜，合于仁，做得到的人就能成为强者，做不到的人就会丧亡。仁是义的根本、顺的体现，做得到的人就会受到尊敬。所以治国而不依靠礼制，就好像没有耒耜而想耕作；行礼而不以义为本，就好像只是耕田而不播种；行义而不重视学习，就好像只是播种

而不锄草；重视学习而不合于仁，就好像只是锄草而不收获；合于仁
而不用乐加以安定，就好像收获了粮食而不吃；用乐加以安定而不达
到和顺，就好像光吃饭而不健康。四肢健全，肌肤丰满，这是身体健
康的表现；父子情深，兄弟和睦，夫妇和美，这是家庭兴旺的表现；
大臣守法，小臣廉洁，各种职官配合有序，君臣之间相互匡正，这是
国家强盛的表现；天子以德为车子，用乐来驾驭，诸侯之间以礼相互
接触，大夫以法相互协调，士人以信相互考验，百姓因为和睦相互交
往，这是天下太平的表现。这就叫做大顺。顺是供养活着的人，料理
死者后事，事奉鬼神的法则。所以即使大事成堆也不胶滞，各事并行
而不错乱，细微之事也无过失，深奥却能通晓，繁茂却有条理，相连
却不冲突，互动而不相害，这是顺的最高要求。明白了顺的意义，然
后就可以做到遇危险而能守。礼制讲究等级的不同，应该俭的不能
丰，应该增的不能减，用它可以维系感情，和合上下，各安其分而不
至于危乱。不让居住在山区的移居平川，不让居住在小岛上的人移居
平原，使用水、火、金、木和饮食都要按一定的时节来进行。冬天让
男女婚配，春天颁设爵位，这一定要使当事人的年龄和德行相符合，
都应顺应天时和民心。役使百姓更须如此。因而天下没有水旱昆虫等
自然灾害，百姓没有饥荒和不正常的疾病，天不吝惜自己的大道，地
不吝惜自己的宝藏，人不吝惜自己的感情。所以天上降下甘露，地下
涌出甘泉，山里发现器与车，黄河里跃出马图，凤凰、麒麟都生活在
郊外草泽，龟和龙都蓄养在宫苑的池沼中，其余的鸟兽及其蛋卵和胎
儿，都可以俯身而得窥见。像这样的情况出现，没有别的原因，就是
因为先王能够遵循礼制以达于义，体现诚信以达到顺。这是顺应天理
人情的实际结果。"

卷 八

冠颂第三十三

【原文】

　　邾隐公既即位①，将冠，使大夫因孟懿子问礼于孔子。子曰："其礼如世子之冠②。冠于阼者，以著代也③。醮于客位，加其有成④，三加弥尊，导喻其志⑤。冠而字之，敬其名也。虽天子之元子，犹士也。其礼无变，天下无生而贵者故也。行冠事必于祖庙，以祼享之礼以将之⑥，以金石之乐以节之⑦。所以自卑而尊先祖，示不敢擅。"

　　懿子曰："天子未冠即位，长亦冠也？"孔子曰："古者王世子虽幼，其即位则尊为人君。人君，治成人之事者，何冠之有？"

　　懿子曰："然则诸侯之冠异天子与⑧？"孔子曰："君薨而世子主丧，是亦冠也已。人君无所殊也⑨。"

　　懿子曰："今邾君之冠非礼也⑩？"孔子曰："诸侯之有冠礼也，夏之末造也⑪，有自来矣，今无讥焉⑫。天子冠者，武王崩，成王年十有三而嗣立。周公居冢宰，摄政以治天下。明年夏六月，既葬⑬，冠成王而朝于祖，以见诸侯亦有君也。周公命祝雍作颂曰：'祝王达而未幼。'祝雍辞曰：'使王近于民⑭，远于年⑮，啬于时⑯，惠于财，亲贤而任能。'其颂曰：'令月吉日，王始加元服⑰。去王幼志，服衮职⑱，钦若昊命⑲，六合是式⑳。率尔祖考㉒，永永无极。'此周公之制也。"

懿子曰："诸侯之冠，其所以为宾主，何也？"孔子曰："公冠则以卿为宾，无介，公自为主，迎宾揖，升自阼，立于席北。其醴也，则如士，飨之以三献之礼㉒。既醴，降自阼阶。诸侯非公而自为主者，其所以异，皆降自西阶㉓，玄端与皮弁异㉔。朝服素毕㉕，公冠四㉖，加玄冕祭㉗。其酬币于宾，则束帛乘马㉘。王太子、庶子之冠拟焉㉙，皆天子自为主㉚。其礼与士无变，飨食宾也皆同。"

懿子曰："始冠必加缁布之冠㉛，何也？"孔子曰："示不忘古。太古冠布，斋则缁之。其緌也，吾未之闻㉜。今则冠而弊之可也㉝。"

懿子曰："三王之冠，其异何也？"孔子曰："周弁，殷冔，夏收，一也㉞。三王共皮弁、素緌。委貌，周道也；章甫，殷道也；母追，夏后氏之道也㉟。"

【注释】

① 邾隐公：春秋时邾国国君，曹姓，名益。

② 世子：太子，帝王和诸侯的嫡长子。

③ 冠于阼者，以著代也：王肃注："阼，主人之阶。以明其代父。"

④ 醮于客位，加其有成：王肃注："冠于阶，若不体则醮，用酒于客位，敬而成之。"户西为客位。醮，冠礼、婚礼中的一种简单仪式。谓尊者对卑者酌酒，卑者接受敬酒后饮尽，不需回敬。

⑤ 三加弥尊，导喻其志：王肃注："喻其志，使加弥尊，宜敬成，始缁布，次皮弁，次爵弁。"

⑥ 以裸（guàn）享之礼以将之：王肃注："裸，灌鬯也。灌鬯以享神，享献将行也。"裸享，帝王宗庙祭仪。谓灌香酒于地以求神降临。此指具有裸享仪式的飨礼。

⑦ 以金石之乐以节之：王肃注："金石者，钟磬也。""以"字原无，据陈本补。

⑧ 然则诸侯之冠异天子与：王肃注："怪天子无冠礼，如诸侯之冠，故问之。"

⑨ 人君无所殊也：王肃注："诸侯亦人君，与天子无异。"

⑩ 今邾君之冠非礼也：王肃注："懿子以诸侯无冠，则邾君之冠非也。"

⑪ 诸侯之有冠礼也，夏之末造也：王肃注："夏之末世，乃造诸侯冠礼。"

⑫ 有自来矣，今无讥焉：王肃注："言有所从来，故今无所讥。"

⑬ "成王年十有三"至"既葬"：王肃注："《周书》亦曰岁十有三，武王崩，元年六月葬，与此若合符。而说者横为年纪，蹙促成年少，又命周公武王崩后五月乃摄政，良可为冠与痛哉！"

⑭ 使王近于民：王肃注："常得民之心也。"

⑮ 远于年：王肃注："寿长。"

⑯ 啬于时：王肃注："啬，爱也。于时不夺民时也。"

⑰ 元服：指冠。古时亦称行冠礼为加元服。

⑱ 服衮职：王肃注："衮职，盛服有礼文也。"

⑲ 钦若昊命：王肃注："钦，敬；若，顺。"

⑳ 六合是式：王肃注："天地四方谓之六合。言为之法式。"

㉑ 率尔：你，你们。率，语助词。

㉒ 三献：祭祀时献酒三次，即初献爵、亚献爵、终献爵，合称三献。

㉓ 西阶：王肃注："西阶，宾也。"

㉔ 玄端与皮弁异：王肃注："玄端，缁布冠之服。皮弁，自服其服也。"玄端，一种黑色礼服。祭祀时，天子、诸侯、士大夫皆服之。

㉕ 朝服素毕：王肃注："朝服而毕，示不忘古。"毕，通"韠"，朝服上的护膝。

㉖ 公冠四：王肃注："公四加冠。"

㉗ 加玄冕祭：王肃注："加玄冕，着祭服。"

㉘ 其酬币于宾，则束帛乘马：王肃注："已冠而飨，既飨，与宾币，谓之酬币。乘马，驷马。"

㉙ 王太子、庶子之冠拟焉：王肃注："王之太子、庶子皆拟诸侯冠礼也。"

㉚ 主：原作"三"，据四库本、同文本、玉海堂本、备要本、陈本改。

㉛ 缁（zī）布之冠：一种黑色的冠。缁，黑色。

㉜ 其緌（ruí）也，吾未之闻：王肃注："言今有緌，未闻之于古。古无緌。緌，冠之饰也。"緌即帽带的下垂部分。

㉝ 今则冠而弊之可也：王肃注："今不复冠。弊，布弊之不复者也。"弊，原作"㡀"，据陈本改。

㉞ 周弁，殷冔（xǔ），夏收，一也：王肃注："皆祭服也。"是为三代助祭之冠的异称。

㉟ "委貌"至"夏后氏之道也"：王肃注："常所服之冠也。"是为三代玄冠的异称。

【译文】

　　邾隐公即位以后，准备加冠，派大夫通过孟懿子向孔子请教有关礼仪。孔子说："这种礼仪如同世子加冠。加冠时站在主人站立的东阶上，以显示自己为父亲的继承人。然后是主持者站在门户西边的宾位上，向他敬酒，表明加礼于有成就的人，三次加冠，一次比一次隆重，教导他树立远大志向。加冠以后要取字，表示尊重他的名。他虽然是天子的长子，但身份也不过是士。他所行的礼仪没有什么变化，这是因为天下没有一出生就尊贵的人。冠礼一定要在祖庙举行，通过裸享之礼来表示即将开始，通过钟磬之乐加以协调控制。这是因为要使自己卑下而尊崇先祖，以表明不敢专断。"

懿子问："天子没有加冠就即位，长大了还要加冠吗？"孔子说："古时君王的世子虽然年幼，但在即位以后便被尊崇为人君。人君是治理成年人的事情的，还有什么加冠之事？"

懿子问："那么诸侯加冠与天子不同吗？"孔子说："君主去世而世子主持丧事，这也就算是加冠了。对人君来说，是没有什么不同的。"

懿子问："如今邾国国君加冠不合于礼制吗？"孔子说："诸侯有冠礼，是从夏代末年开始的，是有渊源的，没有什么值得批评的。关于天子冠礼，武王去世，成王十三岁就继立为天子。周公居冢宰之位，代为主政而治理天下。第二年夏六月，武王安葬后，周公让成王加冠并在祖庙接受朝见，以表示诸侯也有了新的君王。周公命祝雍作颂说：'祝君王通达而不年幼。'祝雍便作祝辞说：'希望君王接近百姓，健康长寿，不夺农时，惠赐财物，亲近贤人而任用能人。'祝雍又作颂说：'令月吉日，君王始行冠礼。要去除君王不成熟的心理，穿用有礼文的盛服，敬顺上天之命，为天下四方制定法式。你们故去的父祖，将永永远远享有祭祀。'这就是周公的礼制。"

懿子问："诸侯的冠礼，要分为宾主，这是为什么？"孔子说："公加冠就以卿为宾客，不要副手，公自为主人，迎宾时作揖，从东阶登上去，站在座席的北边。至于敬酒，则像对士一样，采用三献之礼。喝过酒以后，便从东阶下来。不是公的诸侯而自为主人的，与此所以不同，在于都从西阶下来，而黑色礼服和白鹿皮帽却有所不同。都要穿着朝服和白色护膝，而公加冠要进行四次，加黑色冠，穿着祭服。向宾客赠送礼品，要送一束帛和四匹马。王太子和庶子的冠礼也与此相同，都是天子自为主人。他们所行的礼仪与士比较没有什么变化，向宾客赐赠食物的形式也都相同。"

懿子问："开始加冠的时候一定要加黑布之冠，这是为什么？"孔子说："这是为了表示不忘古人。远古时代人们用白布做冠，斋戒时就染成黑色。至于那时冠上下垂的带子，我没有听说过。现在的情况则是在冠礼结束以后，扔掉就行了。"

懿子问："三代君王加冠，为什么有所不同呢?"孔子说："祭祀时戴的冠，周代叫弁，殷代叫冔，夏代叫收，实际上是一样的。三代君王都戴白色皮冠、白色冠带。至于平常戴的冠，委貌，是周代的名称；章甫，是殷代的名称；毋追，是夏后氏时代的名称。"

庙制第三十四

【原文】

卫将军文子将立先君之庙于其家①，使子羔访于孔子。子曰："公庙设于私家，非古礼之所及，吾弗知。"

子羔曰："敢问尊卑上下立庙之制，可得而闻乎？"孔子曰："天下有王，分地建国，设祖宗②，乃为亲疏贵贱多少之数。是故天子立七庙，三昭三穆，与太祖之庙七；太祖近庙③，皆月祭之；远庙为祧，有二祧焉④，享尝乃止⑤。诸侯立五庙⑥，二昭二穆，与太祖之庙而五，曰祖考庙⑦，享尝乃止。大夫立三庙⑧，一昭一穆，与太庙而三，曰皇考庙，享尝乃止。士立一庙⑨，曰考庙。王考无庙，合而享尝乃止⑩。庶人无庙，四时祭于寝⑪。此自有虞以至于周之所不变也⑫。凡四代帝王之所谓郊者，皆以配天；其所谓禘者，皆五年大祭之所及也⑬。应为太祖者，则其庙不毁；不及太祖，虽在禘郊，其庙则毁矣⑭。古者祖有功而宗有德，谓之祖宗者，其庙皆不毁⑮。"

【注释】

① 文子：王肃注："文子，名弥牟。"卫灵公之孙，公子郢之子，曾立悼公，集卫国军政大权于一身。先君：原作"三君"，据四库本、同文本、玉海堂本改。

② 设祖宗：王肃注："祖有功，宗有德。"

③ 太祖近庙：王肃注："近谓高祖，下亲为近。"

④ 远庙为祧（tiāo），有二祧焉：王肃注："祧，远意，亲尽为祧。二祧者，高祖及父母祖是也。"《礼记·祭法》："远庙为祧。"孙希旦集解："盖谓高祖之父、高祖之祖之庙也。谓之远庙者，言其数远而将迁也。"

⑤ 享尝：王肃注："四时祭也。"

⑥ 诸侯立五庙：王肃注："降天子二也。"

⑦ 祖考庙：王肃注："始祖庙也。"

⑧ 大夫立三庙：王肃注："降诸侯二也。"

⑨ 士立一庙：王肃注："降大夫二也。"

⑩ 王考无庙，合而享尝乃止：王肃注："祖合于父庙中。"王考，对去世的祖父的敬称。

⑪ 寝：指嫡长子起居之处。

⑫ 此自有虞以至于周之所不变也：王肃注："自有虞以至于周，《周礼》不异，而说者以周有庙，以有文武，故祧当迁者，而以为文庙，或有甚矣。礼典皆有七庙之文，唯《丧服小记》云：王者禘其祖所出，以其祖配之，而立四庙。谓始王者未有始祖，故立四庙。今有虞亦始王者，而既立七庙矣，则《丧服小记》之言亦妄矣。"

⑬ 皆五年大祭之所及也：王肃注："殷周禘祫，五年大祭而及。"

⑭ 应为太祖者，则其庙不毁；不及太祖，虽在禘郊，其庙则毁矣：王肃注："诸禘享皆无庙，郊亦无庙。后稷之所以有庙，自以太祖。故曰不为太祖，虽在禘郊，其庙则毁。据后稷而言，殷人不郊冥？冥以有大功。契既为太祖之庙，若复郊，则冥永不与于祀典，是以郊冥者也。"

⑮ 古者祖有功而宗有德，谓之祖宗者，其庙皆不毁：王肃注："祖宗者，不毁之名。其庙有功者谓之祖，至于周文王是也；有德者谓之宗，周武王是也。二庙自有祖宗，乃谓之二祧，又以为配食明堂之名，亦可谓违圣指，失实事也。"

【译文】

卫将军文子准备在自己家中为先君立祭庙，派子羔去请教孔子。孔子说："公庙设在私家，古礼中不曾提到，我不明白这事怎么样。"

子羔说："请问尊卑上下关于立庙的制度，我可以听听吗？"孔子说："天下有君王，分封土地，建立国家，祭祀祖宗，定下亲疏、贵贱和多少的数目。所以天子立七庙，三座昭庙、三座穆庙，与太祖之庙合而为七庙；太祖、高祖之庙，每月都要祭祀；远庙为祧，共有二祧，四季祭祀即可。诸侯立五庙，二昭二穆，与太祖之庙合而为五庙，称祖考庙，四季祭祀即可。大夫立三庙，一昭一穆，与太庙合而为三庙，称皇考庙，四季祭祀即可。士立一庙，称考庙。王考不单立祭庙，父祖之庙合并进行四季祭祀即可。庶人不立庙，在住处进行四季祭祀即可。这是从有虞到周代一直未曾改变的。凡是提到的四代帝王的郊祭，都是配享天的；提到的禘祭，都是五年大祭所要进行的。尊为太祖，他的祭庙不予毁掉；未被尊为太祖的，即使接受禘祭和郊祭，他的祭庙也要毁掉。古时尊有功的先人为祖而尊有德的先人为宗，称为祖宗的先人，他们的祭庙都不能毁掉。"

【原文】

子羔问曰："祭典云：昔有虞氏祖颛顼而宗尧，夏后氏亦祖颛顼而宗禹，殷人祖契而宗汤，周人祖文王而宗武王。此四祖四宗，或乃异代，或其考祖之有功德，其庙可也。若有虞宗尧，夏祖颛顼，皆异代之有功德者也，亦可以存其庙乎？"

孔子曰："善，如汝所闻也。如殷周之祖宗，其庙可以不毁。其他祖宗者，功德不殊，虽在殊代，亦可以无疑矣。《诗》云：'蔽芾甘棠，勿翦勿伐'，'邵伯所憩'①。周人之于邵公也，爱其人，犹敬其所舍之树，况祖宗其功德而可以不尊奉其庙焉？"

【注释】

　　① "蔽芾甘棠，勿翦勿伐" "邵伯所憩"：见《诗经·召南·甘棠》。王肃注："蔽芾（fèi），小貌。甘棠，杜也。憩，息也。"甘棠即杜梨，又名棠梨，果实扁圆而小，味酸甜，故名甘棠。邵，今本《毛诗》作"召"。

【译文】

　　子羔问道："祭典上说：从前有虞氏以颛顼为祖而以尧为宗，夏后氏以颛顼为祖而以禹为宗，殷人以契为祖而以汤为宗，周人以文王为祖而以武王为宗。这四祖四宗，有的是不同朝代的，而有的是父祖都有功德的，在后一种情况下，为他们立庙是应该的。像有虞氏以尧为宗，夏以颛顼为祖，都是处于不同朝代而有功德的，也可以保留他们的祭庙吗？"

　　孔子说："问得好，确实如同你所听说的一样。像殷、周的祖宗，他们的祭庙当然可以不毁掉。其他为祖宗的，功德的大小也没有什么不同，虽处在不同朝代，功德上同样没有什么值得怀疑的。《诗经》里说：'小小一株甘棠树，不要去翦不要伐'，'那是邵伯休息处'。周人对于邵公，热爱他本人，还尊敬他曾在其下居处过的树木，何况我们说的是有功德的祖宗，怎么可以不尊奉他们的祭庙呢？"

辩乐解第三十五

【原文】

孔子学琴于师襄子①。襄子曰："吾虽以击磬为官，然能于琴。今子于琴已习，可以益矣。"孔子曰："丘未得其数也②。"

有间，曰："已习其数，可以益矣。"孔子曰："丘未得其志也。"

有间，曰："已习其志，可以益矣。"孔子曰："丘未得其为人也。"

有间③，孔子有所谬然思焉④，有所睪然高望而远眺⑤，曰："丘迨得其为人矣。近黮而黑⑥，颀然长⑦，旷如望羊⑧，奄有四方⑨，非文王其孰能为此？"师襄子避席叶拱而对曰⑩："君子圣人也！其传曰《文王操》。"

【注释】

① 师襄子：春秋时鲁国乐官。事又见《韩诗外传》卷五、《史记·孔子世家》。

② 数：指演奏乐曲的技艺，技巧。

③ 间：此字下原衍一"曰"字，据陈本删。

④ 谬然：王肃注："谬然，深思貌。"谬，通"穆"。

⑤ 睪（gāo）然：高远貌。睪，通"皋"。眺：王肃注："眺，见也。"

⑥ 黮（dǎn）：王肃注："黮，黑貌。"

⑦ 颀（qí）：王肃注：“颀，长貌。”

⑧ 旷如望羊：王肃注：“旷，用志广远。望羊，远视也。”

⑨ 奄（yǎn）有四方：王肃注：“奄，同也。文王之时，三分天下而有其二。后周有四方，文王之功也。”

⑩ 叶拱：王肃注：“叶拱，两手薄其心也。”叶拱为行礼的一种形式，即两手环拱靠近胸口。

【译文】

孔子向师襄子学习弹琴。一次，师襄子说：“我虽然因为击磬奏乐担任官职，但也能够弹琴。如今您已经学会弹琴，可以弹另外的曲子了。”孔子说：“我还没有掌握弹琴的技法。”

过了一段时间，师襄子说：“您对技法已经熟练，可以弹另外的曲子了。”孔子说：“我还没有掌握乐曲的旨趣。”

过了一段时间，师襄子说：“您已经把握了乐曲的旨趣，可以弹另外的曲子了。”孔子说：“我还没有弄清楚作者是怎样一个人。”

又过了一段时间，孔子陷入沉思，表现出志向高远的样子，眺望远方，说：“我大体明白了作者的为人了。他面色较黑，身材高大，志向广远，使四方同归于一，除了周文王，谁还能作出这样的乐曲呢？”师襄子一听，离开座席，向孔子行叶拱之礼，说：“真是君子圣人啊！古书记载这首乐曲名叫《文王操》。”

【原文】

子路鼓琴，孔子闻之，谓冉有曰：“甚矣，由之不才也！夫先王之制音也，奏中声以为节①，流入于南，不归于北。夫南者，生育之乡；北者，杀伐之域②。故君子之音，温柔居中，以养生育之气。忧愁之感，不加于心也；暴厉之动，不在于体也。夫然者，乃所谓治安之风也。小人之音则不然，亢丽微末③，以象杀伐之气。中和之感，不载于心；温和之动，不存于体。夫然者，乃所以为乱之风。昔者舜弹五弦之琴，造《南风》之诗，其诗曰：'南风之薰兮，可以解吾民之愠兮；南风之时兮，可以阜吾民之财兮④。'唯修此化，故其兴也勃焉，德如泉流，至于今，王公大人述而弗忘。殷纣好为北鄙之声⑤，其废也忽焉，至于今，王公大人举以为诫。夫舜起布衣，积德含和，而终以帝。纣为天子，荒淫暴乱，而终以亡。非各所修之致乎？由，今也匹夫之徒，曾无意于先王之制，而习亡国之声，岂能保其六七尺之体哉？"

冉有以告子路。子路惧而自悔，静思不食，以至骨立⑥。夫子曰："过而能改，其进矣乎！"

【注释】

① 中声：中和之声，和谐、适中的音乐。事又见《说苑·修文》。

②域：原作"城"，据陈本及《说苑》改。

③亢丽：犹"激烈"。

④ 南风之时兮，可以阜吾民之财兮：王肃注："得其时。阜，盛也。"

⑤ 北鄙之乐：一种俗鄙放荡的音乐。盛于商都朝歌北边的鄙野，故称。

⑥ 骨立：形容人极度消瘦。

【译文】

子路弹琴，孔子听到了，便对冉有说："仲由真是不能成才呀！先王创造音乐，奏出中和之声以为节制，流传到南方，不返归北方。南方是有利于生育的地方，北方则是杀伐盛行的区域。所以君子弹奏出的音乐，温柔适中，能培养生育之气。忧愁的感情不在心中产生，粗暴的举动不在身上发生。这样体现的就是所谓太平安宁的风气。小人弹奏的音乐却不是这样，而是激烈、尖细，象征杀伐之气。中和的感情不在心中产生，温和的举动不在身上发生。这样体现的就是所谓悖逆作乱的风气。从前舜弹奏五弦之琴，创作《南风》之诗，诗中说：'南风熏习啊，可以解除我百姓的忧愁；南风及时啊，可以增加我百姓的财富。'正是因为注重这样的教化，所以他的事业蓬勃地兴盛起来，德行多如泉涌，直到现在，天子、诸侯们还对此加以称述而不忘怀。殷纣喜欢制作鄙俗放荡的北鄙之声，他的家国也很快归于灭亡，直到现在，天子、诸侯们还都引以为戒。舜从一普通平民兴起，积累德行，蓄养和气，最终成为天子。纣本来贵为天子，却荒淫暴乱，最终走向灭亡。这不是由他们不同的修养方式造成的吗？仲由现在还是普通平民，不曾留意先王之制，却习于亡国之声，怎么能保住自己那六七尺长的躯体呢？"

冉有把孔子的这番话告诉给子路。子路很害怕，并且自我悔恨，静静思索而不进食，以至于消瘦得如同立着的骨架。孔子说："有了过错而能改正，这是有所长进的表现啊！"

【原文】

周宾牟贾侍坐于孔子①。孔子与之言及乐，曰："夫《武》之备诫之以久②，何也？"对曰："病疾不得其众③。""咏叹之，淫液之④，何也？"对曰："恐不逮事⑤。""发扬蹈厉之已蚤⑥，何也？"对曰："及时事⑦。""《武》坐致右而轩左⑧，何也？"对曰："非《武》坐⑨。""声淫及商⑩，何也？"对曰："非《武》音也⑪。"孔子曰："若非《武》音，则何音也？"对曰："有司失其传也。"孔子曰："唯⑫，丘闻诸苌弘，亦若吾子之言是也⑬。若非有司失其传，则武王之志荒矣。"

宾牟贾起，免席而请曰："夫《武》之备诫之以久，则既闻命矣。敢问迟矣而又久立于缀，何也？"子曰："居，吾语尔。夫乐者，象成者也⑭。总干而山立⑮，武王之事也。发扬蹈厉，太公之志也⑯。《武》乱皆坐⑰，周邵之治也。且夫《武》，始成而北出⑱，再成而灭商，三成而南反⑲，四成而南国是疆⑳，五成而分陕，周公左，邵公右㉑，六成而复缀，以崇其天子焉㉒。众夹振焉而四伐㉓，所以盛威于中国。分陕而进，所以事蚤济㉔。久立于缀，所以待诸侯之至也。今汝独未闻牧野之语乎㉕？武王克殷而反商之政。未及下车，则封黄帝之后于蓟㉖，封帝尧之后于祝㉗，封帝舜之后于陈；下车又封夏后氏之后于杞，封殷之后于宋㉘，封王子比干之墓，释箕子之囚㉙，使人行商容之旧以复其位㉚，庶民弛政㉛，庶士倍禄。既济河西，马散之华山之阳而弗复乘，牛散之桃林之野而弗复服㉜，车甲则衅之而藏诸府库㉝，以示弗复用，倒载干戈而包之以虎皮，将率之士使为诸侯，命之曰鞬櫜㉞。然后天下知武王之不复用兵也。散军而修郊射㉟，左射以《狸首》，右射以《驺虞》㊱，而贯革之射息也。裨冕搢笏，而虎贲之士脱剑㊲。郊祀后稷，而民知尊父焉。配明堂，而民知孝焉。朝觐，然后诸侯知所以臣。耕籍，然后民知所以敬亲㊳。六者，天下之大教也。食三老五更于太学㊴，天子袒而割牲执酱而馈㊵，执爵而酳㊶，冕而总干㊷，所以教诸侯之弟也㊸。如此，则周道四达，礼乐交通。夫《武》之迟久，不亦宜乎？"

【注释】

① 宾牟贾：孔子弟子。宾牟，姓。贾，名。事又见《礼记·乐记》《史记·乐书》。

② 夫《武》之备诫之以久：王肃注："《武》，谓周《武》。备诫，击鼓警众也。"《武》即周朝的一种舞蹈，模仿武王伐纣故事而作。

③ 病疾不得其众：王肃注："病，忧也。忧恐不得其士众之心敬者也。"

④ 淫液：王肃注："淫液，歆淫滋味。"即声音绵延不绝。

⑤ 恐不逮事：王肃注："言汲汲欲及此安民和众事。"

⑥ 发扬蹈厉之已蚤：王肃注："厉，疾。备戒虽久，至其发作又疾。"蚤，通"早"。

⑦ 及时事：王肃注："欲令事及其时。"

⑧《武》坐致右而轩左：王肃注："右膝至地，左膝不至地也。"《武》坐，《武》舞跪地的姿势。轩，起。

⑨非《武》坐：王肃注："言无《武》坐。"

⑩声淫及商：王肃注："言声散淫贪商。"商，商声，主杀伐。

⑪非《武》音也：王肃注："武王之事，不得已为天下除残贼，非苟贪商。"

⑫唯（wěi）：应答声。

⑬亦若：原作"若非"，据四库本、同文本、玉海堂本及《礼记》《史记》删。

⑭夫乐者，象成者也：王肃注："象成功而为乐。"

⑮总干而山立：王肃注："总持干若山立不动。"干，盾。

⑯发扬蹈厉，太公之志也：王肃注："志在鹰扬。"

⑰《武》乱皆坐，周邵之治也：王肃注："《武》乱，《武》治，皆坐而以象安民之事也。"乱，指舞蹈进入尾声。

⑱成：舞之一终，跳完一段舞蹈。

⑲三成而南反：王肃注："诛纣已而南也。"

⑳四成而南国是疆：王肃注："言有南国以为疆界。"

㉑五成而分陕，周公左，邵公右：王肃注："分东西而治也。"西周初年，以陕（今河南陕县）为界，周公旦统辖以东（左）的东方诸侯，邵（召）公奭则统辖以西（右）的西方诸侯。这个统治区域的划分，后来相沿很久。

㉒六成而复缀，以崇其天子：王肃注："以象尊天子也。六成，谓舞之节解也。"

㉓众夹振焉而四伐：王肃注："夹武王四面会振威武。四伐者，伐四方与纣同恶也。"振，振铎，摇铃。

㉔分陕而进，所以事蚤济：王肃注："所以分陕而蚤进者，欲事早成。"

㉕牧野：地名，在今河南淇县西南。周武王兴师伐纣，与殷商军队

大战于此。商军倒戈，纣自杀，殷商灭亡。

㉖ 蓟（jì）：在今北京城西南角，后为燕国都城所在地。

㉗ 祝：在今山东济南西南，后为齐所灭。

㉘ 封殷之后于宋：王肃注："武王伐殷，封其子禄父。武王崩，禄父叛，周公诛之，封微子于宋，以为殷后。禄父不成殷后，故成言之。"

㉙ 箕（jī）子：商纣王的诸父，官至太师。封于箕（今山西太谷东北）。曾劝谏纣王，纣王不听，并将其囚禁。

㉚ 使人行商容之旧以复其位：王肃注："商容，商之礼官。其位，旧居也。传说多以商容为殷之贤人，或使箕子求商容乎！行，犹索也。"

㉛ 庶民弛政：王肃注："解其力役之事。"

㉜ 桃林：王肃注："桃林，西方塞也。"服，驾驭。

㉝ 衅：古时新制器物成，杀牲以祭，遂用其血涂缝隙，称为衅。"藏"字下原衍一"之"字，据四库本、同文本、玉海堂本、备要本删。

㉞ 将率之士使为诸侯，命之曰鞬櫜：王肃注："言所以藏弓矢而不用者，将率之士力也，故使以为诸侯，为之鞬櫜也。"率，通"帅"，主将。鞬櫜，本指盛弓箭的器具，此指闭藏兵甲。

㉟ 修郊射：王肃注："郊有学宫，可以习礼。"

㊱ 左射以《狸首》，右射以《驺（zōu）虞》：王肃注："左东学，右西学。《狸首》《驺虞》，所为节也。"《狸首》《驺虞》，皆为乐章之名。

㊲ 裨（pí）冕搢笏，而虎贲之士脱剑：王肃注："衮冕之属，通谓之裨冕。脱剑，解剑也。"裨，次等礼服。

㊳ 耕籍，然后民知所以敬亲：王肃注："亲耕籍田，所以奉祠祀之粢盛。"籍，或作"藉"，籍田（藉田），古时天子、诸侯征用民力耕种的田，相传天子籍田千亩，诸侯百亩。每逢春耕前，由天子、诸侯执末耜在籍田上三推或一拨，称为"籍礼"，以示重农。

㊴ 食三老五更于太学：古时设三老五更之位，天子以父兄之礼养之。

㊵ 袒：古代行礼时脱去上衣的左袖，露出裼衣（中衣）。

㉛ 酳（yìn）：王肃注："食已饮酒，谓之酳。"即食毕以酒漱口，为宴会或祭祀时的一种礼节。

㊷ 冕而总干：王肃注："亲在舞位。"谓亲自着冕，手持盾牌而舞。

㊸ 弟（tì）：通"悌"。

【译文】

周人宾牟贾陪孔子坐着。孔子与他谈到乐舞，说："《武》舞开始时连连击鼓警诫众人，时间很长，这是为什么？"宾牟贾答道："这是模仿周武王担心得不到士众的支持。"孔子问道："歌声拉得那么长，声音延绵不绝，这是为什么？"宾牟贾回答说："这是模仿武王担心完不成安民和众的大事。"孔子问："很早就开始猛烈地手舞足蹈，这是为什么？"宾牟贾答道："这是模仿武王寻找发动征伐的最好时机。"孔子问："《武》舞右膝跪地，左膝抬起，这是为什么？"宾牟贾答道："那根本不是《武》舞的跪姿。"孔子问："歌乐中有过多的杀伐之声，这是为什么？"宾牟贾答道："那根本不是《武》舞的音乐。"孔子问："如果不是《武》舞的音乐，那是什么音乐呢？"宾牟贾答道："有关官吏没有传授下来。"孔子说："是的，我从苌弘那里听到的与您说的一样。如果不是有关官吏在传授上出现失误，那简直是武王心态迷乱糊涂了。"

宾牟贾站起来，离开座位向孔子请教说："关于《武》舞开始时连连击鼓警诫众人，时间很久，已劳先生动问。请问《武》舞开始后需要在舞位连续站立很长时间，这是为什么？"孔子说："坐下，我告诉您。乐舞是象征事业成功的。持盾站立，如同山一样屹立，这是象征武王的征伐事业。舞者猛烈地手舞足蹈，这是象征姜太公的远大志向。《武》舞进入尾声时全都跪下，这是象征周公、邵公治理成功。《武》舞开始一段从原位向北模仿周军行进，第二段东进模仿灭商，第三段向南模仿灭商后南返，第四段模仿南方各国归附周朝，第五段模仿分陕而治，周公居左，邵公居右，到了第六段，众舞者又回到原位，这是象征天下诸侯尊崇天子。众舞者有时排成双行，摇铃指挥，模仿攻伐与纣同恶的四方诸侯，从而显示周人威行天下。有时又分成两队如同分陕而治，这是象征事业早成。有时连续站在舞位，这是象征等候诸侯会师。至今你还没有听说过牧野之地的传说吗？周武王攻克殷都，就把当地的统治权交还给殷商的后人。还没有来得及走下战车，就把黄帝的后人分封到蓟，把帝尧的后人分封到祝，把帝舜的后人分封到陈；下了战车，又把夏后氏的后人分封到杞，把殷商的后人分封到宋，为王子比干的坟墓培土，释放被囚禁的箕子，派人找寻商容而恢复他原有的职位，免除百姓的徭役，成倍地增加一般士人的俸禄。过了黄河向西，武王将拉战车的马放到华山的南坡牧养而不再骑乘，载重物的牛放到桃林的原野牧养而不再驾御，战车兵甲则涂上牲血而收藏于府库中，以表示不再使用，将盾牌、长戈倒装并用虎皮包裹起来，把将帅派往各地做诸侯，并把这叫做鞬橐。在这以后，天下人都知道武王不再用兵打仗了。武王解散军队而举行郊射之礼，在东学射箭时以《狸首》之乐作节限，在西学射箭时以《驺虞》之乐作节限，贯穿皮革的猛射也就废止了。人们穿戴冕服，腰插笏板，勇猛的武士则解下刀剑。在南郊祭祀后稷，从而使百姓懂得尊父。让先祖配享明堂，从而使百姓懂得孝道。实行朝拜觐见之礼，然后诸侯就能明白怎样做臣下。实行亲耕籍田之礼，然后就能明白怎样孝敬父母。这六个方面，是天下最重要的教化，在太学宴请三老五更，天子脱去上衣左袖，亲自执刀分割牲体，端着肉酱向他们献食，举起酒杯劝酒，服冕执盾而舞，这是为了教导诸侯要懂得敬顺兄长。这样一来，周朝政教通达四方，礼乐交互通行。《武》舞演出用了那么长的时间，不也很合适吗？"

问玉第三十六

【原文】

子贡问于孔子曰："敢问君子贵玉而贱珉①，何也？为玉之寡而珉多欤？"孔子曰："非为玉之寡故贵之，珉之多故贱之。夫昔者君子比德于玉：温润而泽，仁也；缜密以栗②，智也；廉而不刿③，义也，垂之如坠，礼也④；叩之，其声清越而长，其终则诎然⑤，乐矣；瑕不掩瑜，瑜不掩瑕，忠也⑥；孚尹旁达⑦，信也；气如白虹，天也；精神见于山川，地也⑧；珪璋特达⑨，德也；天下莫不贵者，道也。《诗》云：'言念君子，温其如玉。'⑩故君子贵之也。"

【注释】

① 珉（mín）：王肃注："石似玉。"即似玉的美石。事又见《礼记·聘义》《荀子·法行》。

② 缜密以栗：王肃注："缜密，致塞貌。栗，坚也。"

③ 廉而不刿（guì）：王肃注："割而有廉隅，而不割伤也。"即有棱边而不至于割伤人。廉，棱角，有棱角。刿，伤，割伤，刺伤。

④ 垂之如坠，礼也：王肃注："礼尚谦卑。"

⑤ 诎（qū）：王肃注："诎，断绝貌，似乐之息。"即声音戛然而止貌。

⑥ 瑕不掩瑜，瑜不掩瑕，忠也：王肃注："瑜，其忠美者也。"瑕，

瑕疵，玉上的斑点或裂痕。瑜，玉的光彩和美丽。

⑦ 孚尹（yún）旁达：王肃注："孚尹，玉貌。旁达，言似者无不通。"谓玉的色彩晶莹发亮，光芒四射。孚尹，即玉的色彩。

⑧ 精神见于山川，地也：王肃注："精神本山川，是故地也。"

⑨ 珪璋特达：谓朝聘时唯玉中的珪和璋能独行通达，不加余币。

⑩ "言念君子，温其如玉"：见《诗经·秦风·小戎》。言，我。

【译文】

子贡问孔子说："请问君子把玉看得很高贵而把珉看得很轻贱，这是为什么？因为玉少而珉多吗？"孔子说："并不是因为玉少的缘故而珍视它，因为珉多的缘故而贱视它。从前君子用玉来比喻美德：温和柔润而有光泽，可象征仁；细密而坚实，可象征智；有棱角而不伤人，可象征义；悬垂则下坠，可象征礼；叩击它，声音则清脆悠扬，最后戛然而止，可象征乐；瑕不掩瑜，瑜不掩瑕，可象征忠；色彩晶莹发亮，光照四方，可象征信；光气如同白色长虹，可象征天；精气显现于山川之间，可象征地；朝聘时珪和璋能够独行通达，可象征德；天下人没有不珍视它的，可象征道。《诗经》里说：'想念我那好君子，温和如同那美玉。'所以君子珍视它。"

【原文】

孔子曰："入其国，其教可知也。其为人也，温柔敦厚，《诗》教也；疏通知远，《书》教也；广博易良，《乐》教也；洁静精微，《易》教也；恭俭庄敬，《礼》教也；属辞比事，《春秋》教也。故《诗》之失愚①，《书》之失诬②，《乐》之失奢，《易》之失贼③，《礼》之失烦，《春秋》之失乱④。其为人也，温柔敦厚而不愚，则深于《诗》者矣；疏通知远而不诬，则深于《书》者矣；广博易良而不奢，则深于《乐》者矣；洁静精微而不贼，则深于《易》者矣；恭俭庄敬而不烦，则深于《礼》者矣⑤；属辞比事而不乱，则深于《春秋》者矣。天有四时者，春夏秋冬，风雨霜露，无非教也。地载神气⑥，吐纳雷霆，流形庶物⑦，无非教也。清明在躬，气志如神⑧，有物将至，其兆必先⑨。是故天地之教，与圣人相参。其在《诗》曰：'嵩高惟岳，峻极于天。惟岳降神，生甫及申。惟申及甫，惟周之翰。四国于蕃，四方于宣。'⑩此文、武之德⑪'矢其文德，协此四国。'⑫此文王之德也。凡三代之王，必先其令问⑬。《诗》云：'明明天子，令问不已。'⑭三代之德也。"

【注释】

① 愚：王肃注："敦厚。"谓不知变通。事又见《礼记·经解》《孔子闲居》《韩诗外传》卷五、《淮南子·泰族训》。

② 诬：王肃注："知远之失。"谓言辞失实。

③ 贼：王肃注："精微之失。"谓入于怪诞，害于正理。

④ 乱：王肃注："属辞比事之失。"谓妄为褒贬，至于紊乱。

⑤ 矣：此字原脱，据四库本、同文本、玉海堂本补。

⑥ 神气：五行之精气。

⑦ 流形庶物：指万物受自然之滋育而运动变化其形体。

⑧ 清明在躬，气志如神：王肃注："清明之德在身也，则其气志如神也。"

⑨ 有物将至，其兆必先：王肃注："物，事也。言有事将至，必先有兆应之者也。"

⑩ "嵩（sōng）高惟岳"至"四方于宣"：见《诗经·大雅·崧（嵩）高》。今本《毛诗》"嵩"作"崧"，"峻"作"骏"。惟，《毛诗》及《礼记》《韩诗外传》所引作"维"。"嵩高惟岳"至"生甫及申"，王肃注："岳降神灵和气，生申、甫之大功也。"嵩，山大而高。岳，特别高大的山。惟申及甫，惟周之翰，王肃注："翰，干。美其宗族世有大功于周。甫侯相穆王，制详刑；申伯佐宣王，成德教。"四国于蕃，四方于宣，王肃注："言能藩屏四国，宣王德化于天下也。"

⑪ 文、武之德：王肃注："言文武圣德，笃佐周家，正为先王良佐，成中兴之功。"

⑫ "矢其文德，协此四国"：见《诗经·大雅·江汉》。王肃注："《毛诗》：'矢其文德。'矢，陈。协，和。"据王肃此注，"矢"本与《礼记》同而作"弛"，后人顺毛改字。协，今本《毛诗》作"洽"。文德，对武功而言，犹言文治之德。四国，四方之国。

⑬ 问：通"闻"，声誉。

⑭ "明明天子，令问不已"：见《诗经·大雅·江汉》。问，今本《毛诗》及《礼记》《韩诗外传》所引作"闻"。明明，犹"勉勉"，极度勤勉，孜孜不倦。

【译文】

孔子说："到了一个国家，这个国家的教化情况就可以了解到了。如果人们言语柔和，性情忠厚，就是以《诗》教化的结果；通达政事，了解历史，就是以《书》教化的结果；心胸宽广，平易善良，就是以《乐》教化的结果；内心洁静，明察隐微，就是以《易》教化的结果；恭顺俭约，端庄谨慎，就是以《礼》教化的结果。《诗》教的缺陷在于容易导致不知变通，《书》教的缺陷在于容易导致诬妄不实，《乐》教的缺陷在于容易导致过度奢侈，《易》教的缺陷在于容易导致怪诞害正，《礼》教的缺陷在于容易导致烦琐细碎；《春秋》教的缺陷在于容易导致褒贬混乱。为人如果既温柔忠厚而又不是昧于变通，就是深通《诗》教了；通达政事，了解历史而又不是诬妄不实，就是深通《书》教了；心宽善良而又不是过度奢华，就是深通《乐》教了；洁静察微而又不是怪诞害正，就是深通《易》教了；恭俭庄敬而又不是烦琐细碎，就是深通《礼》教了；著文记事而又不是褒贬混乱，就是深通《春秋》教了。天使四季无限循环，有春夏秋冬的变化，有风雨霜露的来临，这是天道无私的结果。身怀清静光明之德，气志变化微妙如神，遇有事情发生，一定会有某种征兆首先出现。所以天地的教化，与圣人之举是相辅相成的。用《诗经》里的话来说就是：'巍巍山岳紧相连，高高耸立入云天。神灵和气它降下，甫侯、申伯生人间。正是申伯与甫侯，为周重臣功勋建。四方各国来屏卫，天子德化得遍宣。'这就是周文王、武王的德行。'文治之德得施行，四方各国均协和。'这就是周文王的德行。三代的天子，在称王前肯定都有好的声誉。《诗经》里说：'勤勉不倦好天子，美好声誉传不止。'这就是三代圣王的德行。"

【原文】

子张问圣人之所以教。孔子曰："师乎！吾语汝。圣人明于礼乐，举而措之而已。"子张又问。孔子曰："师，尔以为必布几筵①，揖让升降，酌献酬酢②，然后谓之礼乎？尔以为必行缀兆③，执羽籥④，作钟鼓，然后谓之乐乎？言而可履，礼也；行而可乐，乐也。圣人力此二者，以躬己南面。是故天下太平，万民顺伏，百官承事，上下有礼也。夫礼之所以兴，众之所以治也；礼之所以废，众之所以乱也。目巧之室则有隩阼⑤，席则有上下，车则有左右，行则并随，立则有列序，古之义也。室而无隩阼，则乱于堂室矣；席而无上下，则乱于席次矣⑥；车而无左右，则乱于车上矣；行而无并随，则乱于阶涂矣⑦；列而无次序，则乱于著矣⑧。昔者明王圣人，辩贵贱长幼，正男女内外，序亲疏远近，而莫敢相逾越者，皆由此涂出也。"

【注释】

①几筵：犹"几席"，为古人凭依、坐卧的器具，乃祭祀之席位。事又见《礼记·孔子闲居》。

②酌献：酌酒献客。酬酢：主客相互敬酒，主敬客称酬，客还敬称酢。

③为：此字原脱，据四库本、同文本、玉海堂本、陈本及《礼记》

补。缀兆：乐舞时舞者的行列队伍。

④ 羽籥：祭祀或宴飨时舞者所持的舞具和乐器。

⑤ 目巧之室则有奥（ào）阼：王肃注："言目巧作室，必有奥阼之位。室西南隅谓之奥。阼，阼阶也。"目巧，目测的技巧。奥，室内西南角，借指内室。

⑥ 乱于席次：王肃注："乱于席上之次第。"

⑦ 行而无并随，则乱于阶涂矣：王肃注："升阶涂无并随，则阶涂乱。"

⑧ 著：王肃注："著，所立之位也。门屏之间谓之著也。"

【译文】

子张向孔子请教圣人用什么来进行教化的问题。孔子说："颛孙师呀！我告诉你。圣人精通礼乐，把它们推行开来就是了。"子张不明白，又问了一遍。孔子说："颛孙师，你以为一定得摆设席位，跑上跑下，作揖谦让，酌酒献客，相互敬酒，这样才叫做礼吗？你以为一定得安排乐队，手拿舞具和乐器，敲击钟鼓，这样才叫做乐吗？说过的话能够去做，就是礼；做起来感到快乐，就是乐。圣人致力于做到这两个方面，从而敬肃己身，无为而治。于是天下太平，万民顺从，百官尽职，上下有礼。礼制兴盛，百姓就会接受统治；礼制废弛，百姓就会犯上作乱。目测巧妙而建起的房子一定有内室和台阶，座席总有上位下位，乘车必然分左右尊卑，走路总要分前后，站立总要有次序，这是自古以来的道理。建房没有内室和台阶，就分不清厅堂和寝室了；座席不分上位下位，座席上的顺序就混乱了；乘车不分左右尊卑，车上就混乱了；走路不分前后，台阶和道路上就混乱了；列队没有次序，位置就混乱了。从前明王和圣人严格区分贵贱长幼，端正男女内外之职，理顺亲疏远近关系，没有人敢超越界限，这些都是从上面的道理演化出来的。"

屈节解第三十七

【原文】

　　子路问于孔子曰："由闻丈夫居世，富贵不能有益于物①，处贫贱之地而不能居节以求伸，则不足以论乎人之域矣。"孔子曰："君子之行己，期于必达于己。可以屈则屈，可以伸则伸。故屈节者所以有待②，求伸者所以及时③。是以虽受屈而不毁其节，志达而不犯于义④。"

【注释】

　　① 富贵不能有益于物：王肃注："以道济物，不为身也。"
　　② 有待：王肃注："待知己也。"
　　③ 及时：王肃注："及良时也。"
　　④ 志达而不犯于义：王肃注："合于义也乃行。"

【译文】

　　子路在向孔子请教时说："仲由我听说大丈夫生活在世上，富贵了却不能有益于别人，处于贫贱之中但不能屈抑志节以求得日后施展，那么就不足以活在世上。"孔子说："君子立身行事，追求的是一定要最终达到自己的目的。能够屈抑的时候屈抑，能够施展的时候施展。所以屈抑志节是为了等待知己，求得施展是为了等待时机。因此虽然受到压抑而不有损志节，尽管理想通达而不违背道义。"

【原文】

　　孔子在卫，闻齐国田常将欲为乱①，而惮鲍、晏②，因欲移其兵以伐鲁。孔子会诸弟子而告之曰："鲁，父母之国，不可不救，不忍视其受敌。今吾欲屈节于田常，以救鲁。二三子谁为使？"于是子路曰："请往齐。"孔子弗许。子张请往，又弗许。子石请往③，又弗许。三子退，谓子贡曰："今夫子欲屈节以救父母之国，吾三人请使而不获往。此则吾子用辩之时也。吾子盍请行焉？"

　　子贡请使，夫子许之。遂如齐，说田常曰："今子欲收功于鲁，实难。不若移兵于吴，则易。"田常不悦。子贡曰："夫忧在内者攻强，忧在外者攻弱。吾闻子三封而三不成，是则大臣不听令。战胜以骄主，破国以尊臣④，而子之功不与焉，则交日疏于主，而与大臣争。如此，则子之位危矣。"田常曰："善！然兵甲已加鲁矣，不可更，如何？"子贡曰："缓师。吾请于吴，令救鲁而伐齐，子因以兵迎之。"田常许诺。

　　子贡遂南说吴王曰："王者不灭国，霸者无强敌，千钧之重，加铢两而移⑤。今以齐国而私千乘之鲁，与吾争强，甚为王患之。且夫救鲁以显名，以抚泗上诸侯⑥，诛暴齐以服晋，利莫大焉。名存亡鲁，实困强齐，智者不疑。"吴王曰："善！然吴常困越，越王今苦身养士，有报吴之心。子待我先越，然后乃可。"子贡曰："越之劲不过鲁，吴之强不过齐，而王置齐而伐越，则齐必私鲁矣。王方以存亡继绝之名，弃齐而伐小越，非勇也。勇者不避难⑦，仁者不穷约⑧，智者不失时，义者不绝世。今存越，示天下以仁；救鲁伐齐，威加晋国，诸侯必相率而朝，霸业盛矣。且王必恶越，臣请见越君，令出兵以从。此则实害越而名从诸侯以伐齐。"吴王悦，乃遣子贡之越。

　　越王郊迎，而自为子贡御，曰："此蛮夷之国，大夫何足俨然辱而临之⑨？"子贡曰："今者吾说吴王以救鲁伐齐，其志欲之，而心畏越，曰：'待我伐越而后可。'则破越必矣。且无报人之志而令人疑之，拙矣；有报人之意而使人知之，殆乎；事未发而先闻者，危矣。三者，举事之患矣。”

勾践顿首曰：“孤尝不料力而兴吴难，受困会稽，痛于骨髓，日夜焦唇干舌，徒欲与吴王接踵而死⑩，孤之愿也。今大夫幸告以利害。”子贡曰：“吴王为人猛暴，群臣不堪，国家疲弊，百姓怨上，大臣内变，申胥以谏死⑪，大宰嚭用事⑫，此则报吴之时也。王诚能发卒佐之，以邀射其志⑬，而重宝以悦其心，卑辞以尊其礼，则其伐齐必矣。此圣人所谓屈节求其达者也。彼战不胜，王之福；若胜，则必以兵临晋。臣还北请见晋君共攻之，其弱吴必矣。锐兵尽于齐，重甲困于晋，而王制其弊焉。”越王顿首许诺。

子贡返五日，越使大夫文种顿首言于吴王曰⑭：“越悉境内之士三千人以事吴。”吴王告子贡曰：“越王欲身从寡人，可乎？”子贡曰：“悉人之率众，又从其君，非义也。”吴王乃受越王卒，谢留勾践，遂自发国内之兵以伐齐，败之。子贡遂北见晋君，令承其弊。吴、晋遂遇于黄池⑮。越王袭吴之国，吴王归与越战，灭焉。

孔子曰：“夫其乱齐存鲁，吾之始愿，若能强晋以弊吴，使吴亡而越霸者，赐之说之也。美言伤信，慎言哉⑯！”

【注释】

① 田常将欲为乱：王肃注：“专齐，有无君之心也。”田常，或作田恒，即田成子（陈成子），春秋时齐国大臣。他扩大封邑，专齐之政，奠定了田氏代齐的基础。事又见《史记·仲尼弟子列传》。

② 鲍、晏：王肃注：“鲍氏、晏氏，齐之卿大夫也。”

③ 子石：即公孙龙，孔子弟子，字子石，卫国人。

④ 破国以尊臣：王肃注：“鲍、晏等率师，若破国，则益尊者也。”

⑤ 铢两：一铢一两，喻极轻的分量。

⑥ 泗：王肃注：“泗，水名也。”泗水在今山东中部，今称泗河。

⑦ 者：原作"而"，据四库本、同文本、玉海堂本、陈本及《史记》改。

⑧ 穷约：贫困，贫贱。

⑨ 俨（yǎn）然：严肃庄重貌。

⑩ 接踵（zhǒng）：接触到前面人的足跟。谓相继，相从，紧接着。踵，脚后跟。

⑪ 申胥：王肃注："申胥，伍子胥也。"

⑫ 大宰嚭：王肃注："嚭，吴王佞臣也。"

⑬ 邀射其志：王肃注："邀激其志。"邀，求，谋求。

⑭ 文种：越国大夫，字少禽（或作子禽），楚国郢（今湖北江陵西北）人。越为吴所困；他主持国政，助勾践图强灭吴。后勾践听信谗言，赐剑命他自杀。

⑮ 遇于黄池：鲁哀公十三年（前 482 年），吴王夫差在两败齐国后，大会诸侯于黄池（今河南封丘西南），与晋争做盟主。

⑯ 慎言哉：王肃注："孔子以哀公十六年卒，吴以二十二年灭。时吴知己将亡，而言之也。"

【译文】

孔子在卫国，听说齐国田常准备作乱专权，但惧怕鲍氏、晏氏，便想调移军队去攻伐鲁国。孔子召集弟子，告诉他们说："鲁国是我们的父母之国，不能不救，不忍心看着它受到敌人攻击。如今我想对田常压抑志节，从而援救鲁国。你们谁愿意出使？"于是子路说："我请求前往齐国。"孔子没有同意。子张请求前往，孔子又没有同意。子石请求前往，孔子还是没有同意。三人退下，对子贡说："现在先生想屈抑志节以援救父母之国，我们三人请求出使但却没有得到同意。这正是您施展辩才的时机。您何不请求出行呢？"

子贡请求出使，孔子同意了。于是子贡前往齐国，劝说田常道："如今您想在鲁国身上取得成功，实在是太困难了。不如调动军队攻吴，那样很容易成功。"田常不高兴了。子贡说："忧患在内部时攻打强敌，忧患在外部时攻打弱者。我听说您三次封赏但却三次没有成功，这说明大臣不听从命令。战胜敌人会使国君骄傲，攻破敌国会使大臣专权，而您的功劳却不在其中，那么您与国君的关系会日渐疏远，还会与大臣们发生争执。这样一来，您的地位就会出现危机。"田常说："好！然而军队已经派往鲁国了，不能变动了，怎么办？"子贡说："可以让军队缓慢行进。我向吴国求情，让它救鲁伐齐，您乘机率兵迎击。"田常答应了。

子贡于是南下劝说吴王夫差道："称王的人不灭亡别国，称霸的人没有强敌，千钧的重量，增加一铢一两就会移动。如今齐国想私自占有兵车千乘的鲁国，与我们吴王争强，为此我很为大王感到忧愁。而且救鲁以显扬名声，以镇抚泗水一带的诸侯，诛伐残暴的齐国，从而制服晋国，没有比这有更大的好处了。名义上是保存即将灭亡的鲁国，实际上是围困强大的齐国，对此明智的人是不会有什么疑虑的。"吴王说："好！然而吴国曾经围困越国，越王如今苦己身体，蓄养士人，怀有报复吴国的思想。您等我先拿下越国，然后就按您说的去办。"子贡说："越国的强劲不过是与鲁国相当，吴国的强敌不过是齐国。况且不管齐国而讨伐越国，那么齐国肯定会私吞鲁国。大臣正以保存即将灭亡的国家和延续即将灭亡的世系和名义做事，放弃齐国而讨伐小小的越国，这不是勇敢的表现。勇敢的人不会回避危难，仁德的人不会陷入困穷，明智的人不会失去时机，行义的人不会断绝后嗣。现在保存越国，向天下显示仁德；救鲁伐齐，威震晋国，诸侯一定会相继前来朝见，从而使霸业兴盛。而且大王确实憎恨越国，那么臣下我请求往见越君，让他出兵跟从大王您出兵。这样实际上是损害越国而名义上却是跟从诸侯伐齐。"吴王高兴了，便派子贡前往越国。

越王勾践到郊外迎接，并亲自为子贡驾车，说："这里是蛮夷之国，大夫您哪里值得劳驾莅临？"子贡说："如今我劝说吴王救鲁伐齐，他想同意，但心里担心越国进攻，说：'等我伐越以后才行。'看来他下定决心要攻破越国了。况且没有报复别人的念头却令人生疑，这是笨拙的表现；有报复别人的想法却使人察知，这就会陷入困境；事情还没有发生却让人闻知，这就会出现危险。这三个方面，都是做事不成的隐患。"

勾践叩头行礼说："我曾经不自量力而兴兵攻吴，结果被困在会稽，痛苦入于骨髓，日夜焦唇干舌，一心想着与吴王相继身死，这是真实的愿望。如今有幸听大夫告知利害。"子贡说："吴王为人凶猛残暴，群臣不堪忍受，国家疲乏生弊，百姓抱怨君上，大臣在朝变乱，伍子胥因劝谏而身死，太宰嚭专权用事，这是报复吴国的好时机。大王您果真能发兵帮助吴王，以求激扬他的心志，并用重金宝物讨他欢心，言辞卑下，尊尚他的礼仪，那么他肯定会出伐齐国。这就是圣人所说的屈抑志节以求得理想通达。他征战不胜，就是大王的福分；如果取胜，他必然会领兵攻晋。臣下我将回到北方，求见晋国国君以使晋参与共同攻伐吴国，这样肯定能削弱吴国。吴国精锐军队在齐被歼灭殆尽，重兵又被困在晋国，而大王正好可以抓住他疲敝的时机。"越王叩头行礼，答应下来。

子贡北返五天以后，越国派大夫文种叩见吴王说："越国把境内的兵士三千人都征召来了，准备听命于吴国。"吴王告诉子贡说："越王想亲自跟从我出行，可以吗？"子贡说："把别人带来的部众全都接受下来，又让他们的君主跟从，这是不行道义。"吴王便接受了越王带来的士卒，答谢勾践，让他留在越国，随后就亲自征发国内的士兵，北伐齐国并打败齐军。子贡于是北行进见晋君，让晋借着吴王疲敝的时机发动攻势。结果吴、晋就在黄池会盟。越王趁机攻袭吴国，吴国回去与越交战，最后吴国灭亡。

孔子说："搞乱齐国而保住鲁国，这是我最初的愿望。至于使晋国强大以削弱吴国，使吴国灭亡而越国称霸，这是端木赐游说的结果。好听的言辞有损诚信，对于说话要特别谨慎啊！"

【原文】

孔子弟子有宓子贱者，仕于鲁，为单父宰。恐鲁君听谗言，使己不得行其政，于是辞行，故请君之近史二人①，与之俱至官。宓子戒其邑吏，令二史书。方书辄挚其肘②，书不善则从而怒之。二史患之，辞请归鲁。宓子曰："子之书甚不善，子勉而归矣。"二史归报于君曰："宓子使臣书而挚肘，书恶而又怒臣，邑吏皆笑之。此臣所以去之而来也。"

鲁君以问孔子，子曰："宓不齐，君子也。其才任霸王之佐，屈节治单父，将以自试也。意者以此为谏乎？"公寤，太息而叹曰："此寡人之不肖。寡人乱宓子之政而责其善者，非矣。微二史③，寡人无以知其过；微夫子，寡人无以自寤。"遽发所爱之使告宓子曰："自今已往，单父非吾有也，从子之制。有便于民者，子决为之，五年一言其要。"宓子敬奉诏，遂得行其政，于是单父治焉。躬敦厚，明亲亲，尚笃敬，施至仁，加恳诚，致忠信，百姓化之。

齐人攻鲁，道由单父。单父之老请曰："麦已熟矣。今齐寇至，不及人人自收其麦。请放民出，皆获傅郭之麦④，可以益粮，且不资于寇。"三请而宓子不听。俄而齐寇逮于麦。季孙闻之，怒，使人以让宓子曰⑤："民寒耕热耘，曾不得食⑥，岂不哀哉？不知犹可，以告者而子不听，非所以为民也。"宓子蹴然曰⑦："今兹无麦，明年可树。若使不耕者获，是使民乐有寇。且得单父一岁之麦，于鲁不加强，丧之不加弱。若使民有自取之心，其创必数世不息。"季孙闻之，赧然而愧⑧，曰："地若可入，吾岂忍见宓子哉！"

三年，孔子使巫马期远观政焉⑨。巫马期阴免衣⑩，衣敝裘，入单父界。见夜渔者，得鱼辄舍之。巫马期问焉，曰："凡渔者为得，何以得鱼即舍之？"渔者曰："鱼之大者名为𩾃⑪，吾大夫爱之；其小者名为鱦⑫，吾大夫欲长之。是以得二者辄舍之。"巫马期返以告孔子曰："宓子之德至，使民暗行若有严刑于旁。敢问宓子何行而得于是?"孔子曰："吾尝与之言曰：诚于此者刑乎彼。宓子行此术于单父也。"

【注释】

① 史：指下级佐吏，负责起草文书。事又见《吕氏春秋·具备》《新书·审微》《淮南子·道应》《新序·杂事二》。

② 掣：牵曳，牵引。

③ 微：无，没有。

④ 傅：近，靠近。

⑤ 让：责，责备。

⑥ 曾（zēng）：乃，竟。

⑦ 蹴（cù）然：惊惭不安貌。

⑧ 赧（nǎn）然：惭愧脸红貌。

⑨ 巫马期：即巫马施，孔子弟子，姓巫马，名施，字子期（或作"子旗"），陈国人。

⑩ 免（wèn）衣：即丧服。去冠括发，以布缠头。

⑪ 鲔（chóu）：大鱼。

⑫ 蝇（yìng）：小鱼。

【译文】

孔子弟子中有个叫宓子贱的，在鲁国为官，担任单父宰。他担心鲁国国君听信谗言，使自己无法推行政令，于是前往辞行，并请鲁君身边的佐吏，让他们与自己一同到官署为政。宓子贱在戒令邑中官吏时，命令二位佐吏记录。他们刚开始写，宓子贱就牵拽他们的胳膊肘，写不好便又对他们发火。二位佐吏很是担心，便告辞回鲁国都。宓子贱说："你们写得很不好，回去后要好好努力。"二位佐吏回都后报告鲁君说："宓子让我们写字但却在一旁牵拽我们的胳膊，写得不好便又向我们发火，搞得邑中官吏发笑。这是我们离他而来的原因。"

鲁君就此事请教孔子，孔子说："宓不齐是个君子。论他的才能，可以充任霸主和王者的佐辅，此次屈抑志节治理单父，目的是试试自己的能力。或许他是以这件事来进行劝谏吧？"鲁君醒悟过来，深深地叹息说："这是我不好。我扰乱宓子为政而又责令他干好工作，这是不对的。没有二位佐吏，我无法知道自己的过失；没有先生您，我无法使自己醒悟。"于是立刻派宠爱的人为使者告诉宓子贱说："自今以后，单父的治理不归我负责，而完全按您的制度进行。有方便百姓的事情，您自己就可以决定下来，只须五年汇报一次为政的要点就行。"宓子贱恭敬地接受诏命，得以顺利推行自己的政令，于是单父境内实现了太平安宁。他亲行敦厚之举，明确亲亲之道，推崇诚笃恭敬，施行至仁之策，做事恳切诚实，表达忠诚守信，百姓都得到教化。

齐国军队攻打鲁国，途中经过单父。单父的老者向宓子贱请求说："地里的麦子已经熟了。如今齐国军队前来侵略，来不及让各人收自己的麦子。请求放百姓出城，让他们都去收获靠近外城的麦子，可以借此增加粮食，而且这些麦子不会被用于资助入侵者。"请求了三次，但宓子贱没有听从。不久齐国的入侵者到了麦地。季孙氏听说这件事，大为恼怒，派人斥责宓子贱说："百姓寒冬耕作，暑天除草，竟无法吃上粮食，怎么能不哀痛呢？不知道还可以，而告诉你你却不听，这不是在为百姓着想。"宓子贱惊惭不安地说："眼下没有了麦子，明年可以再种。如果让不耕种的收获，这是让百姓喜欢有人入侵。况且获得单父一年的麦子，鲁国也不会因此强盛一些，而丢了它，也不会导致鲁国变弱。如果让百姓有随便拿取的念头，由此造成的损失必将殃及后世而无止息。"季孙氏一听这话，惭愧不已，说："假如能入地，我怎么能好意思再看到宓子呢！"

过了三年，孔子派巫马期远行去观察宓子贱为政的情况。巫马期偷偷地穿上丧服，披上破皮衣，进入单父地界。巫马期发现有在夜间打鱼的，捕到鱼总是放掉。巫马期上前问道："凡是打鱼的人都是为了捕到鱼，为什么捕到鱼总是放掉呢？"打鱼的人回答说："鱼里的大鱼名叫鲔，我们的大夫爱护它；小鱼名叫鲵，我们的大夫想让它长大。"巫马期回来报告孔子说："宓子的德行至高无上，使得百姓暗中私下做事也好像身旁有着严峻刑罚。请问宓子是怎样达到这种地步的呢？"孔子说："我曾经对他讲：在一个地方做事心诚，刑罚就只能在别处施行。宓子在单父贯彻了这一法则。"

【原文】

孔子之旧曰原壤，其母死，夫子将助之以沐椁①。子路曰："由也昔者闻诸夫子曰：'无友不如己者，过则勿惮改。'②夫子惮矣，姑已若何③？"孔子曰："'凡民有丧，匍匐救之。'④况故旧乎？非友也。吾其往。"

及为椁，原壤登木曰⑤："久矣，予之不托于音也。"遂歌曰："狸首之班然⑥，执女手之卷然⑦。"夫子为之隐，佯不闻以过之。子路曰："夫子屈节而极于此，失其与矣，岂未可以已乎？"孔子曰："吾闻之，亲者不失其为亲也，故者不失其为故也。"

【注释】

① 沐椁：整治棺材。事又见《礼记·檀弓下》。

② "无友不如己者，过则勿惮改"：见《论语·学而》。

③ 姑已：王肃注："姑，且也。已，止也。"

④ "凡民有丧，匍匐救之"：见《诗经·邶风·谷风》。匍匐，郑玄笺："匍匐，言尽力也。"

⑤ 登木：叩木，敲击木头。

⑥ 班：通"斑"，斑纹。

⑦ 卷（quán）然：柔弱貌。

【译文】

孔子的一个老朋友叫原壤，他的母亲去世，孔子准备帮助他整修棺材。子路说："我听先生您说过：'不与不如自己的人交朋友，有了过错不要害怕改正。'先生看来倒是害怕改正，姑且停下来如何？"孔子说："'凡是百姓有丧事，尽心竭力去救助。'何况是老朋友呢？你说的不是表示友好的做法。我要前去。"

到了整修棺材的时候，原壤敲着木头说："很长时间我没有用歌声来表达心意了。"于是唱道："这棺材的花纹就像狐狸的头一样，我真想握住你那柔弱的手来表示欢心。"孔子把这件事遮掩起来，装作没有听见，也就过去了。子路问："先生屈抑志节到了这种地步，失去了交往的理由，难道还不可以与他绝交吗？"孔子说："我听说，亲人毕竟是亲人，老朋友毕竟是老朋友。"

卷 九

七十二弟子解第三十八

【原文】

颜回，鲁人，字子渊，少孔子三十岁①。年二十九而发白，三十一早死。孔子曰："自吾有回，门人日益亲。"回之德行著名，孔子称其仁焉。

【注释】

① 少孔子三十岁：此句原无，据四库本、同文本、玉海堂本补。

【译文】

颜回，鲁国人，字子渊，比孔子小三十岁。二十九岁时头发变白，三十一岁时过早死去。孔子说："自从我收了颜回做弟子，弟子们之间日益亲近。"颜回的德行天下闻名，孔子经常称述他有仁德。

【原文】

闵损，鲁人，字子骞，少孔子五十岁①。以德行著名，孔子称其孝焉。

【注释】

①　少孔子五十岁：此句原无，据四库本、同文本、玉海堂本补。

【译文】

闵损，鲁国人，字子骞，比孔子小五十岁。以极富德行闻名，孔子经常称述他的孝行。

【原文】

冉耕，鲁人，字伯牛。以德行著名。有恶疾①，孔子曰："命也夫！"

【注释】

①　恶疾：指痛苦难治的疾病。《春秋公羊传·昭公二十年》何休注："恶疾谓喑（哑）、聋、盲、疠（lì，恶疮）、秃、跛、伛（yǔ，驼背），不逮人伦之属也。"或以为此处特指癞病，即麻风病。此事及本篇所载诸人之事又多见《史记·仲尼弟子列传》等。

【译文】

冉耕，鲁国人，字伯牛。以极富德行闻名。后患有难以医治的疾病，孔子说："这是命运的安排啊！"

【原文】

冉雍，字仲弓①，伯牛之宗族。生于不肖之父。以德行著名。

【注释】

①　仲弓：司马贞《史记索隐》引《家语》云："伯牛之宗族，少孔子二十九岁。"

【译文】

冉雍，字仲弓，与伯牛生于同一宗族。他的父亲为一不肖之人。以极富德行闻名。

【原文】

宰予，字子我，鲁人。有口才著名①。

【注释】

① 有口才著名：四库本、同文本作："有口才，以言语著名。仕齐为临淄大夫，与田常为乱，夷其三族。孔子耻之，曰：'不在利病，其在宰予。'"其中，"临淄"，同文本、玉海堂本作"临黄"。

【译文】

宰予，字子我，鲁国人。以有口才而闻名于世。

【原文】

端木赐，字子贡，卫人，少孔子三十一岁①。有口才著名②。

【注释】

① 少孔子三十一岁：此句原无，据四库本、同文本、玉海堂本补。

② 有口才著名：此句后四库本、同文本、玉海堂本有以下一段文字："孔子每讪其辩。家富累千金，常结驷连骑以造原宪。宪居蒿庐蓬户之中，与之言先王之义。原宪衣敝衣冠，并日蔬食，衎然有自得之志。子贡曰：'甚矣，子如何之病也。'原宪曰：'吾闻无财者谓之贫，学道不能行者谓之病。吾贫也，非病也。'子贡惭，终身耻其言之过。子贡行贩，与时转货。历相鲁、卫，而终齐。"其中，"子贡行贩"，同文本、玉海堂本作"子贡好贩"。

【译文】

端木赐，字子贡，卫国人，比孔子小三十一岁。以有口才而闻名于世。

【原文】

冉求，字子有，仲弓之族，少孔子二十九岁①。有才艺，以政事著名②。

【注释】

① 少孔子二十九岁：此句原无，据四库本、同文本、玉海堂本补。

② 以政事著名：四库本、同文本、玉海堂本此句后有一段文字："仕为季氏宰。进则理其官职，退则受教圣师。为性多谦退，故子曰：'求也退，故进之。'"

【译文】

冉求，字子有，与仲弓生于同一宗族，比孔子小二十九岁。有才华技艺，以擅长政事闻名。

【原文】

仲由，卞人①，字子路。有勇力才艺，以政事著名②。

【注释】

① 卞：春秋鲁邑。原作"弁"，据四库本、同文本、玉海堂本及《史记》改。在今山东泗水东。

② 以政事著名：四库本、同文本、玉海堂本此句后有一段文字："为人果烈而刚直，性鄙而不达于变通。仕卫为大夫，遇蒯聩与其子辄争国，子路遂死辄难。孔子痛之，曰：'自吾有由，而恶言不入于耳。'"

【译文】

仲由，弁邑人，字子路。有勇力和才华技艺，以擅长政事闻名。

【原文】

言偃，鲁人，字子游，少孔子三十五岁。时习于礼①，以文学著名②。

【注释】

① 少孔子……习于礼：此段文字原无，据四库本、同文本、玉海堂本补。

② 文学：主要指古代文献。四库本、同文本、玉海堂本此句后有一段文字："仕为武城宰。尝从孔子适卫，与将军之子兰相善，使之受学于夫子。"

【译文】

言偃，鲁国人，字子游，比孔子小三十五岁。以精通文学闻名。

【原文】

卜商，卫人，字子夏，少孔子四十四岁。习于《诗》，能通其义，以文学著名。为人性不弘，好论精微，时人①无以尚之②。尝返卫，见读史志者云："晋师伐秦，三豕渡河。"子夏曰："非也，'己亥'耳。"读史志者问诸晋史③，果曰"己亥"。于是卫以子夏为圣。孔子卒后，教于西河之上④，魏文侯师事之而谘国政焉⑤。

【注释】

① 字子夏……时人：此段文字原无，据四库本、同文本、玉海堂本补。王肃注："子夏所叙《诗》义，今之《毛诗序》是也。"

② 尚：超过。

③ 者：原作"曰"，据陈本改。

④ 西河：战国魏地。或说在今山西、陕西之间黄河左右。

⑤ 魏文侯：战国初年魏国的建立者，名斯，在位50年（前445—前396年）。

【译文】

卜商，卫国人，字子夏，比孔子小四十四岁。娴习于《诗经》，能够精通其义，以擅长文献著称。为人性格不够弘阔，喜好谈论精微的具体问题，当时的人没有人能超过他的学问。他曾经回到卫国，发现读史书的人读道："晋师伐秦，三豕渡河。"子夏说："这是不对的。'三豕'应该是'己亥'。"读史书的人请教晋国史官，回答果然是"己亥"。于是卫国人认为子夏是圣人。孔子去世后，子夏教于西河一带，魏文侯拜他为师，向他咨询国政。

【原文】

颛孙师，陈人，字子张，少孔子四十八岁。为人有容貌资质①，宽冲博接②，从容自务，居不务立于仁义之行③，孔子门人友之而弗敬。

【注释】

① 资质：仪态容貌。

② 宽冲：宽厚谦和。

③ 居不务立于仁义之行：王肃注："子张不侮鳏寡，性凯悌宽冲，故子贡以为未仁。然不务立仁义之行，故子贡激之以为未仁也。"居，平常，平时。

【译文】

颛孙师，陈国人，字子张，比孔子小四十八岁。为人注意容貌仪态，宽厚谦和，结交广泛，十分从容地追求自己的事业，但处世不能致力于仁义之行，孔子弟子们乐于与他交友，但不能予以尊敬。

【原文】

曾参，南武城人①，字子舆，少孔子四十六岁。志存孝道，故孔子因之以作《孝经》。齐尝聘，欲与为卿，而不就，曰："吾父母老，食人之禄，则忧人之事，故吾不忍远亲而为人役。"参后母遇之无恩，而供养不衰。及其妻以藜烝不熟②，因出之。人曰："非七出也。"参曰："藜烝，小物耳。吾欲使熟，而不用吾命，况大事乎？"遂出之，终身不取妻。其子元请焉，告其子曰："高宗以后妻杀孝己③，尹吉甫以后妻放伯奇④。吾上不及高宗，中不比吉甫，庸知其得免于非乎？"

【注释】

① 南武城：春秋鲁地，在今山东嘉祥，或说在今山东平邑。

② 藜烝：采藜的嫩叶蒸熟为食。烝，后作"蒸"。

③ 高宗以后妻杀孝己：孝己为殷高宗武丁太子，有至孝之行。其母早死，高宗惑于后妻之言，将他放逐。结果孝己死于野外。

④ 尹吉甫以后妻放伯奇：伯奇为西周大臣尹吉甫之子。母早死，因吉甫后妻设计陷害，伯奇被放逐于野外。后由于宣王干预而得救，吉甫感悟，射杀其后妻。

【译文】

曾参，南武城人，字子舆，比孔子小四十六岁。一心遵行孝道，所以孔子为他撰作了《孝经》。齐国曾聘用他，准备授以卿的官爵，但他没有接受，说："我父母年龄大了，享用别人的俸禄，就得为别人的事情忧愁，因而我不忍心远离亲人而受人指使。"曾参的后母对曾参没有恩德，但曾参却始终如一地供养她，没有任何懈怠。后来曾参的妻子没有将藜叶蒸熟，便被休掉。别人说："这不符合七出的规定。"曾参说："蒸藜为食，这是一件小事。我想让她蒸熟，她却没有听我的话，何况遇上大事呢？"最后还是休掉了她，而且终身不再娶妻。曾参的儿子曾元请求父亲再娶，曾参告诉儿子说："殷高宗因为后妻而杀害孝己，尹吉甫因为后妻而放逐伯奇。我上不及高宗，中不及吉甫，哪里知道娶来的人能够免于为非呢？"

【原文】

澹台灭明，武城人①，字子羽，少孔子四十九岁②。有君子之姿，孔子尝以容貌望其才。其才不充孔子之望，然其为人公正无私，以取与去就以诺为名。仕鲁为大夫也。

【注释】

① 武城：春秋鲁地，在今山东平邑。
② 四十九：《史记》作"三十九"。

【译文】

澹台灭明，武城人，字子羽，比孔子小四十九岁。有君子的姿容，孔子曾依据他的容貌来期望他的才能。他的才能没有达到孔子期望的高度，但他为人公正无私，索取或赠与，离去或趋就，都能信守诺言，并以此而闻名。曾在鲁国从政，担任大夫。

【原文】

高柴，齐人，高氏之别族，字子羔，少孔子四十岁①。长不过六尺，状貌甚恶，为人笃孝而有法正②。少居鲁，见知名于孔子之门，仕为武城宰。

【注释】

① 四十：《史记》作"三十"。

② 法正：礼法规矩。

【译文】

高柴，齐国人，高氏的别族，字子羔，比孔子小四十岁。身高不过六尺，相貌很丑，为人十分孝顺，讲究礼法规矩。小时候就来鲁国居住，在孔子门下非常有名，从政后当了武城宰。

【原文】

宓不齐，鲁人，字子贱，少孔子四十九岁①。仕为单父宰。有才智，仁爱，百姓不忍欺。孔子大之②。

【注释】

① 四十九：四库本、同文本、玉海堂本作"四十"，《史记》作"三十"。

② 大：看重，注重。四库本、同文本、玉海堂本作"美"。

【译文】

宓不齐，鲁国人，字子贱，比孔子小四十九岁。从政后当了单父宰。有才智，待人仁爱，百姓不忍心欺骗他。孔子对他十分器重。

【原文】

樊须，鲁人，字子迟，少孔子四十六岁①。弱仕于季氏②。

【注释】

① 四十六：《史记》作"三十六"。

② 弱：指二十岁时。

【译文】

樊须，鲁国人，字子迟，比孔子小四十六岁。二十岁时到季氏那里当官。

【原文】

有若，鲁人，字子有，少孔子三十六岁。为人强识①，好古道也②。

【注释】

① 强识：博闻强记，记忆力好。
② 古道：指古人崇尚的道义风范。

【译文】

有若，鲁国人，字子有，比孔子小三十六岁。为人强于记忆，追慕古代道艺。

【原文】

公西赤，鲁人，字子华，少孔子四十二岁。束带立朝，闲宾主之仪①。

【注释】

① 闲：通"娴"，娴熟，精通。

【译文】

公西赤，鲁国人，字子华，比孔子小四十二岁。腰束大带立于朝廷，精通宾主之间的礼仪。

【原文】

　　原宪，宋人，字子思，少孔子三十六岁。清净守节，贫而乐道。孔子为鲁司寇，原宪尝为孔子宰①。孔子卒后，原宪退隐，居于卫。

【注释】

　　① 宰：家臣，管家。

【译文】

　　原宪，宋国人，字子思，比孔子小三十六岁。内心清净，恪守节操，安贫乐道。孔子担任鲁国司寇时，他曾经做孔子的家宰。孔子死后退隐，居住在卫国。

【原文】

　　公冶长，鲁人，字子长。为人能忍耻。孔子以女妻之①。

【注释】

　　① 妻：用为动词，以女嫁人，将女儿嫁给……为妻。

【译文】

　　公冶长，鲁国人，字子长。为人能够忍受耻辱。孔子将女儿嫁给他为妻。

【原文】

　　南宫韬①，鲁人，字子容。以智自将②，世清不废，世浊不污③。孔子以兄子妻之④。

【注释】

① 韬：四库本、陈本作"绺"，《史记》作"括"。

② 将（jiāng）：持，控制，约束。

③ 洿（wū）：同"污"，污染，涂染。四库本、同文本、玉海堂本即作"污"。

④ 子：此指女儿。

【译文】

南宫韬，鲁国人，字子容。依靠智慧而自我约束，世道清明时不遭废弃，世道昏暗时不被污染。孔子将哥哥的女儿嫁给他为妻。

【原文】

公析哀①，齐人，字季沉②。鄙天下多仕于大夫家者，是故未尝屈节人臣。孔子特叹贵之。

【注释】

① 公析：《史记》作"公皙"。

② 季沉：四库本作"季沈"，《史记》作"季次"。

【译文】

公析哀，齐国人，字季沉。鄙视天下士人大多在大夫家为官，因而不曾屈抑志节做别人的臣下。孔子特别赞叹和看重他。

【原文】

曾点①，曾参父，字子晳②。疾时礼教不行，欲修之，孔子善焉，《论语》所谓"浴乎沂，风乎舞雩之下"③。

【注释】

① 点：《史记》作"蒧"。

② 子皙：《史记》无"子"字。

③ "浴乎沂，风乎舞雩（yú）之下"：此曾点语，见于《论语·先进》。今本《论语》无"之下"二字。沂，沂水，源出今山东邹城东北，西流经曲阜与洙水合，入于泗水。舞雩，即舞雩台，也就是祈雨台，祈雨时举行歌舞仪式之处。今曲阜城南一公里处有其旧址。

【译文】

曾点，是曾参的父亲，字子皙。痛恨当时礼教得不到施行的状况，一心要加以整顿，孔子曾加以赞赏，这也就是《论语》中曾点所说的在沂水里洗洗澡，在舞雩台下吹吹风。

【原文】

颜由①，颜回父，字季路②。孔子始教学于阙里③，而受学。少孔子六岁。

【注释】

① 由：《史记》作"无繇"。

② 季路：《史记》作"路"。

③ 阙里：孔子住地，在今山东曲阜城内阙里街。因有两石阙，故名。

【译文】

颜由，是颜回的父亲，字季路。孔子开始在阙里教学时，他便前往受学。他比孔子小六岁。

【原文】

商瞿，鲁人，字子木，少孔子二十九岁。特好《易》，孔子传之，志焉①。

【注释】

① 志：通"记"，记录，记载。

【译文】

商瞿，鲁国人，字子木，比孔子小二十九岁。特别喜欢《易》，孔子便将有关学问传授给他，他都记了下来。

【原文】

漆雕开，蔡人，字子若①，少孔子十一岁。习《尚书》，不乐仕。孔子曰："子之齿可以仕矣，时将过。"子若报其书曰："吾斯之未能信②。"孔子悦焉。

【注释】

① 子若：《史记》作"子开"。

② 吾斯之未能信：王肃注："言未能明信此书意。"斯，此指《尚书》。

【译文】

漆雕开，蔡国人，字子若，比孔子小十一岁。研习《尚书》，不喜欢从政。孔子告诉他说："你这个年龄应该从政了，否则时机将会过去。"子若复信说："我对这本书还不能完全明白。"孔子很高兴。

【原文】

公良儒①，陈人，字子正，贤而有勇。孔子周行，常以家车五乘从②。

【注释】

① 儒：四库本、同文本、玉海堂本、陈本及《史记》作"孺"。

② 常：通"尝"，曾经。

【译文】

公良儒，陈国人，字子正。贤能而有勇力。孔子周游列国时，他曾经带着自家的五辆车子跟从。

【原文】

秦商，鲁人，字不慈①，少孔子四岁。其父堇父②，与孔子父叔梁纥俱以力闻③。

【注释】

① 不慈：四库本作"丕兹"，《史记》作"子丕"。

② 堇（jǐn）父：即秦堇父，春秋时鲁国孟献子家臣。叔梁纥（hé）：鲁国大夫，孔子之父，名纥，字叔梁，治陬邑（在今山东曲阜东南），故亦称陬大夫。他与秦堇父都曾经于鲁襄公十年（前563年）参加晋、鲁诸侯攻灭妘姓小国偪阳（今山东枣庄南）的战争，并以勇力著称。

③ 以：此字原脱，据四库本、同文本、玉海堂本、备要本补。

【译文】

秦商，鲁国人，字不慈，比孔子小四岁。他的父亲秦堇父，与孔子的父亲叔梁纥都以勇力而闻名于世。

【原文】

颜刻①，鲁人，字子骄，少孔子五十岁。孔子适卫，子骄为仆。卫灵公与夫人南子同车出，而令宦者雍梁参乘②，使孔子为次乘③，游过市。孔子耻之。颜刻曰："夫子何耻之?"孔子曰："《诗》云：'觏尔新婚，以慰我心。'④"乃叹曰："吾未见好德如好色者也。"

【注释】

① 刻：四库本作"亥"。《史记》作"高"，《史记索隐》："《家语》名产。"

② 参乘：陪乘（的人）。古时乘车，尊者在左，御者居中，一人在右陪乘，称为参乘或车右。

③ 次乘：从车。

④ "觏尔新婚，以慰我心"：见《诗经·小雅·车舝》。婚，今本《毛诗》用古字"昏"。觏（gòu），遇合，此指合婚，合亲。慰，王肃注："慰，安。"

【译文】

颜刻，鲁国人，字子骄，比孔子小五十岁。孔子到卫国，子骄为仆从。卫灵公和夫人南子坐一辆车子出宫，却让宦官雍梁陪乘，让孔子的车子跟从，游玩着通过街市。孔子认为这是一件耻辱的事情。颜刻问："先生您为什么认为这是一件耻辱的事情呢?"孔子说："《诗经》里说：'与你合亲喜新婚，从而安慰我的心。'"接着便叹道："我从来没有见过喜欢德行如同喜欢美色一样的人。"

【原文】

司马黎耕①，宋人，字子牛。牛为人性躁②，好言语。见兄桓魋行恶③，牛常忧之。

【注释】

① 黎耕：四库本、同文本、玉海堂本及《史记》无"黎"字。观其名中之"耕"及"子牛"之字，"黎"似应作"犁"。而《史记》司马贞索隐引孔安国语则谓司马耕之弟安子曰司马犁。未知孰是。

② 人：此字原脱，据陈本补。

③ 桓魋（tuí）：春秋时宋国大夫。曾任司马，为人凶恶。孔子周游列国而路经宋国时，曾欲加害孔子。后作乱，败而奔齐。

【译文】

司马黎耕，宋国人，字子牛。他为人性情急躁，喜欢说话。见哥哥桓魋做坏事，他常常感到忧虑。

【原文】

巫马施①，陈人，字子期②，少孔子三十岁。孔子将近行，命从者皆持盖。已而果雨。巫马期问曰："旦无云，既日出，而夫子命持雨具。敢问何以知之？"孔子曰："昨暮月宿毕③。《诗》不云乎：'月离于毕，俾滂沱矣。'④ 以此知之。"

【注释】

① 施：原作"期"，据四库本、同文本、玉海堂本及《史记》改。

② 子期：《史记》作"子旗"。

③ 毕：星名，二十八宿之一，古人以为此星主兵、主雨。

④ "月离于毕，俾滂沱矣"：见《诗经·小雅·渐渐之石》。离（lí），通"丽"，附着，靠近。俾，犹"则"，于是，就。滂沱，大雨倾泻貌。

【译文】

巫马施，陈国人，字子期，比孔子小三十岁。孔子准备外出到附近一个地方去，让跟从的人都带上伞盖。过后果然下起雨来。巫马期问道："早上天空无云，太阳也已经出来，但先生您却让带上雨具。请问根据什么知道天要下雨的？"孔子说："昨夜月亮处在毕宿。《诗经》里不是说吗：'月亮靠近那毕星，于是大雨往下倾。'因此我知道天要下雨了。"

【原文】

梁鳣①，齐人，字叔鱼，少孔子三十九岁②。年三十，未有子，欲出其妻。商瞿谓曰："子未也。昔吾年三十八无子，吾母为吾更取室。夫子使吾之齐，母欲请留吾。夫子曰：'无忧也。瞿过四十，当有五丈夫。'今果然。吾恐子自晚生耳，未必妻之过。"从之，二年而有子。

【注释】

① 鳣（zhān）：裴骃《史记集解》："一作鲤。"

② 三十九：《史记》作"二十九"。

【译文】

梁鳣，齐国人，字叔鱼，比孔子小三十九岁。三十岁时还没有儿子，打算休掉自己的妻子。商瞿对他说："您不要这样做。从前我三十八岁时还没有儿子，我母亲为我重新娶了妻子。先生派我到齐国去，我母亲想请求先生让我留下来。先生说：'不要担心。商瞿过了四十岁，肯定要有五个儿子。'如今果然是这个样子。我担心是您自当晚生，不一定是妻子的过错。"梁鳣听从了，过了两年就有了儿子。

【原文】

琴牢①，卫人，字子开，一字张。与宗鲁友，闻宗鲁死，欲往吊焉②。孔子弗许，曰："非义也。"

【注释】

　　① 琴牢：《史记》无此人。

　　② 吊：吊唁。

【译文】

　　琴牢，卫国人，字子开，一字张。他与宗鲁是朋友，听说宗鲁死了，想前往吊唁。孔子不同意，说："这是不讲道义的表现。"

【原文】

　　冉儒①，鲁人，字子鱼②，少孔子五十岁。

【注释】

　　① 儒：四库本、同文本、玉海堂本、陈本及《史记》作"孺"。

　　② 子鱼：四库本、陈本及《史记》作"子鲁"。《史记索隐》谓《家语》云"字子鲁，鲁人"。

【译文】

　　冉儒，鲁国人，字子鱼，比孔子小五十岁。

【原文】

　　颜辛①，鲁人，字子柳，少孔子四十六岁②。

【注释】

　　① 颜辛：四库本及《史记》作"颜幸"。《史记索隐》谓《家语》云："颜幸，字柳。"

　　② 四十六：《史记》同。《史记索隐》谓《家语》云："三十六"，与郑玄同。

【译文】

颜辛，鲁国人，字子柳，比孔子小四十六岁。

【原文】

伯虔，字楷①，少孔子五十岁。

【注释】

① 楷：四库本、同文本、玉海堂本作"揩"，陈本作"子皙"，《史记》作"子析"。

【译文】

伯虔，字楷，比孔子小五十岁。

【原文】

公孙宠①，卫人，字子石，少孔子五十三岁。

【注释】

① 宠：四库本、同文本、玉海堂本、备要本、陈本及《史记》作"龙"。

【译文】

公孙宠，卫国人，字子石，比孔子小五十三岁。

【原文】

曹邺①，少孔子五十岁。

【注释】

① 曹邺：《史记》下有"字子循"。

【译文】

曹邺，比孔子小五十岁。

【原文】

陈亢，陈人，字子亢①，一字子禽，少孔子四十岁。

【注释】

① 子亢：四库本、同文本、玉海堂本作"子元"。

【译文】

陈亢，陈国人，字子亢，一字子禽，比孔子小四十岁。

【原文】

叔仲会，鲁人，字子期，少孔子五十岁。与孔琁年相比①，每孺子之执笔记事于夫子②，二人迭侍左右。孟武伯见孔子而问曰③："此二孺子之幼也于学，岂能识于壮哉？"孔子曰："然。少成则若性也，习惯若自然也。"

【注释】

① 孔琁：孔子弟子。琁，同"璇"。四库本、同文本、玉海堂本即作"璇"。
② 孺子：幼儿，儿童。此指书童。
③ 孟武伯：即仲孙彘，也称孟孺子，春秋时鲁国大夫，字洩。

【译文】

叔仲会，鲁国人，字子期，比孔子小五十岁。与孔琁年龄相近，每当有书童在孔子身边执笔记事，往往是二人相继在左右侍候。孟武伯见到孔子便问："这两个书童年幼跟着学习，怎么能知道他们长大以后的情况呢?"孔子说:"能知道。年少时养成的就是天性,习惯了就好像十分自然。"

【原文】

秦祖,字子南①。

【注释】

① 子南:《史记集解》谓"郑玄曰秦人"。

【译文】

秦祖,字子南。

【原文】

奚蒧①,字子偕②。

【注释】

① 奚蒧 (diǎn):四库本、同文本、玉海堂本作"奚箴"。《史记》作"奚容蒧",《史记索隐》云:"《家语》同也。"

② 子偕:四库本、同文本、玉海堂本作"子楷",陈本及《史记》作"子皙"。

【译文】

奚蒧,字子偕。

【原文】

公祖兹①,字子之。

【注释】

① 公祖兹：《史记》作"公祖句兹"。

【译文】

公祖兹，字子之。

【原文】

廉洁，字子曹①。

【注释】

① 子曹：《史记》作"庸"，《史记索隐》云："《家语》同也。"

【译文】

廉洁，字子曹。

【原文】

公西与①，字子上。

【注释】

① 公西与：四库本、陈本及《史记》作"公西舆"。

【译文】

公西与，字子上。

【原文】

宰父黑①，字子黑②。

【注释】

① 宰：四库本及《史记》作"罕"。

② 黑：四库本、同文本、玉海堂本作"索"。《史记集解》《史记索隐》引《家语》云："罕父黑，字索。"

【译文】

宰父黑，字子黑。

【原文】

公西减①，字子尚②。

【注释】

① 减：四库本作"葴"，陈本及《史记》作"葴"，《史记索隐》作"箴"。

② 子尚：《史记》作"子上"，《史记索隐》谓《家语》作"子尚"。

【译文】

公西减，字子尚。

【原文】

穰驷赤①，字子从②。

【注释】

① 穰（ráng）驷赤：陈本及《史记》作"壤驷赤"。

② 子从：《史记》作"子徒"。

【译文】

穰驷赤，字子从。

【原文】

冉季，字子产①。

【注释】

① 子产：《史记索隐》引《家语》谓"冉季字产"。

【译文】

冉季，字子产。

【原文】

薛邦①，字子从②。

【注释】

① 薛邦：《史记》作"郑国"。《史记索隐》、张守节《史记正义》皆以为"国"乃避汉高祖刘邦之讳而改，郑、薛乃字误。

② 子从：陈本及《史记》作"子徒"，《史记索隐》《史记正义》引《家语》皆曰"薛邦字徒"。

【译文】

薛邦，字子从。

【原文】

石处①，字里之②。

【注释】

① 石：陈本及《史记》作"后"。

② 里之：四库本、同文本、玉海堂本作"子里"。《史记》亦作"子里"，《史记索隐》曰："《家语》同也。"

【译文】

石处，字里之。

【原文】

悬亶①，字子象。

【注释】

① 悬亶：《史记》无此人。

【译文】

悬亶，字子象。

【原文】

左郢①，字子行②。

【注释】

① 左郢：《史记》作"左人郢"，《史记索隐》云："《家语》同也。"
② 子行：《史记》无"子"字。

【译文】

左郢，字子行。

【原文】

狄黑，字哲之①。

【注释】

① 哲之：陈本作"皙子"。《史记》无"之"字，《史记索隐》曰："《家语》同。"

【译文】

狄黑，字哲之。

【原文】

商泽，字子秀①。

【注释】

① 子秀：《史记集解》谓《家语》曰"字子秀"，《史记索隐》则谓《家语》曰"字季"。

【译文】

商泽，字子秀。

【原文】

任不齐，字子选①。

【注释】

① 子选：《史记》无"子"字。

【译文】

任不齐，字子选。

【原文】

荣祈①，字子祺②。

【注释】

① 祈：《史记》作"旂"。

② 子祺：《史记》作"子祈"，《史记索隐》谓"《家语》荣祈字子

颜也"。

【译文】

荣祈，字子祺。

【原文】

颜哙，字子声①。

【注释】

① 子声：《史记集解》谓郑玄曰鲁人。

【译文】

颜哙，字子声。

【原文】

原忼①，字子籍。

【注释】

① 忼（kāng）：原作"桃"，据四库本、陈本改。《史记》作"亢籍"，经前人考证，乃"籍"前脱一"字"字。《史记集解》《史记索隐》皆引《家语》曰："名亢，字籍。"

【译文】

原忼，字子籍。

【原文】

公肩定①，字子仲②。

【注释】

　　① 公肩：四库本、同文本、玉海堂本作"公宾"。定：此字原脱，据陈本及《史记》补。

　　② 子仲：《史记》作"子中"，《史记索隐》曰："《家语》同也。"

【译文】

　　公肩定，字子仲。

【原文】

　　秦非，字子之①。

【注释】

　　① 子之：《史记集解》谓"郑玄曰鲁人"。

【译文】

　　秦非，字子之。

【原文】

　　漆雕从①，字子文②。

【注释】

　　① 从：《史记》作"徒父"。

　　② 字子文：《史记索隐》谓《家语》曰"字固"。

【译文】

　　漆雕从，字子文。

【原文】

燕伋①，字子思②。

【注释】

① 伋（jí）：原作"级"，据四库本、同文本、玉海堂本、备要本、陈本及《史记》改。

② 子思：《史记》无"子"字，《史记索隐》曰："《家语》同也。"

【译文】

燕伋，字子思。

【原文】

公夏守①，字子乘②。

【注释】

① 守：《史记》作"首"。

② 子乘：《史记》无"子"字，《史记索隐》曰："《家语》同也。"

【译文】

公夏守，字子乘。

【原文】

勾井疆，字子疆①。

【注释】

① 字子疆：四库本、同文本、玉海堂本及《史记》无此句。

【译文】

勾井疆，字子疆。

【原文】

步叔乘，字子车①。

【注释】

① 字子车：《史记集解》谓"郑玄曰齐人"。

【译文】

步叔乘，字子车。

【原文】

石子蜀①，字子明。

【注释】

① 石子蜀：《史记》作"石作蜀"，《史记索隐》云："《家语》同。"

【译文】

石子蜀，字子明。

【原文】

邽选①，字子饮②。

【注释】

① 邽（guī）选：《史记》作"邽巽"，而《史记索隐》引《家语》曰"巽"作"选"，四库本、同文本、玉海堂本作"邽巽"。

② 子饮：四库本、同文本、玉海堂本、陈本及《史记》作"子敛"。

【译文】

邦选，字子饮。

【原文】

施之常，字子常①。

【注释】

① 子常：四库本、同文本、玉海堂本及《史记》作"子恒"。

【译文】

施之常，字子常。

【原文】

申绩①，字子周②。

【注释】

① 绩：《史记》作"党"。

② 子周：《史记》无"子"字。

【译文】

申绩，字子周。

【原文】

乐欣①，字子声。

【注释】

① 乐欣：四库本、同文本、玉海堂本及《史记》作"乐欬"，《史记索隐》云："《家语》同也。"

【译文】

乐欣，字子声。

【原文】

颜之仆，字子叔①。

【注释】

① 子叔：《史记》无"子"字，《史记索隐》云："《家语》同也。"

【译文】

颜之仆，字子叔。

【原文】

孔弗①，字子蔑。

【注释】

① 孔弗：王肃注："孔子兄之子。"王肃注原误作"孔子兄弟"，据四库本改。弗，四库本、同文本、玉海堂本及《史记》作"忠"。

【译文】

孔弗，字子蔑。

【原文】

漆雕侈①，字子敛。

【注释】

① 侈：四库本、同文本、玉海堂本及《史记》作"哆"。

【译文】

漆雕侈，字子敛。

【原文】

悬成①，字子横②。

【注释】

① 悬：《史记》作"县"。

② 子横：《史记》作"子祺"，《史记索隐》谓《家语》作"子谋"。

【译文】

悬成，字子横。

【原文】

颜相①，字子襄②。

【注释】

① 相：《史记》作"祖"。

② 子襄：《史记》无"子"字。

【译文】

颜相，字子襄。

【原文】

右件夫子七十二人弟子①，皆升堂入室者②。

【注释】

① 件：分，分别。

②　升堂入室：登上厅堂，进入内室。比喻在道艺上、学问上由浅入深，渐入佳境，得老师之真传。

【译文】

以上分列孔子七十二弟子，他们都是在道艺上、学问上能够升堂入室的人。

本姓解第三十九

【原文】

　　孔子之先，宋之后也。微子启，帝乙之元子，纣之庶兄。以圻内诸侯①，入为王卿士。微，国名，子爵。初，武王克殷，封纣之子武庚于朝歌②，使奉汤祀。武王崩，而与管、蔡、霍三叔作难。周公相成王，东征之。二年，罪人斯得，乃命微子于殷后，作《微子之命》③，由之与国于宋，徙殷之子孙。唯微子先往仕周，故封之贤。其弟曰仲思，名衍，或名泄，嗣微子后④，故号微仲，生宋公稽。胄子虽迁爵易位⑤，而班级不及其故者⑥，得以故官为称。故二微虽为宋公，而犹以微之号自终，至于稽乃称公焉。宋公生丁公申，申生缗公共及襄公熙⑦，熙生弗父何及厉公方祀。方祀以下，世为宋卿。

　　弗父何生宋父周，周生世子胜，胜生正考甫，考甫生孔父嘉。五世亲尽，别为公族，故后以孔为氏焉。一曰孔父者，生时所赐号也，是以子孙遂以氏族。孔父生子木金父，金父生睾夷，睾夷生防叔，避华氏之祸而奔鲁⑧。防叔生伯夏⑨，伯夏生叔梁纥。曰："虽有九女，是无子。"其妾生孟皮，孟皮一字伯尼，有足病。于是乃求婚于颜氏。颜氏有三女，其小曰徵在。颜父问三女曰："陬大夫虽父祖为士⑩，然其先圣王之裔。今其人身长十尺，武力绝伦，吾甚贪之⑪。虽年长性严，不足为疑。三子孰能为之妻？"二女莫对。徵在进曰："从父所制，将何问焉？"父曰："即尔能矣。"遂以妻之。

微在既往，庙见⑫，以夫之年大，惧不时有男，而私祷尼丘之山以祈焉⑬。生孔子，故名丘，字仲尼。孔子三岁，而叔梁纥卒，葬于防⑭。至十九，娶于宋之并官氏⑮。一岁而生伯鱼。鱼之生也，鲁昭公以鲤鱼赐孔子。荣君之贶⑯，故因以名曰鲤，而字伯鱼。鱼年五十，先孔子卒。

【注释】

①圻（qí）：畿，京畿，天子所辖之地。事又见《史记·宋微子世家》《孔子世家》及《世本》（辑本）。

②武庚：商王纣之子，字禄父，周武王灭商后，封以为殷君，领有原来商王畿的一部分，并以管叔、蔡叔、霍叔监视之。武王死后，他乘机勾结三叔，联合东方夷族叛乱。终为周公平定，被杀，一说北奔。朝（zhāo）歌：殷商末期都城，在今河南淇县。

③《微子之命》：《古文尚书》中的一篇。在本篇中，成王申告微子，必须遵从旧典，管束臣民，拥戴周王室。

④子：原作"之"，据四库本、同文本、玉海堂本改。

⑤胄子：帝王或贵族的长子。

⑥班级：官爵的等级。

⑦申：此下原有"公"字，据陈本删。

⑧华氏之祸：孔父嘉为宋司马，被华氏家族的华督杀害，其子木金父降为士。此后孔氏家族一直受到压抑，并与华氏结怨成仇。

⑨防：原作"方"，据四库本、同文本、玉海堂本改。

⑩陬（zōu）大夫：指叔梁纥。陬，鲁邑，在今山东曲阜东南，曾封给叔梁纥为采邑。

⑪贪：欲，希望。

⑫庙见：古时婚礼，妇入夫家，若公婆已经去世，则于三月后至家庙参拜公婆神位，称为庙见。

⑬ 尼丘之山：即尼丘山，又名尼山，在今山东曲阜东南。

⑭ 防：即防山，在今曲阜东。

⑮ 并官氏：备要本、陈本作"亓（qí）"，四库本、同文本、玉海堂本作"上"。

⑯ 贶（kuàng）：赐予。

【译文】

　　孔子的先祖，是宋国的后代。微子启，是帝乙的长子，纣的庶兄。他作为畿内诸侯，入朝成为天子的卿士。微，是国家的名号，子爵。当初，周武王灭掉殷商，把纣的儿子武庚封在朝歌，让他供奉对汤的祭祀。武王死后，武庚和管叔、蔡叔、霍叔三人发难作乱。周公辅佐成王，东下征讨。两年后罪犯们得到应有的下场，成王便诏命微子为殷商的继承人，并发表《微子之命》，由此封国于宋，又迁徙来殷商后裔子孙。因为微子首先在周朝为政，所以封赏厚重。微子的弟弟叫做仲思，名衍，或说名泄，继承了微国的君位，因而号称微仲，生下宋公稽。作为长子，尽管改换爵位，等级也不如以前，但却可以沿用原有的官职作为称号。因此二微虽然是宋公，但仍以微作为自己终身的称号，到了稽才称宋公。宋公生丁公申，申生缗公共及襄公熙，熙生弗父何及厉公方祀。方祀以下，世代为宋卿。

　　弗父何生宗父周，周生世子胜，胜生正考甫，考甫生孔父嘉。五代以后服亲尽绝，便别立公族，所以后代就以孔为氏。一说孔父是孔父嘉在世时赐的名号，因而子孙便用以为宗族之氏。孔父生子木金父，金父生睾夷，睾夷生防叔，防叔为了逃避华氏带来的祸患而逃奔鲁国。防叔生伯夏，伯夏生叔梁纥。叔梁纥说："我虽然有九个女儿，但至今还是没有儿子。"他的妾生了孟皮，孟皮一字伯尼，脚有残疾。于是叔梁纥便向颜氏求婚。颜氏有三个女儿，最小的叫徵在。颜父问三个女儿："陬大夫尽管父祖为士，但他的先祖是圣王的后裔。如今他人身高十尺，武力超群，我很希望办成这事。他虽然年纪大些而且性情严肃，但却不值得有什么疑虑。你们三个人谁能嫁给他为妻?"长女、次女两个女儿没有回答。徵在上前说道:"听从父亲的安排，还有什么好问的?"颜父说:"就是你可以了。"于是把徵在嫁给叔梁纥为妻。

徵在到了叔梁纥家，行过庙见之礼以后，由于丈夫年龄大，担心不能及时有儿子，便偷偷到尼丘山祷告，祈求生子。后来生下孔子，所以取名叫丘，字仲尼。孔子三岁时，叔梁纥死，埋葬在防山。孔子长到十九岁，娶了宋国的并官氏之女为妻。一年后便生下了伯鱼。伯鱼出生的时候，鲁昭公赐给孔子鲤鱼。为了纪念国君赏赐的荣耀，因此取名叫鲤，字伯鱼。伯鱼五十岁时，早于孔子而去世。

【原文】

齐太史子与适鲁，见孔子。孔子与之言道，子与悦，曰:"吾鄙人也，闻子之名不睹子之形久矣!而求知之宝贵也。乃今而后，知泰山之为高，渊海之为大。惜乎夫子之不逢明王，道德不加于民，而将垂宝以贻后世。"遂退而谓南宫敬叔曰:"今孔子，先圣之嗣。自弗父何以来，世有德让，天所祚也①。成汤以武德王天下，其配在文。殷宗以下，未始有也。孔子生于衰周，先王典籍错乱无纪，而乃论百家之遗记，考正其义，祖述尧舜②，宪章文武③，删《诗》述《书》，定《礼》，理《乐》，制作《春秋》，赞明《易》道④，垂训后嗣，以为法式。其文德著矣。然凡所教诲，束脩已上⑤，三千余人。或者天将欲与素王之乎⑥?夫何其盛也!"

敬叔曰:"殆如吾子之言⑦。夫物莫能两大。吾闻圣人之后，而非继世之统，其必有兴者焉。今夫子之道至矣，乃将施之无穷，虽欲辞天之祚，故未得耳。"

子贡闻之，以二子之言告孔子。子曰:"岂若是哉?乱而治之，滞而起之，自吾志。天何与焉?"

【注释】

① 祚 (zuò)：赐，佑助。

② 祖述：效法，仿效。

③ 宪章：效法。"祖述尧舜，宪章文武"亦见于《礼记·中庸》。

④ 赞明：阐明。《周易·说卦》："幽赞于神明而生蓍。"韩康伯注："赞，明也。"

⑤ 束脩：十条干肉。脩，干肉，又叫脯，每条脯叫一脡 (挺)，十脡为一束。此为古时一种菲薄的、一般性的礼物，用以初次拜见特别是入学敬师，表示正式拜师。

⑥ 素王：犹空王，谓具有帝王之德而未居帝王之位者。后专指孔子。

⑦ 殆：大概。

【译文】

齐国太史子与前往鲁国，见到孔子。孔子同他谈论起道，子与高兴了，说："我是一个鄙陋的人，很久以来只是听到过您的大名，而没能见到您本人。现在我在您这儿求得的知识是宝贵的。从今以后，我才知道泰山的高大，大海的深广。只可惜先生您未能遇上圣明的君王，无法将道德教化推行到百姓之中，并将这作为珍宝留给后世。"子与回来对南宫敬叔说："当今的孔子，是先代圣王的后裔。自弗父何以来，他家世代都有德让的美名，这是上天赐予的。成汤依靠武德统有天下，与此相辅的应该是文德。但自殷商祖先以来，不曾出现具有文德的人。孔子生活在周朝衰落时期，先王制作的典籍已经错乱无序，于是他论述各家留下的记载，考辨订正其中的义理，仿效尧舜，效法周文王、武王，删订《诗经》，编述《尚书》，确定《礼经》，整理《乐经》，撰作《春秋》，阐明《周易》中的道理，对后世垂示训教，以此作为准则。他的文德是非常显著的。于是经过他教诲的，交过微薄拜师礼物的学生，有三千多人。或许上天想让他当素王吧？这是多么兴盛啊！"

南宫敬叔说："大概就是像您说的这样。任何事物都不可能两头都占优势。我听说圣人的后裔，如果没有继承天下大统，他们以后也必定有兴盛起来的。如今我们先生的道艺是至高无上的，必将无所穷尽地推广开来，即使想推辞上天赐福，也肯定是不行的。"

子贡听说了，把两个人说的话告诉给孔子。孔子说："怎么能像他们讲的这样？混乱了就要加以治理，积滞了就要加以疏导，这本来就是我的志向，上天哪里能给我什么？"

终记解第四十

【原文】

孔子蚤晨作①，负手曳杖，逍遥于门，而歌曰："泰山其颓乎②！梁木其坏乎③！哲人其萎乎④！"既歌而入，当户而坐。

子贡闻之，曰："泰山其颓，则吾将安仰？梁木其坏，吾将安杖？哲人其萎，吾将安放⑤？夫子殆将病也！"遂趣而入。夫子叹而言曰："赐，汝来何迟？予畴昔梦坐奠于两楹之间⑥。夏后氏殡于东阶之上，则犹在阼；殷人殡于两楹之间，即与宾主夹之；周人殡于西阶之上⑦，则犹宾之。而丘也即殷人。夫明王不兴，则天下其孰能宗余⑧？余逮将死⑨。"遂寝病，七日而终，时年七十二矣。

哀公诔曰⑩："昊天不吊，不憗遗一老⑪，俾屏余一人以在位，茕茕余在疚⑫。於乎哀哉尼父！无自律⑬。"子贡曰："公其不没于鲁乎！夫子有言曰：'礼失则昏，名失则愆⑭。'失志为昏，失所为愆。生不能用，死而诔之，非礼也；称一人⑮，非名。君两失之矣。"

既卒，门人疑所以服夫子者⑯。子贡曰："昔夫子之丧颜回也，若丧其子，而无服。丧子路亦然。今请丧夫子如丧父，而无服。"于是弟子皆吊服而加麻⑰。出有所之，则由绖⑱。子夏曰："入宜绖可居，出则不绖。"子游曰："吾闻诸夫子，丧朋友，居则绖，出则否；丧所尊，虽绖而出，可也。"

孔子之丧，公西掌殡葬焉。唅以疏米、三贝⑲，袭衣十有一称㉑，加朝服一，冠章甫之冠。珮象环㉑，径五寸而綦组绶㉒。桐棺四寸，柏椁五寸㉓。饬庙，置翣，设披，周也；设崇，殷也；绸练，设旐，夏也㉔。兼用三王礼，所以尊师，且备古也。葬于鲁城北泗水上，藏入地。不及泉，而封为偃斧之形㉕，高四尺，树松柏为志焉。弟子皆家于墓，行心丧之礼。既葬，有自燕来观者，舍于子夏氏。子贡谓之曰："吾亦人之葬圣人，非圣人之葬人。子奚观焉？昔夫子言曰：'吾见封若夏屋者㉖，见若斧矣。'从若斧者也㉗，马鬛封之谓也㉘。今徒一日三斩板而以封㉙，尚行夫子之志而已㉚。何观乎哉？"

二三子三年丧毕，或留或去，惟子贡庐于墓六年㉛。自后群弟子及鲁人处于墓如家者，百有余家，因名其居曰孔里焉。

【注释】

①作：王肃注："作，起。"事又见《礼记·檀弓上》《史记·孔子世家》。

②颓：崩溃，坍塌。

③梁木：王肃注："梁木，木主为梁者。"即栋梁。

④萎：王肃注："萎，顿。"

⑤放（fǎng）：王肃注："放，法。"效法，仿效。

⑥畴昔梦坐奠于两楹之间：王肃注："畴昔，犹近，昨夜。两楹之间，殷人所殡处。而坐奠于殡处，故自知死也。"坐奠，坐定。楹，厅堂的前柱。

⑦周人：二字原无，据四库本、同文本、玉海堂本、陈本及《礼记》补。

⑧天下其孰能宗余：王肃注："言天下无明主，莫能宗己道。临终其有命，伤道之不行也。"宗，尊奉，取法。

⑨逮：及，到。

⑩诔（lěi）：列述死者德行，表示哀悼。即今之致悼词。

⑪昊天不吊，不憖（yìn）遗一老：王肃注："吊，善也。憖，愿也。一老，孔子也。"

⑫茕（qióng）茕：孤单无依。疚：王肃注："疚，病。"

⑬於（wū）乎哀哉尼父！无自律：王肃注："父，大夫之显称。律，法。言无以自为法。"於乎，同"呜呼"。

⑭愆（qiān）：同"愆"，罪过，过失。四库本即作"愆"。

⑮一人：王肃注："一人，天子之称也。"

⑯疑：此字原本无，据四库本、同文本、玉海堂本及陈本补。

⑰吊服：吊丧之服。麻：指丧服中所用的麻带。

⑱绖（dié）：丧服中所用的麻带，扎于头上和腰间。

⑲晗（hàn）：以珠、玉、贝、米之类纳于死者口中。疏米：王肃注："疏，粳米。《礼记》曰：'稻曰嘉疏。'"

⑳袭衣：尸衣。称（chèn）：量词。指配合齐全的一套衣服。

㉑珮（pèi）：同"佩"，佩带。象环：象牙环。

㉒綨（qí）组绶：王肃注："綨，杂色。组绶，所以系象环。"綨，同"綦"。组绶，即系玉的丝带。

㉓椁：原作"棺"，据《太平御览》卷五五一引《家语》改。

㉔饬庙，置翣（shà），设披，周也；设崇，殷也；绸（tāo）练，设旐（zhào），夏也：王肃注："披，柩行夹引棺者。崇，崇牙，旌旗饰。绸练，以旌之杠，于葬乘车所建也。疏练广充长寻曰旐也。"庙，停放灵柩的宫室。翣，出殡时的棺饰，状如掌扇。披，用帛做成的丧具，系于柩车两旁，备牵挽之用，以防倾侧。崇，崇牙，旌旗的齿状边饰。绸，同"韬"，缠裹，套。旐，用于丧事的一种魂幡。

㉕偃斧之形：指堆土为坟，坟顶窄狭如仰斧形状。偃，仰。

㉖吾见：原作"见吾"，据四库本、同文本、玉海堂本、陈本及《礼记》改。夏屋：王肃注："夏屋，今之殿形，中高而四方下也。"

㉗从若斧者也：王肃注："上难登，狭又易为功。"

㉘马鬣（liè）封：坟墓封土的一种形状，似马鬣。王肃注："俗间之

名。"马鬣，马鬃。

㉙ 三斩板：王肃注："板盖广三尺，长六尺。斩板，谓斩其缩，三斩止。旁杀，盖高四尺也。"筑坟之法是两板夹立，以绳捆扎（缩），当中置土，加以固定后，斩绳去板。三斩板，是说这样连做了三次。

㉚ 尚：王肃注："尚，庶。"即庶几，差不多。

㉛ 庐于墓：服丧期间在墓旁搭盖小屋居住，守护坟墓。庐，临时搭成的小屋。

【译文】

孔子早上起来，背着手，拖着手杖，悠闲地在门口散步，唱道："泰山要坍塌了吧！栋梁要坏掉了吧！哲人要凋落了吧！"唱完以后，便进了屋，对着门坐下。

子贡听到孔子的歌声，说："泰山坍塌了，那么我们将仰望什么？栋梁坏掉了，那么我们将依仗什么？哲人凋落了，那么我们将效法什么？先生要生病了吧！"于是就快步进屋见孔子。孔子叹息着说："端木赐，你为什么来得这么迟？昨夜我梦见自己安坐在东西两楹之间。夏人停柩在东阶之上，那还是在主位上；殷人停柩在两楹之间，那是处在宾主之间；周人停柩在西阶之上，那就是把它当做宾客了。而孔丘我是殷人。没有圣明的君王兴起，那么天下谁能尊奉我的学说呢？看来我快要死了。"于是孔子卧病不起，过了七天就去世了，时年七十二岁。

鲁哀公致悼词说："天不愿意暂且留下这一位国老，让他保障我一人安居君位，这使我孤孤单单，忧愁成病。呜呼哀哉尼父，我已没有了效法的榜样。"子贡说："君主您恐怕不能在鲁国善终吧！我们先生说过：'礼仪丧失了就会昏暗，名分丧失了就会僭越。'失去意志是昏暗，不讲身份是僭越。活着的时候不能任用，死了以后又致悼词，这不合礼制；自称一人，这不合名分。君主您两样都丧失了。"

孔子死后，弟子们都不明白该为先生穿什么丧服。子贡说："从前先生办理颜回的丧事，就像死了儿子，但没有穿相应的丧服。办理子路的丧事也是这样。现在请大家对待先生的丧事就如同对待父亲的丧事一样，但不必穿相应的丧服。"于是孔门弟子们都穿上吊丧之服，系上麻带。外出到别的地方，就只系麻带。子夏说："在家里系麻带，出门就不必系了。"子游说："我听先生讲过，死了朋友，在家时就系上麻带，外出就不必系了；死了自己尊敬的人，即使系着麻带出去，也是可以的。"

在办理孔子的丧事时，公西赤负责殡葬事宜。孔子的遗体口含粳米和三贝，穿着十一套尸衣，外加一套朝服，头戴章甫之冠，佩戴着象牙环，直径五寸，用杂色的丝带系着。桐木做的棺是四寸厚，柏木做的椁是五寸厚。停放灵柩的宫室作了装饰，棺材也作了装饰，设置了披具，这是周人的方式；设置了崇牙，这是殷人的方式；用练过的白帛缠旗杆，设置了魂幡，这是夏人的方式。兼用三代的礼仪，是为了尊师，同时也是为了保全古礼。

孔子被安葬在鲁国都城北泗水边上，尸体藏入地下，不及地下水，筑坟为仰斧形，高为四尺，种植松柏以为标志。弟子们都住在墓旁，举行内心丧痛的礼仪。孔子安葬后，有人从燕国前来观看，住在子夏家里。子贡对他说："这是普通人安葬圣人，不是圣人安葬普通人。您何必前来观看呢？从前我们先生说：'我见过筑坟像夏屋的，见过像斧子的。'我赞同那种像斧子的，也就是俗间所说的马鬣封。如今我们为他筑坟，一天之内只换了三次板就筑成，这只是大致遵行我们先生的意旨罢了。有什么值得参观的呢？"

弟子们服完三年之丧，有的留在当地，有的离开了，只有子贡在孔子墓旁守护了六年。此后弟子们和鲁国人像住在家里一样住在墓旁的，有一百多家，所以他们居住的地方也就称做孔里。

正论解第四十一

【原文】

孔子在齐，齐侯出田①，招虞人以旌②。不进，公使执之。对曰："昔先君之田也，旌以招大夫，弓以招士，皮冠以招虞人。臣不见皮冠，故不敢进。"乃舍之。孔子闻之，曰："善哉！守道不如守官③。君子韪之④。"

【注释】

① 田：王肃注："田，猎。"事又见《左传·昭公二十年》。

② 虞人：王肃注："虞人，掌山泽之官也。"

③ 守道不如守官：王肃注："道为恭敬之道，见君召便往。守官，非守，召不往也。"

④ 韪（wěi）：认为是对的，肯定。王肃注："韪，是。"

【译文】

孔子在齐国的时候，齐国国君外出打猎，用旌旗召唤虞人前来。虞人没有应召进见，齐君派人把他抓了起来。虞人对齐君说："从前先君打猎，用旌旗召唤大夫，用弓召唤士人，用皮冠召唤虞人。臣下我没有见到皮冠，所以不敢前来进见。"齐君便释放了他。孔子听到这事，说："好啊！守着道不如守着官位。君子对此是肯定的。"

【原文】

齐国师伐鲁①，季康子使冉求率左师御之，樊迟为右。师不逾沟，樊迟曰②："非不能也，不信子③。请三刻而逾之④。"如之，众从之。师入齐军，齐军遁⑤。冉有用戈，故能入焉。孔子闻之曰："义也⑥。"

既战，季孙谓冉有曰："子之于战，学之乎，性达之乎？"对曰："学之。"季孙曰："从事孔子，恶乎学？"冉有曰："即学之孔子也。夫孔子者，大圣，无不该⑦，文武并用兼通。求也适闻其战法，犹未之详也。"季孙悦。樊迟以告孔子。孔子曰："季孙于是乎可谓悦人之有能矣。"

【注释】

① 国师：王肃注："国师，齐卿。"事又见《左传·哀公十一年》。

② 师不逾沟，樊迟曰：此7字原脱，据陈本补。沟，指公宫外面的壕沟。

③ 不信子：王肃注："言季孙德不素著，为民所信也。"

④ 请三刻而逾之：王肃注："与众要信，三刻而逾沟也。"刻，限定，勒定。

⑤ 遁：王肃注："遁，逃。"

⑥ 义也：王肃注："在军能却敌，合于义。"

⑦ 该：通"赅"，完备。王肃注："该，包。"

【译文】

齐国国师率兵伐鲁，季康子派冉求率领左军抵御，樊迟做了车右。鲁军不越沟迎战，樊迟说："不是办不到，是因为大伙不信任您。请申明号令三次，然后带头过沟。"季康子接受了这一建议，结果士众都跟着前进了。鲁军攻入齐军阵中，齐军逃去。因为冉有使用戈为武器，所以鲁军能顺利攻入敌阵。孔子得知此事后说："这是合乎道义的。"

战后，季孙氏问冉有说："您懂得战争，是学习来的呢，还是天生就懂呢？"冉有回答："是学习来的。"季孙氏问："跟着孔子，还顾得上学习吗？"冉有答道："就是从孔子那里学来的。孔子是一位大圣人，知识无所不包，文武并用兼通。冉求我也正好听过他讲的战法，但却了解得不够详尽。"季孙氏听了以后很高兴。樊迟把这件事告诉给孔子。孔子说："季孙氏这样就可以称得上喜欢别人有才能了。"

【原文】

南容说、仲孙何忌既除丧①，而昭公在外②，未之命也③。定公即位，乃命之。辞曰："先臣有遗命焉④，曰：'夫礼，人之干也，非礼则无以立。'嘱家老⑤，使命二臣必事孔子而学礼，以定其位。"公许之。二子学于孔子。孔子曰："能补过者，君子也。《诗》云：'君子是则是效。'⑥孟僖子可则效矣。惩己所病，以诲其嗣。《大雅》所谓'诒厥孙谋，以燕翼子'⑦，是类也夫！"

【注释】

①南容说：即仲孙阅，又称南宫敬叔。仲孙何忌即孟懿子，与仲孙阅二人同为孟僖子之子并学礼于孔子。除丧：王肃注："除父僖子之丧。"

②昭公在外：王肃注："时为季孙所逐。"

③未之命也：王肃注："未命二人为卿大夫。"

④先臣有遗命：王肃注："僖子病不知礼，及其将死，而嘱其二子，使事孔子。"

⑤老：卿大夫的家臣。

⑥"君子是则是效"：见《诗经·小雅·鹿鸣》。是则是效，以此为典则，以此为仿效的楷模。

⑦"诒厥孙谋，以燕翼子"：见《诗经·大雅·文王有声》。王肃注："诒，遗也。燕，安也。翼，敬也。言遗其子孙嘉谋，学安敬之道也。"

【译文】

南容说、仲孙何忌已经为父亲服完丧，但鲁昭公在国外，不能诏命二人为卿大夫。定公即位，便发布诏命。二人推辞说："先臣临终有遗命，说：'礼，是人的主干，不遵礼就无法立身。'嘱咐家臣，让他命二臣一定要事奉孔子而学礼，以稳定自己的地位。"定公答应了。于是二人跟从孔子学习。孔子说："能弥补过失的人，那是君子。《诗经》里说：'君子有典型仿效。'孟僖子是可以仿效的。以自己的错误为鉴戒，从而教诲后嗣。《大雅》所说'留给子孙好谋计，安敬之道要学习'，说的就是这类道理。"

【原文】

卫孙文子得罪于献公，居戚①。公卒，未葬，文子击钟焉。延陵季子适晋②，过戚，闻之，曰："异哉！夫子之在此，犹燕子巢于幕也③，惧犹未也，又何乐焉？君又在殡，可乎？"文子于是终身不听琴瑟。

孔子闻之曰："季子能以义正人，文子能克己服义，可谓善改矣。"

【注释】

① 卫孙文子得罪于献公，居戚：王肃注："文子，卫卿，林父。得罪，以戚叛也。"戚为孙文子采邑，在今河南濮阳北。事又见《左传·襄公二十九年》。

② 延陵季子：王肃注："吴公子札也。"即季札。春秋时吴国贵族，吴王诸樊之弟。封于延陵（今江苏常州），故称延陵季子。

③ 燕子巢于幕：王肃注："燕巢于幕，言至危也。"

【译文】

卫国孙文子得罪于卫献公，居住在戚邑。献公去世，还没有安葬，文子便敲钟取乐。延陵季子前往晋国，路经戚邑，听到钟声，便对文子说："真是奇怪啊！先生您在这里，好像是燕子在帐幕上做巢，害怕都来不及，又有什么可以取乐的呢？而且正在停棺，没有安葬，这样做行吗？"文子于是终身不再听音乐。

孔子听到这件事，说："季子能用道义匡正别人，文子能克制自己而服从道义，可以称得上是善于改正错误。"

【原文】

孔子览《晋志》①：晋赵穿杀灵公②，赵盾亡③，未及山而还④。史书⑤："赵盾弑君。"盾曰："不然。"史曰："子为正卿，亡不出境，返不讨贼，非子而谁？"盾曰："呜呼！'我之怀矣，自诒伊戚'⑥，其我之谓乎？"

孔子叹曰："董狐，古之良史也，书法不隐。赵宣子，古之良大夫也，为法受恶。惜也，越境乃免⑦。"

【注释】

① 《晋志》：王肃注："晋之史记。"事又见《左传·宣公二年》。

② 赵穿：春秋时晋国大夫，曾为将军。王肃注："穿，赵盾从弟也。"灵公：即晋灵公，晋国国君，名夷皋，在位 14 年（前 620—前 607 年）。

③ 赵盾：即赵宣子，晋国正卿，曾执掌国政。为避灵公杀害而出走，未出境，灵公为赵穿所杀，遂返回，拥立成公，并继续执政。

④ 山：王肃注："晋之境。"

⑤ 史：太史，即下文之董狐。

⑥ "我之怀矣，自诒伊戚"：见《诗经·邶风·雄雉》。伊，犹"是""这""此"。戚，忧，忧愁。今本《毛诗》作"阻"，《左传》引作"感"。

⑦ 惜也，越境乃免：王肃注："惜盾不越境以免于讥而弑君之责也。"

【译文】

孔子阅读《晋志》中的记述：晋国赵穿杀掉了晋灵公，赵盾当时正在出亡途中，还没有走到边境的山峰就返了回来。太史记载说："赵盾杀了国君。"赵盾说："不是这样。"太史说："您是正卿，逃亡而没有走出国境，回来也不惩罚凶手，杀害国君的人不是您又该是谁呢？"赵盾说："唉！'怀恋之情我多有，自己带来这忧愁'，难道这说的就是我吗？"

孔子感叹地说："董狐，是古代的好史官，据法直书而不加隐讳。赵宣子，是古代的好大夫，为了法度而蒙受恶名。可惜啊，他如果当时走出国境就能免于恶名了。"

【原文】

郑伐陈，入之，使子产献捷于晋①。晋人问陈之罪焉。子产对曰："陈亡周之大德②，介恃楚众③，冯陵弊邑④，是以有往年之告⑤。未获命⑥，则又有东门之役⑦。当陈隧者，井陻、木刊⑧，弊邑大惧。天诱其衷⑨，启弊邑心，知其罪，授首于我⑩，用敢献功。"

晋人曰："何故侵小？"对曰："先王之命，惟罪所在，各致其辟⑪。且昔天子一圻，列国一同⑫，自是以衰，周之制也⑬。今大国多数圻矣，若无侵小，何以至焉？"晋人曰："其辞顺。"

孔子闻之，谓子贡曰："《志》有之⑭：'言以足志⑮，文以足言⑯。'不言，谁知其志？言之无文，行之不远⑰。晋为伯，郑入陈⑱，非文辞不为功。小子慎哉！"

【注释】

① 献捷：打胜仗后进献所获的俘虏及战利品。事又见《左传·襄公十五年》。

② 陈亡（wàng）周之大德：王肃注："武王以元女大姬以配胡公，

而封诸陈。"亡，通"忘"，忘记。

③ 介：王肃注："介，大。"

④ 冯（píng）陵：进迫，侵凌。弊邑：对自己国家的谦称。

⑤ 有往年之告：王肃注："告晋为陈所侵。"

⑥ 未获命：王肃注："未得晋平陈之成命。"

⑦ 东门之役：王肃注："与楚共伐郑，陈至其东门也。"

⑧ 当陈隧者，井陻（yīn）、木刊：王肃注："胜，陈人陻塞、刊斫也。"隧，道路。

⑨ 天诱其衷：王肃注："诱，进。衷，善也。天导其善，大执陈者也。"

⑩ 授首：谓罪人得到惩罚，投降或被杀。授，原作"校"，据四库本、同文本、玉海堂本、陈本改。

⑪ 辟：王肃注："辟，诛。"即惩罚。

⑫ 天子一圻（qí），列国一同：王肃注："地方千里曰圻，方百里曰同也。"

⑬ 自是以衰，周之制也：王肃注："大国方百里，从是以为差。伯方七十里，子、男五十里，周之制也。而说学者以周大国方七百里，失之矣。"衰，差降，递降。

⑭《志》：王肃注："《志》，古之书也。"

⑮ 言以足志：王肃注："言以足成其志。"

⑯ 文以足言：王肃注："加以文章，以足成其言。"

⑰ 言之无文，行之不远：王肃注："有言而无文章，虽行而不远也。"

⑱ 晋为伯（bà），郑入陈：伯，通"霸"，霸主，"伯""郑"二字原误倒，据四库本、同文本、玉海堂本、陈本及《左传》改。

【译文】

　　郑国讨伐陈国，攻入陈国境内，并派子产前往晋国进献战利品。晋人问起陈国的罪行。子产回答说："陈国忘记了周朝的大德，一味地倚仗楚国人多，进逼我国，所以我国往年有请求攻打陈国的报告。没有得到贵国允准，反倒有了陈国进攻我国都城东门的战役。陈军经过的路上，水井被填，树木被砍，我国的人们感到很恐惧。幸而天诱导他们从善，启发了我国攻陈的念头。陈国知道自己的罪过，只得接受我们的惩罚，因而我们才敢前来汇报战功。"

晋人问："你们为什么侵犯小国？"子产答道："根据先王遗命，只要是犯有罪过的，就要分别予以惩罚。而且天子的土地四边各一千里，诸侯的土地四边各一百里，以此递减，这是周朝的制度。如今大国的土地多到四边各几千里，如果没有侵略小国，怎么能到这种地步呢？"晋人说："你的言辞合于情理。"

孔子听说这事，对子贡说："《志》上有这样的话：'言语用来表达意愿，文采用来完备语言。'不说话，谁知道他的意愿？说话没有文采，就不能传布到远方。晋国是霸主，郑国攻入陈国，不是善于辞令，就无法取得成功。对此你要谨慎啊！"

【原文】

楚灵王汰侈①。右尹子革侍坐②，左史倚相趋而过。王曰："是良史也，子善视之！是能读《三坟》《五典》《八索》《九丘》③。"对曰："夫良史者，记君之过，扬君之善。而此子以润辞为官，不可为良史。"曰："臣又乃尝闻焉，昔周穆王欲肆其心④，将过行天下，使皆有车辙并马迹焉。祭公谋父作《祈昭》⑤，以止王心⑥。王是以获殁于文宫⑦。臣闻其诗焉而弗知⑧。若问远焉，其焉能知？"王曰："子能乎？"对曰："能。其诗曰：'祈昭之愔愔乎，式昭德音⑨。思我王度，式如玉，式如金⑩。刑民之力，而无有醉饱之心⑪。'"灵王揖而入，馈不食，寝不寐，数日，则固不能胜其情，以及于难。

孔子读其志，曰："古者有志：'克己复礼为仁⑫。'信善哉⑬！楚灵王若能如是，岂期辱于乾溪⑭？子革之非左史，所以风也⑮。

称诗以谏，顺哉!"

【注释】

① 楚灵王：春秋时楚国国君，名围，在位 12 年（前 540—前 529 年）。汰侈：王肃注："骄汰奢侈。"事又见《左传·昭公十二年》。

② 右尹子革：王肃注："右尹，官名。子革，郑丹。"

③《三坟》《五典》《八索》《九丘》：王肃注："《三坟》，三皇之书。《五典》，五帝之典。《八索》，索法。《九丘》，国聚。"相传皆为远古典籍，今佚。

④ 肆：放肆，纵恣。王肃注："肆，极。"

⑤ 祭（zhài）公谋父作《祈昭》：王肃注："谋父，周卿士。《祈昭》，诗名，犹齐景公作君臣相说之乐，盖曰《徵招》《角招》是也。昭，宜为招。《左传》作招。"

⑥ 止王心：王肃注："止王心之逸游。"

⑦ 获殁：谓寿终于位，未被篡弑。文宫：宫名，为周穆王所居。《左传》作"祇宫"，原址在南郑，即今陕西华县北。

⑧ 闻：通"问"。四库本、同文本、玉海堂本即作"问"。

⑨ 祈昭之愔（yīn）愔，式昭德音：王肃注："祈昭愔愔，言祈昭乐之安和，其法足以昭其德音者也。"

⑩ 思我王度，式如玉，式如金：王肃注："思王之法度，如金玉纯美。《诗》云：'追琢其章，金玉其相。'"式，语助词。

⑪ 刑民之力，而无有醉饱之心：王肃注："刑伤民力，用之不胜不节，无有醉饱之心，言无厌足。"

⑫ 克己复礼为仁：王肃注："克，胜。言能胜己私情，复之于礼，则为仁也。"

⑬ 信：诚，确实。

⑭ 岂期（jī）辱于乾溪：王肃注："灵王起章华之台于乾溪，国人溃畔，遂死焉。"期，助词，表示疑问，犹"其"。《左传》作"其"。

⑮ 风：通"讽"，劝告。

【译文】

　　楚灵王奢侈无度。一次右尹子革在旁边陪坐，左史倚相快步走过。灵王说："这个人是个好史官，您要好好待他！这个人能够读《三坟》《五典》《八索》《九丘》。"子革答复说："真正的好史官，应该是记录君主的过失，彰扬君主的善行。由于这个人以润饰文辞为官，不能看做是好史官。"他又说："臣下我还曾听说过，从前周穆王想放纵私欲，准备周游天下，并让各地都留下自己的车辙马迹。祭公谋父创作《祈昭》之诗，来劝止穆王的逸游之心。穆王因此善终于文宫。我曾向倚相问起这首诗，他不知道。如果问更远的事情，他哪里能知道？"灵王问："您能讲出来吗？"子革答道："能。这首诗说：'祈昭之乐安舒和悦，它的节奏足以昭显德者的声音。想起我们君王的法度，如同玉，如同金。如今却无节制地伤害民力，没有任何满足。'"灵王向子革作揖，走进室内，送上来的饭不吃，也不能入睡，这样过了好几天，最后还是没能克制住自己，以至于遇上祸难。

　　孔子读了这一段记载，说道："古时候有句话讲：'克制自己而复于礼制，这就是仁。'讲得确实好啊！楚灵王假如能这样去做，怎么能在乾溪受辱而死呢？子革批评左史，这是为了用来讽谏。称述诗句以进行劝谏，这是合于情理的啊！"

【原文】

　　叔孙穆子避难奔齐①，宿于庚宗之邑②。庚宗寡妇通焉，而生牛。穆子返鲁，以牛为内竖③，相家④。牛谗叔孙二人，杀之⑤。叔孙有病，牛不通其馈，不食而死。牛遂辅叔孙庶子昭而立之⑥。昭子既立，朝其家众，曰："竖牛祸叔孙氏，使乱大从⑦，杀适立庶⑧，又被其邑⑨，以求舍罪，罪莫大焉！必速杀之！"遂杀竖牛。

　　孔子曰："叔孙昭子之不劳⑩，不可能也。周任有言曰⑪：'为

政者不赏私劳，不罚私怨。'《诗》云：'有觉德行，四国顺之。'⑫
昭子有焉。"

【注释】

　　① 叔孙穆子避难奔齐：王肃注："穆子，叔孙豹。其兄侨如淫乱，
故避之而出奔齐。"叔孙穆子为春秋时鲁国大夫。事又见《左传·昭公
四年》《昭公五年》。

　　② 庚宗：鲁地，在今山东泗水东。

　　③ 竖：王肃注："竖，通内外之命。"

　　④ 相家：负责家政。王肃注："长，遂命为相家。"

　　⑤ 牛谗叔孙二人，杀之：二人指叔孙穆子嫡子孟丙、仲壬。然《左
传》谓仲壬被逐奔齐，后为穆子返鲁奔丧时被季孙氏家臣司空所射杀。
与此异。

　　⑥ 叔孙庶子昭：王肃注："子，叔孙诺。"据下文及《左传》，"昭"
下当有"子"字。

　　⑦ 从：和顺，安顺。指各安其位，各守其职的局面或秩序。

　　⑧ 适（dí）：通"嫡"。

　　⑨ 被（pī）其邑：王肃注："牛取叔氏鄙三十邑以行贿也。"被，同
"披"，析，分开。

　　⑩ 不劳：王肃注："劳，功也。不以立己为功。"

　　⑪ 周任：王肃注："周任，古之贤人。"

　　⑫ "有觉德行，四国顺之"：见《诗经·大雅·抑》。王肃注："觉，
直。"四国，犹"四方"。

【译文】

　　叔孙穆子为避难逃奔齐国，路上在庚宗之邑住宿。庚宗之邑的
寡妇和他私通，生了孩子名叫牛。穆子返回鲁国以后，让牛担任内
竖，负责家政。竖牛对叔孙穆子说他二位嫡子的坏话，并把二人杀

掉。叔孙穆子得了病，竖牛不送食物给他吃，结果穆子被饿死。于是竖牛辅佐叔孙穆子的庶子昭子，立以为叔孙氏继承人。叔孙昭子即位，召见家众，对他们说："竖牛为害叔孙氏，搞乱了重要的正常秩序，杀嫡立庶，又分割封邑行贿，以此求得逃避罪责，没有比这更大的罪行了！一定要赶紧杀掉他！"于是就杀掉了竖牛。

孔子说："叔孙昭子不把拥立自己看做竖牛的功劳，这对一般人来说是不可能做到的。周任说：'为政的人不赏赐只对个人有私功的人，不惩罚只对个人有私怨的人。'《诗经》里说：'若有正直的德行，天下四方便顺从。'叔孙昭子就具有这样的德行。"

【原文】

晋邢侯与雍子争田①。叔鱼摄理②，罪在雍子。雍子纳其女于叔鱼，叔鱼弊狱邢侯③。邢侯怒，杀叔鱼与雍子于朝。韩宣子问罪于叔向④，叔向曰："三奸同坐，施生戮死⑤，可也。雍子自知其罪而赂以置直⑥，鲋也鬻狱⑦，邢侯专杀，其罪一也。己恶而掠美为昏⑧，贪以败官为默⑨，杀人不忌为贼⑩。《夏书》曰：'昏、默、贼，杀。'⑪咎陶之刑也⑫。请从之。"乃施邢侯，而尸雍子、叔鱼于市。

孔子曰："叔向，古之遗直也。治国制刑，不隐于亲。三数叔鱼之罪，不为末⑬，或曰义⑭，可谓直矣。平丘之会，数其贿也，以宽卫国，晋不为暴⑮；归鲁季孙，称其诈也，以宽鲁国，晋不为虐⑯；邢侯之狱，言其贪也，以正刑书，晋不为颇⑰。三言而除三恶⑱，加三利，杀亲益荣，由义也夫！"

【注释】

①邢侯与雍子：二人皆为春秋时晋国大夫。邢侯之父申公巫臣，本为楚国贵族，后奔晋，为邢（今河南温县东北）大夫。雍子本亦为楚国大夫，后奔晋。事又见《左传·昭公十四年》。

②叔鱼摄理：王肃注："叔鱼，叔向弟。理，狱官之名。"叔鱼即羊舌鲋，又称叔鲋，与兄叔向即羊舌肸同为晋国大夫。叔向曾任太傅。摄理，即代理狱官之职。

③弊狱邢侯：王肃注："弊，断。断罪归邢侯。"

④韩宣子：王肃注："宣子，晋正卿韩起也。"

⑤施：王肃注："施，宜为与。与犹行，行生者之罪也。"戮：陈列尸体，曝尸。

⑥置直：行贿以求胜诉。置，买。

⑦鬻狱：贪赃枉法，司法官吏受贿而不以情理判断曲直。鬻，卖。

⑧己恶而掠美为昏：王肃注："掠美善，昏乱也。己恶即赂求善为恶也。"

⑨贪以败官为默：王肃注："默犹冒，苟贪不畏罪。"

⑩忌：王肃注："忌，惮。"

⑪《夏书》曰："昏、默、贼，杀"：王肃注："《夏书》，夏家之书。三者宜皆杀者也。"所引《夏书》今已佚。

⑫咎（gāo）陶（yáo）：即皋陶。或作"咎繇"。咎，通"皋"。

⑬末：王肃注："末，薄。"

⑭或：王肃注："或，《左传》作'咸'也。"

⑮平丘之会，数其贿也，以宽卫国，晋不为暴：王肃注："诸侯会于平丘，晋人淫刍荛者于卫，卫人患之，赂叔向。叔向使与叔鱼，客未退而禁之。"贿，贪图财物。

⑯归鲁季孙，称其诈也，以宽鲁国，晋不为虐：王肃注："鲁季孙见执，咨于晋，晋人归之。季孙贵礼，不肯归，叔向言叔鱼能归之。叔鱼说季孙，季孙惧，乃归也。"季孙，指季平子。以上二事均见《左传·昭公十三年》。

⑰颇：王肃注："颇，偏。"

⑱三恶：此指暴、虐、颇。

【译文】

晋国邢侯和雍子争夺土地。当时叔鱼代理狱官之职，了解到罪过在于雍子。雍子把女儿嫁给叔鱼，叔鱼宣判邢侯有罪。邢侯发怒，在朝廷上杀死了叔鱼和雍子。韩宣子问叔向怎样治他们的罪。叔向说："三个奸人应一同治罪，活着的判刑，死了的暴尸就可以了。雍子自知有罪却用女儿行贿来换取胜诉，叔鲋出卖法律，邢侯擅自杀人，他们的罪状一样严重。自己有了罪恶而掠取别人的美善之处就是昏，贪婪而败坏政风就是默，杀人而无所顾忌就是贼。《夏书》里说：'犯有昏、默、贼这些罪行的，处死。'这是咎陶制定的刑法。请照此执行。"于是就将邢侯处死，把雍子和叔鱼的尸体放在街市上示众。

孔子说："叔向，是具有古代正直遗风的人。治理国家，制定刑法时，不包庇、隐蔽亲人的罪恶。三次指出叔鱼的罪恶，不予减轻，有的说这合于道义，也可以说是正直。平丘盟会时，指出他的贪财，从而宽免卫国，晋国就做到了不凶暴。让鲁国季孙氏回国，讲出叔鱼的欺诈，从而宽免鲁国，晋国就做到了不凌虐。邢侯这个案件，指明叔鱼的贪婪，从而严格了刑法，晋国就做到了不偏颇。三次说话而去除三种罪恶，增加三种利益，处死亲人却更加荣耀，这是由于做事合于道义啊！"

【原文】

郑有乡校①，乡校之士非论执政。馺明欲毁乡校②。子产曰："何以毁为也？夫人朝夕退而游焉，以议执政之善否③。其所善者，吾则行之；其所否者，吾则改之。若之何其毁也？我闻忠言以损怨，不闻立威以防怨。防怨，犹防水也。大决所犯，伤人必多，吾弗克救也。不如小决使导之，不如吾所闻而药之④。"

孔子闻是言也，曰："吾以是观之，人谓子产不仁，吾不信也。"

【注释】

① 乡校：王肃注："乡之学校。"事又见《左传·襄公三十一年》。

② 骏（zōng）明：王肃注："骏明，然明。"骏明为郑国大臣，字然明。骏，同"騣"。四库本、备要本、陈本即作"騣"。

③ 否（pǐ）：恶。

④ 药：王肃注："药，治疗也。"

【译文】

郑国设有乡校，乡校里的士人经常批评和议论政事。骏明打算毁掉乡校。子产说："为什么要毁掉它呢？人们早晚工作结束后到那里交游，以议论政事的好坏。他们认为好的，我就加以施行；他们认为坏的，我就加以改正。为什么要毁掉它呢？我听说过用忠言来减少怨恨，没有听说过树立权威来防止怨恨。防止怨恨，就如同防止洪水为患一样，在堤坝上开个大口子放水，受灾的人必然很多，我也无法挽救。不如把水稍稍放掉一些而加以疏导，不如让我把听到的言论用于治疗为政中的毛病。"

孔子后来听到这些话，说："从这件事来看，有人讲子产不仁，我不相信。"

【原文】

晋平公会诸侯于平丘①，齐侯及盟。郑子产争贡赋之所承②，曰："昔日天子班贡③，轻重以列，列尊贡重④，周之制也。卑而贡重者，甸服⑤。郑伯，南也⑥，而使从公侯之贡，惧弗给也。敢以为请。"自日中争之，以至于昏，晋人许之。

孔子曰："子产于是行也，足以为国基也⑦。《诗》云：'乐只君子，邦家之基。'⑧子产，君子之于乐者⑨。"且曰："合诸侯而艺贡事⑩，礼也。"

【注释】

① 平丘：在今河南封丘东。事又见《左传·昭公十三年》。

② 所承：王肃注："所承之轻重也。"

③ 班贡：制定贡献的标准和次序。

④ 列尊贡重：原作"尊卑贡"，据陈本及《左传》增改。

⑤ 甸服：王肃注："甸服，王圻之内，与圻外诸侯异，故贡重也。"

⑥ 南：王肃注："南，《左传》作'男'，古字作'南'，亦多有作此'南'，连言之犹言公侯也。"此字上原有"男"字，当属后人窜入，据王肃注删。

⑦ 足：原作"是"，据陈本及《左传》改。

⑧ "乐只君子，邦家之基"：见《诗经·小雅·南山有台》。乐只君子，即"君子乐只"。只，语助词。基，王肃注："本也。"

⑨ 君子之于乐者：王肃注："能为国之本，则人乐艺也。"

⑩ 艺：王肃注："艺，分别贡献之事也。"

【译文】

晋平公在平丘与诸侯会盟，齐国国君也参加了。郑国子产为所承担的进贡物品之事而争论起来，说："从前天子确定进贡物品的标准和次序，轻重、多少是根据地位决定的。地位尊贵的，贡赋就重，这是周朝的制度。地位低下而贡赋重的，这是甸服。郑国国君是南服，却让我们遵从公侯的贡赋标准，恐怕是不能如数供给的。故而谨敢在此请求考虑，加以减少。"从中午开始争论，一直持续到黄昏，晋人终于同意了子产的请求。

孔子说："子产这次参加会盟，足以成为国家的根基了。《诗经》里说：'君子沉浸欢乐里，因其能为国根基。'子产，就是君子中追求欢乐的人。"又说："会合诸侯，确定分配贡赋负担的标准，这是合于礼制的。"

【原文】

郑子产有疾，谓子太叔曰①"我死，子必为政。唯有德者能以宽服民，其次莫如猛。夫火烈，民望而畏之，故鲜死焉；水濡弱②，民狎而玩之③，则多死焉。故宽难。"子产卒，子太叔为政，不忍猛，而宽。郑国多掠盗④。太叔悔之，曰："吾早从夫子。必不及此。"

孔子闻之，曰："善哉！政宽则民慢，慢则纠于猛⑤。猛则民残⑥，民残则施之以宽。宽以济猛，猛以济宽。宽猛相济，政是以和。《诗》曰：'民亦劳止，汔可小康。惠此中国，以绥四方。'⑦施之以宽。'毋纵诡随，以谨无良。式遏寇虐，惨不畏明。'⑧纠之以猛也。'柔远能迩，以定我王。'⑨平之以和也。又曰：'不竞不绿，不刚不柔。布政优优，百禄是遒。'⑩和之至也。"

子产之卒也，孔子闻之，出涕，曰："古之遗爱。"

【注释】

① 子太叔：春秋时郑国卿，游氏，名吉。事又见《左传·昭公二十年》。

② 濡（ruǎn）弱：柔弱，懦弱。

③ 狎而玩之：王肃注："狎，易。玩，习。"

④ 掠：王肃注："抄掠。"

⑤ 纠（jiū）：同"纠"。王肃注："纠，犹摄也。"同文本、玉海堂本作"纠"。

⑥ 猛则民残：王肃注："猛政民残。"

⑦ "民亦劳止"至"以绥四方"：见《诗经·大雅·民劳》。民亦劳止，汔（qì）可小康，王肃注："汔，危也。劳民人病，汔可小变，故以安也。"止，语助词。

⑧ "毋纵诡随"至"惨不畏明"：亦见《诗经·大雅·民劳》。毋纵诡随，王肃注："诡人、随人，遗人小恶者也。"以谨无良，王肃注："谨

小以惩之也。"式遏寇虐，惨不畏明，王肃注："惨，曾也。当用遏止为寇虐之人也。曾不畏天之明道者，言威也。"

⑨ "柔远能迩，以定我王"：亦见《诗经·大雅·民劳》。柔远能迩，王肃注："言能者能安近。"以定我王，王肃注："以安定王位也。"

⑩ "不竞不绿"至"百禄是遒"：见《诗经·商颂·长发》。不竞不绿（qiú），王肃注："不竞不绿，中和。"绿，急。布政优优，百禄是遒（qiú），王肃注："优优，和。遒，聚。"布，今本《毛诗》作"敷"。

【译文】

郑国子产生了病，便对子太叔说："我死以后，您肯定执掌国政。只有有德行的人才能采用宽大政策使百姓服从，其次就不如采用严厉政策了。火猛烈，百姓看到就害怕，所以很少有人被烧死；水柔弱，百姓轻视而在其中嬉戏，这样溺死的人就很多。因此宽大政策实行起来是不容易的。"子产死后，子太叔执政，不忍心实行严厉政策，而是务行宽大。结果郑国境内发生了许多抄掠盗窃的现象。太叔感到后悔，说："我早点听他老人家的话，就不至于到目前这个地步。"

孔子听到这事，说："好啊！政策宽大会使百姓怠慢，怠慢就要通过严厉来纠正。政策严厉会使百姓伤残，伤残就要施行宽大政策。用宽大来调剂严厉，用严厉来调剂宽大。宽大和严厉相互调剂，政事就会因此变得和顺起来。《诗经》里说：'百姓真是太辛苦，危局稍变趋安舒。中原各国受赐恩，天下四方得安抚。'这是实施宽大政策。'切莫放纵诡诈者，那些恶人要约束。侵夺残暴应制止，天威他们不畏服。'这是用严厉来加以纠正。'能柔远者能安近，使我王位得稳固。'这是用和顺来使国家平安。《诗经》里又说：'不去争抢不去求，既不刚健也不柔。从容不迫来施政，各种福禄终临头。'这是和顺的最高境界。"

子产去世，孔子听说了，流出了眼泪，说道："他是个具有古代仁爱遗风的人。"

【原文】

孔子适齐，过泰山之侧，有妇人哭于野者而哀。夫子式而听之①，曰："此哀一似重有忧者。"使子贡往问之，而曰："昔舅死于虎②，吾夫又死焉，今吾子又死焉。"子贡曰："何不去乎?"妇人曰："无苛政③。"

子贡以告孔子。子曰："小子识之：苛政猛于暴虎!"

【注释】

① 式：通"轼"，以手扶轼（车前用为扶手的横木），表示敬意的一种礼节。事又见《礼记·檀弓下》。

② 舅：公公，丈夫的父亲。

③ 苛政：指繁重的赋税、苛刻的法令。

【译文】

孔子到齐国去，从泰山旁边经过，见到一个妇女在野外哭得十分悲哀。孔子用手扶轼，听着哭声，说道："这种悲哀很像是好几重忧伤。"便派子贡前去询问。那个妇女说："从前我公公被老虎咬死，后来我丈夫又被老虎咬死，如今我儿子还是死于虎口。"子贡问道："为什么不离开这个地方呢?"那个妇女回答："这里没有繁苛的赋税和政令。"

子贡把这些情况告诉给孔子。孔子说："你要记住：繁苛的赋税和政令比残暴的老虎还要凶猛!"

【原文】

晋魏献子为政①，分祁氏及羊舌氏之田②，以赏诸大夫及其子成③，皆以贤举也。又谓贾辛曰④："今汝有力于王室⑤，吾是以举汝。行乎! 敬之哉! 毋堕乃力⑥。"

孔子闻之，曰："魏子之举也，近不失亲⑦，远不失举⑧，可谓义矣⑨。"又闻其命贾辛，以为忠："《诗》云'永言配命，自求多福'⑩，忠也。魏子之举也义，其命也忠，其长有后于晋国乎!"

【注释】

① 魏献子：王肃注："献子，魏舒。"魏献子为春秋时晋国卿，继韩宣子之后执政。事又见《左传·昭公二十八年》。

② 分祁氏及羊舌氏之田：王肃注："荀栎灭晋大夫祁氏、羊舌氏，故献子分其田。"注文中"荀栎灭"三字原窜入正文，今据四库本、同文本、玉海堂本、备要本、陈本删改。

③ 成：《左传》作"戊"。

④ 谓：原作"将"，据四库本、同文本、玉海堂本、备要本、陈本改。贾辛，晋国大夫。

⑤ 有力于王室：王肃注："周有子朝之乱，贾辛帅师救周。"详参《左传·昭公二十二年》。

⑥ 堕：损，损毁。力：功，功劳。

⑦ 近不失亲：王肃注："子可举而举也。"

⑧ 远不失举：王肃注："不以远故不举。"

⑨ 义：原作"美"，据备要本及《左传》改。

⑩ "永言配命，自求多福"：见《诗经·大雅·文王》。王肃注："言，我。《文王》之诗，我长配天命而行庶国，亦当求多福。人多福，忠也。"

【译文】

晋国魏献子执政，分了祁氏和羊舌氏的土地，以赏赐大夫们和他儿子魏成，而这些都是因为他们贤能才加以举用的。魏献子又对贾辛说："如今你已经为周王室出了力，所以我举用你。动身吧！要保持恭敬！不要有损于你的功劳。"

孔子听到这事，说："魏子举用人才，近的不忘掉亲人，关系远的人也不会失去被举用的机会，这可以说是合于道义了。"孔子又听到他命令贾辛的话，认为这是忠诚的体现："《诗经》里说'永远让我合天命，自己求得福禄多'，这就是忠诚。魏子举用人才合于道义，命令贾辛又体现了忠诚，恐怕他的后代会在晋国长享禄位吧！"

【原文】

赵简子赋晋国一鼓钟①，以铸刑鼎，著范宣子所为刑书②。孔子曰："晋其亡乎！失其度矣。夫晋国将守唐叔之所受法度③，以经纬其民者也④，卿大夫以序守之⑤，民是以能遵其道而守其业。贵贱不愆⑥，所谓度也。文公是以作执秩之官，为被庐之法⑦，以为盟主。今弃此度也，而为刑鼎。铭在鼎矣，何以尊贵⑧？何业之守也⑨？贵贱无序，何以为国？且夫宣子之刑，夷之蒐也⑩，晋国乱制，若之何其为法乎？"

【注释】

① 赵简子：晋国正卿，名鞅。鼓钟：王肃注："三十斤谓之钧，钧四谓之石，石四谓之鼓。"钟，乐器或酒器，亦量器的一种，一觚四斗为一钟。《左传》作"铁"。

② 著范宣子所为刑书：王肃注："范宣子，晋卿，范匄，铭其刑书著鼎也。"

③ 唐叔：王肃注："唐叔，成王母弟，始封于晋者也。"

④ 经纬：王肃注："经纬，犹织以成文也。"

⑤ 序：王肃注："序，次序也。"

⑥ 愆（qiān）：同"愆"，错乱。

⑦ 文公是以作执秩之官，为被庐之法：王肃注："晋文公既霸，蒐于被庐，作执秩之官，以为晋国法也。"执秩，掌管爵秩之官。被庐，晋地，今址不详。

⑧ 铭在鼎矣，何以尊贵：王肃注："民将弃神而征于书，不复戴奉

上也。"

⑨ 何业之守也：王肃注："民不奉上，则上无所守也。"

⑩ 夷之蒐（sōu）也：王肃注："夷蒐之时，变易军帅，阳唐父为贾季所杀，故目乱制也。"夷，地名，今址不详。蒐，检阅，阅兵。详参《左传·文公六年》。

【译文】

赵简子从晋国百姓那里征收到一鼓重的钟，便用来铸造刑鼎，铸上范宣子制定的刑书。孔子说："晋国恐怕就要灭亡了吧！它已经失掉了自己的法度了。晋国本应遵守唐叔传下来的法度，以作为管理百姓的准则，卿大夫按照地位和等级加以遵守，这样百姓才能遵从道义而保守他们的家业。贵贱的等级没有错乱，这就是所说的法度。晋文公因此设置掌管职官位次的官员，在被庐制定法律，从而成为盟主。如今废弃这种法度，而铸造了刑鼎。铭文公开铸在鼎上，还用什么来尊敬地位高贵的人？人们还有什么家业可以保守？贵贱没有次序，用什么来治理国家？而且范宣子的刑书，是夷地阅兵时制定的，是搞乱晋国的制度，怎么能把它当成法律来执行呢？"

【原文】

楚昭王有疾，卜曰："河神为祟。"王弗祭。大夫请祭诸郊。王曰："三代命祀，祭不越望①。江、汉、沮、漳②，楚之望也。祸福之至，不是过乎？不穀虽不德③，河非所获罪也。"遂不祭。

孔子曰："楚昭王知大道矣④，其不失国也宜哉⑤！《夏书》曰：'维彼陶唐，率彼天常，在此冀方。今失厥道，乱其纪纲，乃灭而亡。'⑥又曰：'允出兹在兹。'由己率常，可矣。⑦"

【注释】

① 祭不越望：王肃注："天子望祀天地，诸侯祀境内，故曰祭不

越望也。"望，古代祭祀山川的专名，望而祭之，故曰望。事又见《左传·哀公六年》《韩诗外传》卷三、《说苑·君道》。

②江、汉、沮、漳：王肃注："四水名也。"沮，沮水。漳，漳水。二水均在今湖北中部偏西，在当阳境内汇合，今称沮漳河，南流入长江。

③不穀：不善。诸侯自称的谦词。

④知大道矣：王肃注："求之于己，不越祀也。"

⑤其不失国也宜哉：王肃注："楚为吴所灭，昭王出奔，已复国者也。"昭王出奔及复国事，详参《左传·定公四年》《定公五年》。

⑥"维彼陶唐"至"乃灭而亡"：此《逸书》文，《古文尚书》收入《五子之歌》，文字略有不同。维彼陶唐，率彼天常，王肃注："陶唐，尧。率，犹循。天常，天之常道。"在此冀方，王肃注："中国为冀。"今失厥道，乱其纪纲，乃灭而亡，王肃注："谓夏桀。"

⑦"允出兹在兹"至"可矣"：王肃注："言善恶各有类，信出此则在此，以能循常道，可也。"允出兹在兹，此亦《逸书》文，在《古文尚书·大禹谟》中。允，信，确实，果真。

【译文】

楚昭王生了病，负责占卜的人说："黄河的神灵在作祟。"昭王却没有祭祀。大夫们请求在郊外祭祀。昭王说："按照三代规定的祭祀制度，祭祀不能超越本国国境。长江、汉水、沮水和漳水，这些是在楚国境内。祸福到来的原因，恐怕不会超过这些吧？即使我没有德行，也不应该让黄河承担罪责。"最终还是没有祭祀。

孔子说："楚昭王懂得大道，他没有失去国家也是理所当然的啊！《夏书》里说：'那位君王陶唐，遵循着天道纲常，统有这中国的广阔地方。如今丢掉大道，坏乱纪纲，于是便走向灭亡。'又说：'确实是付出了什么，就会收获什么。'由自己来遵循纲常，这就可以了。"

【原文】

卫孔文子使太叔疾出其妻，而以其女妻之①。疾诱其初妻之娣②，为之立宫，与文子女，如二妻之礼。文子怒，将攻之。孔子舍璩伯玉之家③，文子就而访焉。孔子曰："簠簋之事④，则尝闻学之矣；兵甲之事，未之闻也。"退而命驾而行，曰："鸟则择木，木岂能择鸟乎？"文子遽自止之，曰："圉也岂敢度其私哉⑤？亦防卫国之难也。"

将止，会季康子问冉求之战。冉求既对之，又曰："夫子播之百姓，质诸鬼神而无憾⑥，用之则有名。"康子言于哀公，以币迎孔子，曰："人之于冉求，信之矣，将大用之。"

【注释】

① 卫孔文子使太叔疾出其妻，而以其女妻之：王肃注："初，疾娶于宋子朝，其娣嬖。子朝出，文子使疾出其妻，而已妻之。"孔文子，春秋时卫国卿，名圉。太叔疾，即世叔齐，卫国大夫。事又见《左传·哀公十一年》《史记·孔子世家》。

② 娣（dì）：女弟，妹妹。古时女子出嫁，常以娣随嫁。

③ 璩（qú）伯玉：即蘧伯玉。璩，同"蘧"。

④ 簠簋之事：指祭祀之事。

⑤ 度：王肃注："度，谋。"

⑥ 憾：王肃注："恨也。"

【译文】

卫国孔文子让太叔疾休掉妻子，而把自己的女儿嫁给他。太叔疾引诱前妻的妹妹，为她建造了宫室，与文子的女儿住在一起，礼仪上就好像是有两个妻子。文子大怒，准备攻打太叔疾。当时孔子住在璩伯玉家里，文子便前往征询孔子的意见。孔子说："对祭祀的事情，我曾经听说而且学习过；对打仗的事情，我却没有听说过。"孔子退下去，让人驾车就走，说："鸟儿要选择树木，树木怎么能选择鸟儿？"文子马上亲自劝阻孔子，说："我哪里敢仅为自己谋划呢？我这也是为了防止卫国发生祸患。"

　　孔子打算留下来不走了，这时在鲁国季康子正好在向冉求请教战法。冉求回答完以后，又说："我们先生的学说如果能传播到百姓中间，即使请神来评判，对此也不会有什么怨恨，起用他就会使鲁国名声大振。"季康子把这些话报告给哀公，接着就派人带着礼品迎请孔子，说："人们对冉求是信任的，我们将重用孔子。"

【原文】

　　齐陈恒弑其简公①，孔子闻之，三日沐浴而适朝，告于哀公曰："陈恒弑其君，请伐之。"公弗许。三请，公曰："鲁为齐弱久矣，子之伐也，将若之何？"对曰："陈恒弑其君，民之不与者半。以鲁之众，加齐之半，可克也。"公曰："子告季氏。"孔子辞⑦，退而告人曰："以吾从大夫之后，吾不敢不告也。"

【注释】

　　① 陈恒：即田常。简公：即齐简公，春秋时齐国国君，在位四年（前484—前481年）。
　　② 辞：王肃注："不告季氏。"

【译文】

　　齐国陈恒杀了齐简公，孔子听说后，连着三天沐浴上朝，报告哀公说："陈恒杀害他的国君，请求攻伐他。"哀公没有同意。请求了三次以后，哀公说："鲁国被齐国削弱已经很久了，您要攻伐，打算怎么办呢？"孔子答道："陈恒杀害国君，百姓不支持他的人有一半。用鲁国的士众，加上齐国不支持他的那一半，是可以战胜他的。"哀公说："您应该告诉季氏。"孔子推辞了，退下去告诉别人说："因为我曾经位列大夫之末，所以不敢不向国君报告。”

【原文】

子张问曰：“《书》云高宗‘三年不言，言乃雍’。有诸①？”孔子曰：“胡为其不然也？古者天子崩，则世子委政于冢宰三年。成汤既没，太甲听于伊尹②；武王既丧，成王听于周公。其义一也。”

【注释】

①“《书》云高宗”至“有诸”：高宗，指殷高宗武丁。三年不言，言乃雍，原文见《尚书·无逸》。王肃注：“雍，欢声貌。《尚书》云‘言乃雍’，和。有诸，问有之也。”事又见《礼记·檀弓下》。

②太甲：王肃注：“太甲，汤孙。”伊尹，商初大臣，名伊，一说名挚，尹为官名。助汤灭夏，后又历佐汤之子卜丙、仲壬和汤孙（太丁子）太甲三王。

【译文】

子张问道：“《尚书》里说殷高宗‘有三年都不轻易讲话，等他讲起来就和顺欢乐’。真有这种事情吗？”孔子说：“怎么能说没有这事呢？古时天子去世，王太子就把国政交给冢宰管理三年。成汤死后，太甲曾听命于伊尹；周武王死后，成王曾听命于周公。其中的道理是一样的。”

【原文】

卫孙桓子侵齐，遇，败焉①。齐人乘之，执。新筑大夫仲叔于奚以其众救桓子②，桓子乃免。卫人以邑赏仲叔于奚，于奚辞，请曲悬之乐③，繁缨以朝④。许之，书在三官⑤。子路仕卫，见其故⑥，以访孔子。

孔子曰：“惜也！不如多与之邑。惟器与名不可以假人⑦，君之所司⑧。名以出信，信以守器，器以藏礼⑨，礼以行义，义以生利，利以平民，政之大节也。若以假人，与人政也。政亡则国家从之，不可止也。"

【注释】

①　卫孙桓子侵齐，遇，败焉：王肃注："桓子，孙良夫也。侵齐，与齐师遇，为齐所败也。"孙桓子为春秋时卫国大夫。事又见《左传·成公二年》《新书·审微》。

②　新筑：春秋卫地，在今河北魏县南。仲叔于奚：或作"叔孙于奚"。

③　曲悬之乐：王肃注："诸侯轩悬，轩悬阙一面也，故谓之曲悬之乐。"悬，指钟、磬等乐器悬挂于架。古时天子乐器四面悬挂，以象宫室四面有墙，谓之"宫悬"；诸侯去其南面乐器，三面悬挂，称"轩悬"，也称"曲悬"。以下卿大夫、士亦依次递减。此处仲叔于奚请曲悬之乐，是以大夫而僭用诸侯之礼。

④　繁（pán）缨以朝：王肃注："马缨当膺以索群，衔以黄金为饰也。"繁缨为天子、诸侯所用辂马的带饰。

⑤　书在三官：王肃注："司徒书名，司马书服，司空书勋也。"

⑥　故：旧典，以往的文书记录。

⑦　器与名：王肃注："器，礼乐以器。名，尊卑以名。"器，礼乐之器。名，名号。

⑧　司：王肃注："司，主。"

⑨　器以藏礼：王肃注："有器然后得行其礼，故曰器以藏礼。"

【译文】

卫国孙桓子侵伐齐国，与齐军交战，被打败。齐国人乘胜推进，俘虏了很多卫国人。新筑大夫仲叔于奚带领部众援救桓子，桓子因此幸免于难。卫国人赏赐城邑给仲叔于奚，于奚辞谢，请求得到三面悬挂的乐器，并在朝见时使用以繁缨装饰的马匹。卫国国君答应了，并由三官将这事记录下来。后来子路在卫国当官，见到有关旧典，便去请教孔子。

孔子说："可惜啊！不如多给他城邑。唯有礼器和名号不能借给别人，这二者是国君所应掌握的。名号用来显示威信，威信用来保守礼器，礼器用来体现礼制，礼制用来施行道义，道义用来产生利益，利益用来安定百姓，这是为政的基本准则。如果借给别人，就是把政权送给别人。政权丢掉了，国家也就跟着灭亡，这些都是无法阻止的。"

【原文】

公父文伯之母纺绩不解①，文伯谏焉。其母曰："古者王后亲织玄纮②，公侯之夫人加之纮綖③，卿之内子为大带④，命妇成祭服⑤，列士之妻加之以朝服⑥。自庶士已下，各衣其夫。社而赋事，烝而献功⑦，男女纺绩，愆则有辟⑧，圣王之制也。今我寡也，尔又在下位⑨，朝夕恪勤，犹恐忘先人之业，况有怠堕⑩，其何以避辟？"

孔子闻之，曰："弟子志之！季氏之妇可谓不过矣。"

【注释】

① 公父文伯之母：王肃注："文伯母，敬姜也。"敬姜为春秋时鲁国大夫公父穆伯之妻，文伯之母，季康子从叔祖母。穆伯早死，敬姜守寡养孤。纺绩：把丝麻等纤维纺成纱或线。纺指纺丝，绩指缉麻。解（xiè）：通"懈"，懈怠。事又见《国语·鲁语下》《列女传·母仪传》。

② 玄纮（dǎn）：冠冕上的前后黑色丝织物。王肃注："纮，冠垂者。"

③ 纮（hóng）綖（yán）：王肃注："缨屈而上者谓之纮。綖，冠之上覆者。"纮即冠冕上的纽带，由颔下挽上而系在笄的两端。綖即覆在冠冕上的布。

④ 内子：王肃注："卿之妻为内子。"大带：祭祀用带，有革带和大带。革带用以系佩韨，大带置于革带之上，以丝织的素和练织成。

⑤ 命妇：王肃注："大夫之妻为命妇。"

⑥ 列士：上士。

⑦ 社而赋事，烝而献功：王肃注："男女春秋而勤岁事，各烝祭而献其功也。"社，春分祭祀土地神。赋事，从事农桑之事。烝，冬祭。献功，献上五谷、布帛等。

⑧ 男女纺绩，愆（qiān）则有辟：王肃注："绩，功也。辟，法也。"愆，同"愆"，过错。四库本即作"愆"。

⑨ 下：此字原无，据陈本补。

⑩ 堕：通"惰"，懈怠。四库本、同文本、玉海堂本即作"惰"。

【译文】

公父文伯的母亲始终不停地纺丝缉麻，文伯加以谏止。他母亲说："古时王后亲手织玄纮，公侯的夫人再加上纮綖，卿的妻子制作大带，大夫的妻子缝制祭服，上士的妻子再加上朝服。自庶士以下，要缝制丈夫穿用的所有衣服。春天祭土地神时开始从事生产，冬天祭祀时献上五谷、布帛，男女都努力创立功绩，耽误了就会受到法律惩罚，这是圣王确立的制度。如今我寡居在家，你的职位又不高，从早到晚地恭敬勤恳，还怕辱没了先人的业绩，更何况做事怠惰，怎么能不被治罪呢？"

孔子听到这事，说："弟子们记着！季氏家的这位妇女可以说是一位没有任何过失的人。"

【原文】

樊迟问于孔子曰："鲍牵事齐君，执政不挠，可谓忠矣①，而君刖之②，其为至暗乎③？"孔子曰："古之士者，国有道则尽忠以辅之，国无道则退身以避之。今鲍庄子食于淫乱之朝④，不量主之明暗，以受大刖，是智之不如葵，葵犹能卫其足⑤。"

【注释】

① 鲍牵事齐君，执政不挠，可谓忠矣：王肃注："齐庆克通于夫人，鲍牵知之，以告国武子。武子召庆克而让之。庆克告夫人，夫人怒。国子相灵公以会于诸侯，高、鲍处守，及还，将至，闭门而索客。夫人诉之曰：'高、鲍将不纳君。'遂刖鲍牵之足。"鲍牵，即鲍庄子，春秋时齐国大夫，鲍叔牙曾孙。事又见《左传·成公十七年》。

② 刖（yuè）：一种酷刑，将脚砍掉。

③ 暗：愚昧不明。

④ 庄：原作"疾"，据四库本、同文本、玉海堂本、陈本及《左传》改。

⑤ 葵犹能卫其足：王肃注："葵倾叶随日转，故曰卫其足也。"

【译文】

樊迟问孔子说："鲍牵事奉齐国国君，为政公直，可以说是忠诚了，但国君却砍了他的脚，难道是他极其愚昧不明吗？"孔子说："古时的士人，国家实行道义就对它竭尽忠诚；国家不行道义就退身隐居以躲避开它。现在鲍庄子在淫乱的朝廷中获取俸禄，不考虑君主是明圣还是昏暗，以致遭受严酷的刖刑，这说明他的智慧不如葵花，葵花尚且能够保护自己的脚。"

【原文】

季康子欲以一井田出法赋焉①，使访孔子。子曰："丘弗识也。"冉有三发，卒曰："子为国老②，待子而行。若之何子之不言？"孔子不对，而私于冉有曰："求，汝来，汝弗闻乎：先王制土，藉田以力③，而底其远近④；赋里以入，而量其有无⑤；任力以夫，而议其老幼⑥。于是鳏、寡、孤、疾、老者，军旅之出则征之，无则已⑦。其岁收⑧，田一井出稷禾、秉刍、缶米⑨，不是过，先王以为之足。君子之行，必度于礼，施取其厚⑩，事举其中⑪，敛从其薄。若是其已，丘亦足矣⑫。不度于礼，而贪冒无厌⑬，则虽赋田，将有不足。且子孙若以行之而取法，则有周公之典在；若欲犯法，则苟行之，又何访焉？"

【注释】

① 以一井田出法赋焉：据《左传》贾逵注，意谓令一井土地出一丘土地的常赋，即田亩税。井，井田，地方一里为井，四井为邑，四邑为丘。法赋，法定的田赋，常赋，即田亩税。事又见《左传·哀公十一年》《国语·鲁语下》。

② 国老：退休的卿大夫和士。

③ 藉田以力：王肃注："田有税收，藉力以治公田也。"

④ 底其远近：王肃注："底，平。平其远近，俱十一而中。"谓俱用什一之税为宜。

⑤ 赋里以入，而量其有无：王肃注："里，廛。里有税度。量其有无，为多少之入也。"里，即城邑的市廛，为商贾所居之区域。有无，原作"无有"，据四库本、同文本、玉海堂本、陈本改。

⑥ 任力以夫，而议其老幼：王肃注："力作度之事，丁夫任其长幼，或重或轻。"

⑦ 鳏、寡、孤、疾、老者，军旅之出则征之，无则已：王肃注："于军旅之役，则鳏、寡、孤、疾或有所出，无军事则止之。"

⑧ 其岁：王肃注："其岁，军旅之岁。"

⑨ 稷（zōng）禾、秉刍（chú）、缶（fǒu）米：原作"获禾、秉、缶米、刍藁"，据《国语》改。稷，计算禾把的单位，四十把为一稷。秉，量词，十六斛曰秉。缶，量器名，一缶为十六斗。刍，饲草。

⑩ 施取其厚：王肃注："施以厚为德也。"

⑪ 事举其中：王肃注："事以中为节。"

⑫ 丘：王肃注："十六井。"

⑬ 贪冒：贪得，贪图财利。

【译文】

　　季康子打算以井为单位征收法定田赋，派人征求孔子的意见。孔子说："孔丘我对此不懂。"冉有被派去询问了三次，最后说："您是国家的元老，等着您的意见办事，为什么您不讲讲呢？"孔子还是不作答复，而是私下对冉有说："冉求，你过来，你没有听说过吗：先王确立土地制度，借助民力来耕种藉田，以为赋税，并使远近之地得到均平；向市廛征税，考虑到商贾们有无财产及其差别；让百姓承担徭役，考虑到他们年龄的不同。于是对鳏、寡、孤、疾和上了年纪的人，有军旅之事时才向他们征收赋税，否则就停止征收。有军旅之事那一年的征收标准，是一井土地征收一稯禾把、一秉饲草和一缶粮食，绝对不超过这个数目，先王认为这就足够用了。假如不考虑礼制的规定，贪得无厌，那么尽管按井征收田赋，将来还是会不够的。而且先王的子孙们做事如果还想合于法度，那么周公的典章尚在；如果想违背法度，那么随便处理就是了，又征求什么意见呢？"

【原文】

　　子游问于孔子曰："夫子之极言子产之惠也，可得闻乎？"孔子曰："惠在爱民而已矣。"子游曰："爱民谓之德教，何翅施惠哉①？"孔子曰："夫子产者犹众人之母也，能食之，弗能教也。"子游曰："其事可言乎？"孔子曰："子产以所乘之舆济冬涉者②，是爱无教也。"

【注释】

　　① 翅：通"啻"，但，仅，止。事观《礼记·仲尼燕居》《说苑·政理》。

②舆：车厢，泛指车。四库本、同文本、玉海堂本即作"车"。

【译文】

子游问孔子说："先生您极力称道子产的仁惠，我可以得知其中的原因吗？"孔子说："子产的仁惠只不过在于他爱民罢了。"子游问："爱民叫做德治教化，为什么只用施行仁惠来评述子产呢？"孔子说："子产好像是一般人的母亲，能够喂养他们，但却不能加以教化。"子游问："能说说这方面的事情吗？"孔子说："子产用自己乘坐的车子帮助冬天过河的人，这就是单纯施行仁爱而没有进行教化。"

【原文】

哀公问于孔子曰："二三大夫皆劝寡人，使隆敬于高年，何也？"孔子对曰："君之及此言，将天下实赖之，岂唯鲁哉！"公曰："何也？其义可得闻乎？"孔子曰："昔者，有虞氏贵德而尚齿，夏后氏贵爵而尚齿，殷人贵富而尚齿①，周人贵亲而尚齿。虞、夏、殷、周，天下之盛王也，未有遗年者焉。年者，贵于天下久矣，次于事亲，是故朝廷同爵而尚齿。七十杖于朝，君问则席②；八十则不仕朝，君问则就之，而悌达乎朝廷矣。其行也，肩而不并③，不错则随④，斑白者不以其任于道路⑤，而悌达乎道路矣。居乡以齿，而老穷不匮，强不犯弱，众不暴寡，而悌达乎州巷矣⑥。古之道，五十不为甸役⑦，颁禽隆之长者，而悌达乎蒐狩矣⑧。军旅什伍同爵则尚齿，而悌达乎军旅矣。夫圣王之教，孝悌发诸朝廷，行于道路，至于州巷，放于蒐狩⑨，循于军旅，则众感以义，死之而弗敢犯。"公曰："善哉！寡人虽闻之，弗能成。"

【注释】

①富：王肃注："富贵世禄之家。"事又见《礼记·祭义》。

②君问则席：王肃注："君欲问之，则为之设席而问焉。"

③ 肩而不并：王肃注："不敢与长者并肩也。"

④ 不错则随：王肃注："错，雁行。父党随行，兄党雁行也。"

⑤ 斑白者不以其任于道路：王肃注："任，负也。少者代之也。"斑白者，头发花白的人，指老人。

⑥ 州巷：州闾。州与闾皆为古时地方基层行政单位，此泛指乡里。

⑦ 五十不为甸（tián）役：王肃注："五十始老，不为力役之事，不为田猎之徒也。"甸役，指田猎。天子田猎则征发徒役，故称。甸，通"田""畋"。

⑧ 蒐（sōu）狩：春猎称蒐，冬猎称狩。泛指狩猎。

⑨ 放（fǎng）：至，到。

【译文】

鲁哀公问孔子说："大夫们都劝说我，让我崇敬年龄大的人，这是为什么？"孔子答道："君主您说起这些话，大概天下人都会开始依赖您，哪里能仅限于鲁国呢！"哀公问："为什么？能听听其中的道理吗？"孔子说："从前，有虞氏重视德行，但也尊崇年长者；夏后氏重视爵位，但也尊崇年长者；殷人重视财富，但也尊崇年长者。虞、夏、殷、周，都是历史上天下兴盛的王朝，却都没有忘掉对年长者的尊崇。年龄为天下人所重视由来已久，重要性仅次于侍奉双亲，所以在朝廷上，爵位相同的，就让年长者居上。人到了七十岁，可以挂着手杖朝见君主，君主询问他时要为他设置座席。八十岁就可以不去朝见了；君主如有询问，就要亲往讨教，这样悌道就能够通达于朝廷了。走路时，不能与年长者并肩，根据年龄的差距，不是斜错在他身后走，就是直着跟随在他身后走；年老的人不会担负着东西走在路上，这样悌道就能够通达于道路了。住在乡里要论年龄，年老贫穷的也不至于财物匮乏，身体壮的不欺侮弱的，人手多的不欺侮少的，这样悌道就能够通达于乡里。依据古代的准则，五十岁就不再充任狩猎的徒卒，而且在分配猎物的时候还要特别厚待年长者，这样悌道就能够通达于狩猎活动；在军队组织中，爵位相同的，就让年长者居上，这样悌道就能够通达军队。圣明君主的教化，孝悌的行为从朝廷开始，通达于道路上，又及于乡里，及于狩猎活动，并为军队所尊行，这样人们都会受到道义的感染，至死也不敢违犯。"哀公说："讲得好！我虽然听了这番话，但却难以做到。"

【原文】

哀公问之于孔子曰："寡人闻东益不祥①，信有之乎？"孔子曰："不祥有五，而东益不与焉。夫损人自益，身之不祥；弃老而取幼，家之不祥；释贤而任不肖②，国之不祥；老者不教，幼者不学，俗之不祥；圣人伏匿，愚者擅权，天下不祥。不祥有五，东益不与焉。"

【注释】

① 东益：向东扩建房屋。益，增加。王肃注："东益之宅。"事又见《新序·杂事五》。

② 释：原作"择"，据四库本、同文本、玉海堂本、陈本改。

【译文】

鲁哀公问孔子说："我听说向东边扩展住宅是不吉利的，真是这样吗？"孔子说："不吉利的事情有五种，但向东边扩展住宅这事不包括在内。损害别人而为自己捞取更多的利益，这是自身的不吉利；抛弃年老的妻子而再娶年轻的女子，这是家庭的不吉利；放弃贤士不用而任用不肖的人，这是国家的不吉利；年老的人不教育别人，年幼的人又不学习，这是社会的不吉利；圣明的人逃隐，愚笨的人专权，这是天下的不吉利。总之，不吉利的事情有五种，向东边扩展住宅并不包括在内。"

【原文】

　　孔子适季孙，季孙之宰谒曰："君使求假于马①，将与之乎②?"季孙未言。孔子曰："吾闻之，君取于臣，谓之取；与于臣，谓之赐。臣取于君，谓之假；与于君，谓之献。"季孙色然悟曰③："吾诚未达此义。"遂命其宰曰："自今已往，君有取之，一切不得复言假也。"

【注释】

　　① 马：原作"田"，据《韩诗外传》《新序》改。事又见《韩诗外传》卷五、《新序·杂事五》。

　　② 将：原作"特"，据四库本、同文本、玉海堂本、备要本、陈本改。

　　③ 色然：变色貌。

【译文】

　　孔子到季孙氏那里，见季孙氏的家宰报告说："国君派人来借马，您打算给他吗?"季孙氏没有说话。孔子说道："我听说，君主从臣下那里拿东西，叫做取；送给臣下东西，叫做赐。臣下从君主那里拿东西，叫做借；送给君主东西，叫做献。"季孙氏脸色大变，醒悟过来，说："我的确不明白这个道理。"于是命令他的家宰说："从今以后，君主有东西要拿，统统不能再说借。"

卷　十

曲礼子贡问第四十二

【原文】

　　子贡问于孔子曰："晋文公实召天子，而使诸侯朝焉①。夫子作《春秋》，云'天王狩于河阳'②，何也?"孔子曰："以臣召君，不可以训③，亦书其率诸侯事天子而已。"

【注释】

　　① 晋文公实召天子，而使诸侯朝焉：王肃注："晋文公会诸侯于温，召襄王，且使狩于河阳，因使诸侯朝。"事又见《左传·僖公二十八年》。

　　②"天王狩于河阳"：见《春秋·僖公二十八年》。天王，天子，春秋时特指周天子，此指周襄王。河阳，晋邑，在今河南孟县西。

　　③ 训：典式，法则。

【译文】

　　子贡问孔子说："晋文公实际上是召来天子，让诸侯朝见。先生您撰作《春秋》，将此事说成'天子在河阳打猎'，这是为什么?"孔子说："身为臣下而召唤君主，这是不能成为典则而垂训后人的，于是就将此事写成晋文公率领诸侯事奉罢了。"

【原文】

孔子在宋，见桓魋自为石椁，三年而不成，工匠皆病。夫子愀然曰："若是其靡也①，死不如速朽之愈②。"冉子仆③，曰："礼，凶事不豫，此何谓也？"夫子曰："既死而议谥，谥定而卜葬，既葬而立庙，皆臣子之事，非所豫属也，况自为之哉？"

南宫敬叔以富得罪于定公，奔卫。卫侯请复之，载其宝以朝。夫子闻之曰："若是其货也④，丧不若速贫之愈⑤。"子游侍曰："敢问何谓如此？"孔子曰："富而不好礼，殃也。敬叔以富丧矣，而又弗改。吾惧其将有后患也。"敬叔闻之，骤如孔氏，而后循礼施散焉。

【注释】

①靡：王肃注："靡，侈。"事又见《礼记·檀弓上》。

②速朽之愈：原作"朽之速愈"，据四库本、同文本、玉海堂本、陈本及《礼记》并参下文"速贫之愈"之语改。

③仆：驾车。

④货：贿赂。

⑤丧：王肃注："丧，失位也。"

【译文】

孔子住在宋国，见桓魋亲自为自己设计石椁，过了三年还没有做成，工匠们都累病了。孔子脸色一变，说道："如果像这样奢侈，死了以后还不如快点腐朽好。"冉有当时正在驾车，便问道："根据礼制，丧事不能事先准备，这是什么意思？"孔子说："死了以后才讨论谥号，谥号确定以后才为安葬占卜，安葬以后才设立祭庙，这些都是臣子们要做的事情，不是能事先准备的，更何况是由自己来安排呢？"

南宫敬叔由于富有而得罪了鲁定公，逃奔卫国，卫国国君请求定公恢复他的官爵，敬叔便带着财宝朝见卫君。孔子得知后说："如果像这样行贿，丧失官爵以后还不如快点贫穷好些。"子游正好在一旁陪着，便问道："请问为什么这样说呢?"孔子说："富有而不喜欢遵礼，是要遭殃的。敬叔因为富有而丢了官爵，但又不改正。我担心他将有后患。"敬叔闻知，多次跑到孔子那里请教，然后便遵循礼制，并向百姓布施散发财物。

【原文】

孔子在齐，齐大旱，春饥。景公问于孔子曰："如之何?"孔子曰："凶年则乘驽马①，力役不兴，驰道不修②，祈以币玉③，祭祀不悬④，祀以下牲⑤。此贤君自贬以救民之礼也。"

【注释】

① 驽马：劣马。

② 驰道：王肃注："驰道，君行之道。"

③ 祈以币玉：王肃注："君所祈请，用币及玉，不用牲也。"币玉，帛和玉，用以祭祀的礼品。

④ 不悬：王肃注："不作乐也。"悬，悬挂钟、磬等乐器，即奏乐。

⑤ 祀以下牲：王肃注："当用大牢者用少牢。"

【译文】

孔子在齐国时，齐国大旱，春天发生了饥荒。齐景公请教孔子说："怎么办?"孔子说："灾荒之年应该乘劣马，不征发劳役，不修建驰道，祈请的时候要用帛和玉，祭祀的时候不奏乐，还要用低一等的牺牲。这就是贤明君主贬损自己以救助百姓的礼制。"

【原文】

孔子适季氏①，康子昼居内寝②。孔子问其所疾，康子出见之。言终，孔子退。子贡问曰："季孙不疾，而问诸疾，礼与?"

孔子曰："夫礼，君子不有大故③，则不宿于外；非致齐也④，非疾也，则不昼处于内。是故夜居外，虽吊之可也；昼居于内，虽问其疾可也。"

【注释】

① 适：往，到。

② 内：内堂，卧室。

③ 大故：指父母之丧。

④ 致齐（zhāi）：举行祭祀前清心洁身的礼仪形式。齐，同"斋"。

【译文】

孔子到季氏家去，季康子白天在家中内室睡觉。孔子问起他的病，康子出来与孔子见面。谈完话，孔子便出了季氏家。子贡问道："季孙氏没有生病，先生您却问起病的事，这合于礼制吗？"孔子说："按照礼制规定，君子不是遇上父母之丧，就不在内室外面住宿；不是举行清心洁身的仪式，不是生病，就不在白天居处于内室。所以夜里在内室外面住宿，别人即使前往吊丧也是可以的；白天在内室里面居处，即使前往探病也是可以的。"

【原文】

孔子为大司寇，国厩焚。子退朝而之火所，乡人有自为火来者，则拜之，士一，大夫再。子贡曰："敢问何也？"孔子曰："其来者，亦相吊之道也①。吾为有司②，故拜之。"

【注释】

① 吊：指慰问受灾者。事又见《礼记·杂记下》。

② 有司：指主管的官员。

【译文】

　　孔子做大司寇时，国家的马厩失火。孔子退朝后到了火灾现场，见乡里的人们有不少为了火灾自动前来，便加以拜谢，对士人一拜，对大夫则两拜。子贡说："请问这是为什么？"孔子说："来这里的人，也都是遵行相互慰问的礼制的。我是国家的官吏，因而要加以拜谢。"

【原文】

　　子贡问曰："管仲失于奢，晏子失于俭。与其俱失矣，二者孰贤？"孔子曰："管仲镂簋而朱纮①，旅树而反坫②，山节藻棁③。贤大夫也，而难为上。晏平仲祀其先祖，而豚肩不揜豆④，一狐裘三十年。贤大夫也，而难为下。君子上不僭下，下不逼上⑤。"

【注释】

　　① 镂簋而失纮：王肃注："镂，刻而饰之。朱纮，天子冕之纮。"事又见《礼记·礼器》《杂记下》。

　　② 旅树而反坫（diàn）：王肃注："旅，施也。树，屏也。天子外屏，诸侯内屏。反坫，在两楹之间，人君好会，献酢礼毕，反爵于其上。"坫，位于两楹之间的土筑的平台。相互敬酒后，将空酒杯放还于坫上，谓之反坫，为诸侯宴会的礼节。

　　③ 山节藻棁（zhuō）：王肃注："节，栭也，刻为山云。棁，梁上楹也。画藻文也。"山节，刻成山形（或伴有云彩）的斗拱（栭），即柱顶上支持屋梁的方木。藻棁，画有藻（水草）文的梁上短柱。均为古时天子的庙饰。

　　④ 豚肩不揜豆：王肃注："言陋小也。"豚肩，猪腿。豆，盛酒肉的祭器，形似高足盘。

　　⑤ 上不僭（jiàn）下，下不逼上：据《礼记》，此句当作"上不僭上，下不逼下"。僭，同"僣"。

【译文】

　　子贡问道："管仲的过失在于过度奢侈，晏子的过失在于过度节俭。与其使两个人都因有过失而被一概否定，还不如从中加以区别。两人之中谁更贤能一些呢？"孔子说："管仲使用雕花的篮和天子才能使用的系冕的带子，布置有屏风和反坫，屋顶有刻成山形的斗拱和绘有藻文的梁上短柱。他虽然是个贤能的大夫，但却使居上位的人为难。晏平仲祭祀先祖，供奉用的猪腿连豆器都装不满，一件狐皮衣服穿了 30 年。他虽然是个贤能的大夫，但却使居下位的人为难。君子应该对上不僭越居上位的人，对下不为难居下位的人。"

【原文】

　　冉求曰："昔文仲知鲁国之政①，立言垂法，于今不亡，可谓知礼矣。"孔子曰："昔臧文仲安知礼？夏父弗綦逆祀而不止②，燔柴于灶以祀焉。夫灶者，老妇之所祭③，盛于瓮，尊于瓶，非所柴也。故曰礼也者，由体也④。体不备，谓之不成人。设之不当，犹不备也。"

【注释】

　　① 文仲：臧文仲，春秋时鲁国大夫，臧孙氏，名辰，历仕鲁庄公、闵公、僖公、文公 4 朝。知：主持。事又见《礼记·礼器》。

　　② 夏父弗綦（qí）逆祀：夏父弗綦，或作夏父弗忌、夏父不忌，春秋时鲁国大夫。鲁文公时担任宗伯，主持礼仪祭祀先公，尊崇僖公，升其享祀之位于闵公之上，人们以为这是不按顺序祭祀的失礼行为，谓之逆祀。

　　③ 夫灶者，老妇之所祭：王肃注："谓祭灶报其功，老妇主祭也。"

　　④ 由：通"犹"。四库本、同文本、玉海堂本、备要本及《礼记》即作"犹"。

【译文】

冉求说："从前臧文仲熟悉鲁国政治，著书立论，垂示法则，影响至今也没有消失，可以说是懂得礼制。"孔子说："过去的臧文仲哪里懂得礼制，夏父弗綦不按顺序祭祀。而他却不予制止，而且又烧柴以祭灶神。灶神是老妇人们祭祀的神灵，只须用瓮以盛食，用瓶以为尊，不应该烧柴而祭。所以说礼制就像是人的身体一样。身体不完具，称之为不成人。安排得不妥当，也就好像身体不完具一样。"

【原文】

子路问于孔子曰："臧武仲率师与邾人战于狐鲐①，遇，败焉，师人多丧而无罚，古之道然与？"孔子曰："凡谋人之军师，败则死之；谋人之国邑，危则亡之，古之正也②。其君在焉者，有诏则无讨③。"

【注释】

① 臧武仲率师与邾人战于狐鲐（tái）：臧武仲：即臧孙纥，臧孙许（臧宣叔）之子，臧文仲之孙。鲁襄公四年（前569年），邾人、莒人伐鄫，臧武仲率师救鄫侵邾，败于狐鲐（或作"骀"）。狐鲐，在今山东滕州东南。

② 正：同"政"，政令制度。

③ 有诏则无讨：王肃注："诏，君之教也。有君教，则臣无讨。"讨，惩治有罪者。

【译文】

子路问孔子说："臧武仲率军队与邾国人在狐鲐交战，两军相遇，我军战败，很多战士阵亡，但臧武仲却没有受到惩罚，古代就有这样的道理吗？"孔子说："凡是为别人指挥军队的人，如果战败，就得自请赐死；为别人管理国家和城邑的人，如果社会出现危机，就得奔亡他国，这是古代的政令制度。如果他们的君主尚在，君主对他们进行训教，就可以不予惩罚。"

【原文】

晋将伐宋，使人觇之①。宋阳门之介夫死②，司城子罕哭之哀③。觇者反④，言于晋侯曰："阳门之介夫死，而子罕哭之哀，民咸悦。宋殆未可伐也。"

孔子闻之曰："善哉觇国乎！《诗》云：'凡民有丧，匍匐救之。'⑤子罕有焉。虽非晋国，其天下孰能当之⑥？是以周任有言曰：'民悦其爱者，弗可敌也。'"

【注释】

① 觇（chān）：王肃注："观也。"事又见《礼记·檀弓下》。

② 宋阳门之介夫死：王肃注："阳门，宋城门也。介夫，被甲御门者。"

③ 司城：即司空，宋以避武公讳而称司城。

④ 者：原作"之"，据四库本、同文本、玉海堂本、备要本、陈本改。

⑤ "凡民有丧，匍匐救之"：见《诗经·邶风·谷风》。匍匐，爬行，形容匆忙，急急忙忙。

⑥ 虽非晋国，其天下孰能当之：王肃注："言虽非晋国，使天下有强者，犹不能当也。"

【译文】

晋国准备攻伐宋国，先派人前去观察动静。宋国都城阳门有个守卫的士兵死了，司城子罕为此哭得十分哀痛。观察动静的人返了回来，向晋国国君报告说："宋城阳门有个卫士死了，子罕却为此哭得十分哀痛，百姓们对这一举动都心悦诚服。恐怕还不可以攻伐宋国。"

孔子听到这件事后说："对别国情况观察得真是好啊!《诗经》里说:'凡是百姓有丧事,竭尽全力去救助。'子罕做到了这一点。不单是晋国,天下哪个国家能够与宋国对抗呢? 因此周任有过这样的话,说:'得到百姓悦服和热爱的人,是不可抵挡的。'"

【原文】

楚伐吴,工尹商阳与陈弃疾追吴师①。及之,弃疾曰:"王事也,子手弓而可②。"商阳手弓。弃疾曰:"子射诸③!"射之。毙一人,韔其弓④。又及,弃疾谓之。又及,弃疾复谓之。毙二人。每毙一人,辄掩其目。止其御,曰:"吾朝不坐,燕不与⑤,杀三人亦足以反命矣。"

孔子闻之曰:"杀人之中,又有礼焉。"子路怫然进曰⑥:"人臣之节,当君大事,唯力所及,死而后已。夫子何善此?"子曰:"然,如汝言也。吾取其有不忍杀人之心而已。"

【注释】

① 工尹:楚国官名。陈弃疾:春秋时楚国公子,楚共王幼子,楚灵王七年(前534年)奉命率师灭陈,得楚人称誉,遂号陈弃疾。领有陈、蔡之地,成为最有实力的楚公子,后继位为楚王,即楚平王。事又见《礼记·檀弓下》。

② 手弓:以手执弓。

③ 诸:语助词,表感叹。

④ 韔(chàng):王肃注:"韔,韬。"即弓袋,此用为动词,谓装弓于弓袋。

⑤ 朝不坐,燕不与:王肃注:"士卑故也。"

⑥ 怫然:愤怒貌。

【译文】

楚国攻伐吴国，楚工尹商阳与陈弃疾一起追击吴军。追赶上以后，弃疾对商阳说："这是君王交给的任务，现在您可以把弓拿在手里了。"商阳便拿弓在手。弃疾说："您该射箭了！"商阳这才把箭射出去。射死了一个敌人，他把弓装入弓袋。又赶上敌人，弃疾对他说了同样的话。后来又赶上敌人，弃疾又一次对他说了同样的话。这样他又射死两个敌人。每当射死一个敌人，他都要把眼睛遮起来不忍看。最后他让驾车的人停下来，说："我朝见时不能坐下，也不能参加宴会，杀死三个敌人，回去也就足以交差了。"

孔子听说这事后说："商阳杀敌时能够射中，而且还能够遵守礼制。"子路生气地进见孔子说："作为人臣而守节操，遇上国君有大事，只有竭尽全力去干，至死而后止。先生您为什么称赞商阳的这一举动呢？"孔子说："是的，确实应该像你说的那样。我只不过是看中他有不忍心杀人的想法罢了。"

【原文】

孔子在卫，司徒敬子卒①，夫子吊焉。主人不哀，夫子哭不尽声而退。蘧伯玉请曰②："卫鄙俗，不习丧礼。烦吾子辱相焉。"孔子许之。掘中霤而浴③，毁灶而缀足，袭于床。及葬，毁宗而躐行也④，出于大门。及墓，男子西面，妇人东面，既封而归。殷道也，孔子行之。子游问曰："君子行礼，不求变俗，夫子变之矣。"孔子曰："非此之谓也。丧事则从其质而已矣。"

【注释】

① 司徒敬子：春秋时卫国大夫。司徒乃因官为氏。子，原作"之"，据四库本、陈本及《礼记》改。事又见《礼记·檀弓上》《檀弓下》。

② 蘧（qú）伯玉：春秋时卫国大夫，名瑗，以贤著称。蘧，或作"蘧"。四库本、同文本、玉海堂本即作"蘧"。

③ 中霤（liù）：王肃注："室中。"

④ "毁灶而缀（chuò）足"至"毁宗而躐（liè）行也"：王肃注："明不复有事于此也。缀足，不欲令僻戾矣。毁宗庙而出，行神位在庙门之外也。"缀，拘，拘束。袭，以衣敛尸。毁宗，指毁掉宗庙门西边墙。躐行，谓灵柩经过行神之位，如生时祈求途中平安。躐，越，越过。行，即行神，其位在庙门之西。

【译文】

孔子在卫国的时候，司徒敬子去世，孔子前往吊唁。见主人不太悲哀，孔子还没有哭完就出去了。璩伯玉向孔子请求说："卫国这里习俗鄙陋，不懂丧礼。麻烦您屈就担任相礼者。"孔子答应了。在内室中间掘坑洗浴尸体，毁掉灶来拘死者的脚，在床上为他穿衣。到了安葬的时候，毁掉庙墙让灵柩回来，越过行神之位，直接走出大门。到了墓地，男子面朝西，妇女面朝东，筑坟以后就回来了。这是殷人举行丧礼的形式，而孔子却都予以遵行了。子游问："君子行礼，不务求改变习俗，然而先生您已经将它改变了。"孔子说："那不是说这种事情，办理丧事只不过是要合于它的本质罢了。

【原文】

宣公八年六月辛巳，有事于太庙①，而东门襄仲卒②。壬午犹绎③。子游见其故，以问孔子曰："礼与？"孔子曰："非礼也，卿卒不绎。"

【注释】

① 有事：指举行禘（dì）祭。禘祭，对天神、祖先的大祭。

② 东门襄仲：即公子遂，亦即仲遂，春秋时鲁国卿，鲁庄公之子。事又见《左传·宣公八年》《礼记·檀弓下》。

③ 壬午犹绎：王肃注："绎，祭之明日又祭也。"辛巳已祭，而于壬

午又祭，故称绎。

【译文】

　　鲁宣公八年六月辛巳，鲁国在太庙进行祭祀，而此时东门襄仲去世。壬午，仍进行祭祀。子游看到从前有关这事的记录，便问孔子："这符合礼制吗？"孔子说："这是不符合礼制的，因为国家的卿去世，不应该再举行其他祭祀活动。"

【原文】

　　季桓子丧①，康子练而无衰②。子游问于孔子曰："既服练服，可以除衰乎？"孔子曰："无衰衣者不以见宾，何以除焉？"

【注释】

　　① 季桓子：季孙斯，季平子之子，季康子之父，曾为鲁国执政上卿。
　　② 练：即练祭，父母丧后周年之祭。此时孝子可穿练服，故称。练，本指将生丝或生丝织品煮熟，使之柔软洁白。也指练过的布帛。衰（cuī）：衰衣，此指斩衰。

【译文】

　　在为季桓子服丧期间，季康子举行练祭但却没有穿衰衣。子游问孔子道："穿了练服以后，就可以脱去衰衣吗？"孔子说："不穿衰衣不能会见宾客，怎么可以脱去呢？"

【原文】

　　邾人以同母异父之昆弟死，将为之服，因颜克而问礼于孔子①。子曰："继父同居者，则异父昆弟从为之服；不同居，继父且犹不服，况其子乎？"

【注释】

①颜克：孔子弟子，即颜刻，或作颜高。

【译文】

邾国有个人因为同母异父的兄弟去世了，准备为他穿丧服，所以通过颜克向孔子请教有关礼制。孔子说："如果与继父居住在一起，那么异父兄弟都要跟着穿丧服；如果与继父不居住在一起，那么连继父本人死了都用不着穿丧服，更何况是他的儿子呢？"

【原文】

齐师侵鲁，公叔务人遇人入保，负杖而息①。务人泣曰："使之虽病②，任之虽重③，君子弗能谋④，士弗能死，不可也。我则既言之矣，敢不勉乎？"与其邻壁童汪锜乘往奔敌⑤，死焉，皆殡。鲁人欲勿殇童汪锜⑥，问于孔子。曰："能执干戈以卫社稷，可无殇乎⑦。"

【注释】

①公叔务人：王肃注："昭公之子，公为。"遇人入保，负杖而息：王肃注："见走避入齐师，将入保，疲倦，加杖颈上，两手掖之休息者也。保，县邑小城也。"保，"堡"的古字，即城堡。事又见《左传·哀公十一年》《礼记·檀弓下》。

②使之虽病：王肃注："谓时徭役。"

③任之虽重：王肃注："谓时赋税。"

④君子：指卿大夫。

⑤壁（bì）童：受宠爱的小童。壁，宠爱。汪锜（qí）：人名。《礼记》作"汪踦"。

⑥勿殇：未成年而死称殇，为殇者举行的丧礼亦称殇，较成人为简略。勿殇即不用殇者之礼，而以成人之礼为之治丧。

⑦ 乎：语气词。表示肯定。

【译文】

齐国军队入侵鲁国，公叔务人见到一个鲁国人躲入城堡，扛着兵器在那里休息。务人流着眼泪说："虽然征发的徭役使人们疲惫不堪，征收的赋税十分繁重，但卿大夫不能为国家谋划，士人们不能为国家献身，也是不行的。我既然这么说了，自己敢不努力吗？"于是就同他邻居家受宠爱的小孩汪锜一起乘战车冲向敌阵，结果都战死了，被一同殡殓。鲁国人打算不用殇者之礼来为小孩汪锜治丧，便去请教孔子。孔子说："能够拿起武器保卫国家，是完全可以不用殇者之礼的。"

【原文】

鲁昭公夫人吴孟子卒，不赴于诸侯①。孔子既致仕②，而往吊焉。适于季氏，季氏不绖③，孔子投绖而不拜④。子游问曰："礼与？"孔子曰："主人未成服，则吊者不绖焉，礼也。"

【注释】

① 不赴于诸侯：鲁昭公与夫人吴孟子为同姓，根据当时礼制，属不婚之列。若赴告诸侯，则须称其母家姓。为避讳同姓为婚之讥，故不赴诸侯。赴，后多作"讣"，讣告，报丧。事又见《左传·哀公十二年》。

② 致仕：辞去官职。

③ 绖（dié）：丧服所系之带，以麻为之。在首为绖，在腰为腰绖。

④ 投绖而不拜：王肃注："以季氏无故，己亦不成礼。"

【译文】

鲁昭公夫人吴孟子去世，没有向诸侯发讣告。此时孔子已经辞官，前去吊唁。又到季氏家中，见季氏没有扎丧服中用的麻带，也就摘下麻带，而且没有下拜。子游问："这样做合于礼制吗?"孔子说："主人没有穿丧服，那么前去吊唁的人就可以不扎麻带，这是合于礼制的。"

【原文】

公父穆伯之丧，敬姜昼哭；文伯之丧，昼夜哭。孔子曰："季氏之妇可谓知礼矣! 爱而无私①，上下有章②。"

【注释】

① 私：此字原脱，据四库本、同文本、玉海堂本、备要本、陈本及《国语》《列女传》补。事又见《国语·鲁语下》《礼记·檀弓下》《列女传·仁智》。

② 上下有章：王肃注："上谓夫，下谓子也。章，别也。哭夫昼哭，哭子昼夜哭，夫与子各有别也。"

【译文】

为公父穆伯治丧时，敬姜白天哭；为文伯治丧时，她白天黑夜都哭。孔子说："季氏家的这位妇女可以称得上是知礼了! 施爱而没有私心，上下很有区别。"

【原文】

南宫绦之妻，孔子兄之女。丧其姑①，而诲之髽③，曰："尔毋从从尔，毋扈扈尔③。盖榛以为笄④，长尺，而总八寸⑤。"

【注释】

① 姑：婆母。事又见《礼记·檀弓上》。

② 髽 (zhuā)：妇女丧髻，以麻线束发。

③ 尔毋从从尔，毋扈扈尔：王肃注："从从，高；扈扈，大也。扈言

丧者无容节也。"

④ 榛：榛木。笄（ㄐ）：簪子。用以贯发。

⑤ 总八寸：王肃注："总，束发。束发垂为饰者，齐衰之总八寸。"

【译文】

南宫绦的妻子，是孔子哥哥的女儿。她的婆婆去世了，孔子教她做丧髻的方法，说："你不要做得太高，不要做得太大。用榛木做簪子，长一尺，束在发根的带子，只能垂下八寸。"

【原文】

子张有父之丧，公明仪相焉①。问启颡于孔子②，孔子曰："拜而后启颡，颓乎其顺③；启颡而后拜，顸乎其至也④。三年之丧，吾从其至也。"

【注释】

① 公明仪：曾子弟子，又为子张弟子，鲁国人。事又见《礼记·檀弓上》。

② 启颡（sǎng）：即稽颡。四库本即作"稽颡"。一种跪拜礼，叩头，以额触地，以示极度悲痛或感谢。颡，额头。

③ 颓（tuí）：恭顺貌。

④ 顸（kěn）：诚恳貌。

【译文】

子张为父亲办理丧事，公明仪担任相礼者。他向孔子请教叩头仪式问题，孔子说："先跪下拜谢宾客，然后叩头宣泄哀痛，这是一种恭顺的样子，合于礼仪次序；先叩头，然后再拜谢宾客，这是一种诚恳的样子，说明悲痛到了极点。为父亲守丧三年，假如是我，我将遵从后者。"

【原文】

孔子在卫，卫之人有送葬者，而夫子观之，曰："善哉为丧乎！足以为法也。小子识之！"子贡问曰："夫子何善尔？"曰①："其往也如慕②，其返也如疑③。"子贡曰："岂若速返而虞哉④？"子曰："此情之至者也。小子识之！我未之能也。"

【注释】

① 曰：此字原脱，据四库本、同文本、玉海堂本、备要本、陈本补。

② 慕：小孩跟在父母身后啼呼。事又见《礼记·檀弓上》。

③ 疑：迟疑。安葬亲人后，要迎其神灵而返，不知其神灵是否能跟来，故迟疑而不欲急还。

④ 虞：王肃注："返葬而祭，谓之虞也。"

【译文】

孔子在卫国的时候，卫国人有送葬的，孔子在一旁观看，说道："这个丧事办得真好！完全可以当做典型。你们好好记着！"子贡问："先生您为什么称赞这个丧事办得好呢？"孔子说："那孝子在送灵柩到墓地时，就如同小孩跟在父母身后哭叫；下葬回来时，又像是担心神灵是否跟他回家来而迟疑不前。"子贡说："这哪里比得上赶紧回家安排虞祭呢？"孔子说："这才是亲情的最好体现。你们好好记着！连我都还做不到这一步。"

【原文】

卞人有母死而孺子之泣者①，孔子曰："哀则哀矣，而难继也。夫礼，为可传也，为可继也。故哭踊有节②，而变除有期③。"

【注释】

① 卞：同"弁"，鲁邑，在今山东泗水东。事又见《礼记·檀弓上》。

② 哭踊：丧礼仪节。边哭边顿足。

③ 变除：指丧礼中变服除丧。

【译文】

卞邑有个人死了母亲而像婴儿一样尽情地痛哭流涕，孔子说："就悲哀而言，这真算是悲哀了，但却不是一般人所能跟得上的。礼制，是要传播于大众的，是为了让人们都跟得上的。所以治丧边哭边跺脚各有一定节度，到一定期限还要变服除丧。"

【原文】

孟献子禫①，悬而不乐，可御而处内②。子游问于孔子曰："若是则过礼也？"孔子曰："献子可谓加于人一等矣③。"

【注释】

① 孟献子：即仲孙蔑，春秋时鲁国大夫，历仕宣公、成公、襄公三朝。禫（dàn）：即禫祭，除丧服的祭祀。事又见《礼记·檀弓上》。

② 可御：可以御妇人，可以让妻妾陪伴。处内：指居住在为父母守丧而搭建的简陋棚屋内。

③ 加：逾，超过。

【译文】

孟献子在举行禫祭时，只是将乐器悬挂起来而不奏乐，本可以让妻妾陪伴但却仍旧住在简陋的棚屋内。子游问孔子说："像这样是否算遵礼过头了？"孔子说："献子可以说是比一般人高出一个等次啊！"

【原文】

鲁人有朝祥而暮歌者①，子路笑之。孔子曰："由！尔责于人终无已。夫三年之丧，亦以久矣②。"子路出，孔子曰："又多乎哉③，逾月则其善也。"

【注释】

① 祥：祥祭，除丧之祭，有大祥、小祥之分，此指大祥，丧二十五月之祭。事又见《礼记·檀弓上》。

② 以：通"已"，犹"太""甚"，表示程度深。四库本、同文本、玉海堂本即作"已"。

③ 又多乎哉：王肃注："又，复也。言其可以歌不复久也。"

【译文】

鲁国有个人早上举行祥祭，晚上就唱起歌来，子路对此加以讥笑。孔子说："仲由！你责备别人总是没个完。三年之丧，服丧的时间太久了。"子路出去以后，孔子又说："实际上那个人也用不着再等多久了，假若能过一个月再唱歌，那就很好了。"

【原文】

子路问于孔子曰："伤哉贫也！生而无以供养，死则无以为礼也。"孔子曰："啜菽饮水①，尽其欢心，斯谓之孝②。敛手足形③，旋葬而无椁④，称其财⑤，为之礼。贫何伤乎？"

【注释】

① 啜：食，吃。菽：豆类的总称。事又见《礼记·檀弓下》。

② 斯谓之孝：原作"斯为之孝乎"，据四库本、同文本、玉海堂本删改。

③ 敛手足形：谓以衣棺收殓遗体，不使外露。敛，通"殓"。

④　旋葬：随即安葬。王肃注："旋，便也。"

⑤　称（chèn）：相当，符合。

【译文】

子路在向孔子请教时说："贫穷真是令人伤心啊！父母在世时没法好好供养，去世以后又无法好好举行丧礼。"孔子说："吃豆子，喝清水，但却能使父母尽情欢乐，这就是孝顺了；父母死后能用衣棺收殓，形体不露，随即加以安葬，也不用椁，一切都在与自己财力相称的条件下办理，这就是遵礼了。贫穷又有什么值得伤心的呢?"

【原文】

吴延陵季子聘于上国①，适齐。于其返也，其长子死于嬴、博之间②。孔子闻之，曰："延陵季子，吴之习于礼者也。"往而观其葬焉。其敛以时服而已③；其圹掩坎④，深不至于泉；其葬无盟器之赠⑤。既葬，其封广轮揜坎⑥，其高可肘隐也⑦。既封，则季子乃左袒，右还其封⑧，且号者三，曰："骨肉归于土，命也。若魂气则无所不之，则无所不之!"而遂行。孔子曰："延陵季子之礼，其合矣。"

【注释】

①　上国：春秋时齐晋等中原之国称为"上国"，对吴、楚诸国而言。事又见《礼记·檀弓下》《说苑·修文》。

②　嬴、博：王肃注："嬴、博，地名也。"均为春秋齐邑。分别在今山东莱芜西北和泰安南。

③　时服：王肃注："随冬、夏之服，无所加。"

④　圹（kuàng）：指开掘墓地。坎：墓坑。

⑤　盟器：即明器、冥器，古时随葬品的统称，一般以陶或木、石制成。四库本、同文本、玉海堂本作"明器"。

⑥ 广轮：宽度和长度。揜：通"掩"。

⑦ 肘：原作"时"，据四库本、同文本、玉海堂本、备要本改。隐
(yìn)：凭依，依据。

⑧ 还：环绕。

【译文】

吴国延陵季子前往中原之国访问，到了齐国。返回的时候，路
经嬴、博两地，他的长子去世。孔子听到这事，说："延陵季子在吴
国是熟习礼仪的人。"便前往观看他举行葬礼的场面。季子在为死者
殓尸时，死者穿的是日常服装；开掘墓穴时，让它与墓坑正好相当，
深度上到不了有地下水的地方；埋葬的时候也没有什么随葬品。埋葬
以后，堆起坟头，宽度、广度恰好与墓坑相当，在高度上则可以让普
通人用手凭靠着。坟头堆好之后，季子便袒露左臂，向右环绕坟头，
并且哭喊三次，说道："骨肉回归土中，这是天命的安排！而你的灵
魂却可以无所不至啊！无所不至啊！"说完就上路了。孔子说："延陵
季子搞的这种葬礼，是符合礼制规定的。"

【原文】

子游问丧之具，孔子曰："称家之有亡焉。"子游曰："有亡恶
于齐①?"孔子曰："有也，则无过礼。苟亡矣，则敛手足形，还
葬②，悬棺而封③。人岂有非之者哉？故夫丧亡，与其哀不足而礼
有余，不若礼不足而哀有余也；祭祀，与其敬不足而礼有余，不若
礼不足而敬有余也。"

【注释】

① 有亡 (wú)：指家计、家资的丰或薄、多或少。恶 (wū) 于齐
(jì)：王肃注："恶，何。齐，限。"事又见《礼记·檀弓下》。

② 还 (xuán) 葬：即旋葬，随即安葬。还，同"旋"，速，立刻。

③ 封（biǎn）："窆"的古字，棺木下葬。

【译文】

子游请教丧事礼仪用具的问题，孔子说："应该与家计的丰薄相称。"子游问："光看家计的丰薄，怎么能有一个标准呢？"孔子说："家计丰厚，也不要超过礼制规定。如果家计艰难，就可以用衣棺敛尸，做到形体不露，随即安葬，用手拉着绳子下棺。这样，哪里会有人责备他呢？所以办理丧事时，与其内心缺少悲哀而安排过多的礼仪形式，不如让礼仪形式欠缺而使内心充满悲哀；进行祭祀时，与其内心缺少敬意而安排过多的礼仪形式，不如让礼仪形式欠缺而使内心充满敬意。"

【原文】

伯高死于卫，赴于孔子。子曰："吾恶乎哭诸？兄弟，吾哭诸庙；父之友，吾哭诸庙门之外；师，吾哭之寝；朋友，吾哭之寝门之外；所知，吾哭之诸野。今于野则已疏，于寝则已重。夫由赐也而见我，吾哭于赐氏。"遂命子贡为之主，曰："为尔哭也来者，汝拜之；知伯高而来者，汝勿拜。"既哭，使子张往吊焉。未至，冉求在卫，摄束帛、乘马而以将之①。孔子闻之，曰："异哉！徒使我不成礼于伯高者，是冉求也。"

【注释】

① 摄：执持。将：将命，奉命。事又见《礼记·檀弓上》。

【译文】

伯高在卫国去世，向孔子告丧。孔子说："我怎么去哭他呢？死者如果是兄弟，我在宗庙里哭他；如果是父亲的朋友，我在庙门外面哭他；如果是老师，我在内室哭他；如果是朋友，我在内室门外哭他；

如果是一般认识的人，我在郊外哭他。如今论我和伯高的关系，在郊外哭他会显得过于疏远，在内室哭他却又显得太重。他本是通过端木赐与我见面的，我还是到端木赐那里去哭吧。"于是就叫子贡做主人，说："如果吊丧的人是由于你的关系而来哭的，你要拜谢；因为与伯高认识而来的，你用不着拜谢。"哭过伯高以后，孔子派子张前往卫国吊唁。还没有到那里，正在卫国的冉求，带了一束帛、四匹马，装作是奉了孔子之命前去吊唁。孔子听到这事，说："不对呀！让我无法对伯高行礼的人，正是冉求。"

【原文】

　　子路有姊之丧①，可以除之矣，而弗除。孔子曰："何不除也？"子路曰："吾寡兄弟，而弗忍也。"孔子曰："行道之人皆弗忍。先王制礼，过之者俯而就之，不至者企而及之。"子路闻之，遂除之。

【注释】

　　① 有姊之丧：指为姊办丧事，服丧服。事又见《礼记·檀弓上》。

【译文】

　　子路为姐姐服丧，到了可以除掉丧服的时候，但子路却不除。孔子问："为什么还不除服呢？"子路答道："我兄弟少，不忍心。"孔子说："实行仁义之道的人谁都不忍心。不过先王确定礼制，对做得过分的，要使其降低一下而趋于礼制的标准；对做得不够的，要使其提高一下以达到礼制的标准。"子路听了这些话，便除掉了丧服。

【原文】

　　伯鱼之丧母也①，期而犹哭。夫子闻之曰："谁也？"门人曰："鲤也。"孔子曰："嘻！其甚也，非礼也。"伯鱼闻之，遂除之。

【注释】

① 伯鱼之丧母：伯鱼之母并（或作"亓""上"）官氏为孔子的出妻，即被孔子休掉而离婚的妻子。或以为当时儿子为出母服丧，过了一周年即可除丧服。事又见《礼记·檀弓上》。

【译文】

伯鱼的母亲去世，过了一周年了而伯鱼却还在哭。孔子听到哭声，问："谁在哭呀？"弟子说："是孔鲤在哭。"孔子说："嘻！这太过分了，是不合于礼制的。"伯鱼闻听，于是除服不哭了。

【原文】

卫公使其大夫求婚于季氏，桓子问礼于孔子。子曰："同姓为宗，有合族之义，故系之以姓而弗别，缀之以食而弗殊①。虽百世，婚姻不得通，周道然也。"桓子曰："鲁、卫之先，虽寡兄弟②，今已绝远矣。可乎？"孔子曰："固非礼也。夫上治祖祢③，以尊尊之；下治子孙，以亲亲之；旁治昆弟，所以教睦也。此先王不易之教也。"

【注释】

① 缀之以食而弗殊：王肃注："君有食族人之礼，虽亲尽，不异之族食多少也。"

② 寡兄弟：谓嫡出兄弟。鲁国始祖周公旦与卫国始祖康叔封，均为周文王、太姒之子，武王之弟。

③ 祖祢（nǐ）：先祖和先父，泛指祖先。祢，父死，神主入庙后称祢。

【译文】

卫国国君派大夫到鲁国季氏家里求婚，季桓子便向孔子请教有关的礼制。孔子说："同姓的人都是同宗，可以会合成同一族属，所以取同样的姓而不加区分，将他们聚集起来赐以食物而没有差别。这些人即使是过上一百代，也不能互通婚姻，周朝礼制就是这样规定的。"桓子问："鲁国、卫国的祖先，虽然是嫡出兄弟，但如今亲缘关系已经极为疏远了。可以通婚吗？"孔子说："这肯定是不合于礼制的。对上明确祖先的次序，是为了尊崇正统至尊的；对下安排子孙的次序，是为了亲爱骨肉至亲的；定下兄弟之间的关系，是为了教诲他们和睦相处。这是先王确定不移的教导。"

【原文】

　　有若问于孔子曰："国君之于百姓，如之何？"孔子曰："皆有宗道焉。故虽国君之尊，犹百世不废其亲①，所以崇爱也。虽以族人之亲，而不敢戚君②，所以谦也。"

【注释】

　　① 世：原作"姓"，据四库本、同文本、玉海堂本、备要本改。
　　② 而不敢戚君：王肃注："戚，亲也。尊敬君不敢如其亲也。"

【译文】

　　有若问孔子说："国君对于百姓，应该怎么去做呢？"孔子说："百姓们在宗族中都有辈分和相关法则规定。所以即使是尊贵的国君，过上一百代也不能断绝这种亲缘关系，这是为了推重爱亲之情。另外，虽然有属于同一宗族这种亲缘关系，也不敢向国君大讲亲情，这是为了表示谦逊。"

曲礼子夏问第四十三

【原文】

　　子夏问于孔子曰："居父母之仇如之何？"孔子曰："寝苫枕干不仕①，弗与共天下也。遇于朝市，不返兵而斗②。"曰："请问居昆弟之仇如之何？"孔子曰："仕弗与同国，衔君命而使，虽遇之不斗。"曰："请问从昆弟之仇如之何？"曰："不为魁③，主人能报之，则执兵而陪其后。"

【注释】

　　① 苫（shān）：居丧时孝子睡的草垫子。干（gān）：王肃注："干，盾。"事又见《礼记·檀弓上》。

　　② 不返兵而斗：王肃注："兵常不离于身。"

　　③ 魁：首领，统帅。

【译文】

　　子夏问孔子说："应该怎样对待杀害父母的仇人？"孔子说："睡在草垫子上，枕着盾牌，不去当官，决心与仇人不共戴天。在朝廷或街市上遇到他们，立刻取出带在身上的武器决斗。"子夏问："请问应该怎样对待杀害兄弟的仇人？"孔子说："不与他们在同一个国家为政，如果是接受国君命令出使别国，在那里即使遇上他们，也不可以决斗。"子夏问："请问应该怎样对待杀害堂兄弟的仇人？"孔子

说："不必自己带头，如果死者的家人能去报仇，就要拿着武器跟在
后面。"

【原文】

　　子夏问："三年之丧既卒哭①，金革之事无避②，礼与？初有
司为之乎③？"孔子曰："夏后氏之丧三年，既殡而致仕，殷人既
葬而致事，周人既卒哭而致事④。记曰⑤：君子不夺人之亲，亦不
夺故也⑥。"子夏曰："金革之事无避，非与？"孔子曰："吾闻诸
老聃曰：鲁公伯禽，有为为之也⑦。今以三年之丧从利者⑧，吾弗
知也。"

【注释】

　　① 卒哭：古代丧礼，百日祭后，止无时之哭，变为朝夕一哭，名为
"卒哭"。事又见《礼记·曾子问》。

　　② 金革：本指军械和军装，此处借指战争、征战。

　　③ 有司：王肃注："有司，当吏职也。"

　　④ 周人既卒哭而致事：王肃注："致事，还政于君也。卒哭，止
无时之哭。大夫三月而葬，三月而卒哭，士既葬而卒哭也。"致事，犹
"致仕"。

　　⑤ 记：典籍，古书。

　　⑥ 故：指父母之丧。

　　⑦ 鲁公伯禽，有为为之也：王肃注："伯禽有母之丧，东方有戎为
不义，伯禽为方伯，以不得不诛之。"鲁公伯禽，周代鲁国的始祖，字
伯禽，亦称禽父，周公旦长子。

　　⑧ 今：原作"公"，据四库本、同文本、玉海堂本、备要本、陈本
及《礼记》改。

【译文】

　　子夏问道："三年之丧，到了卒哭的时候，就不能逃避征战之事，这合于礼制吗？是当初有关官吏制定了以后沿袭下来的吗？"孔子说："夏后氏守三年之丧，出殡以后便辞职，殷人是安葬以后辞职，周人则是开始卒哭以后辞职。古书上讲：君子不能剥夺别人的亲情，也无法改变父母丧亡的现实。"子夏问："不能逃避征战之事，是不对的吗？"孔子说："我听老聃说过：从前鲁公伯禽在卒哭之时出兵征讨，是有特定原因的。如今许多人在守三年之丧的时候，为了贪图私利而从事征战，这我就不知道是怎么一回事了。"

【原文】

　　子夏问于孔子曰："记云周公相成王，教之以世子之礼。有诸？"孔子曰："昔者成王嗣立，幼，未能莅阼①。周公摄政而治，抗世子之法于伯禽②，欲王之知父子、君臣之道，所以善成王也。夫知为人子者，然后可以为人父；知为人臣者，然后可以为人君；知事人者，然后可以使人。是故抗世子法于伯禽，使成王知父子、君臣、长幼之义焉。凡君之于世子，亲则父也，尊则君也。有父之亲，有君之尊，然后兼天下而有之，不可不慎也。行一物而三善皆得③，唯世子齿于学之谓也④。世子齿于学，则国人观之，曰：'此将君我，而与我齿让，何也？'曰：'有父在，则礼然。'然而众知父子之道矣。其二曰⑤：'此将君我，而与我齿让，何也？'曰：'有君在⑥，则礼然。'然而众知君臣之义矣。其三曰：'此将君我，而与我齿让，何也？'曰："长长也，则礼然。'然而众知长幼之节矣。故父在斯为子，君在斯为臣。居子与臣之位，所以尊君而亲亲也。在学，学之为父子焉，学之为君臣焉，学之为长幼焉。父子、君臣、长幼之道得，而后国治。语曰⑦：'乐正司业⑧，父师司成⑨。一有元良⑩，万国以贞。'世子之谓。闻之曰为人臣者，杀其身而有益于君，则为之。况于其身以善其君乎⑪？周公优为也。”

【注释】

①莅（lì）阼：履行天子的职责。莅：同"莅"，治理，管理，统治。四库本、同文本、玉海堂本即作"莅"。阼，东阶，古时天子、诸侯、大夫、士皆以阼为主人之位，临朝觐、揖宾客、承祭祀均由此。借指帝位，天子登基称践阼。事又见《礼记·文王世子》。

②抗：举，立。

③三善：指父子、君臣、长幼三种人伦关系。

④齿于学：在学校与同学之人以年龄为序。

⑤二：原作"一"，据四库本、同文本、玉海堂本、陈本及《礼记》改。

⑥君：原作"臣"，据《礼记》改。

⑦语：指古语。

⑧乐正司业：谓乐正负责世子的学业。乐正，掌管国学业务学习的官吏。

⑨父师司成：王肃注："师有父道，成生人也。"父师，即大司成，掌管国学道德教育的官吏。

⑩一有元良：王肃注："一谓天子也。元善，太子也。"

⑪于（yū）：通"迂"。王肃注："于，宽也，大也。"

【译文】

子夏问孔子说："古书说周公辅佐周成王，教给他做太子的礼仪。有这回事吗？"孔子说："从前成王继立，年龄小，不能履行天子的职责。周公代为主政而治理天下，把做世子的规则贯彻到伯禽身上，目的是让成王了解处理父子之间和君臣之间关系的准则，这是为了使成王做得更好。懂得怎样做人子，然后才能做人父；懂得怎样做人臣，然后才能做人君；懂得怎样事奉别人，然后才能指使别人。因此周公把做世子的规则用在伯禽身上，以使成王了解处理父子之间和长幼之间关系的准则。君主对于世子来说，论亲情是父亲，论尊严是君主。有为父的亲情，有为君的尊严，然后兼有天下，对此不能不谨慎。做一件事情而能得到三种好处，只有世子在学校与同学之人一起以年龄排次序。世子在学校论年龄，国人看见了，都要议论：'这人不久将成为我们的君主，但却与我们论年龄而表示谦让，这是为什么？'有人回答说：'因为他还有父亲健在，按礼制就应如此。'这样大家便懂得父子之道了。国人第二次又议论：'这人不久将成为我们的君主，但却与我们论年龄而表示谦让，这是为什么？'又有人回答说：'他还有君主健在，按礼制就应如此。'这样大家便懂得君臣之义了。国人第三次又议论：'这人不久将成为我们的君主，但却与我们论年龄而表示谦让，这是为什么？'又有人回答说：'为了尊敬年长的人，按礼制就应如此。'这样大家便懂得长幼之序了。所以父亲健在，他是儿子；君主健在，他是臣下。处于儿子和臣下的地位，就是为了让他尊重君主而亲爱父母。在学校里，要学习如何处理好父子关系，学习如何处理好君臣关系，学习如何处理好长幼关系。父子、君臣、长幼之道掌握了，国家就能实现太平。古语说：'乐正教学业，父师有德行。一人有大善，天下得太平。'这正是对世子说的。我听说，作为人臣，哪怕自己死了，只要对君主有利，就要去干。何况是不必死而有利于君主呢？周公对此做得最好了。"

【原文】

子夏问于孔子曰："居君之母与妻之丧，如之何？"孔子曰："居处、言语、饮食衎尔①，于丧所则称其服而已。""敢问伯母之丧如之何？"孔子曰："伯母、叔母疏衰期②，而踊不绝地；姑姊妹之大功③，踊绝于地。若知此者，由文矣哉④！"

【注释】

　　① 衎（kàn）尔：和适自得貌。事又见《礼记·檀弓上》《杂记下》。

　　② 疏衰期：即齐衰期，齐衰中服期为一年者。

　　③ 姑姊妹：父母的姐妹，姑母。大功：一种丧服。五服之一，为第三等，服期九个月，其服用熟麻布做成。

　　④ 由文：遵行礼仪。由，行，遵从。文，礼文，礼仪。

【译文】

　　子夏问孔子说："遇上君主母亲和妻子的丧事，该怎么办呢？"孔子说："日常生活、言谈和饮食还是保持原来平和的样子，在治丧的地方则不过穿用相当的丧服罢了。"子夏又问道："请问遇上伯母的丧事，该怎么办呢？"孔子说："对伯母、叔母穿用齐衰一年的丧服，跺脚的时候脚不离地；对姑母则穿用大功之服，跺脚的时候脚要离地。如果懂得这些，那就是能遵行礼仪了！"

【原文】

　　子夏问于夫子曰："凡丧，小功已上①，虞、祔、练、祥之祭②，皆沐浴。于三年之丧，子则尽其情矣。"孔子曰："岂徒祭而已哉！三年之丧，身有疡则浴③，首有疮则沐，病则饮酒食肉。毁瘠而病④，君子不为也。毁则死者，君子为之无子⑤。则祭之沐浴，为齐洁也⑥，非为饰也。"

【注释】

　　① 小功：一种丧服。五服之一，为第四等，服期五个月，其服用较细的熟麻布做成。事又见《礼记·杂记下》。

　　② 祔（fù）：即祔祭，在宗庙内将死者神位附于先祖旁而祭祀。

　　③ 疡：痈疮。

　　④ 毁瘠：因居丧过哀而极度瘦弱。

⑤ 为：通"谓"，认为，以为。

⑥ 齐（zhāi）洁：犹"斋戒"。

【译文】

子夏问孔子说："居丧时，服小功以上丧服的，举行虞祭、祔祭、练祭、祥祭时，都要浴身洗头。服三年之丧，孝子则可以尽情悲哀。"孔子说："哪里只是祭祀如此！三年之丧，身上长痈疮就要浴身，头上长疮疖就要洗头，生了病就可以饮酒吃肉。因悲哀过度而极其瘦弱，君子是不会这样做的。因哀伤而死去，君子认为这样就会断绝子嗣。由此看来，祭祀时浴身洗头，是为了斋戒，并不是为了修饰容貌。"

【原文】

子夏问于孔子曰："客至无所舍，而夫子曰：'生于我乎馆①。'客死无所殡矣，夫子曰：'于我乎殡。'敢问礼与？仁者之心与？"孔子曰："吾闻诸老聃曰：'馆人，使若有之，恶有有之而不得殡乎'②？夫仁者，制礼者也，故礼者不可不省也。礼不同不异，不丰不杀，称其义以为之宜。故曰：'我战则克③，祭则受福。'盖得其道矣。"

【注释】

① 生：指留，住宿。事又见《礼记·檀弓上》《礼器》。

② 恶有有之：原作"恶有之，恶有之"，据四库本、同文本、玉海堂本删改。

③ 我：指知礼者。

【译文】

子夏问孔子说："宾客到了却无处住宿，于是先生您说：'可以在我家住宿。'宾客死了却无处殡殓，于是先生您说：'可以在我家殡殓。'请问这符合礼制吗？这是仁者的爱心吗？"孔子说："我听老聃讲过：'让人在一个地方住宿，就得让他觉得那个地方归自己所有，怎么能归自己所有却不能殡殓呢？'仁者是确定礼制的人，因而对于礼制不能不多加考虑。礼制有不可混同或不可差异的，有不可增加或不可减损的，合于它的本旨才能做得适当。所以说：'我战斗就能获取胜利，祭祀就能得到福佑。'这恐怕是把握了其中的道理。"

【原文】

　　孔子食于季氏，食祭①，主人不辞。不食亦不饮而飱②。子夏问曰："礼也？"孔子曰："非礼也，从主人也。吾食于少施氏而饱③，少施氏食我以礼。吾食祭，作而辞曰：'疏食，不足祭也。'吾飱，而作辞曰：'疏食，不敢以伤吾子之性。'主人不以礼，客不敢尽礼；主人尽礼，则客不敢不尽礼也。"

【注释】

　　① 食（sì）祭：古礼，饮食前用少量酒食祭献先人。事又见《礼记·玉藻》《杂记下》。

　　② 飱（cān）：同"餐"，此指赞美主人之食。

　　③ 少施氏：春秋时鲁国贵族，鲁惠公之子施父之后。

【译文】

　　孔子在季氏家中吃饭时，曾进行食祭，主人没有推辞。于是孔子没吃也没喝便称赞主人的美味佳肴。子夏问："这合于礼制吗？"孔子说："不合于礼制，只是跟着主人做。我曾经在少施氏家里吃饭，吃得很饱，少施氏让我吃饭时很讲礼。我进行食祭时，他起身推辞道：'这点粗饭用不着祭祀。'我称赞主人的美味佳肴时，他又起身推辞道：'这点粗饭本不该拿来损伤您的身体。'主人不以礼相待，客人不敢竭尽礼仪；主人竭尽礼仪，那么客人也不敢不竭尽礼仪。"

【原文】

子夏问曰："官于大夫，既升于公①，而反为之服，礼与？"孔子曰："管仲遇盗，取二人焉，上之为公臣②，曰：'所以游僻者③，可人也④。'公许。管仲卒，桓公使为之服⑤。官于大夫者为之服，自管仲始也，有君命焉！"

【注释】

①升：向上举荐。事又见《礼记·杂记下》。

②上：奉献，送上。

③以：介词，犹"与"。

④可人：有才德的人，称心如意的人。

⑤服：此字原脱，据四库本、同文本、玉海堂本补。

【译文】

子夏问道："起初在大夫手下当官而后来被举荐给国君的人，却还要反过来为原来的大夫服丧，这合于礼制吗？"孔子说："从前管仲遇上盗贼，制服他们以后从中选取了两个人，后又奉献给齐桓公为臣属，说：'只是与他俩在一起的人邪恶不正，他俩却是有才德的人。'齐桓公接受了。管仲去世，桓公让他们为管仲服丧。起初在大夫手下当官的要为原来的大夫服丧，是从管仲这儿开始的，因为那是有国君的命令啊！"

【原文】

子贡问居父母丧。孔子曰："敬为上，哀次之，瘠为下。颜色称情，戚容称服①。"曰："请问居兄弟之丧。"孔子曰："则存乎书策已②。"

【注释】

① 戚容：悲伤的容色。事又见《礼记·杂记下》。

② 书筴（cè）：书籍，典册。筴，同"策"。

【译文】

子贡问起如何对待父母的丧事。孔子说："敬意最重要，哀情在其次，仅有憔悴的容貌为最下。外表要符合真实的情感，悲伤的容色要符合丧服的等次。"子贡说："想请教如何对待兄弟的丧事。"孔子说："这已经写在书本上了。"

【原文】

子贡问于孔子曰："殷人既窆而吊于圹①，周人反哭而吊于家，如之何？"孔子曰："反哭之吊也，丧之至也，反而亡矣，失之矣。于斯为甚，故吊之。死，人卒事也。殷以悫②，吾从周。殷人既练之明日而祔于祖，周人既卒哭之明日祔于祖。祔，祭神之始事也。周以戚③，吾从殷。"

【注释】

① 窆（biǎn）：将棺木葬入墓穴。原作"定"，据陈本改。事又见《礼记·檀弓下》。

② 悫（què）：诚实，质朴。

③ 戚：王肃注："戚，犹促也。"

【译文】

子贡问孔子说："殷人下棺以后就在墓旁吊唁，周人则是葬后回家哭号时才去家中吊唁，这是怎么回事？"孔子说："回家哭号时吊唁，这是最为悲伤的时候，回家以后发现先人及其遗物都不见了，感到一切都已逝去。因为这时最为悲伤，所以前去吊唁。死了，人也就停止了活动。殷人太质朴了，我愿意遵从周人的习惯。殷人在练祭的第二天才在祖庙举行祫祭，而周人在卒哭的第二天即在祖庙举行祫祭。祫祭，是祭神活动中的根本大事。周人太仓促了，我愿意遵从殷人的习惯。"

【原文】

子贡问曰："闻诸晏子，少连、大连善居丧①，其有异称乎？"孔子曰："父母之丧，三日不怠，三月不解，期悲哀，三年忧。东夷之子，达于礼者也。"

【注释】

① 少连、大连：或谓东夷之人。事又见《礼记·杂记下》。

【译文】

子贡问道："我曾听晏子说过，少连、大连两个人善于处理丧事，他们有什么不同寻常的名声吗？"孔子说："为父母服丧，三天不怠惰，三个月时不松懈，一周年时依然十分悲哀，三年时还是忧伤不已。他们是东夷之人，也是精通礼仪的人。"

【原文】

子游问曰："诸侯之世子，丧慈母如母①，礼与？"孔子曰："非礼也。古者男子外有傅父②，内有慈母，君命所使教子者也。何服之有？昔鲁孝公少丧其母③，其慈母良。及其死也，公弗忍，欲丧之。有司曰：'礼，国君慈母无服。今也君为之服，是逆古之礼而乱国法也。若终行之，则有司将书之，以示后世。无乃不可乎？'公曰：'古者天子丧慈母④，练冠以燕居。'遂练以丧慈母。丧慈母如母，始则鲁孝公之为也。"

【注释】

①　慈母：古称抚养、教育自己的父妾即庶母为慈母。事又见《礼记·曾子问》。

②　傅父：古时保育、辅导贵族子弟的老年男子。

③　鲁孝公：西周时鲁国国君，名称，在位 28 年（前 796—前 769 年）。《礼记》谓鲁昭公之事。

④　天子丧慈母：王肃注："谓庶子。王为其母也。"

【译文】

　　子游问道："诸侯的世子，像为生身母亲一样为慈母服丧，这合于礼制吗？"孔子说："这是不合于礼制的。古时男子在宫外有傅父，在宫内有慈母，他们都是国君下令派来教育公子的人。对他们哪里有什么服丧的必要？从前鲁孝公少年丧母，他的慈母待他十分善良。到后来慈母去世，孝公不忍心，想为慈母服丧。有关官吏奏报：'按照礼制，作为国君，对慈母不应服丧。如今国君要为慈母服丧，这是违背古代礼制而变乱国家法度的。如果国君一定要这样办，那么有关官吏将会记下此事，以告诉后人。这样恐怕是不行的吧！'孝公说：'古时天子为慈母服丧，是戴着练冠而不改变日常生活。'于是就穿着练衣为慈母服丧。像为生母一样为慈母服丧，是从鲁孝公开始的。"

【原文】

　　孔子适卫，遇旧馆人之丧①，入而哭之哀。出，使子贡脱骖以赠之②。子贡曰："于所识之丧③，不能有所赠。赠于旧馆，不已多乎？"孔子曰："吾向入哭之，遇一哀而出涕。吾恶夫涕而无以将之④。小子行焉！"

【注释】

①旧馆人：指孔子从前在卫国时的馆舍主人，曾奉卫君之命为孔子安排住宿。事又见《礼记·檀弓上》。

②骖（cān）：驾车时在两侧的马。

③于所识：原作"所于识"，据四库本、同文本、玉海堂本、备要本改。

④将：奉送，赠送。

【译文】

孔子到卫国去，遇上从前的馆舍主人的丧事，便进去吊唁，哭得很哀伤。出来后，让子贡解下一匹在边上拉车的马赠给主人。子贡说："对于交情一般的人的丧事，不该有什么赠送。赠送给从前住过的馆舍，不是太过分了吗？"孔子说："刚才进去哭丧，一触动哀感便流下泪来。我讨厌那种只是流泪却没有什么东西相送的做法。你就按照我的意思去办吧！"

【原文】

子路问于孔子曰："鲁大夫练而杖①，礼也？"孔子曰："吾不知也。"子路出，谓子贡曰："吾以为夫子无所不知，夫子亦徒有所不知也②。"子贡曰："子所问，何哉？"子路曰："由问：'鲁大夫练而杖，礼与？'夫子曰：'吾不知也。'"子贡曰③："止，吾将为子问之。"遂趋而进，曰："练而杖，礼与？"孔子曰："非礼也。"子贡出，谓子路曰："子谓夫子而弗知之乎？夫子徒无所不知也。子问非也。礼，居是邦，则不非其大夫④。"

【注释】

①杖：居丧时所持的丧棒。此用为动词。事又见《荀子·子道》。

②徒：犹"实"，实际上。

③ "由问"至"子贡曰"：此 20 字原无，据陈本及《荀子》补。

④ 非：非议，非难，诋毁。

【译文】

子路问孔子说："鲁国大夫在练祭时还拿着丧棒，这合于礼制吗?"孔子说："我不知道。"子路出来，对子贡说："我以为我们先生无所不知，但先生实际上也有不知道的事情。"子贡问："你问的是什么事情?"子路回答："仲由我问道：'鲁国大夫在练祭时还拿着丧棒，这合于礼制吗?'先生说：'我不知道。'"子贡说："等等，我要替你问问。"于是就前去进见孔子，问道："练祭时拿着丧棒，这合于礼制吗?"孔子说："不合于礼制。"子贡出来，对子路说："你不是说先生不知道吗? 先生实际上无所不知。你的问法不对。根据礼制，住在一个国家，就不能非议这个国家的大夫。"

【原文】

叔孙武叔之母死①，既小敛②，举尸者出户。武叔从之出户③，乃袒，投其冠而括发④。子路叹之。孔子曰："是礼也。"子路问曰："将小敛，则变服。今乃出户，而夫子以为知礼，何也?"孔子曰："由! 汝问非也。君子不举人以质士⑤。"

【注释】

① 叔孙武叔：即叔孙州仇，春秋时鲁国大夫。武，原作"毋"，据四库本、同文本、玉海堂本、备要本及《礼记》改。事又见《礼记·檀弓上》。

② 小敛：一种丧礼。为死者沐浴、穿衣、覆衾等。

③ 叔：原作"孙"，据四库本、陈本改。

④ 冠：指素冠。小敛前，大夫、士皆素冠。括发：束发，指用麻束发，以示服丧。

⑤ 质：王肃注："质，犹正也。"即质询，就正。

【译文】

　　叔孙武叔的母亲去世，小敛以后，抬尸体的人把死者的尸体抬出内室的门。武叔跟着出门，然后脱去上衣左袖，摘掉素冠，用麻束发。子路大为慨叹。孔子说："这是合于礼制的。"子路问："准备小敛的时候，就要变换丧服。如今在走出内室门的时候才变换，而先生您认为这算是懂礼，为什么呢？"孔子说："仲由！你问得不对。君子不应用一般人的标准来质正士人。"

【原文】

　　齐晏桓子卒①，平仲粗衰斩②，苴绖带，杖，以菅屦③，食粥，居傍庐④，寝苫枕草。其老曰⑤："非大夫丧父之礼也。"晏子曰："唯卿大夫⑥。"

　　曾子以问孔子。孔子曰："晏平仲可谓能远害矣。不以己之是驳人之非⑦，逊辞以避咎⑧，义也夫⑨！"

【注释】

　　① 晏桓子：即晏弱，春秋时齐国大夫，夷维（今山东高密）人，晏婴（平仲）之父。事又见《左传·襄公十七年》《晏子春秋·内篇杂上》。

　　② 粗衰斩：即粗麻布做的斩衰之服。

　　③ 菅（jiān）屦：丧服中的草鞋。菅，菅草。

　　④ 傍庐：居父母丧时临时搭建的草棚。倚木为庐，在中门外东墙下，以草夹障，不涂泥，开北门。既葬之后，再加高，于内涂泥，开西门。

　　⑤ 其老：指晏婴家中总管家务的家臣。

　　⑥ 唯卿大夫：意谓只有诸侯之卿才相当天子之大夫，而晏婴在齐非卿。或以为此乃晏婴自谦之词。

⑦ 之：原作"知"，据四库本、同文本、玉海堂本、备要本改。

⑧ 愻（xùn）：同"逊"，谦恭。

⑨ 义也夫：王肃注："记者乃举人避害之愻以辞，而谓大夫、士丧父母有异，亦怪也。"

【译文】

齐国晏桓子去世，晏平仲服丧时身穿粗麻布做的丧服，头上和腰间扎着麻带，手执竹杖，脚蹬草鞋，吃饭时只喝稀粥，住在草棚里，睡在草垫子上，用草当枕头。他的家臣说："这不是大夫为父亲服丧的礼仪。"晏子说："只有卿才算做是大夫。"

曾子就此请教孔子。孔子说："晏平仲可以说是能远避祸害了。不用自己的是来反驳别人的非，而是言辞谦逊以避免别人的责难，这是很适宜的啊！"

【原文】

季平子卒，将以君之玙璠敛①，赠以珠玉②。孔子初为中都宰，闻之，历级而救焉③，曰："送而以宝玉，是犹曝尸于中原也④，其示民以奸利之端，而有害于死者，安用之？且孝子不顺情以危亲，忠臣不兆奸以陷君⑤。"乃止。

【注释】

① 玙（yú）璠（fán）：美玉。事又见《左传·定公五年》《吕氏春秋·安死》。

② 赠：以殉葬用品送葬。

③ 历级：王肃注："历级，遽登阶，不聚足。"救：制止，阻止。

④ 犹曝尸于中原：谓人知有宝玉随葬，必然盗掘其墓，故犹曝尸于中原。中原，原野之中。

⑤ 兆奸：王肃注："兆奸，为奸之兆成也。"

【译文】

季平子死后，家里准备以国君佩带的玙璠入棺并以珠宝美玉随葬。孔子当时刚担任中都宰，听说这事，到了季氏那里，一步一阶地快步赶到，加以制止，说："以珠宝美玉送葬，这如同暴露尸骸于原野之中，将向百姓显示奸利迹象，同时对死者也是一个损害，为什么要用这些东西随葬呢？而且孝子不能顺从情欲来危害双亲，忠臣不能听任奸行来陷害君主。"季氏家里于是作罢。

【原文】

孔子之弟子琴张①，与宗鲁友②。卫齐豹见宗鲁于公子孟絷③，孟絷以为参乘焉。及齐豹将杀孟絷，告宗鲁使行。宗鲁曰："吾由子而事之，今闻难而逃，是偕子也④。子行事乎，吾将死以周事子⑤，而归死于公孟，可也。"齐氏用戈击公孟，宗鲁以背蔽之⑥，断肱，中公孟、宗鲁，皆死。

琴张闻宗鲁死，将往吊之。孔子曰："齐豹之盗，孟絷之贼也，汝何吊焉？君子不食奸⑦，不受乱，不为利病于回⑧，不以回事人，不盖非义⑨，不犯非礼。汝何吊焉？"琴张乃止。

【注释】

① 琴张：即琴牢，一字子张，故称。事又见《左传·昭公二十年》。

② 宗鲁：人名，有勇力。鲁，此字原脱，据四库本补。

③ 齐豹：春秋时卫国大夫，曾任卫司寇。见（xiàn）：介绍，推荐。公子孟絷（zhí）：或称公孟絷、公孟，卫灵公之兄。初与齐豹友善，后夺其司寇官职和采邑，待之极为轻慢。又欲除掉自己所讨厌的人，齐豹等遂于卫灵公十三年（前522年）发动叛乱。

④ 偕（jiàn）子：王肃注："偕，不信。使子言不信。"偕，同"偕"。

⑤ 周事：原作"事周"，据陈本及《左传》改。

⑥ 鲁：此字原脱，据四库本、同文本、玉海堂本补。

⑦ 子：此字原脱，据《左传》补。

⑧ 不为利病于回：王肃注："回，邪也。不以利故而病于邪也。"

⑨ 盖：王肃注："盖，撝。"

【译文】

孔子的弟子琴张，和宗鲁是朋友。卫国齐豹把宗鲁推荐给公子孟絷，孟絷用以为参乘。齐豹准备杀孟絷的时候，告诉宗鲁让他走开。宗鲁说："我由于您的推荐而得以事奉公子孟絷，如今听到将有灾难而独自逃走，这是让您的话没有信用了。您办您的事吧，我将为此而死，以成全您，而回去死在公孟那里，也是可以的。"齐氏用戈攻击公孟，宗鲁用背部来遮护他，折断了胳臂，最后戈击中了公孟、宗鲁，他们一起被杀死。

琴张听说宗鲁死了，打算前往吊唁。孔子说："由于他的缘故，齐豹才成为盗贼，孟絷才遇到祸害，你为什么要去吊唁呢？君子不享用奸人给的俸禄，不赞同动乱，不为了私利而接受邪恶的腐蚀，不心怀邪念事奉别人，不掩盖不义的事情，不做出非礼的举动。你为什么要去吊唁呢？"琴张于是作罢。

【原文】

郕人子蒲卒，哭之，呼灭①。子游曰："若是哭也，其野哉②！孔子恶野哭者。"哭者闻之，遂改之。

【注释】

① 郕（chéng）人子蒲卒，哭之，呼灭：王肃注："旧说以灭，子蒲名，人少名灭者。又哭名。其父不近人情，疑以孤穷，自谓将亡灭也。"郕：鲁国孟氏邑，本古国，在今山东东平。蒲，原作"革"，据四库本、同文本、玉海堂本、陈本、此处王肃注及《礼记》改。事又见《礼记·檀弓上》。

② 野：谓不达于礼。

【译文】

　　郕地人子蒲死了，家人哭丧，呼喊着自己也将灭亡。子游说："像这样哭喊，恐怕是不懂礼仪的做法吧！孔子讨厌哭喊不合于礼仪的人。"哭喊的人听到这话，于是就改了过来。

【原文】

　　公父文伯卒，其妻妾皆行哭失声。敬姜戒之曰："吾闻好外者，士死之；好内者，女死之。今吾子早殀①，吾恶其以好内闻也。二三妇人之欲供先祀者②，请无瘠色，无挥涕，无拊膺③，无哀容，无加服，有降服，从礼而静，是昭吾子也。"

　　孔子闻之曰："女智无若妇，男智莫若夫。公父氏之妇④，智矣！剖情损礼，欲以明其子为令德也。"

【注释】

　　① 殀：通"夭"。四库本、同文本、玉海堂本即作"夭"。事又见《国语·鲁语下》《列女传·母仪》。

　　② 欲供先祀者：王肃注："言欲留，不改嫁，供奉先人之祀。"

　　③ 无挥涕，无拊（fǔ）膺：王肃注："不挥涕，不哭，流涕以手挥之。拊，犹抚也。膺，谓胸也。"拊膺，捶胸，表示哀痛。

　　④ 父：原作"文"，据四库本、陈本及《国语》《列女传》改。

【译文】

　　公父文伯去世，他的妻妾都痛哭失声。母亲敬姜告诫她们说："我听说喜欢在外与人结交的人，士人能为他去死；喜欢在家贪恋女色的人，女人能为他去死。现在我儿子过早死去，我讨厌他落一个贪恋女色的名声。你们这些妇人中愿意留下来供奉先人祭祀的，请不要弄得身体消瘦，不要痛哭流涕，不要捶胸呼号，不要哀容满面，不要加重丧服，而是应该减损，遵从礼仪，平平静静，这才是为我儿子扬名。"

　　孔子听到这事以后说："处女不如妇人聪明，童男不如丈夫聪明。公父氏的这位妇人，真是聪慧啊！分析人情，减损礼仪，想以此显明她的儿子是有美德的。"

【原文】

　　子路与子羔仕于卫，卫有蒯聩之难①。孔子在鲁闻之，曰："柴也其来，由也死矣。"既而卫使至②，曰："子路死焉③。"夫子哭之于中庭④。有人吊者，而夫子拜之。已哭，进使者而问故⑤，使者曰："醢之矣⑥。"遂令左右皆覆醢⑦，曰："吾何忍食此！"

【注释】

　　① 蒯（kuǎi）聩（kuì）：卫灵公太子，因与灵公夫人交恶，出奔。灵公死后，蒯聩之子辄被立为出公。后蒯聩回国发动政变，出公奔鲁，蒯聩即位为庄公。事又见《左传·哀公十五年》《礼记·檀弓上》。

　　② 卫使：指卫国派来报丧的使者。

　　③ 子路死焉：蒯聩之乱时，子路为卫国大夫孔悝邑宰。孔悝助蒯聩逐其子出公辄，蒯聩入立为君，即卫庄公。子路闻之，不避祸难而驰入都城，欲杀孔悝。结果被击杀。

　　④ 中庭：正室的厅堂之中。

　　⑤ 故：谓死时的情形。

　　⑥ 醢（hǎi）：肉酱。此用为动词，剁成肉酱。

　　⑦ 覆：倾出，倒出。

【译文】

　　子路和子羔在卫国当官，卫国后来发生蒯聩之乱。孔子在鲁国听到这个消息，便说："高柴肯定能够回来，仲由肯定会死在那里。"不久卫国的使者到了，说："子路已经死了。"孔子就在正室的厅堂之中哭子路。有人前来吊唁，孔子一一答拜。哭过后，召见使者，问起子路死时的情形。使者说："子路已经被剁成肉酱了。"于是孔子命令身边的人将肉酱都倒掉，说："我怎能忍心吃这些东西！"

【原文】

季桓子死，鲁大夫朝服而吊。子游问于孔子曰："礼乎？"夫子不答。他日，又问。夫子曰①："始死则矣。羔裘、玄冠者②，易之而已③，汝何疑焉？"

【注释】

① 子：此字及其以下一段原误入后文之中，且脱"曰"字。据陈本移补。事又见《礼记·檀弓上》。

② 羔裘、玄冠：诸侯、卿大夫的朝服。羔裘，用紫羔皮制作的皮衣。

③ 易之：谓改而为平日闲居时所穿戴的素冠、深衣（上衣和下裳相连）。

【译文】

季桓子去世，鲁国大夫穿着朝服前去吊唁。子游问孔子说："这合于礼制吗？"孔子没有回答。另外一天，子游又问起这个问题。孔子说："刚死的时候是可以的。穿戴羔裘、玄冠的人，到时候改过来就行了，你何必有什么疑虑呢？"

【原文】

孔子有母之丧，既练，阳虎吊焉。私于孔子曰："今季氏将大飨境内之士，子闻诸？"孔子答曰："丘弗闻也。若闻之，虽在衰经，亦欲与往。"阳虎曰："子谓不然乎：季氏飨士，不及子也。"
阳虎出，曾点问曰："语之何谓也①？"孔子曰："己则衰服，犹应
其言，示所以不非也②。"

【注释】

① 语：原作"吾"，据四库本、同文本、玉海堂本、备要本改。本
章文字，四库本、同文本、玉海堂本在《曲礼公西赤问第四十四》。

② 示所以不非也：王肃注："孔子衰服，阳虎之言犯礼，故孔子答
之，以示不非其言者也。"

【译文】

孔子为母亲服丧，练祭以后，阳虎前来吊唁。他私下对孔子说：
"现在季氏准备举行盛大礼仪宴请鲁国境内的士人，您听说了吗？"孔
子答道："孔丘我没有听说。如果听说了，即使是在服丧，我也想去
参加。"阳虎说："您以为不会吧：季氏宴请士人，其中是不包括您
的。"阳虎出去以后，曾点问道："为什么要回答他呢？"孔子说："我
自己穿着丧服服丧，还答复他的话，这是为了表示不予非议。"

【原文】

颜回死，鲁定公吊焉①，使人访于孔子。孔子对曰："凡在封
内②，皆臣子也。礼，君吊其臣，升自东阶③，向尸而哭，其恩赐
之施，不有笮也④。"

【注释】

① 鲁定公：春秋时鲁国国君，在位 15 年（前 509—前 495 年）。据
《史记·仲尼弟子列传》及本书《七十二弟子解第三十八》，颜回少孔子
30 岁，去世时 41 岁，应在鲁哀公十五年（前 480 年）。此作定公，误。
本章文字，四库本、同文本、玉海堂本在《曲礼公西赤问第四十四》。

②封内：天子或诸侯的领地、邦国之内。

③东阶：即阼阶，主人之阶。

④笇（suàn）：同"算"。王肃注："笇，计也。又竹器也。"

【译文】

颜回去世，鲁定（哀）公前往吊唁，并就有关礼仪派人请教孔子。孔子答复说："凡是生活在邦国之内的人，都是臣子。根据礼制规定，国君吊唁臣下，要从东阶上去，入室后对着死者的尸体哭，这样所施予的恩赐之重，是无法计算的。"

【原文】

原思言于曾子曰①："夏后氏之送葬也，用盟器②，示民无知也；殷人用祭器，示民有知也；周人兼而用之，示民疑也③。"曾子曰："其不然矣！夫以盟器，鬼器也；祭器，人器也。古之人胡为而死其亲也？"

子游问于孔子，子曰④："之死而致死乎，不仁，不可为也；之死而致生乎，不智，不可为也。凡为盟器者，知丧道也，备物而不可用也⑤。是故竹不成用⑥，而瓦不成膝⑦，琴瑟张而不平，笙竽备而不和⑧，有钟磬而无簨虡⑨。其曰盟器，神明之也。哀哉！死者而用生者之器，不殆于用殉也⑩？"

【注释】

①原思：即原宪，字子思，故通称原思，或称仲宪。本章文字，四库本、同文本、玉海堂本在《曲礼公西赤第四十四》。事又见《礼记·檀弓上》《檀弓下》。

②盟器：又作"明器""冥器"，陪葬用的器物。四库本、同文本、玉海堂本即作"明器"。

③示民疑：谓使民疑于无知与有知。

④ 子：此字原脱，据陈本补。

⑤ 备物而不可用也：此句及其以下一段文字原在《曲礼公西赤问第四十四》，据陈本及《礼记》改移。

⑥ 竹不成用：王肃注："谓笾之无缘也。"笾（biān），古代祭祀或宴会时盛果实、干肉等的竹器。

⑦ 滕：王肃注："滕，镣。"即经过精心烧制。

⑧ 笙竽：笙和竽，两种竹制管乐器。形制相类，而竽略大。

⑨ 簨（sǔn）虡（jù）：王肃注："簨簴，可以悬钟磬也。"即悬挂钟、磬及鼓的木架。横杆称簨，直柱称簴。

⑩ 于：原作"而"，据四库本、同文本、玉海堂本、陈本及《礼记》改。殉：王肃注："杀人以从死，谓之殉。"

【译文】

　　原思对曾子说："夏代送葬时用明器，以使百姓明白死者是没有知觉的；殷人送葬时用祭器，以使百姓明白死者是有知觉的；周人兼用明器和祭器，以使百姓保持疑惑不定的态度。"曾子说："恐怕不是这样吧！明器是为死者鬼魂特设的器皿，祭器则是人们自己用的器皿。古时的人为什么要认定死了的亲人就毫无知觉呢？"

　　子游就此请教孔子，孔子说："为死者送葬就认定死者没有知觉，这是不仁爱的行为，是不能去做的；为死者送葬就认定死者仍有与活人一样的知觉，这是不明智的行为，也是不能去做的。凡是用明器殉葬的，都是明白办理丧事的道理的，备置了许多器物而又不能实用。所以笾等竹器不加边，陶器未曾好好烧过，琴瑟张开弦但却没有调平，笙竽备置了但却无须和谐，置有钟磬但却没有木架。这些器物叫做明器，意思是将死者奉为神明。可悲啊！死了的人却用活人使用的器物来殉葬，这不是近于用活人来殉葬了吗？"

【原文】

子罕问于孔子曰："始死之设重也①，何为？"孔子曰："重，主道也②。殷主缀重焉③，周人彻重焉④。""请问丧朝⑤。"子曰："丧之朝也，顺死者之孝心，故至于祖考庙而后行⑥。殷朝而后殡于祖，周朝而后遂葬。"

【注释】

① 重（chóng）：丧礼中，神主牌未及雕刻之前代以受祭的木头。事又见《礼记·檀弓下》。

② 主：木主，神主牌，为死者立的牌位。

③ 殷主缀重焉：王肃注："缀，连也。殷人作主而连其重，悬诸庙也。"

④ 周人彻重焉：王肃注："周人作主，彻重，就所倚处而治。"彻，通"撤"，撤除。

⑤ 丧朝：王肃注："丧，将葬，朝于庙而后行。"

⑥ 考：原作"者"，据四库本、同文本、玉海堂本、备要本及《礼记》改。

【译文】

宋国司城子罕问孔子说："刚去世的时候设置重，这是为什么？"孔子说："重，与神主牌的道理是一样的。殷人做了神主牌以后，还要将它与重连接起来，而周人做了神主牌以后，就将重撤掉了。"子罕又说："想请教一下，办理丧事时为什么要在葬前先到宗庙祭拜？"孔子说："丧事中的祭拜宗庙，这是为了顺从死者的孝心，故而先到祖父、父亲的祭庙里告辞，然后才启程上路。殷人在祭拜宗庙以后还要有一段时间停柩于庙中，而周人则是在祭拜宗庙以后就出葬了。"

【原文】

孔子之守狗死①，谓子贡曰："路马死②，则藏之以帷，狗则藏之以盖。汝往埋之。吾闻弊帷不弃③，为埋马也；弊盖不弃，为埋狗也。今吾贫无盖。于其封也，与之席，无使其首陷于土焉。"

【注释】

① 守狗：看家狗。事又见《礼记·檀弓下》。

② 路马：王肃注："路马，常所乘马。"

③ 帏（wéi）：同"帷"，帐幔，帐子。四库本即作"帷"。

【译文】

孔子的看家狗死了，孔子对子贡说："平常驾车的马死了，就要用帷幔裹起来埋掉；狗死了，就要用车篷裹起来埋掉。你去把狗埋掉吧。我听说破旧的帷幔不要丢弃，为的是用来埋马；破旧的车篷也不要丢掉，为的是用来埋狗。如今我很贫穷，连车篷都没有。但是你在把狗放进坑去的时候，可以用席子裹着，不要让它的头直接埋在泥土里面。"

曲礼公西赤问第四十四

【原文】

公西赤问于孔子曰："大夫以罪免卒，其葬也如之何？"孔子曰："大夫废其事，终身不仕，死则葬之以士礼。老而致仕者①，死则从其列。"

【注释】

① 致仕：交还官职，辞官，退休。"致事"与此义同。四库本、同文本、玉海堂本即作"致事"。致：原作"政"，据备要本、陈本改。

【译文】

公西赤问孔子说："大夫因为犯罪而被免职的，死后怎样安葬？"孔子说："大夫不能胜任交给的职责，他就终身不能再当官，死后只能按士礼安葬。年老辞职的，死后则可以按原来的等级安葬。"

【原文】

公仪仲子嫡子死①，而立其弟。檀弓问子服伯子曰②："何居③？我未之前闻也。"子服伯子曰："仲子亦犹行古人之道。昔者文王舍伯邑考而立武王④，微子舍其孙腯，立其弟衍。"子游以闻诸孔子⑤，子曰："否，周制立孙。"

【注释】

① 公仪仲子：或以为春秋时鲁国人，与鲁君为同姓，公仪氏，字仲子。事又见《礼记·檀弓上》。

② 檀弓：鲁国士人，以精通礼仪著称。子服伯子：即子服景伯。

③ 居（jī）：语助词。

④ 文王舍伯邑考而立武王：王肃注："伯邑考，文王之长子也。言文王亦立子而不立孙也。"

⑤ 闻：通"问"，询问，请教。

【译文】

公仪仲子的嫡子死了，仲子便立嫡子的弟弟为继承人。檀弓问子服伯子说："这是为什么呢？我以前还没有听说过这样的事情。"子服伯子说："仲子也还是遵守古人的制度的。从前周文王不立伯邑考而立武王，微子启不立孙子腯，而立弟弟仲衍。"子游就这事请教孔子。孔子说："不对！周朝的制度是立嫡子嫡孙的。"

【原文】

孔子之母既丧①，将合葬焉②。曰："古者不袝葬③，为不忍先死者之复见也。《诗》云：'死则同穴。'④ 自周公已来袝葬矣。故卫人之袝也，离之⑤，有以间焉⑥。鲁人之袝也，合之，美夫！吾从鲁。"遂合葬于防。曰："吾闻之，古者墓而不坟⑦。今丘也⑧，东西南北之人⑨，不可以弗识也。吾见封之若堂者矣⑩，又见若坊者矣⑪，又见履夏屋者矣⑫，又见若斧形者矣。吾从斧者焉。"于是封之，崇四尺。

孔子先反虞，门人后，雨甚至，墓崩，修之而归。孔子问焉，曰："尔来何迟？"对曰："防墓崩。"孔子不应。三云，孔子泫然而流涕曰⑬："吾闻之，古不修墓。"及二十五月而大祥，五日而弹琴不成声，十日过禫而成笙歌⑭。

【注释】

① 丧：原作"葬"，据四库本、同文本、玉海堂本、陈本改。事又见《礼记·檀弓上》《檀弓下》。

② 合：原作"立"，据四库本、同文本、玉海堂本、备要本、陈本改。

③ 袝（fù）葬：合葬。

④ "死则同穴"：见《诗经·王风·大车》。穴，墓穴。

⑤ 离：指分为两个墓穴下葬。

⑥ 间：原作"闻"，据四库本、同文本、玉海堂本、陈本改。

⑦ 古者墓而不坟：此句原在《曲礼子夏问第四十三》，且脱"古者"2 字，今据四库本、同文本、玉海堂本、陈本移补。

⑧ 今丘也：此 3 字及其以下一段文字原在《曲礼子夏问第四十三》，今据四库本、同文本、玉海堂本、陈本改移。

⑨ 东西南北之人：意谓居无常处之人。

⑩ 若堂：王肃注："堂形，四方若高者。"

⑪ 若坊（fáng）：王肃注："坊形，旁杀，平上而长。"坊，同"防"，堤防。

⑫ 夏屋：大屋。

⑬ 泫然：流泪貌。

⑭ 及二十五月而大祥，五日而弹琴不成声，十日过禫（dàn）而成笙歌：王肃注："孔子大祥二十五月，禫而十日，逾月而歌也。"大祥，父母丧后至 25 个月时的祭祀，即两周年祭。禫，除丧服时的祭祀。此处谓禫与大祥同在 1 个月，而《仪礼·士虞礼》则谓禫与大祥间隔 1 个月，即至 27 个月时而行禫祭。

【译文】

孔子的母亲死后，准备与父亲合葬。孔子说："古时没有合葬的方式，因为不忍心再见到早先去世的亲人。《诗经》里说：'死了以后就合葬。'从周公以来才有合葬。卫国人的合葬，是分在两个墓穴的，死者被间隔开了。鲁国人的合葬，才是真正的两个人的棺椁合葬一起，这太好啦！我要遵从鲁国人的办法。"于是就将母亲与父亲合葬在防山。孔子说："我听说，古时墓地是不加封土而没有坟头的。如今我是个居无常处的人，不能不做点标志。我见过坟头像厅堂的，也见过像堤防的，也见过如同上面盖有大屋的，还见过像斧子的。我就按像斧子的那种办理。"于是就加上积土而成坟头，有四尺高。

　　孔子先回家进行虞祭，弟子们留在墓地善后，这时下了一阵大雨，坟墓被冲坏，他们修好以后才回去。孔子问他们说："你们为什么回来得这么迟？"他们答道："防地的坟墓被冲坏了。"孔子没有作声。他们又说了 3 次，孔子这才流着眼泪说："我听说，古人是不在坟墓上增加封土的。"25 个月后，孔子进行大祥之祭，此后 5 天开始弹琴，但却不成声调。10 天后，过了禫祭，孔子吹笙，这才把曲子吹好了。

【原文】

　　子游问于孔子曰："葬者涂车刍灵①，自古有之。然今人或有偶②，是无益于丧。"孔子曰："为刍灵者善矣。为偶者不仁，不殆于用人乎？"

【注释】

　　① 涂车：泥车。涂，泥。刍灵：用茅草扎成的人马。其与涂车皆为送葬之物。事又见《礼记·檀弓下》。
　　② 偶：王肃注："偶亦人也。"即土、木制成的偶像。

【译文】

　　子游请教孔子道："送葬的人用泥车和草人草马殉葬，这自古就有了。然而如今有人制作偶像殉葬，这是无益于丧事的办理的。"孔子说："用泥车和草人草马为好。制作偶像的人是没有仁爱的表现，这不是接近于用人来殉葬吗?"

【原文】

颜渊之丧，既祥，颜路馈祥肉于孔子①。孔子自出而受之，入，弹琴以散情，而后乃食之。

【注释】

① 祥肉：祥祭时所供之肉。事又见《礼记·檀弓上》。

【译文】

在为颜渊治丧期间，过了祥祭，颜路给孔子送来祥肉。孔子亲自到门外接受，回到屋里，先弹琴排遣哀痛之情，然后才开始吃肉。

【原文】

孔子尝①，奉荐而进②，其亲也悫③，其行也趋趋以数④。已祭，子贡问曰："夫子之言祭也，济济漆漆焉⑤。今夫子之祭⑥，无济济漆漆，何也?"孔子曰："济济者，容也远也；漆漆者，自反⑦。容以远若容以自反⑧，何神明之及交? 必如此，则何济济漆漆之有? 反馈乐成⑨，进则燕俎⑩，序其礼乐，备其百官，于是君子致其济济漆漆焉。夫言岂一端而已哉? 亦各有所当也。"

【注释】

① 尝：王肃注："秋祭也。"事又见《礼记·祭义》。

② 荐：祭品。

③ 其亲也悫（què）：王肃注："悫，亲之奉荐也。悫，质也。"

④ 趋（cù）趋：犹促促。王肃注："言少威仪。"即匆匆貌。数：通"速"，快。

⑤济（qí）济漆（qiè）漆：王肃注："威仪容止。"济济，庄敬貌。济，通"齐"。漆漆，恭敬谨慎貌。

⑥之祭：此2字及其以下1段文字原脱，据四库本、同文本、玉海堂本、陈本补。

⑦自反：自我修整。

⑧若：而，而且，又。

⑨反馈：天子、诸侯之祭，在堂上行朝践之礼后，乃返于室而行馈食之礼。乐成：音乐由舞蹈伴随着奏响。

⑩燕俎：宴饮，宴席。燕，通"宴"。

【译文】

孔子进行尝祭，端着祭品上前进献。他亲自做这些事时十分质朴，走起路来也很快，显得匆匆忙忙。祭过之后，子贡问道："先生您以往谈到祭祀的时候，要求仪态庄重，恭敬谨慎。如今先生您祭祀时，却没有做到仪态庄重，恭敬谨慎，这是为什么？"孔子说："仪态庄重，这是疏远的表情；恭敬谨慎，这是自我修整的表情。如果表情疏远，而且先进行自我修整，怎么能够与已故亲人的灵魂交流呢？假若真是这样，那么哪里还会有仪态庄重，恭敬谨慎？天子、诸侯返回室内行馈食之礼，进而宴饮，安排礼乐，备置百官，这样君子才能做到仪态庄重，恭敬谨慎。所以我说的话怎么能只从一个方面去理解呢？也是各有其适当场合的。"

【原文】

子路为季氏宰。季氏祭，逮昏而奠①，终日不足，继以烛。虽有强力之容，肃敬之心，皆倦怠矣。有司跛倚以临②，其为不敬也大矣。他日，子路与焉。室事交于户③，堂事当于阶④。质明而始行事⑤，晏朝而彻⑥。孔子闻之，曰："以此观之⑦，孰谓由也而不知礼⑧？"

【注释】

① 奠：置祭品祭祀鬼神或亡灵。事又见《礼记·礼器》。

② 跛（bǐ）倚：站立歪斜不正，倚靠于物。跛，站立时重心偏于某一足上。

③ 室事：谓在室内举行的祭祀，为正祭。交于户：在门口办理交接，室外之人取祭品至门口，交与室内之人献上。交，谓一方授予，另一方受取。

④ 堂事：谓在厅堂举行的祭祀。

⑤ 质明：天刚亮的时候。

⑥ 晏朝（zhāo）：黄昏。

⑦ 以此观之：此句原无，据四库本、同文本、玉海堂本、陈本补。

⑧ 孰谓由也而不知礼：原作“孰为士也而不知礼”，据陈本及《礼记》改。

【译文】

子路曾担任季氏的家宰。一天，季氏举行祭祀，天还没有亮的时候就开始安排祭品，搞了一整天也没有祭完，夜里还点上烛继续进行。办事的人尽管有强壮的身体，严肃、恭谨的精神，但都显得非常疲倦、懈怠。有关官吏也都歪斜不正，胡乱倚靠地到场应付各种礼仪，表现得很不庄重、很不恭敬。另有一天，子路参与安排祭祀之事时，室内的祭祀在内室门口交接祭品，堂上的祭祀则在台阶之上交接祭品。从天刚亮开始进行，到黄昏时就结束了。孔子听到这事，说：“从这里来看，谁还能说仲由不懂礼仪呢？”

附录一

孔子家语后序

孔安国

　　《孔子家语》者，皆当时公卿士大夫及七十二弟子之所咨访交相对问言语也。既而诸弟子各自记其所问焉，与《论语》《孝经》并时，弟子取其正实而切事者，别出为《论语》，其余则都集录之，名之曰《孔子家语》。凡所论辩疏判较归，实自夫子本旨也。属文下辞往往颇有浮说，烦而不要者，亦由七十二子各共叙述首尾，加之润色，其材或有优劣，故使之然也。孔子既没而微言绝，七十二弟子终而大义乖，六国之世，儒道分散，游说之士各以巧意而为枝叶，唯孟轲、荀卿守其所习。当秦昭王时，荀卿入秦，昭王从之问儒术。荀卿以孔子之语及诸国事、七十二弟子之言，凡百余篇与之，由此秦悉有焉。始皇之世，李斯焚书，而《孔子家语》与诸子同列，故不见灭。高祖克秦，悉敛得之。皆载于二尺竹简，多有古文字。及吕氏专汉，取归藏之，其后被诛亡，而《孔子家语》乃散在人间，好事者或各以意增损其言，故使同是一事，而辄异辞。孝景皇帝末年，募求天下遗书，于时京师士大夫皆送官。得吕氏之所传《孔子家语》，而与诸国事及七十子之辞妄相杂错，不可得知，以付掌书，与《曲礼》众篇乱简合而藏之秘府。元封之时，吾仕京师，窃惧先人之典辞将遂泯没，于是因诸公卿大夫私以人事募求其副，悉得之，乃以事类相次，撰集为四十四篇。又有《曾子问礼》一篇，自别属《曾子问》，故不复录。其诸弟子书所称引孔子之言者，本不存乎《家语》，亦以其已自有传也，是以皆不取也。将来君子，不可不鉴。

有关孔衍奏言的记述

马端临引

　　博士孔衍言："臣祖故临淮太守安国，逮仕于孝武皇帝之世，以经学为名，以儒雅为官，赞明道义，见称前朝。时鲁共王坏孔子故宅，得古文科斗《尚书》《孝经》《论语》，世人莫有能言者。安国为改今文，读而训传其义。又撰次《孔子家语》。既毕讫，会值巫蛊事起，遂各废不行于时。然其典雅正实，与世相传者不可同日而论也。光禄大夫向以其为时所未施之，故《尚书》则不记于《别录》，《论语》则不使名家也，臣窃惜之。且百家章句无不毕记，况孔子家古文正实而疑之哉？又戴圣皆近世小儒，以《曲礼》不足，而乃取《孔子家语》杂乱者，及子思、孟轲、荀卿之书以禆益之，总名曰《礼记》。今见其已在《礼记》者，则便除《家语》之本篇，是为灭其原而存其末也，不亦难乎？臣之愚以为宜如此为例，皆记录别见，故敢冒昧以闻。"奏上，天子许之，未即论定，而遇帝崩，向又病亡，遂不果立。

孔子家语序

王　肃

　　郑氏学行五十载矣，自肃成童始志于学而学郑氏学矣。然寻文责实，考其上下义理不安违错者多，是以夺而易之。然世未明其款情，而谓其苟驳前师，以见异于人。乃慨然而叹曰：予岂好难哉？予不得已也。圣人之门，方壅不通，孔氏之路，积棘充焉，岂得不开而辟之哉？若无由之者，亦非予之罪也。是以撰经礼申明其义，及朝论制度，皆据所见而言。孔子二十二世孙有孔猛者，家有其先人之书。昔相从学，顷还家，方取以来。与予所论，有若重规叠矩。昔仲尼曰："文王既没，文不在兹乎？天之将丧斯文也，后死者不得与于斯文也。天之未丧斯文也，匡人其如予何！"言天丧斯文，故令己传斯文于天下。今或者天未欲乱斯文，故令从予学，而予从猛得斯论，以明相与孔氏之无违也。斯皆圣人实事之论，而恐其将绝，故特为解，以贻好事之君子。语云："牢曰，子云，吾不试，故艺。"谈者不知为谁，多妄为之说。《孔子家语》弟子有琴张，一名牢，字子开，亦字子张，卫人也。宗鲁死，将往吊，孔子止焉。《春秋外传》曰"昔尧临民以五"，说者曰"尧五载一巡狩"。五载一巡狩，不得称临民以五也。经曰"五载一巡狩"，此乃说舜之文，非说尧。孔子说论五帝，各道其异事。于舜云："巡狩天下，五载一始。"则尧之巡狩，年数未明。周十二岁一巡，宁可言周临民十二乎？孔子曰："尧以土德王天下，而色尚黄。"黄，土德；五，土之数。故曰临民以五，此其义也。

附录二

家语佚文

王仁俊辑

《观周篇》：孔子将修《春秋》，与左邱明乘如周，观书于周史。归而修《春秋》之经。邱明为之传，共为表里。（《左传正义》：《严氏春秋》引云云）

《诗》云："维彼四国，爰究爰度。"纣政失其道，而执万乘之势，四方诸侯固犹从之，谋度于非道，天所恶焉。（《诗·皇矣》正义）

鲲鱼其大盈车。（《列子·汤问》张注）

附录三

主要征引书目

书　名	作者（编者、校注者）	版　本
周易正义		中华书局 1980 年影印阮元校刻《十三经注疏》本
周易集解纂疏	清李道平撰	中华书局 1994 年版
尚书正义		中华书局影印《十三经注疏》本
尚书大传	清陈寿祺辑校	商务印书馆《四部丛刊》影印《左海全集》本
毛诗正义		中华书局影印《十三经注疏》本
韩诗外传集释	许维遹撰	中华书局 1980 年版
诗三家义集疏	清王先谦撰	中华书局 1987 年版
周礼正义	清孙诒让撰	中华书局 1987 年版
仪礼正义	清胡培翚撰	江苏古籍出版社 1993 年版
礼记集解	清孙希旦撰	中华书局 1989 年版
大戴礼记解诂	清王聘珍撰	中华书局 1983 年版
春秋左传正义		中华书局影印《十三经注疏》本
春秋公羊传注疏		中华书局影印《十三经注疏》本
春秋榖梁经传补注	清钟文烝撰	中华书局 1996 年版
论语正义	清刘宝楠撰	中华书局 1990 年版

续表

书　名	作者（编者、校注者）	版　本
孟子正义	清焦循撰	中华书局 1987 年版
尔雅义疏	清郝懿行撰	中华书局 2006 年影印黄侃手批本
说文解字注	清段玉裁撰	上海古籍出版社 1981 年版
广雅疏证	清王念孙撰	江苏古籍出版社 1983 年影印王氏家刻本
史记	汉司马迁撰，南朝宋裴骃集解，唐司马贞索隐，唐张守节正义	中华书局 2013 年版（点校本二十四史修订本）
汉书	汉班固撰，唐颜师古注	中华书局 1962 年版
三国志	晋陈寿撰，南朝宋裴松之注	中华书局 1959 年版
世本八种		商务印书馆 1957 年版
逸周书汇校集注（修订本）	黄怀信等撰	上海古籍出版社 2007 年版
国语集解（修订本）	徐元诰撰	中华书局 2002 年版
晏子春秋集释	吴则虞撰	中华书局 1962 年版
列女传译注	张涛撰	人民出版社 2017 年版
水经注疏	清杨守敬、熊会贞撰	江苏古籍出版社 1989 年版
通典	唐杜佑撰	中华书局 1988 年版
文献通考	元马端临撰	中华书局 1986 年影印商务印书馆万有文库《十通》本
管子校注	黎翔凤撰	中华书局 2004 年版
老子注释	高亨撰	清华大学出版社 2004 年《高亨著作集林》本
庄子集释	清郭庆藩撰	中华书局 1961 年版
列子集释	杨伯峻撰	中华书局 1979 年版
尸子	清汪继培辑	上海古籍出版社 1989 年影印浙江书局本
尹文子		上海古籍出版社 1990 年影印《正统道藏》本

续表

书　名	作者（编者、校注者）	版　本
荀子集解	清王先谦撰	中华书局 1988 年版
韩非子集解	清王先慎撰	中华书局 1998 年版
吕氏春秋集释	许维遹撰	中华书局 2009 年版
孔丛子校释	傅亚庶撰	中华书局 2011 年版
新语校注	王利器撰	中华书局 1986 年版
新书校注	阎振益、钟夏撰	中华书局 2000 年版
淮南鸿烈集解	刘文典撰	中华书局 1989 年版
新序校释	石光瑛撰	中华书局 2001 年版
说苑校证	向宗鲁撰	中华书局 1987 年版
白虎通疏证	清陈立撰	中华书局 1994 年版
太平御览	宋李昉等编	商务印书馆《四部丛刊三编》影宋本（缺卷据日本聚珍本配补）
经籍佚文	清王仁俊辑	上海古籍出版社 1989 年影印王氏稿本《玉函山房辑佚书续编三种》之一
全上古三代秦汉三国六朝文	清严可均辑	中华书局 1958 年版
孔子文化大全	孔子文化大全编辑部编辑	山东友谊书社 1988—1995 年版
《儒家者言》释文	定县汉墓竹简整理组整理	《文物》1981 年第 8 期
上海博物馆藏战国楚竹书（二）	马承源主编	上海古籍出版社 2002 年版
北京大学藏西汉竹书〔叁〕	北京大学出土文献研究所编	上海古籍出版社 2015 年版